Rainer Eckert
Doris Schwert (Hrsg.)

Bildung ohne Zukunft?

Beiträge zu einer
demokratischen Schulpolitik

D1722058

**Verlag
Marxistische Blätter
Frankfurt am Main 1976**

© 1976 Verlag Marxistische Blätter GmbH
Heddernheimer Landstraße 78a, 6000 Frankfurt am Main 50
Alle Rechte vorbehalten
Druck: Fuldaer Verlagsanstalt, Fulda
Umschlaggestaltung: Nikolaus Ghesquière

ISBN 3-88012-181-8
Mak 65

Inhalt

Rainer Eckert, Doris Schwert
Einleitung 7

Kapitel I
Bildungspolitik als Feld des Klassenkampfes 13

Autorenkollektiv
„Volksschulen" — Die Schulen für die Kinder der arbeitenden
Bevölkerung 16

Grundschule — eine harte Schule für die Kleinsten.
Wohin mit den „Versagern"? Und die Hauptschule?
Berufsschulen — die Fortsetzung der Misere.

Stephan Voets
Bildungsfragen sind Zukunftsfragen
Demokratische Alternative kontra imperialistische Unterdrük-
kung menschlicher Fähigkeiten 29

Profitinteresse — Schranke der Bildungsentwicklung.
Erhöhung der Qualifikation der Arbeitskraft. Tendenzen gegen
eine Erhöhung der Qualifikation. Klassenauseinandersetzungen
bestimmen die Bildungsentwicklung mit. Bildung und Erziehung
in der geistigen und politischen Auseinandersetzung. Die Rolle
des Antikommunismus. Die Trennung von Schule und Leben.
Neue Probleme der Auseinandersetzung. Demokratisierung des
Bildungswesens.

Hans Maag
Die historische Linie der demokratischen und sozialistischen
Forderungen der Arbeiterbewegung zur Bildungspolitik 56

Die ersten Forderungen der deutschen Arbeiterbewegung. Für
eine sozialistische Bildung der Arbeiter und der Arbeiterjugend.
Der Kampf um ein antifaschistisch-demokratisches Bildungswesen.

André Leisewitz
Weg mit den Berufsverboten! 67

Kapitel II
Die Bildungspolitik der herrschenden Klasse 80

Werner Albrecht

Wer beherrscht die Bildungspolitik?
Aktivitäten und Einfluß der Monopolverbände 82

Die Trennung von Elite und Masse im öffentlichen Bildungssystem. Die Verbindung von Unterricht und Produktion als
Machtfrage. Die direkte Verflechtung mit dem Staatsapparat.
Der Ausbau privater Bildungseinrichtungen durch Monopolverbände und Staat. Die Militarisierung des Bildungswesens. Antikommunismus als politische Bildung. Die Bildungspolitik der
Monopole im Widerspruch der Entwicklung von Produktivkräften
und Produktionsverhältnissen.

Hans K. Klettenberg

„Bedarf ist, was man finanzieren kann."
Zur Bildungspolitik von SPD-Führung und CDU/CSU 97

Der Aufbruch zu neuen Reformufern. Die Anpassung der konservativen Kräfte. Die Funktion der Bundestagsparteien. Aktuelle Tendenzen.

Kapitel III

Fragen der Bildungspolitik
der demokratischen und Arbeiterbewegung 108

Henner Stang, Wolfgang Artelt

Die bildungspolitischen Forderungen des deutschen Gewerkschaftsbundes 110

Beispiel 1: Hamburg — Umfassende Initiative auf Landesebene.
Beispiel 2: Baunatal bei Kassel — Verknüpfung von Mitbestimmungsfragen auf Betriebs- und Schulebene durch ein Ortskartell.
Beispiel 3: Freiburg — DGB-Kreis führt Lehrer und Betriebsräte an einen Tisch.

Frank Behrens

Die GEW stärken!
Die Notwendigkeit konsequenter Gewerkschaftsarbeit 124

Aktion Papplehrer. Wer ist die GEW? Bildungspolitik der GEW.
Kampf gegen Lehrermangel und Lehrerarbeitslosigkeit. Vom
Mangel zur Schwemme? „Pillenknick" oder Knick in der Pupille?
Leere Kassen? Reformstopp. Jugendarbeitslosigkeit und arbeits-
lose Lehrer. Berufsverbote und Lehrerarbeitslosigkeit. GEW und
arbeitslose Lehrer. Finanzierung — Wer soll zahlen? Eine starke
GEW ist notwendig. Einheit der GEW. Unabhängigkeit der GEW.
GEW eine Klassenorganisation? Von der Notwendigkeit der kon-
sequenten Gewerkschaftsarbeit. Erfolgreiche GEW-Politik.

Gerd Deumlich
Der Beitrag der DKP zu einer demokratischen Bildungspolitik 154

Bildungspolitik: eine Frage mit Systemcharakter. Bildungspolitik
ist Klassenkampf. In der Krise: soziale Demontage. Der Kampf
gegen die Krisenlasten im Bildungsbereich.

Achim Krooß
Zur Arbeit der Jungen Pioniere 164

Schule. Kindercomics, Kinderbücher, Kinderzeitungen. Ziele und
Arbeit der Jungen Pioniere.

Dietrich Holl
Fragen an die Bildungspolitik der Linkssozialdemokratie 174

Forderungen der Jungsozialisten. Keine eindeutige Analyse der
Gesellschaftsordnung. Keine Analyse des Bildungswesens. Was
bieten die Juso-Forderungen konkret? Die Perspektiven links-
sozialdemokratischer Bildungspolitik.

Heiner Schmidt
Die Gesamtschule
Stand und Perspektiven 183

Zur aktuellen Auseinandersetzung um die Gesamtschule. Gesamtschule heute — Anspruch und Wirklichkeit. Chancengleichheit. Leistung — Begabung. Die DKP und die Perspektive der
Gesamtschulentwicklung. Welche Forderungen unterstützt die
DKP im Schulalltag?

Horst Bethge, Lottemi Doormann
Aktionen, Probleme und Perspektiven
von Elternprotesten — am Beispiel Hamburgs 205

Die Aktionen. Vorgeschichte. Reaktionen. Probleme. Perspektiven.

Kapitel IV
Der Kampf um demokratische Bildungsinhalte 215

Kurt Faller
Demokratische Lehrinhalte im politischen Unterricht 216

Herrschende Ideologie in der Schule. Ansätze eines demokratischen politischen Unterrichts. Der Kampf um den Frieden und
die Reform der Lehrinhalte. Wie kann man aktiv an der Demokratisierung der Lehrinhalte arbeiten?

Albrecht Schnitzer
Polytechnische Bildung
unter kapitalistischen Bedingungen?   228

Die Schwierigkeiten mit der „Polytechnik". „Arbeitslehre", eine
Alternative für die BRD? Warum Technikunterricht?

Doris Schwert, Anke Wagner
Klassiker in einem demokratischen Deutschunterricht   241

Gehören Klassiker zur Allgemeinbildung? Goethes „Faust" im
Literaturunterricht der Oberstufe. Deutsch-Unterricht — erprobt
in der Gesamtschule. Anhang: Materialien zu fünf Themen.

Rainer Eckert
Wissenschaftliche Erziehung für *alle* Schüler
Mathematische und naturwissenschaftliche Bildung
im Rahmen einer demokratischen Pädagogik   254

Erziehungsziele eines demokratischen mathematischen und naturwissenschaftlichen Unterrichts. Eine demokratische Unterrichtskonzeption als Beitrag zu einem wissenschaftlichen Weltbild. Die
nächsten Aufgaben.

Die Autoren   267

Rainer Eckert/Doris Schwert

Einleitung

Die vorliegende Sammlung von Aufsätzen beschäftigt sich mit den vordringlichen Problemen, denen sich alle gegenübersehen, die mit dem Bildungsbereich etwas zu tun haben: Lehrer und Lehrerstudenten, Eltern, die im Elternbeirat ihrer Schule tätig sind, Gewerkschafter, die sich mit Bildungsfragen beschäftigen und Schüler, die der Meinung sind, daß in der Schule einiges zu verändern wäre.

Die Probleme sind vielfältiger Natur: hier Stundenausfall, überfüllte Klassen, Vermittlung von überholtem Wissen, fehlender Bezug zur Berufspraxis sowohl für Lehrerstudenten als auch für Schüler — dort Lehrerarbeitslosigkeit, kein Geld für die Bildung, kein Geld für die Bildung ...

Das vorliegende Buch will einen Beitrag dazu leisten, daß die Beteiligten und die außerhalb des Bildungsbereichs Tätigen in all dem Wirrwarr nicht den Überblick verlieren, daß sie in der Vielfältigkeit dieser Probleme eine eindeutig vom Gesichtspunkt der Herrschenden Klasse bestimmte Politik erkennen und eine ebenso eindeutige Antwort der demokratischen Kräfte finden können.

Alle Autoren weisen durchgängig in ihren Aufsätzen nach, daß sich die vielen Probleme auf ein Grundproblem zurückführen lassen: die Großkonzerne und ihre Interessenvertreter, die die wirtschaftliche und politische Macht in Händen halten, werden der arbeitenden Bevölkerung niemals freiwillig ihr Recht auf Bildung gewähren. Allseitig informierte, bewußte Menschen sind eine Bedrohung für das Monopolkapital, deshalb wird der Mehrheit der Bevölkerung nur soviel Wissen gewährt, wie es diese kleine Machtgruppe in ihrem Interesse für notwendig hält.

Natürlich merkt ein Lehrer oder Schüler an seiner Schule selten einen unmittelbaren Einfluß etwa der Farbwerke Höchst oder der Siemens AG (obwohl auch dies mitunter der Fall ist, siehe den Artikel von Werner Albrecht in diesem Buch) aber die hohen Klassenfrequenzen, ungenügende Ausstattung der Schulen, das Einfrieren und z. T. sogar Herabsetzen von Gehältern vor allem der Grundschullehrer entspringen ja nicht dem Willen der Eltern, Lehrer und Schüler. Ebensowenig sind sie es, die über die von den verschiedensten staatlichen Instanzen praktizierte Einführung von reaktionären Lehrinhalten bestimmen.

7

Es sind die Großkonzerne, die hier ihren Einfluß geltend machen. Sie bestimmen die Zahl der Lehrstellen und den Prozentsatz der Arbeitslosigkeit, die Freizeitbeschäftigung und die Tendenz der öffentlichen Berichterstattung.

Eben weil der Machteinfluß des Monopolkapitals für die große Mehrheit unserer Bevölkerung in *allen* gesellschaftlichen Bereichen spürbar wird, eben deshalb muß er auch gesamtgesellschaftlich zurückgedrängt werden. In allen Bereichen müssen zielgerichtete demokratische Alternativen verfolgt werden im Interesse der Arbeiterklasse und all derer, die objektiv mit ihr verbündet sind durch die Tatsache, daß sie nicht nur vom Besitz an Produktionsmitteln ausgeschlossen sind, sondern auch von allen Möglichkeiten, ihr Leben sinnvoll und bewußt zu gestalten.

Der Bildungssektor ist *ein* Bereich von vielen, in denen dem Einfluß des Monopolkapitals entgegengewirkt werden muß. Noch werden die Arbeitereltern in den Elternbeiräten der Schulen weitgehend vermißt, doch ihre Kinder, die heute in den Grund- und Hauptschulen sitzen, werden morgen unter den Bedingungen des Fortschritts von Wissenschaft und Technik alle Werte schaffen. Für sie und damit für die Mehrheit der Bevölkerung ist ein demokratisches Bildungswesen unabdingbar.

Der demokratische Kampf gegen das Bildungsprivileg gerade in der gegenwärtigen akuten Krise des Systems ist notwendig, denn die Söhne und Töchter der Herrschenden Klasse schaffen es allemal, sich auch in dunkelsten Bildungsnotstandszeiten über Numerus Clausus und andere Barrieren hinweg an die Spitze der Gesellschaftshierarchie durchzumogeln. Um so dringlicher ist das Erringen einer guten Ausbildung für die Kinder der arbeitenden Bevölkerung als ökonomische Träger der Gesellschaft von heute und auch als politische Führungskraft von morgen.

Die Automatisierung und Chemisierung der Produktion wird ständig weiterentwickelt. Um dem wissenschaftlich-technischen Fortschritt nicht machtlos und ahnungslos gegenüberzustehen, um ihn nicht gar als „Bedrohung" zu begreifen, muß der Mensch immer besser gebildet und ausgebildet werden. Im Verein mit allen, die morgen die materielle Produktion weiterführen werden, muß er sich gesellschaftliches und politisches Wissen erkämpfen, auf dessen Grundlage er aktiv handeln kann und vom bloßen Objekt zum bewußten Subjekt der Geschichte wird.

Deshalb können Vorschläge für ein demokratisches Bildungssystem nicht allein von Lehrern gemacht werden. Alternativen zur bestehenden Bildungspolitik müssen von allen fortschrittlichen Organisationen der Arbeiterklasse entwickelt und durchgesetzt werden.

In diesem Buch werden Vorschläge gemacht. Ausgangspunkt ist

die Schulwirklichkeit in unserer Gesellschaft, Gegenstand die Bildung und Erziehung der Kinder der Arbeiterklasse, die Entwicklung ihrer Persönlichkeit, ihrer Fähigkeiten als grundlegender Produktivkraft, ihre klassenmäßige Erziehung unter den heutigen gesellschaftlichen Bedingungen.

Diese Vorschläge können keine „Rezepte" sein. Ihr Ziel ist die Darstellung demokratischer Ansätze; die Durchsetzung, die konkrete Ausgestaltung ist Sache des aktiven Einsatzes demokratischer Eltern, Lehrer und Schüler und ihrer Organisationen.

Tatsächlich hat ja das Durchschlagen der kapitalistischen Krise auf den Bildungsbereich widersprüchliche Forderungen nach sich gezogen:

Einerseits haben Teile der Elternschaft, gemeinsam mit zumeist gewerkschaftlich organisierten Lehrern sowie aktiven Schülern den Kampf aufgenommen, um die Abwälzung der Krisenlasten auf den Bildungsbereich abzuwehren. Teilweise haben solche Bestrebungen lokal und regional den Charakter von Massenaktionen angenommen, wie der Beitrag von Bethge/Doormann in diesem Buch an einem Beispiel erläutert.

Andererseits jedoch breitet sich unverkennbar eine Stimmung der Resignation aus. „Da kann man doch nichts machen", ist eine der am meisten getroffenen Feststellungen. Natürlich ist eine solche Haltung als spontane Reaktion verständlich. Was sonst sollen Lehrer und Eltern *zunächst* sagen, denen der Schulleiter gerade einen mindestens zwanzigprozentigen Unterrichtsausfall für das kommende Schuljahr vorhersagt?

Wir denken, daß eine solche resignative Haltung im Prinzip *zwei* wesentliche Gründe hat, wenn wir einmal von vielen speziellen Bedingungen absehen, die in der Situation einer bestimmten Schule, einer bestimmten Eltern- oder Schülervertretung usw. liegen können:

Erstens tritt Resignation zumeist dann auf, wenn insgesamt der Stellenwert pädagogischer Arbeit falsch eingeschätzt wird. Gerade bei Lehrern und Eltern, die sich in den vergangenen Jahren intensiv an ihren Schulen engagiert haben, die viel Kraft und Zeit eingesetzt haben, kommt jetzt ein Rückzug aus dieser Arbeit vor. Welchen Sinn hat es denn jetzt noch, so argumentieren sie, sich für Mitbestimmung an der Schule einzusetzen, demokratische Unterrichtseinheiten auszuarbeiten und durchzuführen, sich für die Förderung *aller* Schüler einzusetzen?

Was man dabei leicht übersieht, ist, daß solche Reaktionen zwar auf Probleme erfolgt, die als pädagogische Probleme *erscheinen*, jedoch in Wirklichkeit ökonomische und politische Probleme sind, die deshalb *prinzipiell mit pädagogischen Mitteln allein nicht lösbar sind*. Treten beispielsweise in einer Klasse des 9. oder 10. Jahrgangs

Lernunlust, Motivationsschwierigkeiten, offene Aggression u. ä. seitens der Schüler auf, so sind diese häufig darauf zurückzuführen, daß diese Schüler für sich keine Perspektive mehr sehen, wenn sie absehen können, daß sie mit ihrem Zeugnis ohnehin keine Lehrstelle mehr erhalten werden. Das Autorenkollektiv aus dem Ruhrgebiet verweist auf dieses Faktum.

Diese Ursache für ein scheinbar pädagogisches Problem ist mit keinerlei methodischen und didaktischen Ansätzen zu beseitigen. Auch liegt die „Schuld" nicht beim Lehrer. Jedoch ist „Rückzug" hier ebenfalls keine Lösung, verkürzt gesagt: die Eltern und Lehrer, die mit solchen und ähnlichen Fragen konfrontiert werden, tragen am ehesten zu deren Bewältigung bei, indem sie ihren direkten Einsatz an der Schule *nicht* verringern und *gleichzeitig* in und mit ihrer Gewerkschaft, in und mit ihrer politischen Organisation gegen die Jugendarbeitslosigkeit kämpfen. Für viele bedeutet es ja, zunächst einmal einer Gewerkschaft beizutreten oder sich in einer Partei zu organisieren, die sich konsequent im geschilderten Sinn einsetzt.

Zweitens tritt Resignation dann auf, wenn man nicht genau sehen kann, „wo's langgeht", also wenn man keine Perspektive in einem demokratischen Kampf im Bildungsbereich sehen kann, der — wie eingangs angesprochen — nur in enger Verbindung mit dem allgemeinpolitischen demokratischen Kampf erfolgen kann.

Viele Lehrer und Eltern richten sich zur Zeit aufs „Überwintern" ein, sie warten auf „die besseren Zeiten" wie Ende der sechziger Jahre, als jedermann von Bildungspolitik sprach.

Abgesehen davon, daß eine solche Haltung aktuell den Schülern nicht hilft, kann man jedoch bereits heute erkennen, daß „die alten Zeiten" in dieser Form nicht wiederkommen werden. Es wird sicher wieder „konjunkturelle Aufschwünge" geben, wenn die Unternehmer wieder mehr Profit erwarten. Es wird dann sicher auch wieder mehr Geld für die Bildung geben.

Jedoch ist es prinzipiell für die arbeitende Bvölkerung nicht annehmbar, daß die Zukunft ihrer Kinder von der Profiterwartung der Kapitalisten abhängen soll. Außerdem wird, wie selbst H. Schleyer, H. Schmidt und andere betonen, die BRD nach der Krise nicht mehr dieselbe sein wie vorher.

Vielmehr wird der krisenhafte, labile Charakter dieses gesellschaftlichen Systems zunehmen, ungeachtet gewisser zeitweiliger relativer Aufschwünge. Für die Bildungspolitik heißt das, daß im Schnitt alle zehn Jahre eine Generation von Schülern, Jugendlichen verschleudert wird.

Daraus ergibt sich eine prinzipielle Perspektive: ein gesellschaftliches System, das in dieser unmenschlichen Weise mit den nachwachsenden Generationen umgeht, hat jede historische Existenzberechtigung verloren. Es muß grundlegend verändert werden, weil die Herrschenden nicht nur zeitweilig, sondern *ständig* hinsichtlich der Bildung der Jugend versagen.

Genau deshalb müssen die Forderungen und Aktivitäten der arbeitenden Bevölkerung sowohl allgemein-, als auch bildungspolitisch auf diese grundlegende Umwälzung hinauslaufen, wenn sie dauerhaften Erfolg versprechen sollen.

Die Autoren dieses Buches sind Marxisten; es liegt deshalb auf der Hand, daß sie diese grundlegende Perspektive betonen. In dieser oder jener Form heben sie hervor, warum die Probleme einer demokratischen Bildungspolitik letztendlich nur im Sozialismus lösbar sind. In einer Gesellschaftsordnung also, in der die kapitalistische Konjunktur, die Inflation, die allgemeine und die Jugendarbeitslosigkeit der Vergangenheit angehören. In der also auch die umfassende Entwicklung der Fähigkeiten *aller* Menschen gewährleistet werden kann.

Keiner der Autoren gehört allerdings zu jenen, die häufig auch „links" und „fortschrittlich" auftreten, aber durch ihre gesamte Handlungsweise das Gegenteil bestätigen. Keiner der Autoren gehört also zu jenen, die so tun, als ob wir hier und heute schon den Sozialismus schaffen könnten — sozusagen aus dem Stand. Jedes Gerede über eine „sozialistische Einheitsschule", gar mit einer „Wahl der Lehrer durch das Volk", ist meilenweit von unserer Realität entfernt. Es hilft im Gegenteil den politischen Reaktionären, weil es verwirrt, falsche Aufgaben stellt und damit die Lösung der tatsächlich nächsten Aufgaben verhindert.

Die Lösungen der nächsten Aufgaben müssen ohne Zweifel demokratischen Charakter tragen. Die herrschenden Großkapitalisten müssen notwendigerweise die Demokratie antasten, wenn sie ihre Herrschaft weiterhin aufrechterhalten wollen. Deswegen müssen, von seiten der arbeitenden Bevölkerung, die Forderungen zunächst und hauptsächlich gegen die Monopole gerichtet werden. Deren umfassenden Einfluß auf das Bildungswesen erläutert Werner Albrecht in seinem Beitrag; wie sie ihn politisch sichern, umreißt Hans K. Klettenberg.

Diese grundlegende Erkenntnis, nämlich: daß hier und heute der demokratische Kampf um Bildung für alle geführt werden muß, verbindet alle, die von der Bildungsmisere betroffen sind. Hierin liegt auch das Angebot des Buches an diejenigen Leser, die im Sozialismus noch keine Perspektive sehen können. Viele der folgenden Beiträge sind in diesem Sinne als Anregungen zur Diskussion, zur Entwicklung von Forderungen, zur Unterstützung von Aktivitäten zu sehen. Wir schlagen den Eltern, Lehrern und Schülern, vor allem den Gewerkschaftern unter ihnen, vor, unsere Auffassungen und Argumente zu prüfen, mit ihren eigenen zu vergleichen und ihre Schlüsse daraus zu ziehen — in bezug auf „ihre" eigene Schule.

So oder so, gleichgültig, wie weitgehend unsere Auffassung vom demokratischen Kampf im Bildungsbereich geteilt wird, kann es wohl über *einen* Punkt keine Meinungsverschiedenheiten geben: alles, was wir überhaupt durchsetzen können im Interesse unserer Kinder, im Interesse unserer Arbeit als Lehrer, im Interesse unserer Tätigkeit als Elternbeiräte, all das hängt ab von der Geschlossenheit und Kraft, die wir in unseren Aktivitäten herstellen können. Das hängt ab von der Kraft unserer Gewerkschaften, das hängt ab von der politischen Kraft, die wir in der Arbeiterbewegung insgesamt entfalten können.

Wir gehen davon aus, daß nicht das Großkapital und seine Interessenvertreter in den bürgerlichen Parteien allein das Geschehen bestimmen. Sie können es nur insoweit, als wir es zulassen, als wir es noch nicht erreicht haben, ihre Macht auch über die Bildungspolitik einzugrenzen.

Alle Autoren dieses Buches vertreten diese Auffassung. Sie zeigen damit, daß es ihnen um die heute möglichen und notwendigen Ansätze geht, von denen aus die Entfaltung aller menschlichen Fähigkeiten gesichert werden kann, für alle Kinder und Jugendlichen.

Für diese große Aufgabe entwickeln sie hier ihre Vorstellungen von den erforderlichen ökonomischen und politischen Vorbedingungen sowie von demokratischen inhaltlichen Konsequenzen. Dies ist insgesamt der langfristige Aspekt dieses Buches. Die im Buch genannten aktuellen Zahlen werden in Kürze überholt sein; die hier dargelegten und untersuchten Programme von Gewerkschaften, der DKP, von fortschrittlichen Kinderorganisationen, der Jungsozialisten werden über kurz oder lang überarbeitet werden; ebenso werden sich Aktionsformen und Forderungen von Eltern, Schülern und Lehrern ändern — all dies der jeweiligen Situation entsprechend.

Doch der prinzipielle Charakter des Kampfes um ein demokratisches Bildungswesen, so wie er im folgenden entwickelt wird, wird so lange erhalten bleiben, bis wir die Demokratie allgemein und eben auch in diesem Bereich durchgesetzt haben.

Wir stehen damit in der langen und erfolgreichen Tradition der demokratischen und Arbeiterbewegung, wie Hans Maag in seinem Beitrag zeigt. In großen Teilen der Welt werden die Ziele dieser heute mächtigsten sozialen und politischen Bewegung bereits verwirklicht.

Was sonst, wenn nicht dieses, soll man als historischen Erfolg bezeichnen? Dieses Buch will einige Anregungen geben, damit wir unseren Beitrag dazu leisten — hier in der BRD, mit unseren Möglichkeiten und unter unseren Bedingungen.

Kapitel I
Bildungspolitik als Feld des Klassenkampfes

Das Jahr 1975 wird in die Geschichte der Bundesrepublik als das Jahr eingehen, das die bisher schärfsten Angriffe auf die sozialen Rechte der arbeitenden Bevölkerung gebracht hat. Ganz besonders im Bildungsbereich wurde ein Reformversprechen nach dem anderen zurückgenommen, eine Errungenschaft nach der anderen droht zerschlagen zu werden.

Weil es in der Bundesrepublik angeblich zu wenig Geld gibt, gerät eine ganze Generation von Schülern, Eltern und Lehrern in noch höherem Maße als vorher unter die Räder einer rücksichtslosen Fahrt von Konzernen und Staat durch die „Talsohle". Dabei werden gleichzeitig demokratische Rechte abgebaut. Duckmäusertum soll bei Eltern, Lehrern und Schülern verbreitet werden.

Die entsprechenden Meldungen überschlagen sich. Wer hätte es noch vor zwei Jahren für möglich gehalten, daß angesichts des Bildungsnotstandes in der Bundesrepublik mehr als 10 000 Lehrer arbeitslos sein würden, daß Studenten davor gewarnt werden, diesen Beruf anzusteuern? Wer hätte geglaubt, daß Politiker es je wagen könnten, angesichts skandalös hoher Klassenfrequenzen, angesichts Unterrichtsausfalls, angesichts des Fehlens jeglicher Förderung das Wort „Lehrerschwemme" sich auch nur auszudenken, geschweige denn öffentlich in den Mund zu nehmen?

Bildung soll wieder etwas kosten: Eltern sollen sich an den Kosten für Lehrer beteiligen; die Lernmittelfreiheit soll weiter abgebaut werden; die Fahrtkostenerstattung ebenfalls; Kindern wird die Schulmilch gestrichen; Forderungen wie die kostenlose Förderung benachteiligter Kinder, Einrichtung von Ganztagsschulen mit Kantinen, kostendeckende Ausbildungsförderung vom 10. Schuljahr an, all das soll aus den Köpfen der Menschen gestrichen werden. Der Gedanke, daß sie aufgrund ihrer Arbeit auch ein Recht auf solche Leistungen haben, soll gar nicht erst aufkommen.

Allein die Tatsache, daß Bildung, also die Entfaltung der Anlagen vor allem der jungen Menschen, abhängig sein soll von der konjunkturellen Lage, ist so ungeheuerlich, seine Anwendung in der Bundesrepublik ist ein solches Verbrechen, daß dies allein schon ausreichen müßte, die dafür Verantwortlichen zum Teufel zu jagen.

Ungerechtigkeiten im Bildungssystem, Benachteiligung von Kindern der arbeitenden Menschen, Verhinderung der vollen Entfaltung der schöpferischen Fähigkeiten des Volkes sind keine Erscheinungen der gegenwärtigen Krise. Sie sind auch nicht in der Bundesrepublik erfunden worden. Es gibt sie, solange es Ausbeutung gibt.

Heute stehen nach wie vor Forderungen der Arbeiterbewegung auf der Tagesordnung, die aus dem vorigen Jahrhundert stammen. Wo ist die Einheitlichkeit des Schulwesens in der Bundesrepublik? Wo ist die Trennung von Kirche und Schule? Wo die Befreiung der Lehrpläne und Schulbücher von undemokratischen, friedensgefährdenden und menschenfeindlichen Inhalten? Wo die Staatlichkeit und Kostenlosigkeit *aller* Schulen? Die Einheitsschule mit Schulpflicht bis zum 10. Schuljahr? Die Verbindung von Lernen und Produktion?

In einem Teil des ehemaligen Deutschland, in der DDR, wurde all dies schrittweise verwirklicht. In der Bundesrepublik befindet man sich dagegen auch in dieser Hinsicht in einer anderen Welt, in der alten Welt. Hier können ehemalige SS-Männer unterrichten, demokratische Lehrer werden hingegen mit Berufsverbot bedroht. Hier kann man mit Schulen, Schulbüchern und Lehrmitteln viel Geld verdienen. Hier können reaktionäre Kräfte kleine Fortschritte in Schulen und Schulbüchern zum Gegenstand von Wahlkampfdemagogie machen, können Unternehmer ihnen nicht genehme Veränderungen durch offene Erpresserbriefe verhindern. Hier verlagert sich ein erbarmungsloser Existenzkampf zunehmend auch in die Schulen. Verlierer sind Kinder aus Arbeiterfamilien, Kinder in kleineren Städten und auf dem Land, Kinder von Ausländern sowie Mädchen. Wer von ihnen weiß schon, was ihn eines Tages erwartet? Ob er einen Ausbildungsplatz bekommt? Oder wenigstens einen Arbeitsplatz? Oder einen Studienplatz?

Gerade das Beispiel der von Ausbeutung befreiten Länder zeigt, welchen Aufschwung Bildung und Kultur nehmen, wenn sie nicht durch Profit und Macht einer besitzenden Minderheit eingeengt werden. Jeder Lehrer weiß, mit welch positiver Einstellung Kinder zunächst zur Schule kommen, wie gerne sie etwas lernen würden. Was macht der Imperialismus aus diesen Kindern? Wie sieht es in unseren Schulen, vor allem den Schulen der Arbeiterkinder aus? Was richten sie an, bei den Kindern, bei den Lehrern, bei den Eltern?

Auf diese Fragen gehen die nachfolgenden Aufsätze des Kapitel I ein:

Ein Autorenkollektiv junger Lehrer aus dem Ruhrgebiet schildert höchst eindringlich die Situation der Schulen, in denen die Kinder des Volkes „erzogen" werden; die Kinder der Arbeiter und Angestellten, die Kinder der Bauern, der Handwerker, der technischen und wissenschaftlichen Intelligenz.

Stephan Voets erläutert in seinem grundsätzlichen Beitrag, daß die Bildungskrise kein „Naturereignis" ist. Er weist nach, daß es eindeutige Interessen der ökonomisch und politisch Herrschenden sind, die eine umfassende Bildung für alle Kinder verhindern. Von dieser Zielsetzung her geht der Aufsatz auf grundlegende gesellschaftliche Zusammenhänge ein. Der Beitrag deckt genau die *Ur*sachen auf, die von BILD und FAZ, von Helmut Schmidt und Helmut Kohl ständig verschleiert werden. Da außerdem die prinzipiellen Ansätze einer demokratischen Alternative abgeleitet werden, veröffentlichen wir den Aufsatz von S. Voets sowohl als grundlegende Analyse als auch als Grundlage der Diskussion von wirksamen Gegenaktivitäten.

Hans Maag schließlich zeigt, daß der Kampf aller Demokraten und Sozialisten eine lange Tradition besitzt. Er entwickelt die Grundzüge dieser historischen Linie und verweist an einigen Stellen auf die erfolgreiche Verwirklichung einer demokratischen, sozialistischen, einer wahrhaft menschlichen Bildung in den Ländern des Sozialismus. Damit beweist er nicht nur, daß der Kampf der Arbeiterbewegung um die Entwicklung menschlicher Fähigkeiten erfolgreich *war*; er zeigt damit auch uns in unserem aktuellen Kampf die prinzipiell erfolgversprechenden Perspektiven.

André Leisewitz stellt die Entwicklung der bisherigen Bewegung gegen die Berufsverbote dar. Sein Beitrag zeigt, daß immer mehr Menschen begreifen: hier geht es nicht nur um Personen, die aus politischen Gründen ihren Beruf nicht mehr ausüben können — hier handelt es sich von seiten der Herrschenden um einen zentralen Angriff auf Grundrechte und Verfassung —, dagegen gilt es, sich zu wehren, von Anfang an.

Autorenkollektiv

„Volksschulen" — Die Schulen für die Kinder der arbeitenden Bevölkerung

Eigentlich ist alles, was die Einteilung unseres Schulsystems betrifft, doch recht einfach: „Den untersten Stand bilden die Handarbeiter (Tagelöhner, Fabrikarbeiter, Kleinbauern, Kleinhandwerker, Unterbeamte etc.), die vorwiegend mechanische, gleichbleibende Arbeit verrichten. Den Mittelstand stellen die Kleinkaufleute, Kunsthandwerker, Großbauern, mittlere Beamte, die durch Einsicht und Kenntnisse befähigt sind, die wirtschaftliche Arbeit der Nation zu unterhalten, die von der Wissenschaft dargereichten Theorien praktisch zu verwerten und die Gedanken der höheren Leistung zur Ausführung zu bringen. Den obersten Stand bilden die Wegweiser des kulturellen Fortschritts, die durch ihre neuen Ideen den Grund für die erfolgreiche Weiterführung und Vervollkommnung der nationalen Arbeit legen (Großindustrielle, Großkaufleute, Gelehrte, höhere Militärs und Beamte). Den allgemeinen Bildungsbedürfnissen dieser ... sozialen Schichten paßt sich das deutsche Schulwesen in weitgehendem Maße an; deshalb gliedert es sich in ein höheres, mittleres und niederes Schulwesen ..."[1] Diese kurze Passage über die Einteilung des Schulwesens ist zwar stellenweise etwas geschraubt formuliert, aber jeder weiß, daß es sich im Prinzip *genauso* verhält. Nur: das Zitat wurde im Jahre *1910* geschrieben! Und doch erkennen wir darin *heute* die Schulen unserer Kinder wieder.

Grundschulen — eine harte Schule für die Kleinsten

Einige wenige Stichworte charakterisieren die katastrophale Lage in den Grundschulen:
Einerseits:
— Unterrichtskürzungen bis zu 20 Prozent und mehr;
— nicht selten mehr als 40 Kinder in einer Klasse;
— bis zu 30 Prozent verhaltensgestörte Kinder schon im 3. Schuljahr;
— Förderunterricht, Musik, Kunst und Sport fallen für viele Grundschulkinder aus;
— die Zahl der „Sitzenbleiber" steigt.

Andererseits:
Tausende von arbeitslosen Lehrern, darunter viele Grundschullehrer.

Die Literatur zur Reform der Grundschule füllt Regale. Doch seit eh und je bleibt sie ein brüchiges Fundament: die „Kleinsten" — nach Alter und sozialer Herkunft — konfrontiert man mit den höchsten Lernansprüchen und bewilligt ihnen dafür den relativ geringsten Anteil an Mitteln. Bis heute hätten die Reformen zumindest zum Teil verwirklicht werden können, denn es gibt zunehmend mehr ausgebildete Lehrer, zugleich in einigen Jahrgängen weniger Kinder für die Grundschule. Die bürgerlichen Parteien und Länderregierungen haben im Bildungsgesamtplan versprochen, daß sie diese Chance nutzen würden.

Dabei hätte es nahegelegen, vom „offiziellen" Auftrag an die Grundschule auszugehen, der sich zunächst recht eindrucksvoll liest. Die Grundschule nämlich soll

— das Recht zur freien Entfaltung für jedes Kind ermöglichen (Art. 2 des Grundgesetzes und Art. 8 der Verfassung des Landes Nordrhein-Westfalen); und

— die Gleichheit der Bildungschancen für alle eröffnen (Art. 3 GG und Art. 8 Verfassung NRW).

Doch wie sieht diese Gleichheit der Bildungschancen wirklich aus? Die Grundschule ist eine Einrichtung, die Kinder jedweder Herkunft besuchen. Es haben sich jedoch Grundschulen herausgebildet, die die soziale Struktur der Wohngebiete recht genau widerspiegeln — Grundschulen für Arbeiterkinder, solche für die Kinder des Mittelstandes usw., wobei die vielzitierten Ausnahmen die Regel bestätigen.

Gerade in den Arbeiterwohngebieten finden wir dann die Grundschulen mit z. B. bis zu 20 Prozent nicht besetzten Planstellen (wie etwa im Essener Norden) und eine Großzahl von Klassen mit 35 bis 40 Schülern.[2]

Diese jedermann bekannte materielle Situation, für die wir hier nur ein Beispiel genannt haben, wirkt sich unmittelbar auf die Entwicklung der Kinder aus. Da selbst der beste, der fleißigste, der fähigste Lehrer unter diesen Bedingungen nicht *alle* Kinder fördern kann, sind Leistungen in der Schule noch immer abhängig von den Anregungen durch das Elternhaus, von Hilfestellung und Kontrolle bei den Hausaufgaben durch Familienangehörige, von häuslicher Raumsituation sowie der häuslichen Atmosphäre. Aufgrund der hierin enthaltenen klassenspezifischen Benachteiligungen bestünde die vorrangige Aufgabe des Lehrers in der Förderung und Unterstützung von Arbeiterkindern. Seine materiellen Möglichkeiten zum Ausgleich von Defiziten sind jedoch, wie bekannt, äußerst gering.

Für die Förderung sind wöchentlich drei Unterrichtsstunden vorgesehen. Ein größerer Anteil ist für Schüler mit Lernschwierigkeiten bereitzustellen, grundsätzlich jedoch sollen alle Schüler gefördert werden.[3]

Auf dem Hintergrund des Unterrichtsausfalls ist die reale Situation jedoch die, daß der Förderunterricht, neben den Fächern Sport, Musik und Kunst, *zuerst* gestrichen wird.

Weitere Maßnahmen zur individuellen Förderung entfallen aufgrund der derzeitigen Schulverhältnisse (große Klassen, mangelhafte Ausstattung der Schulen mit Fach- und Gruppenarbeitsräumen, Lehr- und Arbeitsmaterial, hohe Wochenstundenzahl der Lehrer usw.).

In unseren Grundschulen können also lediglich die „besonders Begabten" selektiert werden. Die folgenden Zahlen machen deutlich, daß es dabei eindeutig um eine klassenspezifische Selektion geht: Von allen Schülern, die aus Arbeiterfamilien stammen, besuchen 67,7 Prozent die Hauptschule, 21,9 Prozent die Realschule, 10,4 Prozent das Gymnasium. Für Schüler aus der herrschenden Klasse und ihr nahestehenden sozialen Schichten sieht es umgekehrt aus: Gymnasium 55,1 Prozent, Realschule 14,1 Prozent, Hauptschule 30,8 Prozent.[4] Wer „unten" geboren wurde, hat nur geringe Chancen, eine Realschule oder ein Gymnasium zu besuchen. Wer aber „oben" ist, bleibt mit großer Wahrscheinlichkeit auch oben!

So also ist es in der Praxis um das Recht aller Kinder auf „Gleichheit der Bildungschancen" bestellt. Die Landesregierungen unternehmen nicht nur *zu wenig*, um die Grundschulsituation zu verbessern; sie legen schon jetzt Grundsteine für eine weitere Verschlechterung. Denn eine ganze Reihe von „Sparmaßnahmen" treffen in erster Linie die Arbeiterkinder, deren Lebensbedingungen sich gerade jetzt durch die zunehmende Arbeitslosigkeit und Kurzarbeit ohnehin massiv verschlechtern:

— Einschränkung der Fahrkostenerstattung für Schüler;
— Streichung der Zuschüsse für Schulmilch;
— Einschränkung der Lernmittelfreiheit; und vieles andere.

Auf diesem Hintergrund ist es nicht verwunderlich, daß bereits in der Grundschule viele Kinder „scheitern"; schon hier werden die „Versager" produziert, der „Ausschuß" des imperialistischen Schulsystems.

Wohin mit den „Versagern"?

Diejenigen, die bereits die erste Hürde dieser Auslese nicht bewältigen, werden in Sonderschulen abgeschoben; als kleine Kinder besitzen sie damit zumeist keine echten sozialen Chancen mehr. Zwar dient die Sonderschule offiziell „der Kompensation individuell oder vom Milieu her bedingter Behinderungen".[5] Doch die Ursachen der „Behinderungen", die zu einem wesentlichen Teil in der Grundschulsituation liegen, gehen in die diesbezüglichen Aussagen des Bildungsgesamtplans nicht ein.

Denn danach müßte Sonderschülern in unserem „Sozialstaat" und aufgrund der proklamierten „Chancengleichheit" das *höchste* Maß an Förderung zukommen. So sieht es jedoch in der Wirklichkeit nicht aus.

Nach dem Lehrmittelfreiheitsgesetz vom 28. März 1973 stehen für Schulbücher vom 5. bis 9. Schuljahr folgende Beträge zur Verfügung:

Sonderschule für Lernbehinderte	302 DM
Hauptschule	342 DM
Realschule	542 DM
Gymnasium	560 DM

An Essener Sonderschulen beispielsweise müßten laut offiziellem Schüler-Lehrer-Verhältnis rund 625 Sonderschullehrer und andere pädagogische Kräfte arbeiten. Tatsächlich sind 445 Planstellen besetzt, d. h., es besteht ein Lehrermangel von rund 30 Prozent. Von den 445 besetzten Planstellen entfallen nur 167 auf ausgebildete Sonderschullehrer, d. h. nur 38 Prozent der an Sonderschulen Tätigen sind für diesen Bereich voll qualifiziert.

Das ist schließlich das Ergebnis: „Im Zeitraum von 1966 bis 1969 stieg die Schülerzahl der Sonderschule für Lernbehinderte um 81,2 Prozent ..."[6] (in NRW). Doch völlig unbeeindruckt davon wird weiterhin vom angeblich fördernden Einfluß der Sonderschulen gesprochen.

Die Sonderschule für Lernbehinderte nimmt die Kinder und Jugendlichen auf, „die wegen ihrer Lern- und Leistungsbehinderungen in Grund- und Hauptschule nicht hinreichend gefördert werden können".[7]

Daraus erklärt sich angeblich auch, daß „je höher die Quote der Schüler an Schulen für Lernbehinderte in einem Bundesland ist, um so geringer ist die Quote der Hauptschulabgänger ohne Hauptschulabschluß".[8]

Diese Schlußfolgerung der Mitarbeiter des deutschen Bildungsrates, Kniel und Topsch, ist jedoch falsch. Tatsächlich ergibt eine Auswertung der vorliegenden Zahlen für 1969, daß Bundesländer mit einem hohen Anteil an Abgängern aus Lernbehindertenschulen *auch* einen hohen Anteil an Schulentlassenen aus der Hauptschule ohne Abschlußzeugnis aufwiesen. Bundesländer mit einer niedrigen Zahl von Abgängern aus Lernbehindertenschulen hatten auch eine geringere Zahl von Abgängern ohne Abschluß aus der Hauptschule.[9]

Man kann feststellen: Die Sonderschule für Lernbehinderte ist ihrer Aufgabe — die Entlastung der Grund- und Hauptschule von sogenannten Schulversagern — nicht gerecht geworden. Im Gegenteil, sie hat die Auslese noch verschärft, da sie eine zunehmende Zahl von Schülern aufnimmt, für die trotz allen Etikettenwechsels das Stigma des Hilfsschülers bleibt.

Und die Hauptschule?

Den Kindern, die zunächst die Grundschule erfolgreich absolvieren, bleibt zwar der soziale Abstieg in die Sonderschule erspart. Doch im Prinzip sieht ihre Zukunft in der Hauptschule kaum rosiger aus.

Auch hier stellen wir die offiziellen Zielsetzungen voran, die sich — wie im Fall der Grundschule — ebenfalls großartig anhören: Die Hauptschule „tritt den anderen Schulen weiterführender Bildung als eine gleichwertige Schulform zur Seite".[10]

Aufgaben und Ziele, „die auch für den Bildungsauftrag und die Bildungsarbeit der Hauptschule als Schule der weiterführenden Bildung verbindlich sind, ... sind ... im einzelnen:
— Anhebung des gesamten Ausbildungsniveaus der Jugendlichen durch vermehrte und verbesserte Schulbildung aller Art,
— Erhöhung der Zahl zu gehobenen Abschlüssen verschiedenster Art geführten Jugendlichen,
— Ausbildung jedes einzelnen bis zum höchsten Maß seiner Leistungsfähigkeit,
  ...
— Verstärkung der Durchlässigkeit unter allen bestehenden Schulen ..."[11]

Doch ebenso wie im Fall der Grundschule, läßt sich aus der Wirklichkeit nur ein Fazit ziehen, das mit diesen Ansprüchen *nichts* zu tun hat:
— Die Hauptschule ist zur „Restschule" geworden. Der Anteil der Schüler, die eine Schule der weiterführenden Bildung besuchen, ging an den Hauptschulen zurück und stieg an Realschulen und Gymnasien an. — Gleichzeitig stieg auch, wie erwähnt, die Anzahl der Schüler an Sonderschulen für Lernbehinderte.
— Die „weiterführende Bildung" an der Hauptschule „genießen" vorrangig Arbeiterkinder (Anteil der Arbeiterkinder an Hauptschulen in der BRD: 53 Prozent, in Westberlin: 66 Prozent).
— Schenkt man den Aussagen der Hauptschullehrer Glauben, die bereits an der früheren Volksschule tätig waren, so sind die Leistungen der Hauptschüler im Vergleich zu den ehemaligen Volksschülern der Oberstufe gesunken.

— Die drei Abschlußmöglichkeiten der Hauptschule sind:
  a) Qualifizierter Abschluß (Berechtigung zum Besuch des 10. Schuljahres);
  b) Abschluß (Voraussetzung für eine Lehrstelle);
  c) Abgang ohne Hauptschulabschluß.

Vergleicht man die Schulabschlüsse in der Tendenz, so muß festgestellt werden, daß der Anteil der Hauptschulabschlüsse mit Qualifikation sinkt (in NRW vom Schuljahr 1970/71 bis 1972/73 von 18 auf 15 Prozent).[12] Nach offiziellen Aussagen ist in den achtziger Jahren mit einem Anstieg der Hauptschulabgänger ohne Abschluß von derzeit 25 Prozent auf über 30 Prozent zu rechnen (in Westberlin lag diese Zahl bereits 1972/73 bei 36,2 Prozent).[13]

— Zur Durchlässigkeit unter allen bestehenden Schulen ist festzustellen, daß sie bloß in der Hinsicht gewährleistet ist, daß Realschüler und Gymnasiasten jederzeit in die Hauptschule zurückkehren können und auch zurückkehren. Umgekehrt treten diese Fälle zahlenmäßig kaum in Erscheinung.

— Die Ausbildung jedes einzelnen „bis zum höchsten Maß seiner Leistungsfähigkeit" ist an der Hauptschule billiger; denn der Hauptschüler wird unterrichtet von kürzer ausgebildeten Lehrern, findet an seiner Schule im Verhältnis weniger Lehrer vor und erhält schließlich weniger Mittel, d. h. eine schlechtere Ausstattung mit Lehr- und Lernmitteln.

Der hohe Anspruch der weiterführenden Bildung für alle Bevölkerungsschichten bleibt somit eine Farce — mit einer bösen praktischen Konsequenz:

Es liegt nämlich auf der Hand, daß zu einem großen Teil die Hauptschüler von der derzeitigen Lehrstellenverknappung und Jugendarbeitslosigkeit betroffen sind. Eine Vorbereitung darauf findet in der Hauptschule nicht statt, ganz zu schweigen von einer gewerkschaftsorientierten Aufklärung darüber, daß es möglich und notwendig ist, gegen die Arbeitslosigkeit zu kämpfen. Die Situation wird hingegen gerade in den Abschlußklassen indirekt zur Disziplinierung der Schüler herangezogen. Bei der Argumentation seitens der Schule, „Lerne, damit du eine Lehrstelle bekommst", wird den Schülern sogar der Eindruck vermittelt, daß es ihr persönliches Versagen sei, wenn sie keine Arbeitsstelle erhalten.

Diese Argumentation fällt beim Hauptschüler auf fruchtbaren Nährboden, denn er weiß längst, daß er zur „negativen Auslese" gehört, daß seine Zukunftsperspektiven gering sind, daß die Ideologie der Chancengleichheit für ihn nicht zutrifft. Wachsende Aggressivität und Brutalität, wachsende Schulunlust und Schulschwänzen bereits in den unteren Jahrgängen zeigen, daß der Hauptschüler von seiner Schule keine Hilfe mehr erwartet.

Praktisch nahtlos, mit der gleichen Perspektivlosigkeit, tritt der in dieser Weise „vorgebildete" Hauptschüler in das Berufsleben ein und wird damit gleichzeitig Berufsschüler.

Berufsschulen — die Fortsetzung der Misere

In der bildungspolitischen Diskussion nimmt die Berufsschule in mancherlei Hinsicht eine Sonderstellung ein. Das hängt mit ihren Aufgaben und mit ihrem Zustand zusammen. Im Unterschied zu allen anderen Schulen muß sie sich ihre Bildungsarbeit mit anderen teilen, mit den Betrieben. Im „dualen System" ist sie nur „berufsbegleitende", „ergänzende" Schule, sie gibt „Teilzeitunterricht".

Der Betrieb dominiert eindeutig. Das gilt für den Umfang „seines" Anteils an der Berufsausbildung, für den Einfluß auf die Jugendlichen, und selbst für das Geschehen in der Berufsschule. Deshalb gibt eine Betrachtung der Berufsschule kein vollständiges Bild der Lage der Jugendlichen in diesem Lebensabschnitt wieder. Um das zu erhalten, müßte die Situation in der Berufsausbildung insgesamt beschrieben werden.[14]

Eine weitere Eingrenzung ist nötig: „Berufsschulen" als organisatorisch selbständige Schulen gibt es überhaupt nicht. Es gibt das „berufsbildende Schulwesen" mit den verschiedensten Schulformen auch vollzeitschulischer Art (z. B. Berufsgrundschule, Berufsvorschule, Berufsfachschule, Fachoberschule usw.), die in der Regel im gleichen Gebäude wie die Berufsschule untergebracht sind, ein einheitliches Lehrerkollegium und aufeinander abgestimmte Stundenpläne haben.

Des weiteren ist die Schülerschaft der Berufsschulen in sich äußerst differenziert. Zwar ist allen gemeinsam, daß sie zur arbeitenden Jugend gehören, doch gibt es Arbeitslose und Beschäftigte, Schüler ohne Ausbildungsvertrag und Auszubildende, Abgänger von Sonderschulen, Hauptschulen, Realschulen, Gymnasien, beruflichen Vollzeitschulen, alle mit oder ohne Abschluß der jeweiligen Schule. Das hat für die pädagogische Situation schwerwiegende Folgen, besonders in den wenig gegliederten Berufsschulen in kleineren Städten und auf dem Land.

Eine Einschätzung der Lage der Schüler in den Berufsschulen ist aber trotz dieser Einschränkungen möglich. Die Mißstände sind hier derartig auffällig, daß niemand es ernsthaft wagen wird, sie zu bezweifeln.

Und das ist eine weitere Besonderheit der Berufsschulen gegenüber den anderen Schularten: Die Einigkeit in der Beurteilung ist selbst zwischen den verschiedensten gesellschaftlichen und politischen Kräften in einem Maße einheitlich, daß es schon wieder verwirrend und geradezu verdächtig wird. „Berufsschüler — Stiefkinder der Nation" und „Deutschlands (!) Berufsschulen sind ein Trauerspiel" — so oder ähnlich greifen bürgerliche Presseorgane das Thema auf.

Daher ist zunächst festzuhalten: Wenn es auch eine weitgehende Übereinstimmung in der Kritik an der Berufsschule gibt zwischen den Kräften, die das Problem vom Standpunkt der arbeitenden Jugend her sehen und denen, die es vom entgegengesetzten Standpunkt betrachten, so zeigt dies doch dreierlei:

— Die Zustände können nicht abgestritten werden;
— die Unternehmer nutzen sie in demagogischer Weise aus, um von den Mißständen in *dem* Bereich der Berufsausbildung, für den *sie unmittelbar* verantwortlich sind, abzulenken; sie schieben die Verantwortung „dem Staat" zu und knüpfen dabei an die weitverbreitete Illusion an, daß dieser Staat eine von ihnen unabhängige selbständige Kraft sei;[15]
— Insbesondere die Vertreter der großen Konzerne meinen es „ehrlich": In ihrer langfristig angelegten Konzeption zum Bildungssystem in der Bundesrepublik sind auch in der Berufsschule gewisse Veränderungen gegenüber dem heutigen Zustand erforderlich.[16]

Wie sieht die Wirklichkeit an den Berufsschulen aus? Der Alltag von Schülern und Lehrern ist fast ausschließlich und unverhüllt eingegrenzt und geprägt von den Interessen der Unternehmer. Diese lauten, auf den kürzesten Nenner gebracht: Die Berufsschüler sollen nur das lernen, was sie für ihre jeweilige Arbeit im jeweiligen Betrieb benötigen — nicht mehr, aber auch nicht weniger. Wenn es noch etwas anderes, Nicht-Berufliches, sein muß, dann nichts, was die Herrschaft des Großkapitals gefährdet; erlaubt ist nur das, was sie festigt.

Das läßt sich vielfach belegen. Man betrachte nur etwa die Menge des Berufsschulunterrichts, die Staat und Unternehmer für notwendig halten, d. h. die Norm, wie sie in Gesetzen und Verordnungen festgelegt ist. Sie ist zwar aufgrund der nicht vorhandenen Einheitlichkeit des Schulwesens in der Bundesrepublik je nach Bundesland verschieden (zwischen acht und zwölf Wochenstunden), doch geht sie einheitlich davon aus: Für drei Viertel aller Jugendlichen genügen in der Phase ihres Eintritts in das Berufsleben ein, allerhöchstens zwei halbe Tage pro Woche Unterricht.

Aber selbst dieses Mini-Soll wird bei weitem nicht erfüllt.[17] Im „Bericht der Bundesregierung zur Lage der Nation 1971" wird z. B. zugegeben: „In der Bundesrepublik fehlen allerdings gegenwärtig rund 15 000 Berufsschullehrer (39 Prozent unbesetzte Stellen);

das Soll von acht Wochenstunden wurde 1964 im Bundesdurchschnitt nur knapp zur Hälfte erreicht." (S. 193).

Doch Durchschnittswerte sagen zu wenig. Für den Alltag der Berufsschüler ist eine andere Zahl aus dem Bildungsbericht der Bundesregierung 1970 (S. 33, Tab. 19) viel wichtiger: Danach hatten in Nordrhein-Westfalen 1967 über 80 Prozent der Berufsschüler höchstens sieben Stunden Berufsschulunterricht pro Woche, etwa zwei Drittel von ihnen sogar nur sechs Stunden. Diese Jugendlichen haben nur einen halben Tag Berufsschule, die restliche Zeit der Woche verbringen sie im Betrieb. Nach den Bestimmungen des Jugendarbeitsschutzgesetzes (§ 13 I) ist nämlich der Jugendliche nur „an Berufsschultagen, an denen die Unterrichtszeit mindestens sechs Stunden ... beträgt, ... ganz von der Arbeit freizustellen". Gerade dieser Punkt spielt eine große Rolle in den Kämpfen der arbeitenden Jugend und ist Gegenstand ihrer Forderungen zur Reform dieses Gesetzes. Da mit „Stunden" nicht Unterrichts-, sondern *Zeit*stunden gemeint sind, müßten Berufsschüler an einem Tag mindestens acht Unterrichtsstunden haben, um nicht mehr in den Betrieb zu müssen.

So jedoch gab es Festlegungen, auf Schulebene nicht mehr als sechs Stunden Unterricht zu erteilen, weil den Schülern angeblich nicht mehr „zuzumuten" sei. Daß sie nach dem Unterricht (oder bei Nachmittagsunterricht gar vorher) im Betrieb arbeiten müssen, ist offensichtlich „zumutbar". Ja, die Rücksichtnahme der für die Schule Verantwortlichen gegenüber den Unternehmern ging stellenweise sogar so weit, daß bei sieben Unterrichtsstunden die letzte Pause um fünf Minuten gekürzt wurde. Dann dauerte der Unterrichtstag fünf Stunden und 55 Minuten, die Voraussetzung des JArbSchG war nicht erfüllt, und die Schüler mußten noch in den Betrieb.

Das alles ist alltägliche Praxis. Und viele weitere gravierende Beispiele beweisen den umfassenden Einfluß, den Unternehmer und in ihrem Interesse handelnde staatliche Institutionen auf die Berufsschule ausüben. Nur stichwortartig führen wir hier an:

— Ausfall des Unterrichts, wenn „die betriebliche Mitarbeit der berufsschulpflichtigen Jugendlichen dringend notwendig ist" (Runderlaß des Kultusministers von NRW vom 7. 9. 1955), beispielsweise beim Schlußverkauf.

— Ausfall des Unterrichts, wenn der Jugendliche seinen Urlaub auf Anweisung des Betriebes während der Schulzeit nehmen muß.

— Unzureichende Ausbildung selbst in den beruflichen Fächern, ohne jede wissenschaftliche Grundlage.

— Plattester Antikommunismus, Geschichtsfälschung, Nationalismus und Gewerkschaftsfeindlichkeit in den allgemeinen Fächern.

— Alleinige Zuständigkeit der Unternehmer für die Abschlußprüfung.

Gerade über den letztgenannten Mechanismus erreichen die Unternehmer, daß in der Berufsschule wirklich kaum noch etwas geschieht, was nicht in ihrem Interesse liegt, selbst wenn fortschrittliche Lehrer und Schüler dies wollten. Die Masse der Auszubildenden will natürlich die Abschlußprüfung bestehen und betrachtet daher alles Geschehen in der Berufsschule ausschließlich unter dem Gesichtspunkt, ob es diesem Ziel dient oder nicht. Dann üben diese Berufsschüler selbst einen entsprechenden Druck aus, wobei zu beachten ist, daß bei der mangelhaften Ausbildung in den Betrieben das für die Abschlußprüfung erforderliche Wissen ohnehin fast ausschließlich in der Berufsschule vermittelt wird.

Diese Tendenz hat sich in der gegenwärtigen Situation der Krise und Jugendarbeitslosigkeit noch außerordentlich verschärft. Die Unternehmer treiben den einseitig bestimmten Leistungsdruck auf die Spitze, indem sie nur noch Auszubildende mit guten Prüfungsergebnissen nach Abschluß der Ausbildungszeit in ein Arbeitsverhältnis übernehmen. Will ein Lehrer in dieser Situation fortschrittlichen Unterricht machen, steht er nicht nur vor dem Problem jedes Lehrers, die Motivation der Schüler zu wecken, sondern er muß erst einmal die Angst vor der Arbeitslosigkeit bekämpfen und lange Diskussionen über die Interessen der Schüler und die eigentliche Aufgabe der Berufsschule führen.

Die vollständige Abhängigkeit der Prüfungen von den Unternehmerkammern führt dazu, daß die Abschlußzeugnisse der Berufsschule folgerichtig keinerlei Berechtigungen geben und insoweit völlig ohne Wert sind. Theoretisch könnte ein Schüler mit einem extrem schlechten Berufsschulzeugnis die Abschlußprüfung bestehen, was für ihn allein entscheidend ist. In der Praxis häufig ist jedoch der umgekehrte Fall: Berufsschüler mit guten Leistungen versagen in der Abschlußprüfung. Ihr gutes Zeugnis hilft ihnen nicht. Aus diesem Grund steht auch die Forderung nach Anerkennung des Berufsschulzeugnisses als Vorzensur bei der Abschlußprüfung seit Jahren auf der Tagesordnung des Kampfes der arbeitenden Jugend gegen die Herrschaft der Unternehmer in der beruflichen Bildung. Die Erfahrungen zeigen, daß diese Forderung einen außerordentlich mobilisierenden Charakter trägt.

Geht man davon aus, daß der wichtigste Einfluß auf das Bildungsgeschehen *in* der Schule vom Lehrer ausgeübt wird, ergibt sich angesichts der Zustände in der Berufsschule die Frage: Wie können die Unternehmer auch hier ihre Interessen durchsetzen?

Wieso erfüllen die meisten Berufsschullehrer ihre im Sinne des gesellschaftlichen Systems der BRD vorgezeichnete Aufgabe?

Es gibt Faktoren, die für Lehrer aller Schulformen gelten. Überwiegend kleinbürgerliche Herkunft und eine entsprechende Ausbildung, schließlich der für die Arbeit vorgegebene Rahmen, wären hier zu nennen. Dieser Hinweis schließt selbstverständlich nicht aus, daß es immer fortschrittliche Lehrer gegeben hat und daß ihr Anteil an der gesamten Lehrerschaft zunimmt. Nicht zuletzt die Berufsverbote sind ja ein Ausdruck der Befürchtung der Herrschenden, ihren Einfluß auf die Lehrer zu verlieren.

Doch auch hier kommen an den Berufsschulen weitere Gesichtspunkte hinzu. Zunächst einmal ist die Lehrerschaft äußerst verschiedenartig zusammengesetzt. Ein großer Teil ist überhaupt nicht für diesen Beruf ausgebildet, ein erheblicher Teil erst nach einer anderen Berufstätigkeit dazugestoßen.

Ein vollständiger Zusammenbruch des Unterrichts an den Berufsschulen wurde bisher nur dadurch verhindert, daß nebenberufliche Kräfte für wenige Stunden pro Woche angeworben wurden. Dabei handelt es sich durchweg um für ihre Aufgabe vor allem methodisch-didaktisch in keiner Weise qualifizierte Leute aus der Praxis. Die eigentlich naheliegende Lösung, Lehrermangel durch Ausbildung und Einstellung von Lehrern zu beheben, scheint zumindest für die Berufsschulen aus der Sicht der Verantwortlichen eine Art Verschwendung zu sein.

Eine besonders bedeutsame Angelegenheit ist eine bestimmte materielle Interessiertheit mancher Berufsschullehrer an den bestehenden Verhältnissen: Großbetriebe wollen die schlechte Ausbildung ihrer Auszubildenden in der Berufsschule durch betriebsinternen Unterricht ausgleichen. Der aber wird meist von Berufsschullehrern erteilt — gegen gute Bezahlung. Dann kommt es vor, daß der Auszubildende in Betrieb und Berufsschule vom gleichen Lehrer unterrichtet wird. Man kann sich leicht ausmalen, auf welcher Seite ein solcher Lehrer bei Konflikten zwischen Unternehmer und Auszubildenden stehen wird.

Aber all dies konnte nicht verhindern, daß auch in der Berufsschullehrerschaft neue Einflüsse und Tendenzen zunehmen. Die Lehrer sind unzufrieden mit den schlechten Arbeitsbedingungen. Viele empfinden die Mißachtung, die in der Bundesrepublik der Arbeit und den arbeitenden Menschen entgegengebracht wird, auch als gegen sich gerichtet: Schließlich sind sie die Lehrer dieser Menschen. Die meisten ziehen allerdings daraus noch den falschen Schluß, sie „müßten genauso angesehen sein wie die Gymnasiallehrer", d. h., sie sehen das Problem nicht klassenmäßig, sondern von ihrem besonderen Berufsstand aus.

Immer öfter geraten allerdings auch die Berufsschullehrer in Konflikte mit den alles Geschehen beherrschenden Kammern der Unternehmer, die sich bis in schulorganisatorische Einzelheiten hinein einmischen.

Schließlich gibt es immer wieder Lehrer, die angesichts ihrer täglichen Praxis mit den Berufsschülern das Ausmaß an Schaden begreifen, das hier an ganzen Generationen der Arbeiterjugend angerichtet wird.[18]

Gerade weil an den Berufsschulen von einer Förderung der Schüler, die schon auf den bisherigen Schulen unter die Räder geraten sind, wegen der aufgezeigten Bedingungen natürlich nicht im entferntesten die Rede sein kann, liegt in den Einsichten fortschrittlicher Berufsschullehrer *eine* wesentliche Perspektive. Sie müssen, aus ihrer Kenntnis der untragbaren Lage, gemeinsam mit den eigenen Schülern, gemeinsam mit den Lehrern aller anderen Schulformen, in den Gewerkschaften und in Verbindung mit der demokratischen und Arbeiterbewegung den Kampf aufnehmen.

[1] L. Wegener, Schulkunde, Lehrbuch der Pädagogik V. Teil, Oldenburg 1910, S. 4, zitiert nach: F. Wißmann, Volksschule — Hauptschule — Sekundarstufe I, in: Demokratische Erziehung 1/1975, S. 26.

[2] Zum Beispiel sah das Verhältnis Schüler pro Lehrer 1970 im Vergleich der Städte Bonn und Gelsenkirchen folgendermaßen aus:

	bis 30	bis 35	bis 40	bis 50	bis 60	61 und mehr
Bonn	11 %	38 %	38 %	14 %	0 %	0 %
Gelsenkirchen	0 %	0 %	0 %	13 %	41 %	46 %

[3] Vgl. Richtlinien und Lehrpläne für die Grundschulen in NRW, 1973.

[4] betrifft: erziehung 8/1975, S. 44.

[5] Bildungsgesamtplan, Band I, S. 35.

[6] Kniel/Topsch, Die Problematik der negativen Auslese, in: Die Grundschule 4/1973.

[7] Ständige Konferenz der Kultusminister der Länder, Empfehlung zur Ordnung des Sonderschulwesens, Nienburg/Weser 1972.

[8] Vgl.Kniel/Topsch, a. a. O.

[9] Vgl. K. Himmelstein, Hauptschule — Sackgasse unseres Bildungssystems, in: Demokratische Erziehung 1/1975, S. 18.

[10] Richtlinien und Lehrpläne für die Hauptschule in NRW. Die Schule in NRW. Eine Schriftenreihe des Kultusministers, Ratingen 1968, A1/6.

[11] Richtlinien ..., A1/2 ff.

[12] Berechnet nach: Landesamt für Datenverarbeitung und Statistik NRW, zitiert nach: K. Himmelstein, a. a. O., S. 18.

[13] U. Preuss-Lausitz, Von der Hauptschule zur Restschule, in: betrifft: erziehung 1/1975, S. 48.

[14] Diese wird allerdings im vorliegenden Buch nicht behandelt.

[15] So schreibt die FAZ in einem Leitartikel (Peter Hort, „Bin sechzehn, suche Lehre"): „Dabei sind die Schwachstellen der beruflichen Ausbildung weniger bei den Betrieben, als vielmehr bei den Berufsschulen zu suchen: Weder in ihrer materiellen, noch in ihrer personellen Ausstattung entsprechen sie den Notwendigkeiten, der Lehrstoff hat vielfach mit dem technischen Wandel nicht Schritt gehalten, und zu oft fällt der Unterricht aus" (FAZ vom 21. 1. 1976).

[16] „Hier bringt ein neues Berufsbildungsgesetz keine Abhilfe. Die Wirtschaft ist auf funktionsfähige Berufsschulen angewiesen; die Länder müssen endlich ihre eigenen Gesetze einhalten und sich im Bildungsbereich auf die Berufsschule konzentrieren.", aus: „Position, Magazin für Berufsbildung", hrsg. vom Deutschen Industrie- und Handelstag, Heft 4/1975, S. 16.

[17] Einer der wesentlichen Gründe für das „Mini-Soll" liegt in der äußerst unterschiedlichen Ausstattung mit finanziellen Mitteln, wie der folgende Vergleich zeigt:

Ausgaben je Schüler

	Gymnasium	*Gesamtausgaben* Berufsschule
1961	1850,—	710,—
1974	3750,—	1590,—

		Personalausgaben
1961	1240,—	410,—
1974	2180,—	1010,—

		Sachausgaben
1961	380,—	190,—
1974	1050,—	290,—

(Bundesministerum für Bildung und Wissenschaft, Strukturdaten, Bonn, November 1974, S. 27 und 42, zit. nach: Aktion Lehrermangel, herausgegeben von der GEW).

[18] So unterstützen Teile der Berufsschullehrerschaft bereitwillig die wenigen Reformansätze, die vor einigen Jahren von staatlicher Seite auch im Bereich des berufsbildenden Schulwesens in Gang gebracht wurden.

Stephan Voets

Bildungsfragen sind Zukunftsfragen
Demokratische Alternative
kontra imperialistische Unterdrückung
menschlicher Fähigkeiten

Um ihre Existenzsicherheit zu erhöhen, um ihre persönliche und gesellschaftliche Zukunft besser gestalten zu können, brauchen die arbeitenden Menschen für sich und ihre Kinder eine qualifizierte, demokratische Bildung.

Zwischen dem Bildungsstand der Bevölkerung und dem Grad ihrer sozialen Sicherheit besteht ein enger Zusammenhang. So waren im September 1975 58,1 Prozent aller Arbeitslosen ohne abgeschlossene Berufsausbildung.[1] Bei den — in unserer Gesellschaft niedrig qualifiziert gehaltenen — Frauen liegt die Arbeitslosigkeit relativ höher als bei Männern; ein entsprechender Zusammenhang von Ausbildung und Arbeitslosigkeit zeigt sich auch bei ausländischen Arbeitern.[2] Von den Ende 1975 in Nordrhein-Westfalen offiziell erfaßten 51 000 Jugendlichen ohne Ausbildungsverhältnis haben 38 596 (= 75,7 Prozent) „wegen fehlenden Schulabschlusses keinen Arbeitsplatz gefunden".[3] Lehrstellenmangel, Misere der Berufsbildung und Zulassungsbeschränkungen der Hochschulen[4] wirken sich ebenso verschärfend auf die Jugendarbeitslosigkeit aus wie die Notstände an den Haupt- und Sonderschulen.

Qualifizierte Bildung allein sichert keinen Arbeitsplatz. Aber mit ihr lassen sich einige Existenzunsicherheiten mindern und Kampfmöglichkeiten der Werktätigen verbessern.

Bildung dient nicht allein dem Fortkommen im Beruf. Zugleich geht es in der Bildung stets um die einmaligen und oft unwiederbringlichen Entfaltungsmöglichkeiten von Persönlichkeiten, um ihren Anspruch auf ein besseres, reicheres und glücklicheres Leben. Es geht um die soziale wie individuelle Stellung derjenigen, die in unserem Land alle Werte schaffen.

Offenkundig sind jedoch die herrschenden Kräfte unseres Landes, die Großkonzerne und ihre Interessenvertreter, weder bereit noch in der Lage, der arbeitenden Bevölkerung auch nur das Recht auf Bildung angemessen zu gewährleisten. Auf Jahrzehnte der Bildungskatastrophe und -misere folgten große Versprechen. Es wurde jedoch nur ein gewisser Nachholbedarf ausgeglichen. Jetzt regiert der Rotstift, und Bundesbildungsminister Rohde gibt mittlerweile zu, daß „die Bildungspolitiker nicht mehr so ernst genommen werden..., ja, daß man ihnen schlicht Unfähigkeit vorwirft"[5].

Vertröstung folgt auf Vertröstung, aber grundlegende Reformen bleiben aus. Gegenwärtig gilt die tiefgreifende Krise als Grund von Verzögerungen und Rückschritt; Regierungsvertreter vertrösten auf den „Aufschwung". Welche Erwartungen sind nun an diesen Aufschwung zu richten? Verringern sich Existenzunsicherheiten, wird ein Ausweg aus der Bildungsmisere gebahnt?

Für die Großkonzerne scheint die Antwort bereits festzustehen. Die Bundesvereinigung der Deutschen Arbeitgeberverbände[6] (BDA) gibt als *langfristige* Orientierung die „vorrangige Notwendigkeit" an, „die überzogenen Ansprüche und Erwartungen in der Bevölkerung nach unten statt nach oben zu orientieren" und „das Bewußtsein für die Grenzen unserer (!) wirtschaftlichen Leistungsfähigkeit zu schärfen".[7]

Offenkundig will das Großkapital die jetzige Krise nutzen, um die Grundrichtung der gesellschaftlichen Entwicklung zu verändern und einen Großangriff auf alle sozialen und demokratischen Rechte der arbeitenden Bevölkerung zu führen. Der „Aufschwung" soll dementsprechend bei den Profiten stattfinden, nicht aber bei der Befriedigung der Bedürfnisse aller Werktätigen.

Folgerichtig nehmen Großunternehmer und ihre politischen Interessenvertreter Kurs auf Dauerarbeitslosigkeit mit einem hohen Anteil Jugendlicher[8]. Zugleich zeichnet sich in Anbetracht von Jugendarbeitslosigkeit, Lehrstellenmangel, Zulassungsbeschränkungen und Schulmisere eine „Ausbildungskrise" ab, die sogar die großbürgerliche „Frankfurter Allgemeine Zeitung" in Schrecken versetzt[9]; bis 1983 steigen die Zahlen der Schulabgänger gegenüber dem jetzigen Stand um etwa 300 000 zusätzlicher Abgänger an, während nach der jetzigen Planung die Zahl der Lehrstellen und Ausbildungsplätze stagniert oder sogar sinkt.[10]

Die Gefahr einer zweiten Bildungskatastrophe zeichnet sich für unser Land ab. Ist diese Entwicklung unvermeidlich? Worin bestehen die Schranken und worin die Möglichkeiten einer zukunftsorientierten, demokratischen Bildungsentwicklung in unserem Land?

Profitinteresse — Schranke der Bildungsentwicklung

Die Bundesrepublik ist, selbst noch in der gegenwärtigen Krise, eines der reichsten Länder der Erde. Arbeiter, Angestellte, alle Werktätigen schaffen tagtäglich enorme Werte. Der Fortschritt von

Wissenschaft und Technik ermöglicht eine immer modernere Produktion.

Die moderne Produktion ermöglicht und erfordert eine allseitige Bildung auf hohem Niveau, sie erfordert „Wechsel der Arbeit, Fluß der Funktion, die allseitige Beweglichkeit des Arbeiters..., die absolute Disponibilität des Menschen für wechselnde Arbeitserfordernisse", sie ermöglicht und erfordert „das total entwickelte Individuum, für welches verschiedene gesellschaftliche Funktionen einander ablösende Betätigungsweisen sind".[11] Diese *Forderung nach allseitiger Entwicklung* beruht nicht auf einer willkürlichen Annahme oder abstrakten Moralprinzipien; sie ist vielmehr zu stellen, „weil eben der vorgefundene Verkehr und die vorgefundenen Produktivkräfte allseitig sind und nur von allseitig sich entwickelnden Individuen angeeignet, d. h. zur freien Betätigung ihres Lebens gemacht werden können".[12]

Die Schüler von heute haben im Jahr 2000 noch fast die Hälfte ihres Berufslebens vor sich. Künftig werden Automatisierung und Chemisierung der Produktion weiter voranschreiten. Schon heute verdoppelt sich das Wissen der Menschheit in weniger als zehn Jahren[13], und es ist anzunehmen, daß sich diese Zeitspanne künftig verkürzt. Erheblich und ständig verbesserte Bildung ist daher nötig, um den Beruf meistern zu können. Sie ist zugleich nötig, um die persönliche wie die gesellschaftliche Entwicklung bewußt, auf der Grundlage wissenschaftlicher Erkenntnisse gestalten zu können — in einer Zeit, in der es gilt, den Frieden zu sichern und teilzunehmen am Kampf für den gesellschaftlichen Fortschritt inmitten zu erwartender großer internationaler und auch nationaler Umwälzungen.

Längst schon hat sich in unserem Land die „vollständige materielle Vorbereitung des Sozialismus, seine unmittelbare Vorstufe"[14], herausgebildet. „Die Technik des Kapitalismus wächst mit jedem Tag mehr und mehr über die gesellschaftlichen Bedingungen hinaus, die die Werktätigen zur Lohnsklaverei verdammen."[15] — Denn die Produktivkräfte in unserem Land sind offenkundig hochentwickelt, zugleich ist die Vergesellschaftung der Produktion weit vorangeschritten.

Doch hinter der Reife der Produktivkräfte bleiben die imperialistischen Produktionsverhältnisse immer weiter zurück. Unter ihren Bedingungen ist Ziel aller Produktion nicht die Befriedigung menschlicher Bedürfnisse, sondern die Kapitalverwertung, der Höchstprofit vor allem der Großkonzerne.

Die überholten Produktionsverhältnisse hemmen vor allem die Entwicklung der Hauptproduktivkraft, der Arbeiterklasse. Sie schafft alle Werte, verfügt aber nicht darüber. Sie wird nur als Objekt behandelt, als Objekt der Ausbeutung und Unterdrückung. Ihre

Initiative und Schöpferkraft sind nur dort gefragt, wo es Profit bringt; von der Lenkung und Leitung von Wirtschaft, Gesellschaft und Staat aber wird sie ausgeschlossen.

Dieser Widerspruch zwischen der Rolle der Arbeiterklasse als Schöpfer aller Werte und ihrer demgegenüber völlig zurückgebliebenen gesellschaftlichen Stellung bestimmt auch die Entwicklung des gesamten Bildungswesens.

Will man nun untersuchen, ob und in welcher Hinsicht unter der Vorherrschaft des Profitinteresses der Bildungsstand der Bevölkerung entwickelt und angehoben wird, ist zunächst auf einige ökonomische Triebkräfte und Faktoren einzugehen, weil diese die gesamte Entwicklung der Gesellschaft und somit auch der Bildung entscheidend bestimmen; zu beachten sind weiterhin einige Besonderheiten des heutigen Entwicklungsstadiums des Kapitalismus, in dem sich ein Machtkartell von Staat und Großkonzernen herausgebildet hat.

Unter diesen Gesichtspunkten sollen folgende drei Probleme näher erörtert werden:

1. Was führt dazu, daß im Kapitalismus die Qualifikation der Arbeitskraft erhöht wird?
2. Was wirkt dem entgegen?
3. Faktoren, die heute die ökonomischen Gesetzmäßigkeiten des Kapitalismus beeinflussen und modifizieren und auf diese Weise den Widerspruch zwischen den Faktoren verschärfen, die die Bildungsentwicklung vorantreiben oder hemmen.

Erhöhung der Qualifikation der Arbeitskraft

Eine höhere Qualifikation der Arbeitskraft, größeres Wissen und verbesserte Fähigkeiten und Fertigkeiten der Arbeiter und Angestellten können die Arbeitsproduktivität erhöhen. Zudem läßt sich eine hochorganisierte Produktion nicht mit Analphabeten bewerkstelligen. Der Kapitalismus ist in immer stärkerem Maße gezwungen, diesen Tatsachen Rechnung zu tragen, wenn er seine Profitmacherei aufrechterhalten und ausdehnen will; durch höhere Qualifikation läßt sich das Arbeitsvermögen intensiv erweitern und mit dessen Hilfe der Profit vergrößern.

Der Fortschritt von Wissenschaft und Technik sowie deren wachsende Rolle in der Produktion setzen ebenfalls die Notwendigkeit auf die Tagesordnung, die Qualifikation aller Werktätigen zu erhöhen. Zum Beispiel nimmt unter diesen Bedingungen der Anteil körperlicher Arbeit in der Produktion ständig ab, während der der geistigen rasch zunimmt. Der Imperialismus kann nur fortbestehen, wenn er dem wissenschaftlich-technischen Fortschritt Rechnung trägt, wenn er also versucht, sich der Entwicklung der modernen Produktivkräfte und der fortschreitenden Vergesellschaftung der Arbeit anzupassen. Ein deutlicher Ausdruck solcher Anpassungsversuche ist z. B. gegenwärtig das starke Anwachsen sowohl der „höheren" Bildung (mehr Oberschüler, Studenten, Akademiker) als auch der „mittleren" Bildung (z. B. Realschüler, z. B, Technikerausbildung).[16]

Auch unter dem Imperialismus gibt es unstreitig eine Entwicklung der Produktivkräfte und eine Entfaltung der Qualifikation der Bevölkerung. Doch eben dies ist kein Wesenszug des Imperialismus; vielmehr war, ist und bleibt sein Hauptkennzeichen die Jagd nach dem Höchstprofit. Die herrschende großkapitalistische Ausbeuterminderheit ist nicht in der Lage, die modernen Produktivkräfte wirklich zu entwickeln, sondern lediglich bemüht, sich ihnen anzupassen, so gut sie es vermag.

Tendenzen gegen eine Erhöhung der Qualifikation

Woran es liegt, daß sich die notwendige Produktionskraftentwicklung nicht mit den Profitinteressen in Übereinstimmung bringen läßt und folgerichtig auch ein unüberwindlicher Gegensatz zwischen Bildungsfortschritt und Imperialismus besteht, zeigen folgende Überlegungen:

a) Höherer Profit läßt sich für die Monopole auch anders erzielen als durch Anpassung an die modernen Produktivkräfte, z. B. durch Preiserhöhungen. Phasenweise kann die Entwicklung der Produktivkräfte und auch die Tendenz zur Anhebung der Qualifikation immer wieder stagnieren[17].

b) „Es ist kein Zufall, wenn sich das Großkapital, das Arbeitslosigkeit hervorbringt, gleichzeitig und seltsamerweise über den Mangel an qualifizierten Werktätigen beklagt. Es müßte seiner eigenen Tendenz, die Löhne zu drücken und am Lebensunterhalt und an der Ausbildung der Arbeitskraft einzusparen, die Schuld geben. Man sieht hier recht deutlich und anschaulich die Widersprüchlichkeit des Kapitalismus: In der Zwickmühle zwischen seiner Tendenz, die Arbeit zu dequalifizieren, und der auf lange Sicht bestehenden Notwendigkeit, die Produktivkräfte zu entwickeln, bringt das Kapital immer mehr Absurditäten zutage."[18]

c) Wert und Verwertbarkeit von Qualifikation sind ökonomisch nicht exakt meßbar, während der Aufwand für sie immer weiter steigt. Neben den steigenden Kosten der Bildung fällt hierbei ins Gewicht, daß längere Schul- und Studienzeiten sowie mehr Lehrkräfte dem Arbeitsmarkt Arbeitskräfte entziehen und somit oft das

Arbeitsvermögen an einem Punkt verringern, wo das Kapital mehr Ausbeutungsobjekte braucht.

Die Unsicherheit über den ökonomischen Nutzeffekt verstärkt den ohnehin vorhandenen Widerstreit kurz- und langfristiger Interessen des Großkapitals (Investitionen für kurzfristig erzielbaren Profit oder aber für langfristig verbesserte Verwertungsbedingungen). Die Bildungsinvestitionen erscheinen dabei vom Standpunkt des Kapitals als tote Kosten, die über die Verringerung der Mehrwertmasse die Profitrate drücken. Somit hemmen vor allem kurzfristige Profitinteressen die Entwicklung des Bildungswesens.

d) Widersprüche, Krisen und Anarchie der imperialistischen Produktionsweise wirken auf das Bildungswesen. Es wird nie Qualifikation schlechthin nachgefragt, sondern nur diejenige, die für die vorhandenen Arbeitsplätze benötigt wird. Wieviele und welche Arbeitsplätze es jedoch gibt, hängt ab von der anarchischen Entwicklung der Produktion, die bestimmt ist von der Jagd nach Höchstprofit. Krisen und Arbeitslosigkeit, Konkurrenz und Monopolisierung, Kapitalexport und Widersprüche zwischen den verschiedenen Kapitalgruppen führen dazu, daß der Bedarf an Qualifikation letztlich nicht geplant werden kann. Da nun das Großkapital immer stärker darauf drängt, das Bildungssystem müsse sich direkter nach dem „Beschäftigungssystem" richten[19], trägt es auch verstärkt Widersprüche und Tendenzen zur Anarchie in die Bildungsentwicklung.

Ein aktuelles Beispiel dafür, daß der Bedarf an Qualifikation im Imperialismus letztlich nicht geplant werden kann, ist gegenwärtig die Entwicklung der höheren Schulbildung und des Hochschulwesens. Über lange Zeit versuchte die imperialistische Politik, hier einen enormen Nachholebedarf auszugleichen. Mittlerweile scheinen jedoch das Großkapital und seine Interessenvertreter auf dem Standpunkt zu stehen, es gäbe „zu viele" Oberschüler, Studenten, Akademiker; von einem „Schülerberg", einer „Lehrerschwemme" usw. ist die Rede. Weil sich unsere Gesellschaftsordnung auch hier unfähig erwies, die Bildungsentwicklung zu planen und zu lenken, erleben wir gegenwärtig eine immer weitergehende Ausdehnung der Zulassungsbeschränkungen an den Hochschulen, Ankündigungen von Akademikerarbeitslosigkeit und vielfältige Versuche, von höherer Schule und Stadium wegzuorientieren.

e) Unter der Herrschaft des Machtkartells von Monopolen und Staat gibt es keine Tendenz zur *einheitlichen* Höherqualifizierung der *gesamten* Bevölkerung. Es gelten vielmehr die Bedingungen der Klassenteilung und der darauf fußenden Arbeitsteilung sowie des Bildungsprivilegs.

So „erhöht (sich) das Qualifikationsniveau der Arbeiterklasse wesentlich langsamer als das der Gesamtarbeitskraft der Gesellschaft"[20]; das Bildungsprivileg der herrschenden Klasse hemmt die Bildungsentwicklung.

Weiterhin ist der gegenwärtige Kapitalismus „stets bestrebt — ohne dies je völlig zu erreichen —, den Menschen durch die Maschine zu ersetzen, statt die Maschine zum Helfer des Werktätigen zu machen"[21], er ist also stets bestrebt, den Arbeiter zum Anhängsel der Maschine zu machen. Daher wirkt dem erhöhten Bedarf an neuen Kenntnissen und besserer Qualifikation eine weitere Tendenz entgegen: das Verdrängen hergebrachter Berufstätigkeiten, die „massenhafte Entwertung der traditionellen Fähigkeiten und Fertigkeiten".[22]

Schließlich bedeutet die mit dem wissenschaftlich-technischen Fortschritt vorangetriebene kapitalistische Arbeitsteilung auch eine Tendenz zur Beschränkung der Bildung durch blindes Spezialistentum, Vereinseitigung und Verarmung an individuellen Produktivkräften. „Das Ideal der Kapitalisten sind ‚Fachidioten'."[23] Damit geht ein völlig einseitiges, technokratisches Verständnis dessen einher, was unter Qualifikation und Bildung überhaupt zu verstehen ist, eine Reduzierung auf verwertbare Kenntnisse.

f) In der Produktion werden die vorhandenen Qualifikationen oft nur kurze Zeiten gebraucht. Notwendig ist hohe Mobilität der Arbeitskräfte. Der Imperialismus stellt nun diese Mobilität keineswegs nur durch eine beständig steigende Qualifikation der Arbeitskräfte, durch hohes Wissen auf breiter Grundlage her, sondern auch dadurch, daß die Arbeiter die sozialen Folgen der sich ständig ändernden Nachfrage nach ihrer Qualifikation zu tragen haben. Die „Beweglichkeit" der Arbeiter wird somit auch hergestellt durch Rückstufungen, Umbesetzungen und Entlassungen, durch immer neues Anlernen und Umschulen, das oft wieder entwertet wird. Auch diese wachsende Existenzunsicherheit der Arbeiterklasse hemmt oft die Höherqualifizierung.

**Klassenauseinandersetzungen
bestimmen die Bildungsentwicklung mit**

Bisher wurde vor allem betrachtet, welche Konsequenzen sich für die Bildungsentwicklung daraus ergeben, daß sie der Kapitalverwertung untergeordnet wird. Eine schematische Betrachtung dieses Problems einzig unter dem Gesichtspunkt der Verwertungsinteressen des Kapitals (wie es das Steckenpferd vieler „linker" Bildungsökonomen ist), würde jedoch in die Irre führen, weil nicht die gesamten Existenzbedingungen des heutigen Imperialismus berücksichtigt werden, sondern nur „innere" ökonomische Gesetze. Es wirken jedoch wichtige Triebkräfte, die diese Gesetze modifizieren oder in ihrer Wirksamkeit einschränken.

a) Wir leben in Zeiten der weltweiten Auseinandersetzung zwischen den Gesellschaftssystemen des Imperialismus und des Sozialismus; hierbei befindet sich die Bundesrepublik schon allein aufgrund ihrer geographischen Lage mit im Zentrum dieser Auseinandersetzung.

Die Konkurrenz mit dem Sozialismus zwingt den Imperialismus dazu, Produktivkräfte und Qualifikation in anderer Weise und oft schneller zu entwickeln, als das nur nach seinen „inneren" Gesetzen der Fall wäre. Man denke nur an die enormen Anstrengungen, die die imperialistischen Länder in Wissenschaft, Technik und Bildung einleiteten, nachdem die Sowjetunion ihren ersten Erdsatelliten gestartet hatte, also nach dem sogenannten „Sputnik-Schock".

b) Die ökonomischen Gesetze wirken keineswegs chemisch rein, sondern werden in konkreten Klassenauseinandersetzungen durchgesetzt oder aber auch modifiziert bzw. eingeschränkt. Unter dem Druck der demokratischen und Arbeiterbewegung kommt es auch in der Bildung immer wieder zu Zugeständnissen, nicht zuletzt in Anbetracht der Tatsache, daß die arbeitenden Menschen das positive Beispiel des Sozialismus und seines einheitlichen Bildungssystems auf ihrer Seite haben, daß sie also dessen Vorbildwirkungen nutzen können. Für die Bildungsentwicklung in unserem Land ist es auch von zentraler Bedeutung, daß seit Ende der sechziger Jahre vor allem unter der Jugend unseres Landes starke systemkritische Tendenzen wirken, während gleichzeitig wieder eine legale kommunistische Partei besteht. Unter diesen Bedingungen stellen sich auch in der Bildung die Fragen nach Zugeständnissen, nach Eingehen auf die Forderungen der arbeitenden Menschen, nach dem ganzen Charakter der Politik anders als in den finstersten Zeiten der Adenauer-Ära. Politische Auseinandersetzungen und Entscheidungen, auch Erfolge der demokratischen und Arbeiterbewegung können die Bildungsentwicklung mitbestimmen. Andererseits besteht unstreitig auch die Tendenz, daß der herrschenden Klasse „zu viel" Wissen der Arbeiterklasse stets gefährlich erscheint; sie ist daher immer bestrebt, das Bildungswesen als Instrument der Manipulierung und geistigen Niederhaltung einzusetzen, das Bildungsvorrecht der herrschenden Klasse zu festigen und damit die Bildung aufzuspalten in „Elite" — und „Massenbildung" — was, ebenfalls aus politischen Gründen, der Höherqualifizierung entgegenwirken kann.

c) In unserem Land hat sich die Macht des Großkapitals mit der des Staates vereinigt. Ein wachsender Teil des gesellschaftlichen

Reichtums wird über den Staat umverteilt, zugunsten der Rüstung und des Profits der Konzerne, zu Lasten der arbeitenden Menschen.

Auch die staatliche Bildungspolitik, die den Hauptanteil des Bildungs- und Erziehungswesens bestimmt, ist ausgerichtet an den Interessen des Großkapitals. Zugleich zeigen sich jedoch in dieser Aktivität des Staates eine Reihe von Besonderheiten:

Zum Beispiel bleiben in unserem Land Schulen und Kindergärten, Hochschulen und Weiterbildung selbst noch hinter den beschränkten und letztlich überlebten Anforderungen des Großkapitals zurück. Notstände und Katastrophen, ja teilweise Funktionsunfähigkeit sind seit Bestehen der Bundesrepublik ständige Begleiterscheinungen der Entwicklung des Bildungswesens.

Dieses Nachhinken der staatlichen Bildungspolitik und -ausgaben hatte immer schon seine Ursache im Vorrang von Rüstungsausgaben sowie Steuergeschenken und Subventionen an die Großkonzerne. In der gegenwärtigen Krise hat sich dieses Problem sehr zugespitzt: Um Hochrüstung und Umverteilung zugunsten der Konzerne unangetastet zu lassen, kürzen die Regierungen in Bund und Ländern Sozial- wie Bildungsausgaben. Diese Alternative stellt sich, weil Bewegungsspielraum und Manövriermasse des Imperialismus kleiner geworden sind. Dadurch, daß CDU/CSU, SPD und FDP einträchtig bei dieser Alternative gegen die Volksinteressen, für Rüstung und Profit entscheiden, vertiefen sie die Bildungskrise.

Es erweist sich daher als immer dringlicher, in antimonopolistischer Richtung demokratischen Druck auszuüben, für Abrüstung, für Besteuerung der Konzernprofite zugunsten der Bildung. Diese Dringlichkeit hat einen weiteren Grund: Es bestand (und besteht zum Teil noch) im Rahmen des allgemeinen Klassencharakters eine gewisse Eigenständigkeit der staatlichen Bildungspolitik. Heute nun mehren sich direkte Eingriffe des Großkapitals in die Bildungspolitik, wie z. B. das erpresserische Vorgehen der Monopolverbände beim Entwurf des Berufsbildungsgesetzes.[24]

Diese immer direkteren reaktionären Eingriffe der Monopole sind begleitet davon, daß zugleich der staatlichen Politik vom Großkapital immer mehr Aufgaben der Aufsicht, Kontrolle und Formierung in seinem Interesse vorgeschrieben werden.

Zusammenfassend läßt sich zu den bisher genannten Problemen feststellen: Die Vorherrschaft des Machtkartells von Großkapital und Staat führt die Bildung in eine tiefe Krise. Profitinteressen und Widersprüche der Gesellschaftsordnung hemmen die Anhebung des Bildungsniveaus der Bevölkerung; die staatliche Bildungspolitik wird immer direkter von der des Großkapitals bestimmt.

Im Interesse ihrer Existenzsicherung und ihrer gesamten Zukunft waren, sind und bleiben die arbeitenden Menschen darauf angewiesen, bessere Bildung für sich und ihre Kinder gegen das Groß-kapital zu erkämpfen. Dies erhöht zunächst ihren Wert als Objekt der Ausbeutung. Aber der Kampf um bessere Bildung bedeutet auch eine Verbesserung der Lebensverhältnisse. Zugleich — und das ist entscheidend — entsteht in diesen Kämpfen die Erfahrung, daß es notwendig ist, sich von der Fessel des Großkapitals auch in der Bildung zu befreien.

Bildung und Erziehung in der geistigen und politischen Auseinandersetzung

Die Bundesvereinigung der Deutschen Arbeitgeberverbände (BDA) ist beunruhigt, denn „heute stehen junge Menschen nach wie vor unserer (!) Wirtschafts- und Gesellschaftsordnung stellenweise äußerst skeptisch gegenüber und sind gegen Einflüsse radikaler ideologischer Minderheiten nicht gefeit"[25]; sie fordert daher „päd-agogische Zielstellungen, die der bestehenden Gesellschaftsordnung verpflichtet sind".[26]

In der Tat, die BDA und mit ihr alle ökonomisch, politisch und geistig herrschenden Kräfte in unserem Land haben durchaus An-laß, Zukunftsperspektiven und Existenzbedingungen ihrer Macht mit einiger Sorge zu betrachten.

Während die gesamte kapitalistische Welt von einer Krise enor-men Ausmaßes erfaßt ist und Stagnation, Preistreiberei und Ar-beitslosigkeit hervorbringt, erweisen sich die sozialistischen Länder als die stabilste Wirtschaftsregion der Erde, die stetiges Wirt-schaftswachstum und steigenden Wohlstand der Bevölkerung ohne Existenzunsicherheit garantieren kann. Zugleich konnten die im-perialistischen Länder durch die Kraft des Sozialismus und den Kampf der Völker für den Frieden gezwungen werden, die fried-liche Koexistenz anzuerkennen und zu ihr beizutragen. Darüber hinaus beweisen eine Reihe von Ereignissen allein der letzten zwei Jahre, welche internationalen Veränderungen zuungunsten des Im-perialismus inganggekommen sind: die historische Niederlage der USA in Indochina, der Sturz des Faschismus in Portugal und Griechenland und die Befreiung der ehemaligen portugiesischen Kolonien in Afrika, um nur einige Beispiele zu nennen.

Im Inneren der Bundesrepublik stellen die gegenwärtige Krise sowie der in ihr eingeleitete Angriff des Großkapitals auf alle so-zialen und demokratischen Rechte der Werktätigen eine grundsätz-lich neue und entscheidende Erfahrung dar für ganze Arbeiter-generationen, vor allem für die Jugend. Diese Erfahrung schlägt sich keineswegs automatisch in Klassenbewußtsein nieder, verringert aber die Stabilität des politischen Systems und setzt den Möglichkeiten der Verschleierungs- und Integrationspolitik engere Grenzen als je zuvor.

Kein Wunder also, daß auch in großbürgerlichen Kreisen Fragen auftauchen wie: „Kapitalismus am Ende?"[27] oder die nach einer „Strategie für magere Jahre"[28]. Reinhard Mohn, der Vorstandsvorsitzende des Bertelsmann-Konzerns, kam bereits zu der Einsicht: „Die Flaute und die Vision kommender magerer Jahre haben zutage gefördert, was seit Jahren hinter Prosperität und Inflation verdeckt gewesen ist: der Unternehmer und sein Handeln sind in Frage gestellt, und zwar materiell wie geistig."[29]

Sicherlich befindet sich gerade in unserem Lande das Großkapital keineswegs am Ende seiner Macht, wohl aber in einer geschichtlichen Defensive. Unter den für sie insgesamt verschlechterten äußeren wie inneren Bedingungen konzentrieren die Monopole und ihre Interessenvertreter große Energien darauf, jede Hinwendung der Bevölkerung zu Gesellschaftskritik, zu demokratischer Selbsttätigkeit, zu fortschrittlichen Alternativen und der Öffnung des Weges zum Sozialismus zu unterbinden.

Diesem Ziel dient gegenwärtig vor allem der Versuch des Imperialismus, alle Wege und Methoden seiner Massenbeeinflussung wirksamer zu gestalten und direkter zu kontrollieren, seien es Fernsehen und Presse, seien es Schulen, Hochschulen und außerschulische Bildung. Der politische und ideologische Klassenkampf verschärft sich.

Hat dabei der Imperialismus noch irgendeine große Idee, noch irgendein konstruktives Ziel aufzubieten, mit dem er eine Zukunftsperspektive eröffnen oder gar die Massen für sich gewinnen könnte? Die gebetsmühlenartige Wiederholung des Wortes „Freiheit", dem letztlich nur der Inhalt gegeben wird „nicht so wie im Sozialismus", kann nicht darüber hinwegtäuschen, daß sich die herrschenden Kreise unseres Landes nicht nur ökonomisch, sondern auch geistig in der Krise befinden.

Wenn heute die Monopole (bzw. in unmittelbarer Interessenwahrnehmung der Staat) immer direkter in Bildung und Erziehung eingreifen, um sie besser entsprechend den Bedürfnissen des Großkapitals zu formieren, dann sind hierbei nicht Wertvorstellungen und Leitbilder bestimmend, sondern äußerliche Eingriffe, Disziplinierung und Kontrolle.

In der Auseinandersetzung um demokratische Rechte haben die herrschenden Kreise unseres Landes die Berufsverbote durchgesetzt, von denen Angst und Einschüchterung ausgehen. „Verfassungsfeindlich" ist zum Universal-Kampfbegriff der Reaktionäre gegen jedwede fortschrittliche Regung geworden; das haben Lehrer, Erzieher, Wissenschaftler, Schulbuchautoren drastisch zu spüren bekommen. Nicht nur das Recht der Studenten auf politische Interessenvertretung wird bestritten und angegriffen, sondern auch das der Schüler und Eltern.[30] Es sind nicht nur an den Hochschulen verstärkte Tendenzen zu verzeichnen, Staatsaufsicht und direkte Kontrolle zu verstärken, sondern z. B. auch in der Jugendhilfe[31] oder z. B. in der Lehrplanreform.[32] Ebenso deutlich treten Bemühungen zur äußerlichen Formierung auch darin zutage, daß Militarisierung und nichtöffentliche Einrichtungen an Bedeutung gewinnen.[33]

Alle diese Bestrebungen zielen dahin, das Bildungswesen überhaupt im Griff der Reaktion zu halten und die Einflußmöglichkeiten der Konzerne zu verbessern. Es wäre falsch, in all diesen Prozessen nur den Angriff auf demokratische Rechte hervorzuheben. Zugleich drückt sich in ihnen aus, in welchem Maße sich die soziale Basis des Großkapitals und die Zustimmung zu seiner Politik verringern. Die entschiedene, breite demokratische Gegenwehr gegen Berufsverbote, Disziplinierung und Militarisierung besitzt daher großes Gewicht und reale Erfolgsmöglichkeiten, wie z. B. der Kampf gegen die Berufsverbote deutlich beweist.[34]

Neben der äußeren Einflußnahme war und ist für die herrschenden imperialistischen Kreise vor allem von Interesse, inwieweit die von den Bildungseinrichtungen vermittelten Lehrinhalte ihren Interessen dienen und letztlich eine wirksame Untertanenerziehung gewährleisten. Auch hier nehmen unverkennbar direkte Einflußnahmen und Kontrollen zu. War es z. B. vor einigen Jahren noch das „bewährte bildungspolitische Arbeitsprinzip" des Deutschen Industrieinstituts, daß „die Wirtschaft" nur allgemeine Bildungserfordernisse und Bildungsbedürfnisse aufzeigt, es aber „weitgehend dem pädagogischen Sachverstand und Fachmann (überläßt), die didaktischen und methodischen Möglichkeiten der Lösung zu erarbeiten",[35] so zeigt demgegenüber der neueste Jahresbericht der BDA nicht nur ein deutliches Anwachsen unternehmerischer Lehrerbildungsarbeit, sondern läßt auch erkennen, daß die Monopolverbände verstärkt Unterrichtsmodelle und Schulbücher vor allem für „sozialökonomische Themenkreise" entwickeln und verbreiten. Er zeigt weiterhin, daß sie sich unmittelbar an der Erarbeitung neuer Hauptschullehrpläne in Baden-Württemberg beteiligt haben und künftig dem Politikunterricht mehr Aufmerksamkeit widmen wollen.[36]

Die vielfältigen aktuellen Auseinandersetzungen um Lehrinhalte sowie um Ziele von Bildung und Erziehung überhaupt können hier nicht angemessen wiedergegeben werden. Es soll vielmehr versucht werden, an einigen Beispielen zu zeigen, in welcher Richtung sich Einflußnahmen der herrschenden Klasse unseres Landes bewegen und welche Kampfmöglichkeiten sich den demokratischen Kräften unseres Landes bieten.

Solche Beispiele sind:

1. Die Rolle des Antikommunismus und weitere arbeiterfeindliche Zielsetzungen und Inhalte.
2. Die Trennung von Schule und Leben, Erziehung und Produktion.
3. Einige neuere Probleme der geistigen und politischen Auseinandersetzung um Erziehung und Bildung.

Die Rolle des Antikommunismus

Lehrinhalte, Richtlinien, Schulbücher und Unterrichtsmaterialien bieten in unserem Land keineswegs ein einheitliches Bild. Vieles wurde in den letzten Jahren eingeführt, das den Anspruch erhebt, modern zu sein. In Einzelfragen setzen sich dabei oft auch realistische Darstellungen durch, z. B. in Lese- und Geschichtsbüchern.

Trotz aller Verschiedenheit lassen sich dennoch einige gemeinsame Grundzüge erkennen. Ein solcher Grundzug z. B., der unmittelbar auf den Klassencharakter unseres Bildungswesens verweist, besteht in Arbeiterfeindlichkeit und Antikommunismus.

Sofern Arbeiterbewegung und Gewerkschaften im Unterricht überhaupt zur Sprache kommen, geschieht dies in Schulbüchern und Lehrplänen durchgängig vom Standpunkt der „Sozialpartnerschaft", der Klassenzusammenarbeit. Ökonomische und soziale Probleme werden ebenso so durchgängig mit Unternehmerargumenten nach Art der angeblichen „Lohn-Preis-Spirale" dargestellt.[37]

Am ausgeprägtesten und eindeutigsten ist die arbeiterfeindliche Indoktrination dort, wo es um die revolutionäre Arbeiterbewegung geht. Der Antikommunismus (aller Schattierungen) war und ist Staatsdoktrin in unserem Land. Noch immer schreibt der sogenannte „Totalitarismus-Erlaß" vor, den Schülern einzutrichten, daß es eine „verwerfliche Zielsetzung" und „verbrecherische Methoden" des „Bolschewismus" gibt, der als „Gefahr für die Menschheit" darzustellen ist und dessen Koexistenzpolitik obendrein auf „Doppelzüngigkeit" beruht — so der Erlaß.[38]

Der Ostkunde-Erlaß der Kultusministerkonferenz von 1973 (!) macht für den Unterricht die revanchistische Behauptung verbindlich, durch die Verträge mit den sozialistischen Ländern sei keine Rechtsgrundlage für die bestehenden Grenzen in Europa geschaffen worden.[39]

In der letzten Zeit sind nun Richtlinien und Schulbücher veröffentlicht worden, die ein realistischeres Bild unserer Gesellschaft zeigen und vom hergebrachten militanten Antikommunismus abrücken, so die Rahmenrichtlinien für Gesellschaftslehre in Hessen und entsprechende Richtlinien in Nordrhein-Westfalen, so Schulbücher wie „Drucksachen" oder wie die aus der Feder von K. G. Fischer und Hilligen/George.

Hier zeichnet sich eine Tendenz der elastischen Massenbeeinflussung ab, die auch Zugeständnisse macht und sich auf sozialreformerische und linksbürgerliche Kräfte stützt. In Zeiten der Entspannung und zugleich wachsender innerer Widersprüche in unserem Land kommt man offenkundig mit dem Geist des kalten Krieges, mit Unternehmerargumenten und undifferenziertem Antikommunismus nicht mehr so weit wie früher.

Für die herrschende Klasse hat diese Tendenz der Zugeständnisse, des realistischen und elastischen Herangehens letztlich nur einen Methodenstreit hervorgerufen, bei dem sich momentan offenbar diejenigen durchgesetzt haben, die der Auffassung sind, dergleichen gehe zu weit. Folgerichtig wird gegenwärtig beinahe jeder auch nur halbwegs vernünftige und fortschrittlich nutzbare Ansatz in einem Schulbuch oder Lehrplan von Unternehmerverbänden, CDU/CSU und reaktionären Wissenschaftler- und Elternverbänden als „marxistisch" verteufelt.

Für die arbeitenden Menschen unseres Landes, für die Arbeiterklasse und ihre Verbündeten ist aber weniger diese letztlich immer vorhandene Auseindersetzung um Herrschaftsmethoden von Interesse. Natürlich haben sie realistischere Tendenzen gegen reaktionäre Angriffe verteidigt und werden dies auch weiter tun.

Für sie fällt dabei aber vor allem ins Gewicht, daß es gelingen konnte, Zugeständnisse durchzusetzen und daß sich die reaktionärsten Kräfte in Zeiten der Entspannung offenkundig verstärkt in der Defensive befinden. Das verweist auf die Notwendigkeit, auch die Gestaltung der Lehrinhalte als Kampffrage zu begreifen, alle sich bietenden Möglichkeiten zur Zurückdrängung der reaktionärsten Kräfte zu nutzen, realistischere Kräfte zu unterstützen und verstärkt für demokratische Ziele und Inhalte der Bildung einzutreten.

Die Trennung von Schule und Leben

Traditionell und auch heute ist das bürgerliche Bildungswesen weitgehend vom gesellschaftlichen Leben getrennt, vor allem von dem der Arbeiterklasse; zugleich besteht keine sinnvolle Verbindung von Erziehung und Produktion.

Ziele und Inhalte, Sprache und Methoden vor allem der Schulbildung stehen — auch noch in der „volkstümlichen" Bildung — im Gegensatz zu den Lebenserfahrungen, Problemen und Kämpfen der Arbeiter.

Das Bildungswesen bleibt ohne fruchtbare Beziehung zur Hauptproduktivkraft, zur Arbeiterklasse, ohne Verbindung mit der modernen Produktion; und während Wissenschaft und Technik in der Produktion immer größere Bedeutung gewinnen, vermitteln die Schulen unseres Landes kein wissenschaftliches Weltbild, sondern bestenfalls Stückwerk, keine wissenschaftlich fundierte Allgemeinbildung, sondern letztlich Einzelkenntnisse, oft genug vermischt mit idealistischer oder irrationaler Betrachtung von Natur und Gesellschaft.[40]

Unter den Bedingungen der Trennung von Schule und Leben, von Erziehung und Produktion, von Kenntnis und Allgemeinbildung degeneriert der „Lernstoff" zum formalen, beziehungslosen Wissen, die Theorie zum praxisfernen Gedankenspiel. Der Schüler begreift daher oft nicht, was er lernt und warum er es lernen soll, denn er findet kaum eine Beziehung zu seinem gegenwärtigen oder zukünftigen Leben. So wird eben für die Zensur gepaukt (und heute in Anbetracht der Zulassungsbeschränkungen und des Lehrstellenmangels doppelt gepaukt), weil eben Lehre und Studium mit davon abhängen; Interesse und Freude am Lernen wird damit aber zerstört.

Ansätze zur Verbindung von Erziehung und Produktion sehen Politiker der Bundestagsparteien und auch die Unternehmerverbände[41] gegenwärtig in der allgemeinen Einführung einer „Arbeitslehre". Die herrschende Klasse verfolgt hierbei offenbar hauptsächlich das Ziel, in handwerklicher Bildung Arbeitstugenden zu vermitteln (Genauigkeit, Verantwortungsgefühl) sowie in ökonomischen und sozialen Fragen die Unternehmerargumente besser zur Geltung kommen zu lassen. Das aber behebt letztlich nicht die Trennung von Schule und Leben, sondern vertieft sie. Soll sie behoben werden, führt kein Weg daran vorbei, den Einfluß der Arbeiterklasse, der Hauptproduktivkraft auf das Bildungswesen wesentlich zu erhöhen, zum bestimmenden zu machen und eine wirklich polytechnische Bildung und Erziehung zu erkämpfen.[42]

Neue Probleme der Auseinandersetzung

Die gegenwärtige bildungspolitische Entwicklung läßt bestimmte Probleme der geistigen und politischen Auseinandersetzung um Bildung und Erziehung in den Vordergrund treten.

Die 1969/70 von der damaligen SPD/FDP-Regierung abgegebenen Versprechen auf weitreichende Neugestaltung des Bildungswesens wurden nicht eingelöst. Veränderungen, die stattfanden, dienten fast ausschließlich dazu, den enormen Nachholebedarf auszugleichen, der nach Jahren Bildungskatastrophe und -notstand entstanden war, vor allem durch Erhöhung der Abiturienten- und Studentenzahlen. Mittlerweile sind die Weichen — von allen Bundestagsparteien gemeinsam in — Richtung Rotstiftpolitik, Bildungskürzung und Zementierung der jetzigen miserablen Verhältnisse gestellt worden. Krisenmanagement herrscht vor und damit noch stärkere Auslastung der ohnehin zu knappen Kapazitäten des Bildungswesens sowie Rationalisierung unter reaktionären Vorzeichen.

In dieser Situation bekommen vor allem diejenigen Theorien Auftrieb, die Bildungsrückschritt und Krisenmanagement rechtfertigen und untermauern sollen.

Dazu zählt sicherlich, daß die reaktionärsten Kräfte unseres Landes Reformfeindlichkeit schüren und aus dem Scheitern von Reformansätzen Kapital zu schlagen suchen. So konzentrieren sich reaktionäre Elternverbände, CDU/CSU, Bund „Freiheit der Wissenschaft" und ähnliche darauf, fortwährend die Behauptung zu wiederholen, die Kinder würden durch Reformen „kaputtexperimentiert", sei es die Mengenlehre oder die Gesamtschule. Während SPD und FDP dem nichts entgegensetzen, sondern sich reumütig auf die Suche nach dem „Machbaren" begeben und Reformstopp betreiben, versteht es die demokratische und Arbeiterbewegung als ihre Aufgabe, die Erkenntnis zu verbreiten und zu festigen, daß nicht die Reformforderungen überholt sind, sondern die Verhältnisse und Kräfte, die ihrer Verwirklichung im Wege stehen.

Besonders augenfällig ist gegenwärtig die Wiederbelebung der reaktionären Begabungstheorie. Diese Theorie führt Intelligenz und Leistungsvermögen der Lernenden vor allem auf Begabung zurück und erklärt Chancengleichheit, Förderung und ein einheitliches Bildungswesen für unsinnig.

CDU-Kultusminister Hahn profiliert sich seit Jahren als Vorreiter seiner Partei in Sachen „Ungleichheit der Menschen" und meint: „Das Kind hat ein Recht darauf, unterschiedlich begabt zu sein."[43] Dem steht mittlerweile der SPD-Orientierungsrahmen '85 kaum nach.[44] Der BDA schließlich geht der Begriff „Begabung" ohnehin flüssig aus der Feder, einschließlich der angeblichen „spezifischen Begabungen" der Frau.[45]

Nun bestreitet sicher niemand, daß Menschen unterschiedlich sind und daß Vererbung für die Persönlichkeitsentwicklung eine Rolle spielt. Der Zweck der neuentfachten Begabungsdiskussion ist aber nicht, diese Binsenweisheit zu wiederholen, sondern Rechtfertigungen dafür zu liefern, daß Arbeiterkinder benachteiligt werden sollen, daß der Übergang zur Gesamtschule gestoppt wird und Bildungsreformen unterbleiben. Die benachteiligten Schüler und ihre Eltern sollen sich oder den Vererbungsgesetzen die Schuld an ihrer Lage geben und sich in ein scheinbar unabänderliches Los fügen — während die sozialistischen Länder längst bewiesen haben, daß Benachteiligungen ausgeglichen werden können. Unter anderen gesellschaftlichen Verhältnissen wie z. B. in der Sowjetunion und der DDR und bei entsprechender Förderung erwiesen sich Arbeiter- und Bauernkinder als genauso „begabt" wie alle anderen und als vollauf in der Lage, Wirtschaft, Staat, Gesellschaft, Wissenschaft und Technik zu leiten und zu entwickeln.

In den Mittelpunkt der gegenwärtigen Auseinandersetzungen rücken auch solche Begriffe wie „Freiheit", „Leistung" und „Effizienz",[16] umgewertete Begriffe, die im reaktionären Verständnis etwas ganz anderes meinen, als sie bedeuten. Wenn z. B. von CDU/CSU, aber auch von Vertretern der SPD und FDP die „Freiheit" von Hochschulen, Wissenschaft und Schulen ständig im Munde geführt wird, bedeutet dies vor allem: Abwehr jedes Einflusses der Arbeiterbewegung und selbst noch jeder gesellschaftlichen Verantwortung.

„Leistung", ein besonderes Steckenpferd der Monopolverbände, meint in ihrem Verständnis in der Bildung wie im Betrieb vor allem Bereitschaft zum blinden Funktionieren und bessere Verwendbarkeit der Arbeitskraft für den Profit.

„Effektivität" schließlich bedeutet vor allem das Bemühen zur Verminderung der Bildungsausgaben durch noch stärkere Belastung der Lehrenden und Lernenden, durch noch größere Überfüllung der vorhandenen Räume.

Zunehmende Eingriffe von Monopolen und Staat, Charakter der Lehrinhalte, Trennung von Schule und Leben, die Begabungsdiskussion und andere Probleme zeigen mit aller Deutlichkeit, daß das Großkapital und seine Interessenvertreter erhebliche Anstrengungen unternehmen, das Bildungs- und Erziehungswesen zu einem wirksameren Instrument ihrer politischen und geistigen Klassenherrschaft zu machen.

Durch diese Unterordnung unter die Herrschaftsinteressen der Ausbeuterminderheiten wird die Bildung der arbeitenden Bevölkerung nicht allein ökonomisch beschränkt, einseitig und rückschrittlich gehalten, sondern auch in jeder anderen Hinsicht. Ist etwa eine freie geistige, seelische, moralische und körperliche Entwicklung möglich im Klima der Berufsverbote, des Ordnungsrechts, antikommunistischer Horizontverengung, Unwissenschaftlichkeit und Lebensferne und unter der Vorherrschaft reaktionärer Theorien? Der Imperialismus erweist sich als zutiefst unfähig, wirkliche Bildung zu vermitteln, eine Bildung also, die allseitig ist, humanistischen und wissenschaftlichen Charakter besitzt und befähigt, für die eigenen Interessen und den gesellschaftlichen Fortschritt einzutreten.

Demokratisierung des Bildungswesens

Allein im zweiten Halbjahr 1975 sind insgesamt etwa 220 000 Lehrlinge und Studenten, Eltern, Lehrer und Schüler für ihre Forderungen nach besserer und demokratischer Bildung in Aktion getreten.[47] Alles spricht dafür, daß in den nächsten Jahren noch breitere und umfassendere Massenaktionen entstehen. Welche Perspektiven besitzen diese Bewegungen; was gibt ihnen Richtung und Ziel und wie können sie Erfolg haben?

Die einzig realistische, erfolgversprechende Perspektive dieser Bewegungen besteht in der Demokratisierung des Bildungswesens und der Öffnung des Weges zum Sozialismus. Das ist kein schöner Glaubenssatz, sondern eine Erkenntnis, die alltäglich durch die Erfahrungen derer bestätigt wird, die in diesen Bewegungen für ihre Rechte eintreten.

Solche Erfahrungen werden z. B. gewonnen im Kampf um die Bildungsfinanzierung oder um mehr Ausbildungsplätze. Geld für notwendige Bildungsreformen fehlt. Woher soll es genommen werden, wenn nicht aus Rüstungsgeldern, Konzernsubventionen, Profiten? Lehrstellen fehlen. Wo müßten sie geschaffen werden, wenn nicht vor allem in Großkonzernen?

Allein diese beiden Fragen zeigen: Ob sie es wollen und wissen oder nicht, stellen sich diejenigen, die für grundlegende Bildungsreformen eintreten, objektiv gegen die Monopole — und die Möglichkeiten wie die Notwendigkeiten wachsen, dies bewußt zu machen.

Wer herausführen will aus dem scheinbar ausweglosen Kreisen der Bildungsmisere und immer neuer Katastrophen, kann das nicht mit den Mitteln und auf der Grundlage einer an Monopolinteressen orientierten Bildungspolitik tun. Eben weil alle Bundestagsparteien auch in der Bildung letztlich den Orientierungen des Großkapitals folgen, sind und bleiben sie unfähig, aus der Bildungskrise herauszuführen. Das hat die gesamte Geschichte der Bundesrepublik bewiesen. Erfolge für die arbeitenden Menschen, für die Jugend unseres Landes sind nur möglich, wenn es gelingt, den Einfluß des Großkapitals zurückzudrängen und diesem, im Zusammenhang gesamtgesellschaftlicher Umwälzungen, das Bildungswesen aus der Hand zu nehmen. „Erfolgreiche Bildungspolitik muß antimonopolistische Politik sein."[48] Es gilt, auch für den Bildungsfortschritt Aktionseinheit und breite antimonopolistische Bündnisse zu schaffen.

Bildungsfragen sind Fragen der Gesellschaftsordnung. Nirgends auf der Welt hat sich der Imperialismus als fähig erwiesen, Bildung und Erziehung so zu leiten und zu lenken, daß allen Kindern des Volkes eine allseitige Bildung auf höchstmöglichem wissenschaftlichen Niveau zuteil wird. Diese Leistung hat nur der Sozialismus vollbringen können, während das staatsmonopolistische Machtkartell, das sich so gern das Etikett „Leistungsgesellschaft" anheftet, in der Bildung (und nicht nur dort) vor allem Fehlleistungen und Bankrotterklärungen hervorbringt.

Nicht nur einige Bildungsreformen und eine neue Pädagogik sind notwendig, um wirklichen Bildungsfortschritt zu bewirken, sondern grundlegende Umgestaltungen der Gesellschaftsordnung, der Übergang zum Sozialismus. Eine Überlegung mag das verdeutlichen:

Bildung und Erziehung sind hochkomplizierte Prozesse. Sie ermöglichen und erfordern bestmögliche Förderung eines jeden, allseitige Persönlichkeitsentwicklung und höchstmögliches wissenschaftliches Niveau, Einheitlichkeit ohne Benachteiligungen und soziale Auslese. Wie kann in Zeiten rascher Entwicklung von Wissenschaft und Technik sowie großer gesellschaftlicher Veränderungen das Bildungs- und Erziehungswesen überhaupt leistungsfähig und menschengerecht geplant, organisiert und gelenkt werden?

Es kann nur einen Weg geben: Die Entfaltung der Initiative und Schöpferkraft der Lehrenden und Lernenden, der gesamten arbeitenden Bevölkerung. Nur durch ihre Mitwirkung und Mitgestaltung, durch ihre Teilnahme an der Leitung der Gesellschaft wie der Schulen kann ein leistungsfähiges und menschliches Bildungswesen entstehen. Eine solche Planung, Leitung und Entfaltung der Bildung mit der Bevölkerung und durch sie ist unmöglich unter der Herrschaft des Großkapitals, sie bedarf der Macht der Arbeiterklasse und ihrer Verbündeten.

In unserem Lande gelten die arbeitenden Menschen nach dem Maßstab der Herrschenden letztlich nur etwas als Objekt — als Objekt der Ausbeutung, der Machterhaltung, der Abrichtung in den Schulen, nicht aber als handelndes, sich selbst bestimmendes Subjekt.

Das ist keineswegs eine zu grobe oder zu schematische Betrachtungsweise. Eine einfache Tatsache mag das belegen. Seit Bestehen der Bundesrepublik haben das Großkapital und seine Interessenvertreter stets alle Hebel in Bewegung gesetzt, um eines zu verhindern: wirksame Mitbestimmung und demokratische Kontrolle durch die Bevölkerung, sei es im Betrieb und in der gesamten Wirtschaft, sei es an den Hochschulen oder Schulen; man denke nur an die Regelungen im jüngsten Gesetz zur Mitbestimmung im Betrieb, an das Berufsbildungs- oder das Hochschulrahmengesetz.

Dieser Linie der Herrschenden setzt die demokratische und Arbeiterbewegung ihren Anspruch auf Demokratisierung von Wirtschaft, Staat und Gesellschaft — und damit auch des Bildungswesens — entgegen.

Was ist, was bedeutet nun Demokratisierung des Bildungswesens? Jede Demokratisierung zielt auf Zurückdrängung der Macht des Großkapitals, auf Erhöhung des Einflusses der Arbeiterklasse. Der demokratische Kampf führt die arbeitenden Menschen heran an die Frage des Kräfteverhältnisses in der Gesellschaft; sie sammeln auf diese Weise Erfahrungen, die ihnen die Notwendigkeit des Sozialismus verständlich machen.[4]

Die Demokratisierung des Bildungswesens ist untrennbarer Bestandteil der Demokratisierung von Wirtschaft, Staat und Gesellschaft; es gibt keinen Fortschritt der Bildung ohne sozialen Fortschritt und umgekehrt. Von dieser Grundvoraussetzung geht in allen Ländern das Bildungsprogramm der revolutionären Arbeiterbewegung aus.

In welcher Hinsicht nun vordringlich die Macht der Monopole zurückzudrängen ist — darin bestehen die Grundfragen der Demokratisierung des Bildungswesens.

Unter unseren Bedingungen lassen sich als diese Grundfragen angeben:

1. *Wer hat Zugang zu höchstmöglichem Wissen?* — Das Interesse der arbeitenden Menschen erfordert als Lösungen vor allem: Brechung des Bildungsprivilegs der herrschenden Klasse, Beseitigung aller sozialen Schranken, wie fehlende Ausbildungsförderung, Gebühren- und Kostenbelastungen sowie aller anderen finanziellen Sorgen, die eine Schranke für den Zugang zur Bildung bedeuten.

2. *Wer bestimmt über das Bildungswesen?* — Im Interesse der arbeitenden Menschen ist vor allem notwendig: Mitbestimmung der Lehrenden und Lernenden sowie der Gewerkschaften auf allen Ebenen des Bildungswesens, Teilnahme der arbeitenden Menschen an der Entwicklung, Gestaltung, Lenkung und Leitung des gesamten Bildungswesens.

3. *Was wird gelernt?* — Das Interesse der arbeitenden Menschen erfordert vor allem Lehrinhalte, die bestimmt sind vom Geist des Friedens, der Achtung vor den arbeitenden Menschen und des sozialen Fortschritts; es erfordert weiterhin Einheitlichkeit und

Wissenschaftlichkeit des Unterrichts ohne Aufspaltung in „Elite"- und Massenbildung, Überwindung der Trennung von Schule und Leben, Erziehung und Produktion; Öffentlichkeit und Weltlichkeit des gesamten Bildungswesens.

4. *Wer finanziert?* — Im Interesse der arbeitenden Menschen ist erforderlich: Finanzierung der notwendigen Bildungsausgaben zu Lasten von Rüstung und Profit, von Gewinnen aus Steuerflucht, Wirtschaftskriminalität und Bodenspekulation.

Für den Weg zur Demokratisierung des Bildungswesens lassen sich keine fertigen Rezepte liefern. Es erscheint am sinnvollsten, einige Hinweise zu geben, die sich ableiten lassen aus dem Kampf um Demokratisierung von Wirtschaft, Staat und Gesellschaft einerseits und den spezifischen Bedingungen des Bildungswesens andererseits:

1. Von besonderer Bedeutung sind die spezifischen Kampfbedingungen und -möglichkeiten und demokratischen und Arbeiterbewegung.

Nichts wäre falscher als die Vorstellung, daß die demokratischen Kräfte lediglich ein fortschrittliches Schul- und Erziehungsprogramm aufzustellen und auf dessen Durchsetzung zu dringen hätten.

Das Großkapital ist im Besitz auch der politischen Macht und eng mit dem Staat verbunden. Es setzt seine Profit- und Machtinteressen im Bildungsbereich zu allererst auf staatlichem Wege durch, bis hin zu Gesetzen und Zwangsmitteln. Die demokratische und Arbeiterbewegung geht von völlig anderen Bedingungen aus. Sie kann und darf nicht lediglich auf die staatliche Bildungspolitik reagieren und den Kampf auch *nicht nur* auf dieser Ebene führen. Die demokratische und Arbeiterbewegung organisiert bewußte, schöpferische und kämpfende Menschen; das ist die entscheidende Bedingung ihres Kampfes.

So setzt sie der imperialistischen Massenbeeinflussung und der geistigen Niederhaltung in den Schulen nicht nur den Kampf um eine demokratische Schule entgegen, sondern auch die Arbeiterbildung, vor allem die marxistische Bildung und die gewerkschaftliche Bildungsarbeit. Zugleich entwickeln fortschrittliche Kinder- und Jugendorganisationen, vor allem die Jungen Pioniere und die SDAJ, eine eigene Erziehungs- und Bildungstätigkeit. Sie fördern und verlangen das selbständige Handeln der Kinder und Jugendlichen und organisieren sinnvolle Freizeitmöglichkeiten.

Die demokratische und Arbeiterbewegung mißt sozialen wie Bildungsfortschritt nicht allein daran, ob einzelne Reformen durchgesetzt werden, sondern ebenso daran, ob die Reihen derer gestärkt werden, die für Demokratie und Sozialismus eintreten. Sie geht

nicht von den Institutionen und inneren Problemen des Bildungswesens aus, sondern von der Gesamtheit der Interessen und
Kampfmöglichkeiten der arbeitenden Menschen.

2. Welche Probleme des allgemeinen antimonopolistischen Kampfes sind für die Demokratisierung des Bildungswesens von besonderer Bedeutung?

Der antimonopolistische Kampf verfolgt drei Hauptziele:

a) Tatsächliche Verbesserung der Lage der arbeitenden Bevölkerung und Durchsetzung antimonopolistischer Reformen;

b) Veränderung des gesellschaftlichen Kräfteverhältnisses zugunsten der Arbeiterklasse und ihrer Verbündeten;

c) Entwicklung von Klassenbewußtsein.

Unstreitig gelten alle drei Ziele ohne Abstriche auch allgemein
für den Kampf um Demokratisierung des Bildungswesens. Welche
Rolle spielen sie nun in den aktuellen Auseinandersetzungen?

Zu a):

In Anbetracht der gegenwärtigen Rotstiftpolitik und der sich
abzeichnenden neuen Bildungskatastrophe stellt sich in besonderem Maße die Aufgabe, keine weiteren Verschlechterungen zuzu-
lassen, das Erreichte zu verteidigen und darauf zu dringen, daß
alle Pläne erfüllt und Zugeständnisse eingelöst werden, die die
Lage der arbeitenden Bevölkerung tatsächlich bessern. So wird es
künftig darauf ankommen, auf die Erfüllung der Zielwerte des
„Bildungsbericht '70" und des Bildungsgesamtplans zu dringen und
ebenso bei Schulentwicklungsplänen usw. zu verfahren. Gegenwarts-
forderungen und Sofortvorschläge gewinnen an Gewicht, ebenso die
Unterstützung progressiv nutzbarer Ansätze wie z. B. der integrierten Gesamtschulen oder auch bestimmter Richtlinien und Schulbücher.

Die Arbeiterklasse und ihre Verbündeten sind aber auch in der
aktuellen Krise keineswegs gezwungen, in bloßer Abwehr zu verhar-
ren und auf die Durchsetzung ihrer Forderungen zu verzichten.

Trotz Sparprogrammen konnte und kann immer wieder die Einstellung zusätzlicher Lehrer erkämpft werden. Die Erfolgsaussichten
wachsen, Staat und Monopolen eine Begrenzung der Rüstungsausgaben abzuringen. In Zeiten der Entspannung haben Großbritannien,
Dänemark, die Niederlande bereits ihre Rüstungshaushalte verringert.
Der Druck auf die Großkonzerne wird enorm wachsen, mehr Ausbildungsplätze bereitzustellen; auch hier sind Erfolge möglich. Mit
der weiteren Entwicklung der Produktivkräfte und dem Erstarken
des Sozialismus sowie mit jedem Aufschwung der demokratischen
Bewegung in unserem Land wachsen die Chancen, tiefergehende
Reformen im Interesse der Bevölkerung zu erringen und antidemokratische Regelungen zu Fall zu bringen.

Jeder derartige Erfolg wird nicht etwa den Imperialismus stabilisieren und die Gegensätze verkleistern, sondern die Widersprüche verschärfen und mobilisierend in die demokratische und Arbeiterbewegung zurückwirken. So festigt sich die Grundlage für die fortschrittliche Lösung dieser Widersprüche.[50]

Zu b):

Das Bildungswesen wirksam zu demokratisieren, bedeutet, den Einfluß der Arbeiterklasse und ihrer Verbündeten in diesem Bereich zu erhöhen und die Macht der Monopole zurückzudrängen.

Eine zentrale Aufgabe ist und bleibt hierbei der Kampf um Mitbestimmung und demokratische Kontrolle. Aktuell geht es dabei nicht nur um die Mitbestimmung der unmittelbar Betroffenen am jeweiligen Ort — also z. B. der Lehrer, Eltern und Schüler einer Schule —, sondern um die Mitbestimmung der Gewerkschaften einerseits und die Ausübung der Mitbestimmung auf allen Ebenen des Bildungswesens andererseits.

Die Voraussetzungen für diese Entwicklung haben sich gebessert, setzen sich doch in Teilen der Gewerkschaften mittlerweile auch Auffassungen durch, die deutlich an einer Demokratisierung des Bildungswesens orientiert sind. Insbesondere die Gewerkschaftsjugend bleibt nicht beim Kampf für mehr Lehrstellen und gegen Jugendarbeitslosigkeit stehen, sondern tritt ebenso ein für grundlegende demokratische Reformen des gesamten Bildungswesens und die umfassende Zurückdrängung von Unternehmereinflüssen. Auch in der Gewerkschaft der Erzieher und Wissenschaftler, der GEW, ist eine starke und wachsende Strömung unter den Kollegen antikapitalistisch orientiert.

Um den Einfluß der Arbeiterklasse auf das Bildungswesen zu erhöhen und so die Demokratisierung voranzutreiben, bedarf es nicht allein starker Gewerkschaften, sondern auch der Entfaltung von Aktionseinheit und Bündnis sowie der Stärkung der revolutionären marxistischen Arbeiterpartei, der DKP.

Die Ansätze dazu bestehen. In der demokratischen Studenten- wie der Schülerbewegung konnte, trotz aller Schwierigkeiten, ein für die Verhältnisse unseres Landes fortgeschrittenes Stadium der Zusammenarbeit von Sozialdemokraten und Kommunisten erreicht werden.[51]

Zugleich erweist sich die Bildungspolitik immer mehr als ein Feld demokratischer Selbsttätigkeit, auf dem eine Fülle örtlicher Initiativen entsteht, aus denen oft Bündnisse hervorgehen — und zugleich als ein Feld von Massenbewegungen, die objektiv antimonopolistischen Charakter besitzen. Wie große Aktionsbeispiele der letzten Jahre (z. B. aus Hamburg, Bremen, Niedersachsen) zeigen, festigt sich das Bündnis von Eltern, Schülern und Lehrern. Für die Initiativen, Massenbewegungen und Bündnisse im Bildungswesen stellt sich als ein zentrales Problem ihrer weiteren Entwicklung, ob es gelingt, in ihnen wie in der demokratischen Studenten- und auch in Teilen der Schülerbewegung die Politik der gewerkschaftlichen Orientierung zu verankern, d. h. der Kampf um die Festigung der eigenen Interessenvertretung durch das Bündnis mit der organisierten Arbeiterbewegung.

Zu c):

Der Kampf um die Demokratisierung des Bildungswesens ermöglicht und erfordert die Entwicklung von Klassenbewußtsein. Ohne Einsicht in die gesellschaftlichen Entwicklungsgesetze, ohne Erkenntnis des Charakters unserer Epoche läßt sich keine realistische Strategie zur Demokratisierung des Bildungswesens entwickeln.

Wer an die Wurzel der Bildungsmisere gehen will, muß dem Rechnung tragen, daß auch Bildungsfragen Fragen der Gesellschaftsordnung sind. Erfolgreiche Bildungspolitik muß bewußt machen, daß die Herrschaft der Monopole das Krebsübel in unserem Lande ist. Erfolgreiche Bildungspolitik muß den Blick dafür öffnen, was wäre, wenn es in unserem Land den Sozialismus gäbe, welchen enormen Aufschwung dann die Bildung der arbeitenden Bevölkerung nähme.

Erfolgreiche Bildungspolitik kann daher auch nicht darauf verzichten, ein positives Verhältnis der Mehrheit unserer Bevölkerung zu den sozialistischen Ländern herzustellen und bewußt zu machen, daß die Leistungen im Bildungswesen dort ebenso systembedingt sind wie die Misere hier. Erfolgreiche Bildungspolitik bedarf schließlich der Stärkung der DKP und der demokratischen Bewegung insgesamt. Wie die alltäglichen Erfahrungen zeigen, ist nur diese Kraft wirklich in der Lage, der ökonomischen, politischen und geistigen Macht des Großkapitals konsequent entgegenzutreten und den Kampf gegen sie zu organisieren, in der Bildung wie in der gesamten Gesellschaft.

[1] „WELT", 15. 1. 1976

[2] Vgl. z. B. die entsprechenden Angaben im Jahresbericht der Bundesvereinigung der Deutschen Arbeitgeberverbände vom 1. 12. '74 bis 30. 11. '75, Köln 1975, S. 56.

[3] „Rheinische Post", 14. 1. 1976.

[4] Nicht zum Studium zugelassene Abiturienten sind gezwungen, mit Haupt- und Realschülern um die ohnehin zu knappen Lehrstellen zu konkurrieren, was die Misere weiter verschärft.

[5] „Frankfurter Rundschau", 3. 1. 1976.

[6] Die BDA ist der gesellschaftspolitische Planungs- und Koordinierungsstab des Großkapitals.

[7] Bundesvereinigung der Deutschen Arbeitgeberverbände, Erklärung zu gesellschaftspolitischen Grundsatzfragen, Köln 1974, S. 17.

[8] Nicht etwa als Spitzenwert, sondern im Jahresdurchschnitt gab es 1975 eine Million Arbeitslose und fast 800 000 Kurzarbeiter, darunter überproportional viele Jugendliche (Presseinformationen der Bundesanstalt für Arbeit, 8. 1. 1976). Für 1976 sagen sogenannte „Sachverständige" der Bundesregierung eine durchschnittliche Arbeitslosenzahl von über einer Million voraus („Handelsblatt", 13. 1. 1976).

[9] Vgl. FAZ vom 16. 12. 1975 und vom 18. 12. 1975.

[10] Angaben ebenda bzw. in: Informationen Bildung-Wissenschaft (BMBW), 22. 1. 76, S. 11.

[11] Karl Marx, Das Kapital, Erster Band. In: MEW, Bd. 23, S. 511, S. 512.

[12] Karl Marx/Friedrich Engels, Die Deutsche Ideologie. In: MEW Bd. 3, S. 424.

[13] Vgl. z. B.: Eberhard Fensch/Otfried Arnold, Wie meistern Sozialisten die wissenschaftlich-technische Revolution?, Berlin 1969, S. 10 ff.

[14] W. I. Lenin, Die drohende Katastrophe und wie man sie bekämpfen soll. In: Lenin, Werke Bd. 25, S. 370.

[15] W. I. Lenin, Ein großer Sieg der Technik. In: Lenin, Werke Bd. 19, S. 43.

[16] Vgl. z. B. die Darstellung in: W. S. Semjenow, Kapitalismus und Klassen, Köln 1973, S. 336.

[17] Vgl. dazu: W. I. Lenin, Der Imperialismus als höchstes Stadium des Kapitalismus. In: Lenin, Werke, Bd. 22, S. 281.

[18] Der staatsmonopolistische Kapitalismus (frz. Autorenkollektiv), Frankfurt/M. 1972, S. 105.

[19] Vgl. Jahresbericht der BDA (Anm. 2), S. XV und S. 56

[20] J. F. Kusmitschew, Der Einfluß des technischen Fortschritts auf das Qualifikationsniveau der Arbeiterklasse im Kapitalismus. In: Sowjetwissenschaft. Gesellschaftswissenschaftliche Beiträge 4/1973 S. 381.

[21] Der staatsmonopolistische Kapitalismus (Anm. 18), S. 111.

[22] Der Imperialismus der BRD, Berlin 1971, S. 346.

[23] Bericht des Parteivorstandes an den Hamburger Parteitag. In: Protokoll des Hamburger Parteitages der DKP, Düsseldorf 1973, S. 53.

[24] Die Monopolverbände boten in einem Brief an den Bundeskanzler Schmidt Anfang 1975 150 000 zusätzliche Lehrstellen für den Fall an, daß ihre Forderungen erfüllt würden; vgl. z. B. die Dokumentation in: Pead. extra 3/75.

[25] BDA-Jahresbericht (Anm. 2), S. 88.

[26] Ebenda, S. 74 — Vgl. den Beitrag von W. Albrecht in diesem Buch, der sich ausführlich mit der Einflußnahme der Monopolverbände auf die Bildungspolitik befaßt.

[27] Frankfurter Allgemeine Zeitung (FAZ), 7. 8. 1975.

[28] FAZ, 7. 11. 1975.

[29] Blick durch die Wirtschaft (FAZ), 27. 8. 1975.

[30] So bestritt z. B. mit Schreiben vom 22. 10. 1975 der hessische Kultusminister der Landesschülervertretung das Recht zu allgemeinpoliti-

schen Stellungnahmen; Richtlinien für Schülervertreter lassen in Hessen wie in Baden-Württemberg Tendenzen zu Disziplinierung und berufsverbotsähnlichen Maßnahmen erkennen, vgl. „Frankfurter Rundschau" vom 30. 10. und vom 15. 12. 1975. Hamburger Eltern wurden anläßlich von Demonstrationen und Schulstreiks durch Schulsenator Apel und Landesschulrat Neckel rechtswidrigen Vorgehens bezichtigt und mit Drohungen — einschließlich der Androhung von Bußgeldern — eingeschüchtert. Vgl. z. B. dpa-Kulturdienst Nr. 22 und Nr. 25/1975.

[31] Vgl. die „Stellungnahme des Referats für Jugendpolitik beim Parteivorstand der DKP zum Referenten-Entwurf für ein Jugendhilfegesetz". In: DKP-Informationen, Düsseldorf, Juni 1974.

[32] Das geschieht z. B. dadurch, daß in neueren Lehrplänen für den Geschichtsunterricht in Baden-Württemberg (Oberstufe) sehr detaillierte Lernziele zwingend vorgeschrieben sind, die einfach erreicht werden müssen und entsprechend in Prüfungen Berücksichtigung finden.

[33] Vgl. den Beitrag von W. Albrecht in diesem Buch.

[34] Vgl. den Beitrag von A. Leisewitz in diesem Buch.

[35] Rolf Rodenstock, Was erwartet die Wirtschaft von einer modernen Gymnasialbildung? In: Wirtschaft und Höhere Schule, Köln 1968, S. 105.

[36] Jahresbericht der BDA (Anm. 2), S. 74 ff.

[37] Vgl. z. B. die Darstellung von Lutz Dietze, Mitbestimmung der Gewerkschaften und der Betroffenen, In: Referate und Berichte der Bildungspolitischen Konferenz '73 des DGB, Düsseldorf 1973, S. 60 f. Sowie die Artikel: Was in Schulbüchern über Bosse und Arbeiter steht, UZ 7. 1. 1975, UZ 8. 4. 1975 und 15. 4. 1975.

[38] Richtlinien für die Behandlung des Totalitarismus im Unterricht — Beschluß der Kultusministerkonferenz vom 5. 7. 1962. Zitiert nach Kampf der Verdummung, Frankfurt/M. 1971, S. 78, S. 77.

[39] Beschluß der Kultusministerkonferenz vom 22. 6. 1973.

[40] Vgl. hierzu: Friedrich Wissmann, Volksschule-Hauptschule-Sekundarstufe I — Entwicklung oder Etikettentausch? In: Demokratische Erziehung 1/75, Köln 1975, S. 25 ff.

[41] Vgl. Jahresbericht der BDA (Anm. 2), S. 75.

[42] Vgl. den Beitrag von A. Schnitzer in diesem Buch.

[43] Die „Welt", 1. 2. 1974.

[44] Zweiter Entwurf eines ökonomisch-politischen Orientierungsrahmens für die Jahre 1975—1985, Bonn 1975, S. 81. Der hier zitierte „Besondere Teil" wurde auf dem Mannheimer Parteitag der SPD im Grundsatz gebilligt und an die Fachkommissionen überwiesen.

[45] Jahresbericht der BDA, (Anm. 2), S. 75, S. 87.

[46] Vgl. z. B. den pressedienst der CDU/CSU-Fraktion des Deutschen Bundestages vom 12. 12. 1975.

[47] Eigene Berechnung auf der Grundlage von Meldungen der überregionalen Tagespresse sowie der Nachrichtenagentur ppa. Herangezogen wurden nur Aktionen, bei denen unmittelbare Bildungsprobleme im Vordergrund standen.

[48] Bildungspolitische Forderungen der Arbeiterklasse durchsetzen —

Referat von Gerd Deumlich, Mitglied des Präsidiums des Parteivorstandes der DKP, auf der Bildungspolitischen Konferenz der DKP am 2. und 3. November 1974 in Köln/Mülheim, Neuß 1974, S. 6.

[49] Willi Gerns/Robert Steigerwald, Probleme der Strategie des antimonopolistischen Kampfes, Frankfurt am Main 1973, S. 35 ff.

[50] Rolf Reißig u. a., Antimonopolistische Alternative — Sozialistische Perspektive, Berlin 1972, S. 89 (Probleme des wissenschaftlichen Kommunismus).

[51] Entwickeltere Formen der Zusammenarbeit bestehen vor allem in ASten und den Vereinigten Deutschen Studentenschaften, in Schülervertretungen sowie im Bündnis von MSB Spartakus und Sozialistischem Hochschulbund.

Hans Maag

Die historische Linie der demokratischen und sozialistischen Forderungen der Arbeiterbewegung zur Bildungspolitik

Gegen die liberale Phrase „Wissen ist Macht, Bildung macht frei" stellte Wilhelm Liebknecht 1872 die These: „Wissen ist Macht, Wissen *gibt* Macht, und *weil* es Macht gibt, haben die Wissenden und Mächtigen von jeher das Wissen als ihr Kasten-, ihr Standes-, ihr Klassenmonopol zu bewahren und den Nichtwissenden, Ohnmächtigen — von jeher die Masse des Volkes — vorzuenthalten gesucht."[1]

In der Tat konnten, aufbauend auf Marx' politökonomische und Engels' soziologische Forschungen, W. Liebknecht, später Clara Zetkin und Heinrich Schulz nachweisen, daß in den Gesellschaften mit Privateigentum an Produktionsmitteln nur die wirtschaftlich und politisch Mächtigen ihren Nachfolgern Zugang zu den wissenschaftlichen Erkenntnissen und allen Bildungsgütern verschafften, während es bis zur Neuzeit vielfache Verbote gab, Sklaven und Leibeigene zu unterrichten.[2] Als sich im frühen Mittelalter innerhalb des Kleinbürgertums in den Städten weltliche Lese- und Schreibschulen entwickelten, wurden diese von den geistlichen und weltlichen Regierenden verboten und streng verfolgt, weil sich die herrschenden Klassen ihr Monopol auf die Weitervermittlung von Bildung nicht nehmen lassen wollten.[3] Wie Heinrich Schulz 1901 feststellte, dienten auch die von den protestantischen Fürsten nach der Reformation eingerichteten Schulen für das gemeine Volk nur der Vermittlung von Bibelgläubigkeit und Moralsprüchlein, um die Leute vom Glauben an Papst und Kaiser wegzubringen und zum Glauben an den Landesfürsten und neuen Kirchenherrn hinzuführen, während die Vermittlung von Wissenschaft und Künsten nur den Schulen für Adel, Geistlichkeit und das städtische Großbürgertum vorbehalten wurde.[4]

In Preußen und den anderen deutschen Ländern entwickelte sich daraus, ähnlich wie das Drei-Klassen-Wahlrecht, auch ein Drei-Klassen-Schulwesen, dessen Überreste wir in der BRD noch heute vorfinden: *Volks*schulen für die Kinder der Arbeiter, Bauern und Handwerker, in denen der Religionsunterricht den größten Stundenanteil hatte, die Lehrer am schlechtesten ausgebildet und bezahlt wurden und in denen für den einzelnen Schüler am wenigsten vom

Staat aufgewendet wurde; *Real*schulen für die Kinder des Besitz-bürgertums, in denen Naturwissenschaften, Technik und Wirtschaftslehre im Vordergrund standen und die ein schon für Arbeiter unerschwinglich hohes Schulgeld verlangten; sowie *Gymnasien* und *Universitäten* für die Spitzen der Verwaltung und Gerichtsbarkeit, den Klerus, das höhere Bildungsbürgertum und alle die wenigen, die die hohen Bildungskosten tragen konnten.[5]

Im Gegensatz zu den bürgerlich-idealistischen Pädagogen und Schulreformern, die glaubten, durch Appelle an die Einsicht der Regierenden und durch Übersendung ihrer Reformvorstellungen an der Bildungsmisere etwas ändern zu können, ging Wilhelm Liebknecht davon aus: „Der heutige Staat und die heutige Gesellschaft, die wir bekämpfen, sind Feinde der Bildung; solange sie bestehen, werden sie verhindern, daß das Wissen Gemeingut wird. Wer da will, daß das Wissen allen gleichmäßig zuteil werde, muß daher auf die Umgestaltung des Staats und der Gesellschaft hinwirken ... Nur wenn das Volk sich politische Macht erkämpft, öffnen sich ihm die Pforten des Wissens."[6]

Die ersten Forderungen der deutschen Arbeiterbewegung

Die marxistischen Kräfte in der deutschen Arbeiterbewegung verstanden dementsprechend die Bildungspolitik als Teil des politischen und ökonomischen Kampfes um die Macht in Staat und Gesellschaft. Wie bei den Kämpfen um höhere Löhne und bessere Lebensbedingungen begnügten sie sich aber nicht mit der Propagierung eines schönen Bildungsideals, sondern nahmen sofort den Kampf um die Verbesserung der äußeren Bildungsbedingungen und die Veränderung der Bildungsinhalte im Sinne der Arbeiterinteressen auf.

Schon mit den bildungspolitischen Forderungen des Berliner Arbeiterkongresses 1848 hat die deutsche Arbeiterbewegung unter stärkerer Betonung der sozialen Aspekte die fortgeschrittensten bürgerlich-demokratischen Bildungsprogramme aus der französischen Revolution von 1791/1792 und der deutschen Nationalerziehungsbewegung aus der Zeit der Freiheitskriege übernommen, die ein weltliches, sozial und national einheitliches und unentgeltliches Bildungswesen forderten.[7] Marx und Engels forderten darüber hinaus die „Beseitigung der Fabrikarbeit der Kinder in der heutigen Form. Vereinigung der Erziehung mit der materiellen Produktion".[8] 1866 präzisierten sie ihre Vorstellungen dahingehend, daß die Kinder im Alter von neun bis zwölf Jahren zwei Stunden täglich, die Dreizehn- bis Fünfzehnjährigen vier und die Sechzehn- und Siebzehnjährigen sechs Stunden täglich arbeiten und daneben eine

„Geistige Erziehung", „Körperliche Erziehung" und eine „Polytechnische Ausbildung" erhalten sollten.[9] 1871 äußerte Marx seine Genugtuung über die Bildungspolitik der Pariser Kommune, dem ersten Arbeiterstaat: „Sämtliche Unterrichtsanstalten wurden dem Volk unentgeltlich geöffnet und gleichzeitig von aller Einmischung des Staats und der Kirche gereinigt. Damit war nicht nur die Schulbildung für jedermann zugänglich gemacht, sondern auch die Wissenschaften selbst von den ihr durch das Klassenvorurteil und die Regierungsgewalt auferlegten Fesseln befreit."[10]

Bei der Ausarbeitung der bildungspolitischen Programmatik der deutschen Sozialdemokratie kritisierte Marx die Vermischung der tagespolitischen Forderungen an den konkret vorhandenen Obrigkeitsstaat mit der bildungspolitischen Zielsetzung, die erst in einem demokratischen Staat unter sozialistischen Produktionsverhältnissen zu realisieren sei.[11]

Nachdem die offene, terroristische Unterdrückung der sozialistischen Arbeiterbewegung durch das „Sozialistengesetz" 1890 gescheitert war, versuchte vor allem die preußische Regierung, durch verstärkte Klerikalisierung und politische Indoktrination in der Volksschule das Anwachsen der Sozialdemokratie zu bekämpfen. Neben Erlassen und Verordnungen zum Geschichts- und Religionsunterricht und der Sozialistenbekämpfung in den Lehrerseminaren setzten die reaktionären Parteien im Zusammenspiel mit den Liberalen in Preußen und Sachsen „Volksschulunterhaltungsgesetze" durch, die den Kirchen noch mehr Einfluß auf die Volksschule gaben und jede Demokratisierung von seiten der Lehrerschaft und fortschrittlicher Eltern abwehren sollten.[12] Gegen diese Gesetze kämpfte die Sozialdemokratie mit außerparlamentarischen Aktionen und parlamentarischen Anträgen, und unter der Führung von Clara Zetkin und H. Schulz entwickelte die SPD auch ihre bildungspolitische Programmatik weiter.[13]

Die Forderung nach Beseitigung des klerikalen Einflusses auf die Schulverwaltung und des Religionsunterrichts hatte natürlich größte Aktualität. Clara Zetkin stellte weiter an die Spitze der Reformforderungen diejenige nach „Einheitlichkeit und Unentgeltlichkeit des Schulwesens vom Kindergarten bis zur Hochschule. Grundlage muß die obligatorische einheitliche Elementarschule sein, die alle Kinder ohne Unterschied der Klasse und des Geldbeutels der Eltern besuchen müssen."[14] Im Kampf gegen die üblen Auswirkungen der kapitalistischen Kinderausbeutung wurden aber Marxens differenzierte Hinweise zur Verbindung von Kinderarbeit und Unterricht und zur Polytechnischen Erziehung auch von den revolutionären Sozialdemokraten nicht in seinem Sinne weiterentwickelt, sondern in Anlehnung an die bürgerlich-reformpädagogische Arbeitsschulbewegung forderte die Sozialdemokratie die Einführung eines „Arbeitsunterrichts" in alle Schulen. Auch nach Marxens Kritik am Gothaer Programm gab es über die Frage der Finanzierung des höheren Bildungswesens, das den Arbeiterkindern ja verschlossen war, kontroverse Auffassungen; einig waren sich aber alle Sozialdemokraten, daß auch vor der Errichtung einer Einheitsschule die materiellen und organisatorischen Bildungsbarrieren beseitigt werden müßten.[15] Bei der Forderung nach einem „Reichsschulgesetz auf der Grundlage der Einheitlichkeit und Weltlichkeit" wurde die Problematik der Vermischung von Reformforderungen an den konkret existierenden feudal-kapitalistischen Staat mit den Vorstellungen eines national einheitlichen sozialistischen Schulsystems andiskutiert.[16]

Für eine sozialistische Bildung der Arbeiter und der Arbeiterjugend

Seit Beginn des 19. Jahrhunderts schon versuchten die Handwerker, Handwerksgesellen und Industriearbeiter sich in ihrer knappen Freizeit an Sonntagen und abends in Bildungsvereinen die in der Volksschule vorenthaltene Bildung anzueignen. Während die bürgerlichen Kräfte den Bildungsinhalt auf die Elementarbildung, Naturwissenschaft und Technik, Kunst und bürgerliche Ökonomie beschränkten, fingen die sozialistischen Proletarier an, ihre eigenen politischen und ökonomischen Interessen zum Ausgangspunkt des Bildungsstrebens zu machen. Sie verlangten neben der Elementarbildung und Beiträgen zu einem naturwissenschaftlichen Weltbild vor allem die Bildung, die für den Kampf um die Befreiung vom Joch des Kapitalismus dienlich war, und unter dem Einfluß von Marx, Engels und ihren Schülern trennten sich deshalb nach 1868 die Massen der proletarischen Zuhörer von ihren bürgerlichen Lehrern und bildeten eigene Bildungsvereine.

Mit eigenen Druck- und Verlagsgenossenschaften verbreiteten die Sozialdemokraten vorwiegend marxistisch-sozialistische Literatur, Marx und Engels griffen durch Rundschreiben und Zeitungsartikel auch direkt in die Bildungsarbeit ein. Trotzdem sank der Anteil der marxistisch gebildeten Sozialdemokraten bis zum ersten Weltkrieg ständig, weil große Massen neuer Mitglieder in die SPD und die Gewerkschaften strömten. Zwar wurden von den revolutionären Kräften unter Führung von Clara Zetkin, Hermann Duncker, Wilhelm Pieck vor allem, damals auch noch Heinrich Schulz und Karl Kautsky nach der russischen Revolution von 1905 Maßnahmen zum Aufbau einer umfassenden „Arbeiterbildung" durchgesetzt. Wegen der versöhnlerischen Taktik der Mehrheit des Parteivorstandes gegenüber den Bernsteinschen Revisionisten und den Reformisten rückte jedoch die eigentliche Aufgabe der „Arbeiterbildung", die politische, philosophische und ökonomische Schulung, immer mehr in den Hintergrund.[17]

Auch in der Bildungsarbeit der „Zentralstelle für die arbeitende Jugend", die von der SPD, den freien Gewerkschaften und Vertretern der Arbeiterjugend 1908 gegründet worden war, war diese Entwicklung festzustellen.

Revolutionäre Bildungspolitik oder bildungspolitischer Reformismus?

Welche enorme Bedeutung ökonomisch und politisch fortschrittliche Bedingungen zur Lösung pädagogischer Probleme besitzen, bewies erstmals praktisch die siegreiche Oktoberrevolution. In Rußland und der Ukraine begannen die Sowjetregierungen sofort mit der Umgestaltung der klassenmäßigen zaristischen Bildungseinrichtungen in ein wirkliches Volksbildungswesen. Am 15. Dezember 1917 erließ das Volkskommissariat für Bildungswesen eine Verordnung zur Trennung von Kirche und Schulaufsicht und am 21. Januar 1918 das „Dekret über die Trennung der Kirche vom Staat und der Schule von der Kirche" als erste Schritte zur Errichtung der rein weltlichen Schule. Mit der „Verordnung über die Einheitsschule der RSFSR" vom 16. Oktober 1918 wurde die Grundlage für die Abschaffung der Zweiteilung des Schulwesens, für die Demokratisierung der Schulverwaltung, für die Gleichberechtigung der Geschlechter im Bildungswesen und für die Einführung der produktiven Arbeit in den Schulbetrieb geschaffen. Die wirtschaftliche und kulturelle Rückständigkeit des Landes, dazu die schweren Verwüstungen durch die konterrevolutionären Truppen im Bürgerkrieg, ließen jedoch die unmittelbare Verwirklichung der geplanten neun- bis elfjährigen allgemeinbildenden und polytechnischen Einheitsschule nicht zu. Das Schwergewicht mußte zuerst auf die Alphabetisierung und die Einrichtung einer Berufsbildung gelegt werden, um dem Lande möglichst schnell eine große Anzahl von politisch, technisch und ökonomisch gebildeten Fachkräften zu geben, die zum Aufbau einer sozialistischen Wirtschafts- und Gesellschaftsordnung notwendig waren.

Die Vorhaben und Erfolge der sowjetischen Bildungspolitik wurden von den linken Kräften in Deutschland sorgfältig beobachtet und eifrig propagiert. In Bremen, München, Hamburg, Stuttgart und anderen Städten wurden von den Arbeiter- und Soldatenräten nach der Novemberrevolution 1918 übereinstimmend Maßnahmen durchgeführt und geplant, die die Trennung der Schule von der Kirche, die Selbstverwaltung der Schule, den Aufbau der Einheitsschule, die Säuberung des Geschichtsunterrichts von monarchistischem, nationalistischem und militaristischem Gedankengut, die Abschaffung des

Schulgeldes und die Einführung der unentgeltlichen Schulspeisung bewirken sollten.

Nach der Niederschlagung der Revolution durch die Reichswehr und die sozialdemokratische Reichsregierung wurden auch die ersten schulpolitischen Errungenschaften wieder beseitigt. Um eine Reichsverfassung durch einen Kompromiß mit dem katholischen Zentrum zustande zu bringen, verzichtete die rechtssozialdemokratische Parteiführung auf die Durchsetzung aller wichtigen und grundlegenden bildungspolitischen Forderungen der Arbeiterbewegung. Die alte Schulbürokratie blieb in Amt und Würden, die Konfessionsschule sollte die Regelschule bleiben können und die Einheitlichkeit des Schulwesens sollte sich auf vier gemeinsame Grundschuljahre beschränken, ohne die Teilung in ein niederes, mittleres und höheres Schulwesen aufzuheben.

Bis 1933 wurde jedoch dann nicht einmal die Beseitigung der Privatschulen im Grundschulbereich verwirklicht. Bei dem Reichsschulgesetzentwurf, den die SPD 1921/1922 in den Reichstag einbrachte, war unter dem neuen Etikett der „Gemeinschaftsschule" weiterhin die Zersplitterung der Volksschule in vier konfessionell und weltanschaulich verschiedene Arten vorgesehen, was selbst bei reformistisch eingestellten Lehrern und Eltern heftige Proteste hervorrief. Einzelne fortschrittliche Ansätze in den Verfassungen und bei sozialdemokratischen Bildungspolitikern und Pädagogen blieben leere Worte, weil die sozialdemokratische Führung beim geringsten Widerstand der bürgerlichen Koalitionsparteien bereit war, aus „taktischen Gründen" auf prinzipielle Forderungen zu verzichten, statt die gesamte Arbeiterklasse, die Lehrer und Eltern für die Durchsetzung zu mobilisieren.

Die KPD, die den Kampf für das sozialistische Schulideal dagegen weiterhin als „Teil des proletarischen Befreiungskampfes" betrachtete[18], versuchte mit der Unterstützung von Schulstreiks und Eltern-Aktionen, mit dem Aufbau einer Lehrergewerkschaft u. ä. Forderungen durchzusetzen und Errungenschaften abzusichern. Edwin Hoernle analysierte den Klassencharakter der Volksschule, deren Aufgabe es sei, „den Kindern der werktätigen Massen ... einige Elementarkenntnisse und Fertigkeiten und eine bestimmte *vorschriftsmäßige Gesinnung* beizubringen", also „gleichzeitig Lehrinstitut und Verdummungsanstalt" zu sein. Die einerseits vom technischen Fortschritt dringend geforderten Reformen des Lehrplans und der Schulorganisation würden im Interesse der Machterhaltung der Bourgeoisie wieder eingeschränkt, so daß „bei allen bürgerlichen Schulreformen stets etwas Halbes, Verkrüppeltes und Verlogenes zustande kommt". Deshalb dürfe sich die kommunistische Schulpolitik nicht mit kleinen Verbesserungsvorschlägen begnügen, sondern sie müsse „die zentralen Stellungen des Gegners, den bürgerlichen Klasseninhalt des Unterrichts" angreifen, und sie müsse den „Despotismus der Schulbürokratie", die „Trennung der Volksschulen von den höheren Schulen", „den Klerikalismus in der Schule" und die „Absperrung der Schule vom Leben der Arbeiterklasse" beseitigen. Bildungsreformen dürfen nicht dazu dienen, die tüchtigsten Arbeiterkinder auszulesen für die höhere Schule, sondern die allgemeine und polytechnische Bildung der Massen zu fördern.[19]

Die von der „Kommunistischen Jugend Deutschlands" 1920 gegründeten „Kommunistischen Kindergruppen" (ab 1924 „Jung-Spartakus-Bund, ab 1930 „Rote Jungpioniere") waren nicht nur Erziehungsstätte, sondern sie beteiligten sich aktiv bei Schulstreiks, an Kampfaktionen des Proletariats, und sie agitierten gegen Kinderelend und Kinderausbeutung, nationalistische und militaristische Verhetzung in den Schulen, für internationale proletarische Hilfsaktionen.

Die Sozialdemokraten gründeten nach österreichischem Vorbild 1923/24 eine „Kinderfreunde"-Organisation, die zwar mehr Mitglieder und Mitarbeiter umfaßte, als die kommunistische Kinderbewegung, aber die die Kinder aus den schulpolitischen und gesellschaftspolitischen Auseinandersetzungen heraushalten wollte und nur eine romantisch-pazifistische Erziehung betrieb.

Der Kampf um ein antifaschistisch-demokratisches Bildungswesen

Die KPD hatte zwar schon vor der faschistischen Machtübernahme auch zur Bildung einer schulpolitischen Einheitsfront aller antifaschistischen Lehrer, Eltern und Schüler aufgerufen, aber hier wie gesamtpolitisch kam es nicht zu genügend machtvollen, einheitlichen Aktionen. Während es in der bürgerlichen Schule zwar auch schon starke Tendenzen zur militaristischen und nationalistischen Indoktrination gegeben hatte, beseitigten die Faschisten nun ganz offen die liberale Illusion von der politisch „neutralen" Schule und nahmen den Unterricht hemmungslos in den Dienst der ideologischen Abrichtung der Jugend auf die Unterdrückung der Arbeiterbewegung im Innern und die Eroberungsfeldzüge gegen die Nachbarländer. Demokratische Errungenschaften in der Schulverwaltung, wie die Elternbeiräte, wurden abgeschafft und statt dessen das „Führerprinzip" auch im Bildungswesen eingeführt, alle kommunistischen und standhaften sozialdemokratischen Lehrer entlassen.

Der größte Teil der Lehrerschaft begrüßte allerdings die faschistisch-deutschnationale Machtübernahme und ordnete sich in den „Nationalsozialistischen Lehrerbund" ein. Obwohl viele von den übrigen kommunistischen, sozialdemokratischen, später auch fortschrittlichen parteilosen und christlichen Lehrern, verhaftet, gefoltert und ermordet wurden, bildeten sich Gruppen von antifaschistischen Pädagogen, die Probleme des Aufbaus eines antifaschistisch-demokratischen Volksbildungswesens diskutierten und aktiv an der Zerschlagung des Faschismus als Vorbedingung dafür mit kämpften. Auch vom „Nationalkomitee Freies Deutschland" wurde ein Programm für die Umgestaltung des deutschen Schulwesens nach dem Sieg über den Faschismus erarbeitet, das in den sowjetisch besetzten Gebieten sofort in Angriff genommen wurde. Im Juli 1945 beschlossen dann alle Siegermächte im „Potsdamer Abkommen", „daß die nazistischen und militaristischen Lehren völlig entfernt werden und eine erfolgreiche Entwicklung der demokratischen Ideen möglich gemacht wird".[20]

In Zusammenarbeit von sowjetischer Militäradministration und den antifaschistischen Parteien wurden in der damaligen SBZ die Überreste des zusammengebrochenen faschistischen Staatsapparats in den Schulverwaltungen beseitigt, neue Selbstverwaltungsorgane geschaffen, alle faschistischen Lehrer entlassen und etwa 15 000 Facharbeiter und Antifaschisten als „Neulehrer" eingestellt und etwa 25 000 Werktätige in Schnellkursen und Lehrgängen zu Lehrern ausgebildet. Trotz großer materieller und pädagogischer Probleme wurde in der SBZ, der heutigen DDR, sofort mit dem Aufbau einer demokratischen Einheitsschule begonnen, Zwergschulen wurden aufgelöst und Vorstudienanstalten für die Vorbereitung von Arbeitern und Bauern auf ein Hochschulstudium gegründet, die Betriebskindergärten neu eingerichtet und die Berufsschulpflicht bis zum achtzehnten Lebensjahr festgelegt.

Auch in den westlichen Besatzungszonen wurde zunächst ein Teil der aktiven faschistischen Lehrer entlassen. In Hamburg und Hessen erreichten die antifaschistisch-demokratischen Kräfte, daß die Festlegung einer sechsjährigen gemeinsamen Grundschule für alle Kinder, die Ideen der Völkerfreundschaft und des friedlichen Zusammenlebens, die Befreiung von Unterrichtsgeld und Lernmittelkosten und das Verbot der Prügelstrafe in die Schulgesetze und Verfassungen aufgenommen wurde. Die Teilung des allgemeinbildenden Schulwesens in Volks-, Mittel- und Oberschulen (Gymnasien) blieb jedoch erhalten.

Die bayerische Staatsregierung spielte allerdings von 1945 an den Vorreiter für eine klerikal-reaktionäre Bildungspolitik. Die Volksschulen wurden als Konfessionsschulen deklariert, an denen nur Lehrer des betreffenden Bekenntnisses unterrichten durften. Die Prügelstrafe blieb erlaubt; bis 1948 wurden fast alle entlassenen faschistischen Lehrer wieder eingestellt und mit Zustimmung der bayerischen SPD-Führung ein Konkordat mit dem Vatikan geschlossen. Auch im Artikel 7 des Grundgesetzes wurde der Religionsunterricht zum „ordentlichen Lehrfach" in allen öffentlichen Schulen bestimmt und unter den Einfluß der Kirchen gestellt. Ebenso wurde die Einrichtung von Privatschulen zugelassen, in denen die herrschende Klasse und die Kirchen bisher schon exklusiv ihren Nachwuchs erzogen hatten. Bis 1960 nahmen im Bundesgebiet die einklassigen Konfessions-Zwergschulen immer mehr zu. Gleichzeitig faßten die 1948 gegründete „Ständige Konferenz der Kultusminister" und der 1953 gebildete „Deutsche Ausschuß für das Erziehungs- und Bildungswesen" Beschlüsse zur bundeseinheitlichen ideologischen Ausrichtung der Schulen im Sinne des Antikommunismus, der Klassenharmonie und des Revanchismus gegen die sozialistischen Nachbarstaaten.

Im Volksschulunterricht dienten nicht nur die politische Bildung (Geschichte, Deutsch, Staatsbürgerkunde) der Volksverdummung, sondern mit dem Konzept eines „volkstümlichen Unterrichts" wurde auch der Sachunterricht (Naturkunde) von einer religiös-mystischen Tendenz geprägt, statt die Ergebnisse der Naturwissenschaften zu lehren, wie an den Gymnasien.

Die Unterdrückungsmaßnahmen und das schließliche Verbot der FDJ 1951 und der KPD 1956 beseitigten nicht nur die legalen Möglichkeiten eines organisierten Kampfes der Kommunisten gegen diese reaktionäre Schulpolitik, sondern erleichterten den rechten Sozialdemokraten, endgültig und offen mit den bildungspolitischen Traditionen der deutschen Arbeiterbewegung zu brechen.

Zwar schlug die SPD, besonders wegen der Angst vor der Konkurrenz mit den sozialistischen Staaten („Sputnik-Schock"), Maßnahmen zu einer Effektivierung des Bildungswesens und sogar eine Senkung der Rüstungsausgaben zugunsten der Bildung vor[21], aber die Vorschläge sollten nur noch eine Verbesserung der kapitalistischen Gesellschaft bewirken und hatten keine Verbindung mehr mit einer sozialistischen Perspektive. Sogar die alte liberale Forderung nach einer Trennung von Kirche und Staat und der vollen Weltlichkeit der Schule wurde mit dem Godesberger Programm aufgegeben. In Niedersachsen schloß eine SPD-Landesregierung trotz breiten Widerstands der Lehrergewerkschaft und der Eltern ein Konkordat ab, das eine stärkere Rekonfessionalisierung der Volksschule bedeutete.

Auch bei CDU und FDP setzte sich schließlich die Einsicht durch, daß mit politischer Indoktrination (vgl. „Totalitarismuserlaß") allein die Systemauseinandersetzung nicht zu gewinnen sei, sondern daß aus ökonomischen und politischen Gründen einschneidende, aber systemerhaltende Reformen des Bildungswesens notwendig seien, nachdem schon der „Gesprächskreis Wissenschaft und Wirtschaft" auf die „geistigen und praktischen Folgen" des „Notstands der deutschen Wissenschaft" hingewiesen hatte. BDA, BDI und DIHT suchten systematisch, ihren Einfluß auf die Lehrerschaft auszubauen (Arbeitskreise „Schule-Wirtschaft") und entwarfen Pläne zur besseren „Begabungsauslese" in der Mittelstufe der Volksschule sowie der „Vorbereitung auf die moderne Arbeitswelt" in der Volksschuloberstufe.

Der im Auftrag der Bundesregierung und der Länderregierungen tätige „Deutsche Ausschuß für das Erziehungs- und Bildungswesen" (ab 1965 „Deutscher Bildungsrat") entwarf einen „Rahmenplan zur Umgestaltung und Vereinheitlichung des allgemeinbildenden öffentlichen Schulwesens", nach dem zwar die Oberstufe der Volksschule zu einer „Hauptschule" mit einem 9. und 10. Schuljahr ausgebaut werden sollte, aber ohne die Dreigliedrigkeit des Schulwesens anzutasten. Die vorgeschlagene zweijährige Förderstufe im 5. und 6. Schuljahr sollte nur zur besseren Auslese der für die höhere Bildung „Begabten", nicht aber der besseren Förderung *aller* Kinder dienen.

Dagegen setzte die GEW zusammen mit dem BLLV 1960 den „Bremer Plan", in dem eine zehnjährige Schule für alle Kinder gefordert wurde, die erst nach dem 6. Schuljahr differenziert sein sollte. Die Reform der Bildungsinhalte sollte von den Interessen und der Lage der Arbeitenden ausgehen und auch Probleme der „Macht und Herrschaft" einbeziehen. Die an solchen Initiativen anknüpfenden schulpolitischen Alternativen, die in dieser Zeit von der KPD und dem „Demokratischen Kulturbund Deutschlands" vorgelegt worden waren, erfuhren allerdings nur eine geringe Verbreitung. Ende der fünfziger Jahre war es damit offensichtlich, daß eine antimonopolistische demokratische Bildungsreform gescheitert war. Daraus ergaben sich andere Kampfbedingungen und neue Aufgaben für die Arbeiterbewegung, auf die die folgenden Beiträge eingehen werden.

[1] Wilhelm Liebknecht, Wissen ist Macht — Macht ist Wissen. Berlin 1968, S. 58.

[2] Vgl. ebenda, S. 58/59, 63, 66; Heinrich Schulz, Beiträge zur Geschichte der Volksschule. in: Neue Zeit 20. Jg. Bd. 1, 1901/02 S. 135; Clara Zetkin, Ausgew. Reden u. Schriften Bd. I, Berlin 1957, S. 254.

[3] Vgl. H. Schulz, a. a. O., S. 169/170.

[4] Vgl. ebenda, S. 228—237; H. Schulz, Die Volksschule in der Manufakturperiode. in: Neue Zeit 20. Jg. Bd. 2, 1901/02, S. 169—175, 197—203, 241—246.

[5] W. Liebknecht, a. a. O., S. 67—74; C. Zetkin, a. a. O., S. 255—258; H. Schulz, Sozialdemokratie und Schule. Berlin 1907; H. Schulz, Die Schulreform der Sozialdemokratie. Dresden 1911 (2. verä. A. Berlin 1919).

[6] W. Liebknecht, a. a. O., S. 93/94.

[7] Vgl. Karl H. Günther u. a., Quellen zur Geschichte der Erziehung. Berlin 1971, 6. A., S. 245—247.

[8] Vgl. P. N. Grusdew (Hrsg.), Marx/Engels über Erziehung und Bildung. Berlin 1968, S. 137.

[9] Ebenda, S. 164.

[10] Ebenda, S. 197.

[11] Vgl. Kritik des Gothaer Programms, in: ebenda, S. 206/207.

[12] Vgl. H. Schulz, Religion und Volksschule. in: Neue Zeit, 23. Jg. Bd. 2, 1904/05, S. 123 f.; ders.: Das Attentat auf die preußische Volksschule. in: Gleichheit Nr. 1, 1906, S. 2 f.; ders.: 7 Jahre preußischer Schulreaktion. in: Neue Zeit 25. Jg. Bd. 2, 1906/07, S. 528 f.

[13] Vgl. Protokoll über die Verhandlungen des Parteitags der SPD 1904 in Bremen, 1906 in Mannheim, jeweils Berlin 1904, 1906; Protokoll über die Verh. des Parteitags der Sozialdemokratischen Partei Preußens zu Berlin 1904. Berlin 1905; M. Werler, Die führende Rolle der Arbeiterklasse in den schulpolitischen Kämpfen um das preuß. Volksschulunterhaltungsgesetz (1904—1906). Päd. Diss. PH Dresden 1972; Horst Idel, Der Kampf um das sächsische Volksschulgesetz vor dem 1. Weltkrieg unter Berücksichtigung der Rolle der SPD. Päd. Diss., PH Dresden 1968.

[14] C. Zetkin, a. a. O., S. 259.

[15] Vgl. Karl Christ, Sozialdemokratie und Volkserziehung. Bern u. Frankfurt/M. 1975 (Verlag H. u. P. Lang) S. 81 f.

[16] Vgl. Käte Duncker, Die Schulreform der Sozialdemokratie. in: Neue Zeit 29. Jg. Bd. 2, 1910/11, S. 697—704; K. Christ, a. a. O., S. 73—81.

[17] Vgl. den 5. Abschnitt der „Mannheimer Leitsätze" von 1906, abgedruckt bei: K. H. Günter, Quellen . . ., a. a. O., S. 352 und S. Voets, Sozialistische Erziehung. Hamburg 1972, S. 45/46; vgl. auch: K. Christ, a. a. O., S. 125—149 und 155—184.

[18] Vgl. C. Zetkin, Ausgew. Reden und Schriften, Bd. II, Berlin 1960, S. 494.

[19] Edwin Hoernle, Grundfragen proletarischer Erziehung, Ffm. 1971, S. 67—75.

[20] Vgl. Quellen . . ., a. a. O., S. 489.

[21] Vgl. „Die Zukunft meistern". Bonn 1959; „Aufstieg durch Bildung". hrsg. vom P. V. der SPD. Hannover 1963.

André Leisewitz

Weg mit den Berufsverboten!

1.

Der gemeinsame Beschluß der CDU/CSU- und SPD-Ministerpräsidenten über „Grundsätze zur Frage der verfassungsfeindlichen Kräfte im öffentlichen Dienst" und die gemeinsame Erklärung des Bundeskanzlers Willy Brandt und der Ministerpräsidenten vom 28. Januar 1972 liegen heute mehr als vier Jahre zurück. Dieser Beschluß hat die Bundesrepublik erneut auf den Weg des offenen Verfassungsbruchs geführt, er bedeutet eine eklatante Verletzung völkerrechtlicher Bestimmungen, wie sie in der Allgemeinen Erklärung der Menschenrechte und der Europäischen Menschenrechtskonvention festgelegt sind, und er gefährdet die Entspannungsbemühungen in Europa, besonders deutlich nach Abschluß der Konferenz für Sicherheit und Zusammenarbeit und den in ihrer Schlußakte festgeschriebenen Grundprinzipien zur Sicherung der Menschenrechte und Grundfreiheiten.[1]

Berufsverbote gibt es in der Bundesrepublik und Westberlin bekanntlich nicht erst seit dem Ministerpräsidentenbeschluß. Schon vorher sorgten u. a. die Länderregierungen in Bremen (Fall Holzer) und in Hamburg (Grundsatzentscheidung vom November 1971) für die Einleitung einer Politik der Gesinnungsschnüffelei und des Meinungsdrucks; aber all das nimmt sich im Rückblick bescheiden aus, wenn man die Bilanz der letzten vier Jahre zieht. Die systematische Verletzung des Rechts auf freie Meinungsäußerung, des Rechts der freien Berufswahl, des Gleichheitsgebots und des Verbots jeglicher Benachteiligung wegen politischer und weltanschaulicher Ansichten, von im Grundgesetz festgelegten[2] Rechten also, erinnert nicht nur an die Zeit des kalten Krieges und des KPD-Verbots in den fünfziger Jahren, sondern hat im politischen Kalkül der Herrschenden in der Bundesrepublik heute die gleiche Funktion wie die damals angewandten Repressalien. Unter veränderten inneren und besonders internationalen Existenzbedingungen, angesichts wachsender ökonomischer Labilität und Krisenanfälligkeit des Systems und gleichzeitiger politischer Entspannung gegenüber den sozialistischen Ländern müssen Berufsverbote heute eine direkte Illegalisierung der politischen Linken, insbesondere der Kommunisten, ersetzen. Der CDU-Politiker

Dregger hat in der Bundestagsdebatte über das Sondergesetz unter dem Stichwort „DKP: Isolierung oder Parteiverbot" diese Funktion der Berufsverbote so zusammengefaßt: „Alle demokratischen Parteien sind sich darüber einig, daß die Kommunisten politisch isoliert werden und daß ihre aktiven Mitglieder daran gehindert werden, in unseren Staatsdienst einzutreten. Das ist die eine Möglichkeit; mit der sind wir einverstanden, wenn Sie alle mit ziehen. Die andere ist das politische Verbot. Wenn Sie bei Ihrer Haltung bleiben, dann provozieren Sie das Parteiverbot; wir haben nichts dagegen."[2] Diese von der CDU/CSU-Fraktion mit großem Beifall bedachte Formulierung macht zugleich die politische Funktion der CDU/CSU im Herrschaftssystem der BRD deutlich: Gerade weil die zweite der hier angedeuteten Varianten in der Auseinandersetzung mit der politischen Linken unter den heute gegebenen internationalen Bedingungen (Beziehungen zu den sozialistischen Ländern; Abschluß der KSZE; wachsende Linkstendenzen in den westeuropäischen kapitalistischen Ländern) für die herrschenden Kreise in der Bundesrepublik mehr oder weniger nicht gangbar ist, brauchen sie eine politische Partei, die Bundes- und Länderregierungen durch ihre Forderungen und öffentliche Demagogie immer wieder zu einer möglichst radikalen Praktizierung anderer Formen der politischen Unterdrückung drängt. Das ist die Aufgabe der Strauß und Kohl, der Dregger und Carstens und das gilt es im Kampf gegen die Berufsverbote keinen Augenblick zu vergessen.

Das Bundesinnenministerium hat kürzlich erstmals offizielle Angaben über das Ausmaß der Gesinnungsschnüffelei bekanntgegeben. Allein in der Zeit vom 1. Januar 1973 bis zum 30. Juni 1975 wurden 454 585 Bürger der BRD, die sich um den Zugang zum öffentlichen Dienst beworben hatten, karteimäßig erfaßt und vom Verfassungsschutz überprüft. Im Bundesland Bremen waren das fast 3 Prozent der dort ansässigen Bevölkerung. Gegen 5 678 Bewerber lieferte der Verfassungsschutz sogenannte „Erkenntnisse", 235 Bewerber wurden als „nicht verfassungstreu" abgelehnt.[3] Diese Angaben widerspiegeln natürlich keineswegs das ganze Ausmaß der Überwachungstätigkeit. Sie geben keinen Aufschluß über die große Zahl der versuchten, angedrohten Berufsverbote; sie geben keinen Aufschluß über die Zahl derer, die aus Angst vor einem Berufsverbot oder aus Resignation von sich aus auf eine Bewerbung verzichtet haben; sie sagen nichts aus über die in dieser Periode anhängigen Verfahren. Auch war der Stichtag manipuliert, denn zum 1. Juli 1975, dem neuen Einstellungstermin für Lehrer und Lehramtsbewerber, gab es eine Großzahl neuer Berufsverbote. So nannte der Innenministerbericht für das Bundesland Hessen

26 Fälle; vierzehn Tage später wußte die Zeitschrift „paed.extra"
bereits von 70 Fällen[4]. Heute, Anfang 1976, liegen diese Zahlen
noch weitaus höher. Nach Berechnungen der Hamburger Initiative
„Weg mit den Berufsverboten", die den Kampf gegen Berufsverbote
koordiniert, muß davon ausgegangen werden, daß rund eine Drei-
viertelmillion Bewerber für den öffentlichen Dienst überprüft worden ist und daß dabei rund 1 200 Berufsverbote verhängt wurden.[5]

Freilich, nach offizieller Lesart gibt es in der BRD überhaupt keine
Berufsverbote. Amtlich hieß es aus dem Munde des hessischen Kultusministers Krollmann unter Berufung auf den Bundesverfassungsgerichtsentscheid vom Mai 1975 im hessischen Landtag: „In Hessen
gibt es keine ‚Berufsverbote'. Wenn dieser Begriff im Zusammenhang mit mangelnder verfassungsmäßiger Eignung von Bewerbern
für den öffentlichen Dienst oder Angehörigen des öffentlichen Dienstes gebraucht wird, so ist dies irreführend und nicht vertretbar."[6]

2.

Die Verfassungswidrigkeit der Berufsverbote ist in einer kaum
noch zu überschauenden Zahl von Veröffentlichungen immer wieder nachgewiesen worden.[7] Dies gilt für den Ministerpräsidentenbeschluß ebenso wie für die Entscheidung des Bundesverfassungs-
gerichtes vom Mai 1975 oder das im Bundestag am 24. Oktober 1975
zwar verabschiedete, jedoch von der CDU/CSU im Bundesrat in noch
reaktionärerer Absicht blockierte und daher nicht in Kraft getretene
Sondergesetz („Entwurf eines Gesetzes zur Änderung dienstrechtlicher Vorschriften"). Alle Verfasser verweisen, unabhängig von
ihrem politischen Standort oder ihrer Parteizugehörigkeit, auf Art.
33 Abs. 3 GG, demzufolge die in Art. 4 GG gewährleistete Unverletz-
lichkeit des weltanschaulichen Bekenntnisses auch beim Zugang
zum öffentlichen Dienst zu wahren ist. Sie verweisen darauf, daß
niemand wegen seiner Mitgliedschaft in einer legalen politischen
Partei benachteiligt werden darf und daß die neuerliche Konstruktion
einer „extremistischen" oder „verfassungsfeindlichen" Partei mit
Sinn und Formulierung des Grundgesetzes nichts gemein hat. Der
ehemalige Bundesverfassungsrichter Herbert Scholtissek, Landtags-
abgeordneter der CDU in Nordrhein-Westfalen und als Mitglied
des Ersten Senats des BVerfG 1956 am Verbot der KPD beteiligt,
also ein Mann, dem man sicher keine Sympathie zu Kommunisten
nachsagen kann, erklärte in diesem Zusammenhang im Hinblick
auf die DKP, daß „die Nichtzulassung von Mitgliedern dieser Partei zu öffentlichen Ämtern eine Verletzung des Grundgesetzes" be-
deute, denn schließlich sei die DKP eine legale Partei.[8]

Was die Versuche anbetrifft, Berufsverbote unter Umgehung von Art. 33 Abs. 3 GG mit einer angeblich fehlenden „Eignung" (unter Berufung auf Art. 33 Abs. 2 GG) zu begründen, wobei hierunter keineswegs eine fehlende fachliche Qualifikation, sondern eine „staatsbürgerliche" Eignung, eine ideologische Qualifikation sozusagen, verstanden wird, wie dies im Falle von Anne Lenhart erstmals vom Bundesverwaltungsgericht vorexerziert wurde, so hat der Vorsitzende Richter am Oberlandesgericht Frankfurt a. M., Düx, bereits auf die erschreckende, aber charakteristische Parallele zur „Recht"-Sprechung im Dritten Reich hingewiesen. Damals gehörten zu den Verfolgten Juden und Zigeuner, psychisch Kranke oder Abnorme und drittens Sozialdemokraten, Kommunisten und andere Gegner des Faschismus. Heute hat das BVerwG diese Trinität mit folgender Formulierung wieder aufleben lassen: „Das Bekenntnis zu den Zeilen einer (nicht verbotenen) politischen Partei, die mit der freiheitlich-demokratischen Grundordnung unvereinbar sind[9] und erst recht der aktive Einsatz für diese Ziele machen den Beamtenbewerber — ebenso wie körperliche Behinderung oder intellektuelle Unfähigkeit — ... untauglich für den Beamtendienst."[10] Das gleiche BVerwG hatte übrigens in einer anderen Entscheidung einem NPD-Mitglied in aller Selbstverständlichkeit den Schutz des Parteienprivilegs zugebilligt, den es Anne Lenhart als Mitglied einer politisch auf der Linken stehenden Partei umstandslos verweigerte. Diese Rechtssprechung kommt nicht von Ungefähr, gehörten dem Senat des BVerwG zwei aus der Nazizeit schwer belastete Richter an[11] und auch am Bundesverfassungsgerichtsentscheid war ein Richter beteiligt — Geiger —, der sich 1941 über den „übermächtigen, volksschädigenden und kulturzersetzenden Einfluß der jüdischen Rasse" geäußert hatte, ein „Fachmann für Volksschädlinge" also, wie der „Stern" zu Recht konstatierte.[12]

Kern der BVerfGE ist der Versuch, die Verfassungstreue in eine obrigkeitsstaatliche „Staatstreue" umzumünzen[13]; das Bundesverfassungsgericht stellt sich selbst dabei in entlarvender Weise in eine extrem reaktionäre Tradition, wenn es sich ausgerechnet auf das Allgemeine Preußische Landrecht von 1794 beruft. Faktisch wird es dem Belieben jeder Anstellungsbehörde überlassen, Meinungen, die mit der herrschenden Regierungspolitik nicht konform gehen, als verfassungsfeindlich mit Berufsverbot zu belegen, wenn es in den Entscheid u. a. heißt, die „Staatstreue" müsse mehr sein als „im übrigen uninteressierte, kühle und distanzierte Haltung" und von jedem Angehörigen des öffentlichen Dienstes verlangt wird, „daß er sich eindeutig von Gruppen und Bestrebungen distanziert, die diesen Staat, seine verfassungsmäßigen Organe ... angreifen ..."[14] Schließlich ist auch die Regierung ein „Staats-

Organ" und die Funktion der Opposition besteht im Verständnis der parlamentarischen Demokratie ja gerade darin, diese Regierung „anzugreifen".[15]

3.

Eine solche oberste Gerichtsbarkeit ist heute genauso wie in der Weimarer Republik oder in der Adenauer-Zeit Garant dafür, daß niemand wegen seiner Mitgliedschaft in der NPD Sorge haben muß, etwa nicht als Beamter eingestellt zu werden, während — nach dem bekannten Motto „Links gefeuert, rechts geheuert"[16] — sich bei den herrschenden Kreisen schon jeder verdächtig macht, der „sich ständig auf Grundrechte beruft, übertriebene soziale Forderungen stellt und häufig von Demokratisierung redet" (so der Bremer Jura-Professor Derleder im „Stern").

Wer geglaubt hat, die Berufsverbote würden nur Mitglieder der DKP treffen (gegen die sie sich freilich in erster Linie richten), ist längst durch die Realität belehrt worden. Die Funktion solcher Maßnahmen wie der Berufsverbote (oder früher: des KPD-Verbots) besteht ja gerade darin, ein Klima der Angst zu schaffen, das viele vom demokratischen Engagement abhält, ein Klima zu schaffen, das die gesamte demokratische Bewegung schwächen soll. Es geht um die Unterdrückung jeder radikal-demokratischen Forderung nach Verwirklichung und Ausgestaltung verfassungsmäßiger Rechte, wie sie keineswegs nur von sozialistischer oder marxistischer Seite erhoben werden. Schnüffelei, Meinungsdruck, psychische Belastung gehören daher auch zwangsweise zur Politik der Berufsverbote, und es ist Illusion, man könne die „Auswüchse" beseitigen, ohne nicht zugleich die Wurzel auszureißen.

Die politische Breite der Bewegung gegen die Berufsverbote zeigt, daß dieser Zusammenhang vielen Bürgern, die gewiß den Auffassungen der Kommunisten in der Bundesrepublik skeptisch gegenüberstehen, deutlich bewußt ist. Der Bundesvorsitzende der Jungdemokraten, Prof. Schiller, und der Vorsitzende des südhessischen Jungsozialisten, Prof. Fritzsche machten so in einer gemeinsamen Erklärung deutlich, daß die Berufsverbotspraxis nichts anderes verfolge als „die fortschreitende Ausweitung einer unbestimmbaren Grauzone des Kommunismus-Verdachtes, die von Carstens, Strauß und anderen längst ausdrücklich auf SPD und FDP ausgedehnt ist und schließlich alles denunziert und kriminalisiert, was kritisch zu unseren gesellschaftlichen Verhältnissen und demzufolge auch links von deren politischen Nutznießern steht."[17] Die Zahl der Fälle, in denen auch Sozialdemokraten, Mitglieder der FDP und Gewerkschafter betroffen wurden, ist groß; ein Musterbeispiel hierfür ist die Assessorin Charlotte Nieß, Mitglied der SPD und der ÖTV, der wegen ihrer Mitgliedschaft in der Vereinigung Demokratischer Juristen die Anstellung als Richterin auf Probe in Bayern im September 1975 verweigert wurde.[18] Hier geht es um den Versuch, Organisationen als verfassungsfeindlich zu erklären, nur weil in ihnen auch Kommunisten Mitglieder sind, und es ist nur konsequent, wenn sich diese Angriffe auch auf die Gewerkschaften richten.[19] Dabei liegt es in der Logik der einmal eingeschlagenen Richtung, daß sozialdemokratische Minister ihre eigenen Genossen als „Radikale" verfolgen, wie in Niedersachsen, wo der Hochschullehrer Wolf-Dieter Narr, Professor in Westberlin, von einem SPD-Ministerpräsidenten abgelehnt wurde, der sich seinerseits auf sogenannte „Materialien" des Westberliner Innensenators Neubauer (ebenfalls SPD) stützte.

Die Erklärung Willy Brandts im Spiegel — „Wir werden alles daran setzen, die Kommunisten in unserem Lande so klein zu halten, wie wir es bisher geschafft haben"[20] — ist das Programm der rechten SPD-Führung, die politische Alternative links von der SPD mit allen Mitteln zu unterdrücken, um damit innerhalb der eigenen Partei einen um so größeren Spielraum für die Durchsetzung der an den Interessen des Großkapitals orientierten Politik zu haben. Dieses Programm beinhaltet daher auch den direkten Angriff auf die demokratische Substanz der eigenen Partei und den rigorosen Versuch, alle Gegner der Berufsverbote zu diffamieren und, wenn möglich, auch durch Ausschluß zu erledigen, wie im Fall des schleswig-holsteinischen Landtagsabgeordneten Bünemann. Das Großkapital benutzt dabei die CDU/CSU und deren ungezügelte Demagogie und Radikalenhetze, um diesen Prozeß in der SPD weiter und tiefer voranzutreiben, und jeder Versuch, sich seitens der SPD als besonders „staatserhaltend" zu profilieren, provoziert nur neue Angriffe und neue Demagogie.

Der Ministerpräsidentenbeschluß richtet sich in besonderem Maße gegen demokratisch gesonnene Lehrer. Dies nicht nur, weil die größte Gruppe der vom Berufsverbot betroffenen Lehrer sind, sondern weil dieser Beschluß im Klima der Erkenntnisfeindlichkeit „radikale, politische und geistige, theoretische und praktische Auseinandersetzungen mit Problemen verhindert"[21] und damit den Kern eines fortschrittlichen Unterrichts trifft. Dies ist gemeint, wenn in keiner Rede von Carstens und Dregger zum Thema „Radikale" der „Hinweis" auf die hessischen Rahmenrichtlinien fehlt als Beispiel einer „psycho-sozialen Vergiftung, die schon seit vielen Jahren von manchen Universitäten und Lehrerakademien ausgeht".[22]

„Psycho-soziale Vergiftung", das war im Fall des Lehrers Frank Behrens die Ausarbeitung von Unterrichtsmodellen zu Art. 14 und 15 GG mit dem Hinweis auf die verfassungsrechtliche Möglichkeit der Vergesellschaftung von Grund und Boden, die ihm im sozialdemokratisch regierten Bremen nicht nur eine Herabsetzung der Note für seine schriftliche Examensarbeit von „sehr gut" auf „mangelhaft" eintrug, sondern genauso wie seinem GEW-Kollegen Offergeld im bayerischen München ein Berufsverbot. Offergeld, Bundesvorsitzender der AjLE in der GEW, hatte laut „Gutachten" des bayerischen Kultusministeriums „dem Dreigestirn Neopositivismus, Sexualismus und Marxismus" gefrönt, war, weil für die kollegiale Zusammenarbeit aller Gewerkschafter im Rahmen der Einheitsgewerkschaft eintretend, offensichtlich ein besonderer Kommunistenfreund und hatte auch noch Kontakt zum „Pressedienst Demokratische Aktion" gehalten, dessen Ausschuß so bekannte Schriftsteller wie Martin Walser, Bernt Engelmann und der inzwischen verstorbene Erich Kästner angehörten, ergo laut bayerischem Kultusministerium eine „kommunistische Tarnorganisation".[23] „Psycho-soziale Vergiftung", das war im Rheinischen die Verwendung des von Erika Runge verfaßten und dem gleichnamigen Fernsehfilm folgenden Leseheftes „Ich heiße Erwin und bin 17 Jahre alt" im Schulunterricht. Laut Junge Union „verbale Pornographie", weil in diesem Leseheft die persönlichen und sozialen Probleme eines Lehrlings dargestellt und mangelnde Möglichkeiten und Qualität der Berufsausbildung kritisiert wurden. Folge der Hetzkampagne in der CDU nahestehenden Zeitungen und im Landtag: Verbot der Verwendung dieses Unterrichtsmaterials durch den Kultusminister von NRW und Einleitung eines Disziplinarverfahrens gegen die Lehrerin.[24]

In dem von den pädagogischen Zeitschriften „Demokratische Erziehung", „paed. extra" und „betrifft: erziehung" gemeinsam veröffentlichten Appell „Für freie Entfaltung von Bildung und Wissenschaft, gegen die Berufsverbote" wird die sofortige Beseitigung der Berufsverbotspraxis gefordert. Begründend heißt es u. a.: „Berufsverbote richten sich besonders gegen die Lehrer, die sich um demokratische Unterrichtsinhalte bemühen." Und weiter: „In einem demokratischen Staat sollen sämtliche Zweige des Bildungswesens die Fähigkeit und Bereitschaft der Lernenden zu reflektiertem politischen Handeln fördern. Gleichgültigkeit gegenüber bestehenden Mängeln und Duckmäusertum werden aber dann begünstigt, wenn politisches Engagement sich durch die Berufsverbotspraxis nachteilig auf die Berufschancen auswirken kann. Während die Notwendigkeit einer tiefgreifenden Bildungsreform fortbesteht und viele sich in ihren Reformerwartungen getäuscht sehen, werden die Diskussion und das Engagement der Betroffenen durch Berufsverbote behindert. Reformfeindliche Kräfte versuchen diese Situation zu nutzen, um den Abbau begonnener Reformvorhaben, des gegenwärtigen Bestandes im Bildungswesen voranzutreiben."[25]

4.

Der Widerstand gegen die verfassungswidrigen Berufsverbote ist im Interesse der Erhaltung von Demokratie und Recht, im Interesse eines an den demokratischen Interessen der arbeitenden Bevölkerung, der breiten Mehrheit unserer Gesellschaft orientierten pädagogischen Fortschritts bitter notwendig. Er ist dringend notwendig, wenn die Berufs- und Meinungsfreiheit der Bürger der Bundesrepublik verteidigt und gesichert werden soll. Seit es Berufsverbote gibt, gibt es auch Widerstand gegen sie und dieser Widerstand wächst, ist breiter geworden, hat zunehmend an Einfluß in den Gewerkschaften gewonnen, und er erfährt Unterstützung aus dem Ausland, das seine geschichtlichen Erfahrungen mit einem bürgerlichen Deutschland gemacht hat, dessen Reaktion nach innen zu oft in Aggression nach außen umgeschlagen ist.[26] Heute gibt es in der BRD über dreihundert Bürgerinitiativen, die sich in der Verteidigung verfassungsmäßiger Rechte zusammengefunden haben, es gibt eine große Zahl lokaler und überregionaler Aufrufe von Hochschulangehörigen, von gewerkschaftlich orientierten Initiativen, von Einzelpersönlichkeiten und allein in der Aktionswoche vom November/Dezember 1975 fanden weit über einhundert Veranstaltungen der verschiedensten Art im ganzen Bundesgebiet statt. Große Demonstrationen, wie in Westberlin, wo sich 11 000 Demonstranten beteiligten, oder Stuttgart (8000), brachten den Protest in die Öffentlichkeit.

Von entscheidender Bedeutung für die weitere Verbreitung des Protests und dafür, Erfolge zu erzielen, Berufsverbote zu verhindern und Einstellungen zu erzwingen, ist die Frage, wie es gelingt, in jedem einzelnen Fall den Widerstand zu organisieren und hierbei alle Betroffenen in die Bewegung einzubeziehen. Alle Betroffenen — damit sind keineswegs nur die vom Berufsverbot betroffenen Lehrer, Arbeiter, Angestellten im öffentlichen Dienst gemeint. Das gilt genauso für die Schüler, denn wer hätte größeres Interesse an qualifiziertem und demokratischem Unterricht als sie? Dazu gehören ebenso die Eltern, denn sie müssen sich um die Erziehung ihrer Kinder kümmern und haben als arbeitende Menschen kein Interesse daran, daß in den Schulen reaktionäre und antigewerkschaftliche Lehrinhalte verbreitet werden, sind doch die Kinder, die heute noch in die Schule gehen, morgen die Kollegen, die im gleichen Betrieb arbeiten oder die Ärzte, von deren Können und Verständnis sie abhängig sind. Betroffen ist jeder Kollege an der Schule, denn kann er sicher sein, daß seine Unterrichtseinheit nicht auch morgen unter das Verdikt der „psycho-sozialen Vergiftung" eines Dreggers fällt? Betroffen und angesprochen ist insbesondere jeder Gewerkschafter, denn die Berufsverbote richten sich gegen die

Wahrnehmung elementarster gewerkschaftlicher Rechte und die Verteidigung der Meinungs- und Berufsfreiheit ist selbst eine der elementarsten gewerkschaftlichen Aufgaben. Dieselben Kräfte, die heute Berufsverbote für fortschrittliche Lehrer fordern, operieren in den Betrieben mit schwarzen Listen, entlassen Jugendvertreter und betreiben Aussperrungen. Betroffen von Berufsverbot ist schließlich jeder Bürger insofern die Berufsverbote nur Teil einer Politik des Abbaus demokratischer Rechte überhaupt sind, wie sie in den zahllosen Grundgesetzänderungen zum Ausdruck kommen, von den Notstandsgesetzen bis zur Einführung der „Gewaltparagraphen".

Diese Politik zielt insgesamt darauf ab, die Rechte der arbeitenden Bevölkerung zugunsten der Macht des Großkapitals und seiner politischen Interessenvertreter einzuschränken und historisch errungene Positionen der Arbeiterbewegung abzubauen. Das Grundgesetz ist zu einer Zeit entstanden, als das Monopolkapital in den Westzonen seine Macht noch nicht voll hatte restaurieren können und der Zusammenhang zwischen Monopolmacht und politischer Reaktion durch die Erfahrungen des Faschismus vielen Bürgern, vor allem aber in der Arbeiterschaft deutlich war. Daher konnte es auch gelingen, im Grundgesetz und in den Länderverfassungen zahlreiche Bestimmungen zu verankern, die die Möglichkeit zu weitgehendsten gesellschaftlichen Veränderungen offenhalten. Selbst wenn diese Rechte heute noch so begrenzt und formal sein mögen, sie müssen entschieden verteidigt und von der Arbeiterklasse als Waffe im Kampf für ihre Gegenwarts- und Zukunftsinteressen genutzt werden. Dies ist auch immer die Stellung der Kommunisten zu den Grundrechten in der Bundesrepublik gewesen[27], und gerade deshalb richten sich die Maßnahmen der Herrschenden mit einem solch erbitterten Haß gegen sie. Umgekehrt muß man feststellen, daß alle Versuche — die auch von den politischen Verhältnissen in der BRD kritisch Gegenüberstehenden kommen mögen — die Berufsverbote als verfassungskonform, als legal zu bezeichnen, die demokratischer Bewegung wichtiger Positionen berauben und — gewollt oder ungewollt — in der Argumentation der Reaktion in die Hände spielen. Im Ergebnis wird der Widerspruch zwischen Verfassungstext und Verfassungswirklichkeit, zwischen Anspruch und Realität der Gesellschaft verdeckt, und es ist offensichtlich, daß von solchen Auffassungen her kein Widerstand organisiert werden kann, sondern Resignation sich verbreitet. Demgegenüber ist die ganze Bewegung gegen die Berufsverbote ein Beispiel dafür, daß es von der Verteidigung verfassungsmäßiger Rechte her möglich ist, alle betroffenen gesellschaftlichen Gruppen einzubeziehen und auch Erfolge oder Teilerfolge zu erzielen.

Die Vorgänge in der Bundesrepublik sind im Ausland erst allmählich in ihrer ganzen Tragweite erkannt worden. Das hat zwei Gründe: zum einen ist es in den anderen kapitalistischen Ländern Europas (mit Ausnahme der extrem autoritär oder faschistisch regierten Staaten wie heute noch Spanien) schlicht undenkbar, daß Marxisten, Sozialisten, Antifaschisten derartigen Repressalien ausgesetzt werden wie in der BRD. Die bürgerlich-demokratischen Traditionen sind in diesen Ländern zu tief verwurzelt und die organisierte Arbeiterbewegung ist entweder so stark oder verfügt zumindestens auf Grund ihrer Rolle im antifaschistischen Widerstand über eine derartige Autorität, daß Vergleichbares nicht denkbar ist. Zum anderen gab es natürlich große Illusionen über die sozialdemokratisch geführte Bundesregierung, die sich im Bewußtsein meist mit ihrer realistischeren Ostpolitik und der Maxime „Mehr Demokratie wagen" verband, und kaum jemand hatte erwartet, daß sie im Inneren genau das Gegenteil ihrer Versprechen in die Tat umsetzen würde. Die jüngsten Auseinandersetzungen innerhalb der westeuropäischen Sozialdemokratie zeigen, daß diese Widersprüche heute aufbrechen, und die SPD durch ihre Politik auch sich selbst mancherorts zu isolieren beginnt.

Ein auch nur begrenzter Überblick über die verschiedenen Komitees, Protestbekundungen, Unterschriftensammlungen, über die Presseberichterstattung nicht nur der linken Blätter, sondern der bürgerlich-liberalen Presse des Auslandes, über die Beiträge ausländischer Freunde auf Protestveranstaltungen in der Bundesrepublik würde den begrenzten Rahmen dieses Aufsatzes sprengen. Diese Kritik wird hierzulande von der Rechten als Einmischung in die inneren Angelegenheiten der BRD diffamiert. Besonders die Rede des Friedenspreisträgers des Deutschen Buchhandels, Prof. Dr. Alfred Grosser, hat solche Reaktionen provoziert. Aber — was wäre demagogischer? Die Parole „Am deutschen Wesen soll die Welt genesen" ist im Ausland nicht vergessen. „Da man unmittelbar vor dem zweiten Weltkrieg alles als innere deutsche Angelegenheiten und Rechtspraxis bezeichnete, was später sehr spürbare Folgen für unser Land hatte, müssen dänische Besorgnisse um die demokratischen Zustände in dem westdeutschen Nachbarland berechtigt sein", schrieb der dänische Literaturpreisträger Hans Scherfig.[28] Der Vertreter der französischen Gymnasial-Lehrer-Gewerkschaft (SNES) erklärte auf dem Internationalen Hearing gegen Berufsverbote im Juni 1975 in Bonn-Bad Godesberg: „Es geht uns nicht nur um eine Solidaritätsbekundung für die Demokraten der BRD, die unter besonders ungünstigen Umständen zur Verteidigung der Demokratie auftreten. Wir fühlen uns auch durch die Tatsache betroffen, daß unser Land unter der nationalsozialistischen Herrschaft gelitten hat. (...) Heute geben die von den Regierungen getroffenen Maßnahmen für eine europäische

Integration den Demokraten der kapitalistischen Staaten der EWG neue Gründe, gegen jede Verletzung der demokratischen Rechte in Europa und insbesondere in der BRD zu kämpfen."[29]

Eine Verbreiterung des Protestes läßt sich auch in den letzten Monaten in der Bundesrepublik selbst beobachten; die zunehmenden Übergriffe der CDU/CSU gegenüber einzelnen progressiven Sozialdemokraten und die pauschale Diffamierung ganzer Organisationen hat besonders seit Ende 1975 vielen die Dringlichkeit des Widerstandes vor Augen geführt und auch die Proteste des Auslandes finden bereits ihren Niederschlag. Die beiden Justizminister Posser (SPD, Nordrhein-Westfalen) und Klug (FDP, Hamburg) erklärten gemeinsam, man habe das „erschreckende Ausmaß" der Verfassungsschutzüberprüfungen „nicht gewollt" und besonders Posser bezog den Standpunkt, daß die Berufsverbotepolitik geltendem Verfassungsrecht widerspreche.[30] In Bonn wurde eine von zahlreichen SPD-Politikern, von Wissenschaftlern und Publizisten unterzeichnete Erklärung anläßlich des „vierten Jahrestages" des Ministerpräsidentenbeschlusses vorgelegt, in der das „systematisch geförderte Denunziantentum" angeprangert und die Verfassungswidrigkeit der Berufsverbote betont wurde.[31] Von besonderer Bedeutung sind verschiedene Gewerkschaftsbeschlüsse und Erklärungen, so die Erklärung des IG-Metall-Vorstandes vom Dezember 1975, in der (trotz der Befürwortung des von der Bundesregierung vorgelegten Sondergesetz-Entwurfes) „alle demokratischen Kräfte (aufgefordert werden), den zutage getretenen unheilvollen Entwicklungen Einhalt zu gebieten, die demokratischen Grundrechte zu verteidigen und ihre Aushöhlung abzuwehren".[32] In den Beschlüssen der ÖTV-Bezirksdelegiertenkonferenzen von Hessen und Nordrhein-Westfalen wird in aller Deutlichkeit die sofortige Beendigung der Berufsverbote und die Zurücknahme des Ministerpräsidentenbeschlusses gefordert und „gemeinsam mit anderen betroffenen Gewerkschaften — DPG, GEW, GdED —" zu Aufklärungsaktionen der ÖTV aufgerufen, wie in dem hessischen Beschluß vom Januar 1976.

Solidarität mit den Betroffenen, lokale und überregionale Aktionen, gemeinsamer Protest mit den Demokraten des Auslandes, das sind Formen des Kampfes gegen die Politik des Verfassungsbruchs. Man ist entweder für die Berufsverbote oder man ist für die Demokratie — dazwischen gibt es nichts.

[1] Konferenz über Sicherheit und Zusammenarbeit in Europa. Wortlaut der Schlußakte, in: Blätter für deutsche und internationale Politik. H. 8/1975, S. 899 ff. „Die Teilnehmerstaaten werden die Menschenrechte und Grundfreiheiten, einschließlich der Gedanken-, Gewissens-, Religions- oder Überzeugungsfreiheit für alle ohne Unterschied der Rasse, des Geschlechts, der Sprache oder der Religion achten. Sie werden die Ausübung der zivilen, politischen, wirtschaftlichen, sozialen, kulturellen sowie der anderen Rechte und Freiheiten, die sich alle aus der dem Menschen innewohnenden Würde ergeben und für seine freie und volle Entfaltung wesentlich sind, fördern und ermutigen." A. a. O., S. 902.

[2] Alfred Dregger, Rede in der 197. Sitzung des Deutschen Bundestages am 24. Oktober 1975, in: Das Parlament, Nr. 45/1975, S. 3.

[3] „Unsere Zeit", Düsseldorf, vom 5. 2. 1976, S. 2.

[4] „paed. extra" Nr. 15—16/1975, S. 35. Bis 1974 verfolgte die hessische Landesregierung eine im Vergleich zu anderen Bundesländern liberale und im wesentlichen verfassungskonforme Politik.

[5] Berliner Extra-Dienst Nr. 11/1976, S. 2 f. „Unsere Zahlen beziehen sich auf den tatsächlich zu berücksichtigenden Zeitraum vom Hamburger Senatserlaß (23. November 1971) bis heute, und diese Zahlen schließen ein die zwar ausgesprochenen, aber durch den Protest der Öffentlichkeit zurückgenommenen Berufsverbote und die noch abschließend zu verhandelnden Berufsverbote, wobei die Betroffenen bereits ohne angemessene Arbeit sind."

[6] Hessische Lehrerzeitung, Nr. 1—2/1976, S. 18.

[7] Vgl. u. a. folgende Beiträge: H. Bethge, E. Roßmann (Hrg.), Der Kampf gegen das Berufsverbot, Köln 1973; Wortlaut und Kritik der verfassungswidrigen Januarbeschlüsse. Köln 1973 (Sammlung von Gutachten und Stellungnahmen); Berufsverbot durch Gesetz? Wortlaut und Kritik des „Entwurfs eines Gesetzes zur Änderung dienstrechtlicher Vorschriften", Köln 1974; Institut für Marxistische Studien und Forschungen — IMSF — (Hrg.) Informationsbericht Nr. 22, Berufsverbote in der BRD. Eine juristisch-politische Dokumentation, Frankfurt am Main 1975 (auch in englisch, französisch und italienisch erhältlich); Wolfgang Abendroth, Das Problem des Berufsverbots für Marxisten, Sozialisten und Radikale Demokraten und die Entscheidung des Bundesverfassungsgerichts, in: Marxistische Blätter H. 5/1975, S. 10 ff.; Helmut Ridder, ,Berufsverbot'? Nein, Demokratieverbot, in: Das Argument Nr. 92, H. 7/8/1975, S. 576 ff.

[8] Presseerklärung vom Januar 1973, abgedruckt in: IMSF, Berufsverbote in der BRD. Eine juristisch-politische Dokumentation, a. a. O., S. 37.

[9] Düx kommentiert: „Gemeint ist hier wieder die der Verfassung nicht bekannte ,extremistische' Partei, nicht die verfassungswidrige Partei im Sinne des Grundgesetzes". Zit. nach: IMSF, Berufsverbote in der BRD. Eine juristisch-politische Dokumentation, a. a. O., S. 40.

[10] Zit. nach ebd.

[11] Die Richter Chapeaurouge und Weber-Lortsch. Siehe: „Der Spiegel", Nr. 32/1975, S. 32.

[12] „Stern" vom 14. 8. 1975.

13 Zum Bundesverfassungsgerichts-Entscheid (abgedruckt in EuGRZ, 1975, 398 ff.) vgl. besonders W. Abendroth, Das Bundesverfassungsgericht und die Berufsverbote im öffentlichen Dienst, in: IMSF, Berufsverbote in der BRD. Eine juristisch-politische Dokumentation, a. a. O., S. 30 ff., sowie ders. in: Marxistische Blätter 5/2975 (vgl. Anm. 7).

14 EuGRZ 1975, 403.

15 Abendroth, a. a. O.

16 „Stern" Nr. 49/1975 vom 27. 11. 1975.

17 Frankfurter Rundschau vom 11. 6. 1975.

18 Vgl. Arbeitskreis Berufsverbote im SPD-Ortsverein Sendling-West (Hrg.), Ich bin SPD-Mitglied. Bin ich auch Verfassungsfeind? 2. erw. Auflg., München, Januar 1976.

19 So Dregger unter Bezugnahme auf die Erklärung des IG Metall-Vorsitzenden Eugen Loderer, jeder habe ein Heimatrecht in der Gewerkschaft, solange er gemäß gewerkschaftlichen Grundsätzen in der Einheitsorganisation arbeite. Alfred Dregger, Rede in der 197. Sitzung . . ., a. a. O., (vgl. Anm. 2)

20 Interview in „Der Spiegel" Nr. 65/1976, S. 24.

21 Heinrich Böll, zit. nach Demokratische Erziehung H. 1/1975, S. 9. Der „Berliner Extra-Dienst" berichtete unlängst (Nr. 10/1976, S. 5), daß laut Erklärung von Kultusminister Maier im bayerischen Landtag „entsprechend dem Radikalenerlaß aus den Listen empfohlener Literatur für die Kollegstufe der bayerischen Gymnasien Bücher ausgesondert werden, (in denen) zu klassenkämpferischen Aktionen aufgefordert" werde.

22 Alfred Dregger, Rede in der 155. Sitzung des Deutschen Bundestages am 13. März 1975, stenographischer Bericht, S. 10742.

23 Dieses und anderes kann man nachlesen in: Der Fall Offergeld. Dokumentation des Konflikts zwischen Bayerns Kultusminister und einem gewerkschaftlich engagierten Lehrer. Hrg. Frank von Auer (Pressesprecher der GEW), Frankfurt am Main 1974.

24 Siehe Erich Roßmann, Berufsverbot als Waffe gegen demokratische Lehrinhalte, in: Demokratische Erziehung, H. 1/1975, S. 9 ff.

25 Appell „Für die freie Entfaltung von Bildung und Wissenschaft, gegen die Berufsverbote", Sonderdruck.

26 Ein Überblick über die Bewegung gegen die Berufsverbote findet sich in dem mehrfach zitierten Informationsbericht des IMSF.

27 Vgl. z. B. die Thesen des Düsseldorfer Parteitages der DKP, besonders These 14: „Demokratische Rechte verteidigen und ausweiten".

28 So der dänische Literaturpreisträger Hans Scherfig in: „konkret". Monatszeitschrift für Politik und Kultur, Nr. 8/1975, S. 21.

29 Nach dem hektographierten Redemanuskript.

30 Frankfurter Rundschau vom 15. Januar 1976.

31 Abgedruckt in „Berliner Extra-Dienst" Nr. 9/1976.

32 Vgl. Deutsche Volkszeitung vom 1. Januar 1976.

Kapitel II

Die Bildungspolitik der herrschenden Klasse

Der Titel des vorliegenden Kapitels enthält den grundlegenden Gedanken, der das Buch insgesamt prägt:

Wir gehen davon aus, daß die Gesellschaft der BRD in Klassen gespalten ist, in Kapitalistenklasse einerseits, Arbeiterklasse andererseits. Aus dieser Grundtatsache folgt für Marxisten zwingend, daß bestimmte Erscheinungen dieser Gesellschaft auf ihren Klassencharakter hin untersucht werden müssen. Wir stellen also die Frage: Welche Klasse setzt ihre Interessen durch; in welcher Form; mit welchen Methoden versucht sie das?

Unserer Auffassung nach ist die Pädagogik, die Bildungspolitik allgemein eine solche Erscheinung, deren Wesen und deren Entwicklungstendenzen man ohne die Methode der Klassenanalyse nicht verstehen kann. Dabei wurde in Kapitel I bereits betont, daß wir an diese Fragen nicht schematisch herangehen, sondern stets die konkreten Auseinandersetzungen zwischen den sozialen Klassen in jedem gesellschaftlichen Bereich beachten, so auch in der Bildungspolitik. Nur aus methodischen Gründen trennen wir deshalb die Untersuchung der Bildungspolitik der herrschenden Klasse von den Aktivitäten der Arbeiterklasse und anderer werktätiger Klassen und Schichten (vgl. dazu die Kapitel III und IV).

Wir teilen dabei nicht die Auffassung, daß die Kapitalistenklasse insgesamt den Charakter der herrschenden Bildungspolitik bestimmt. Diese häufig von Maoisten vertretene Position tut so, als ob die Kapitalisten eine homogene Klasse bildeten. Das würde beispielsweise für die Bildungspolitik bedeuten, daß der mittlere Unternehmer mit einem Zweihundert-Mann-Betrieb den gleichen Einfluß auf Organisation und Inhalte des Bildungswesens nehmen könnte wie die Herren der Farbwerke Hoechst. Tatsächlich belegt W. Albrecht in seinem Beitrag den umfassenden Einfluß des *Monopol*kapitals auch im Bildungsbereich und widerlegt damit gleichzeitig maoistische und trotzkistische Auffassungen dazu, ohne daß er direkt darauf eingeht.

Ergänzt wird dieser Beitrag durch einen Aufsatz von Hans. K. Klettenberg über die Bildungspolitik von SPD-Führung und CDU/CSU. Die FDP kommt in diesem Zusammenhang mit einer Fußnote weg; die Zeiten, in denen sie mit Hamm-Brücher hausieren konnte und sich aufgeklärten Intellektuellen attraktiv darstellte, sind weit entfernt. Wir haben deshalb den Raum für eine Auseinandersetzung mit den hauptsächlichen bürgerlichen Kräften genutzt, die auf der staatlichen Ebene die Bildungspolitik des Monopolkapitals durchführen und absichern.

Bezüglich der SPD sei noch betont, daß wir sie als nicht einheitliche Partei ansehen — was sich ja zur Zeit ständig deutlicher in ihrer täglichen Praxis beweist, wenn man etwa an das Bündnis von SPD-Führung und CSU gegen die sozialdemokratische Linke in München denkt. Deshalb behandeln wir bildungspolitische Vorstellungen der fortschrittlichen Klassenlinie in der SPD auch erst in Kapitel III, und hier im vorliegenden die Positionen der Rechtssozialdemokratie.

Werner Albrecht

Wer beherrscht die Bildungspolitik?
Aktivitäten und Einfluß der Monopolverbände

„Sehr geehrtes Lehrerkollegium, mit dem Schulwesen in Frankfurt hat unsere Sparkasse langjährige, traditionelle Bindungen. Bereits im Jahre 1821 gründete die Polytechnische Gesellschaft, maßgeblich beeinflußt von Dr. August Anton Wöhler, eine Sonntagsschule. Hier wurden unentgeltlich Schüler und Lehrlinge aufgenommen und in ‚Schönschreiben, Erdbeschreibung, Zeichnen, Rechnen und Modellieren' unterrichtet. Alle Lehrer wirkten ehrenamtlich mit.

Die enge Verbindung zu den Frankfurter Schulen haben wir bis heute mannigfaltig erweitert und vertieft. Nicht allein durch Aushändigung von Werbegeschenken, sondern auch durch sparpädagogische Veranstaltungen, Betriebserkundungen, Ausstellungen und Vorträge über den Umgang mit Geld haben wir uns bemüht, die Wirtschaftserziehung der Jugend zu fördern.

Wir sind überzeugt, daß Sie uns mit Ihrem pädagogischen Geschick durch Inanspruchnahme unserer ‚Angebote' und durch Ihre Verbesserungsvorschläge bei der Verwirklichung unseres Anliegens unterstützen werden ..."[1]

Dieses Zitat belegt sowohl die Zielsetzung als auch die Methodik, mit der bestimmte Unternehmen (und Wirtschaftsverbände) direkten Einfluß auf Bildungsinhalte zu nehmen versuchen. Das gleiche Institut verschickte „eine Einladung zu unserem 1. ‚Wirtschaftskundlichen Seminar' in diesem Jahr"; es geht um „Ziele und Maßnahmen der Konjunkturpolitik", dargelegt für Lehrer, wobei „die Teilnahme ... natürlich für Sie *kostenfrei* und ohne jede Verpflichtung" ist. Jedoch „wie immer dürfen wir Sie wieder nach dem ‚offiziellen' Teil herzlich zu einem kleinen Abendimbiß einladen".

Beispiele dieser Art gibt es in unübersehbarer Zahl; im folgenden geht es um eine gründliche Einschätzung solcher Aktivitäten.

Die Trennung von Elite und Masse im öffentlichen Bildungssystem

Die Entstehung des Privateigentums an Produktionsmitteln führte zur Trennung der Elite, die die Produktionsmittel sowohl besitzt als auch den Produktionsprozeß geistig durchdringt und lenkt, von der Masse, die ohne Besitz und ohne vollständiges Wissen über die Produktion auf Anweisung der Elite arbeitet.

Die Bourgeoisie setzt heute über das staatlich-öffentliche Erziehungswesen den wichtigsten Teil der bildungsmäßigen Vorbereitung für die beiden gesellschaftlichen Rollen durch: über die „höhere Bildung", Gymnasium und Universität, wird eine Minderheit jeden Jahrgangs zur Elite herangezogen, während die Masse der zukünftigen Lohnabhängigen eine, selbst in bezug auf den Entwicklungsstand der bürgerlichen Wissenschaften, unwissenschaftliche, niedere Bildung durchläuft. Darin gibt es zwar wichtige, aber keine klassenmäßigen Unterschiede zwischen Haupt-, Real-, Sonder- und Berufsschule.

Innerhalb dieses Rahmens kann es beträchtliche Veränderungen geben; so hat sich der Anteil der Arbeiterkinder von 1960 bis 1974 an den Universitätsstudenten von 6 Prozent auf 12 Prozent erhöht; auch hat sich von der „volkstümlichen Bildung" bis heute einiges geändert: Rechnen heißt heute Mathematik und ist tatsächlich durch eine modernere, wissenschaftlichere Form mathematischen Denkens abgelöst worden; immer mehr Schüler, die früher in der Volksschule geblieben wären, gehen heute in Realschulen, Fachschulen. Aber all das ändert nichts daran, daß die Bildung, die unterhalb der Universitätsebene vermittelt wird, nicht zur geistigen Durchdringung und Lenkung des Produktionsprozesses als Ganzem befähigt.

Ein wichtiges Problem ist die Stellung der nichtmonopolistischen und lohnabhängigen Elite, also der wissenschaftlichen und technischen Intelligenz, des unteren und mittleren Managements. Objektiv gehört diese Schicht zu den Lohnabhängigen oder tendiert doch z. T. dahin; andererseits führt sie Funktionen im Leitungsapparat der Gesellschaft aus, kommandiert also die Arbeiter und Angestellten, direkt oder indirekt, zwar letztlich nicht aus eigner freier Entscheidung, aber doch so, daß sie das Bewußtsein haben kann, klassenmäßig über den Lohnabhängigen zu stehen. Für die wirkliche Elite, die Monopolbourgeoisie, ist es entscheidend, wohin sich die nichtmonopolistische Intelligenz bewußtseinsmäßig und politisch wendet: die Wendung zur Arbeiterklasse bedroht die monopolistische Herrschaft.

Die Monopolbourgeoisie hat deshalb über ihre gesellschaftlichen und politischen Hauptagenten, die Monopolverbände (BDI, BDA und DIHT), die CDU/CSU und ihre Kräfte im Staatsapparat von Anfang an gegen die Reformen gekämpft, die eine Aufhebung des bürgerlichen Bildungsprivilegs durch die Forderung nach Chancengleichheit, Gesamtschule und Gesamthochschule, nach Emanzipation und Solidarität auch nur von Ferne andeuteten[2]. Dagegen

polemisierten sie mit dem Schutz des Individuums vor der Gleichmacherei und Vermassung, zunehmend wurde wieder die angebliche „praktische Begabung" der Mehrheit aus der Mottenkiste
geholt[3]. Sie befürchteten dabei nicht so sehr, daß immer mehr Arbeiterkinder die ihnen früher gesetzte Schranke der Vorbereitung
auf eine ausführende Detailfunktion überspringen könnten, sondern daß, jedenfalls bei konsequenter Fortführung der von SPD und
FDP eingeleiteten Reformen, ein größerer Teil der Elite sich bewußtseinsmäßig und politisch der Arbeiterklasse zuwenden würde.
Folgerichtig treten die Monopole für eine Intensivierung der „Begabtenförderung" und eine reale Kürzung der normalen (Bafög-)
Förderung ein[4].

Die *Demokratisierung des Wissens,* die Mitbestimmung, die Arbeit
marxistischer Studenten-, Lehrlings- und Schülerorganisationen.
also die erhöhte Teilhabe der Arbeiterklasse an der wissenschaftlichen Analyse und Beherrschung des Gesamtprozesses von Produktion und Reproduktion war und ist der Kern dessen, was die Monopole bekämpfen.

Die Verbindung von Unterricht und Produktion als Machtfrage

Seit eh und je fordern die Monopolverbände eine größere „Praxisnähe" für das öffentliche Bildungssystem, das in der kapitalistischen Gesellschaft und auch heute tatsächlich von der Praxis, der
Produktion, getrennt ist. Doch dies kommt von nichts anderem als
von der Bildungspolitik der Monopole selbst, die die geistig-lenkende
Arbeit von der körperlich-ausführenden Arbeit nicht nur in der
Gesellschaft nach Klassen trennt, sondern auch in der bildungsmäßigen Vorbereitung darauf. Dies führt zur Trennung von praxis-
ferner Bildung für die Elite und praxisnaher Ausbildung (= Berufsbildung). Diese Trennung bringt zwar das ständige Problem mit
sich, daß die Elite im Sinne reibungsloser Profiterwirtschaftung
zu wenig die materielle Produktion und die Arbeiter kennt, und
daß der Arbeiter „zu wenig Verständnis für wirtschaftliche Zusammenhänge" hat, doch eine zu enge, direkte Verbindung des
öffentlichen, potentiell demokratischen und potentiell wissenschaftlichen Bildungswesens mit der produktiven Arbeit, also auch mit
der Arbeiterklasse selbst, gefährdet die kapitalistische Herrschaft.

Die Monopole streben deshalb die „Praxisnähe" der Bildung
durchaus an, aber nur wenn sie ihrem eignen Kommando unter-
steht, der öffentlichen Kontrolle entzogen: die Verbindung von
Unterricht und produktiver Tätigkeit, die sie der Schule verweigern,
führen sie unter ihrer eigenen Verantwortlichkeit, z. B. als Schüler-
oder Lehrerpraktikum gerne durch; versuchen sie, in der Lehrer-

ausbildung die wissenschaftliche Analyse des Produktionsprozesses und die Verbindung der Lehrerstudenten etwa mit den Gewerkschaften zu verhindern, so sind doch die Monopole sehr aktiv, um in eigner Regie politische Seminare zur Wirtschaftspolitik mit Lehrern durchzuführen[5].

Am anschaulichsten zeigt die Berufsbildung, was „Praxisnähe" konkret heißt: die totale Herrschaft der Unternehmer und ihrer „Selbstverwaltungsorgane", der Kammern mit dem DIHT und dem Kuratorium der Deutschen Wirtschaft für Berufsbildung (Zusammenschluß von BDI, BDA, DIHT, DHKT) an der Spitze der organisierte Lehrstellenboykott, also die Ausbildungs*verweigerung* ist die schärfste Form dieser Herrschaft, als Kampfmaßnahme gegen die Erweiterung der staatlichen Kompetenz eingesetzt.

Ohne öffentliche Kontrolle werden die Prüfungskriterien festgelegt, wurde in den letzten Jahren die Stufenausbildung durchgesetzt; an Zeugnissen hat nur der betriebliche Abschluß für den weiteren Berufsweg einen Wert, die Noten der Berufsschule sind wertlos. Auch wenn inzwischen in Prüfungs- und anderen Ausschüssen Vertreter von Gewerkschaften und Lehrer sitzen dürfen (die Lehrer werden allerdings von den Kammern berufen), so werden die wichtigen Entscheidungen (Prüfungskriterien, Stufenausbildung) doch ohne sie gefällt. Die Schulbücher der Berufsschule verbreiten noch viel mehr als die für Haupt- und Realschulen ein gewerkschaftsfeindliches und unternehmerfreundliches Gesellschaftsbild; die Lehrpläne der Berufsschule sind noch unwissenschaftlicher und noch mehr veraltet als die der anderen öffentlichen Schulen[6] — vorausgesetzt, es gibt überhaupt Lehrpläne: für viele Fächer sind noch gar keine vorhanden, der Lehrer nimmt in die Hand, was ihm die Kammer oder die vom DIHT beherrschten Schulbuchverlage anbieten.

Auch die neugeschaffenen überbetrieblichen Lehrwerkstätten stehen unter der Verantwortung der Kammern. Die Unternehmer weigern sich, die Abschlüsse des 1973 eingerichteten schulischen Berufsgrundbildungjahres anzuerkennen[7]. Die Monopolverbände stemmen sich nach wie vor gegen eine Abgabe der Unternehmen zur Finanzierung von überbetrieblichen Ausbildungsstätten. Das sogenannte duale System soll in seinen Grundzügen erhalten bleiben. Daß auch die SPD-geführte Regierung diese Politik unterstützt, geht u. a. daraus hervor, daß das Bundesministerium für Bildung und Wissenschaft eine mehrjährige Studie finanziell fördert, mit der die BDA beweisen will, daß das Berufsgrundbildungsjahr nur im dualen System funktioniert[8].

Wenn der DIHT wieder einmal die mangelnden 15 000 Berufsschullehrer und den Stundenausfall beklagt, so liegt für ihn jedoch der Kern des Problems nicht in der Erhöhung der finanziellen Mit-

tel, um die fehlenden Lehrer einzustellen, sondern in der „Praxisferne der gegenwärtigen Lehreraus- und -weiterbildung"[9]. Nur
Praxisnähe könne das Problem lösen. Deshalb fordert der DIHT die
verstärkte Einstellung von „Praktikern", also von Meistern, Inge-
nieuren und höheren Angestellten aus den Betrieben, die zumeist
aktive Vertreter prokapitalistischer Ideologie sind. Aus diesem
Grunde gibt es schon gegenwärtig neben den 25 000 hauptamtlichen
Lehrern 20 000 nebenamtliche aus den Betrieben bzw. Kammern;
sie werden von den Kammern z. T. selbst vermittelt und mit Sonder-
honoraren bezahlt. Folgerichtig setzt sich der DIHT für die verbesserte Bezahlung der „Praktiker" ein, und es werden die hauptamtlichen fast ausschließlich durch die Kammern weitergebildet[10].
Solange es keine dem DIHT genehmen Lehrer gibt, wird der Lehrermangel nicht aufgehoben, das ist der Kern der „Praxisnähe".

Die direkte Verflechtung mit dem Staatsapparat

Zur Durchsetzung ihrer Bildungspolitik haben die Monopolverbände ein umfangreiches Netz an spezialisierten Organisationen,
Instituten, Arbeitskreisen usw. aufgebaut, die dem normalen
Bürger kaum bekannt sind, die jedoch sehr eng und effektiv mit
den Bundes- und Landesministerien, mit Kultusbürokratie und
Schulverwaltungen zusammenarbeiten. Die Leitung liegt auch hier
bei den Monopolverbänden bzw. ihren Bildungsabteilungen, die in
den meisten Fragen straff vom Institut der deutschen Wirtschaft
(IDW; früher Deutsches Industrie-Institut) geführt werden. In diesen Abteilungen werden zahlreiche Stellungnahmen, Expertisen, wissenschaftliche Untersuchungen hergestellt und den Ministerien vorgelegt bzw. die „Experten" der Bildungsabteilungen sitzen selbst
schon in den Arbeitskreisen des Ministeriums; der BDI nennt als
Eingaben z. B. solche zum Blockunterricht an Berufsschulen, zum
Numerus Clausus, zum Hochschulrahmengesetz[11]; der DIHT nennt
u. a. solche zur Ausbildereignungsverordnung und zum Berufs-
grundschuljahr[12]. Auf der Grundlage der Gemeinsamen Geschäfts-
ordnung der Ministerien gestalten die Experten der Verbände
Referenten- und Gesetzentwürfe mit, noch ehe irgendein Parlamen-
tarier sich näher mit der Frage befaßt hat[13].
Das gleiche wiederholt sich auf Landesebene; die BDA hat Lan-
desvereinigungen, in denen die von hauptamtlichen Geschäfts-
führern geleiteten Bildungs- und Jugendausschüsse[14] und ihnen
angegliederte Arbeitskreise mit den Kultusministern zusammenarbeiten. Der BDI spricht selbstsicher vom „direkten Kontakt"
seiner Landesvertretungen zu den Landesregierungen[15]. Auf kom-

munaler Ebene sind Einzelbetriebe und vor allem die Industrie- und Handelskammern mit den Schulbehörden verflochten.

Auch die Arbeitskreise Schule/Wirtschaft sind entsprechend der Struktur der staatlichen Verwaltung aufgebaut: zentral in der Bundesarbeitsgemeinschaft Schule/Wirtschaft (mit Geschäftsführung im IDW) und regional wiederum in Landesverbänden zusammengefaßt, sind es inzwischen etwa 300 Arbeitskreise, in denen auf lokaler Ebene Lehrer, Schulamts-, Kammer- und seit einiger Zeit auch Bundeswehrvertreter Schülerpraktika und Lehrerfortbildung organisieren, eigne Publikationen herausbringen, Schriften der Monopolverbände verteilen usw.[16] Das „Ruhrseminar Gelsenkirchen", die Lehrerfortbildungsstätte der Arbeitskreise, wurde vom Schuldezernenten der Stadt Gelsenkirchen, H. Meya, gegründet[17]. Ein zentral von der BDA herausgegebenes Arbeitslehrebuch wurde gemeinsam vom Arbeitgeberverband Oldenburg und der Schulabteilung beim Niedersächsischen Verwaltungbezirk Oldenburg erarbeitet[18]. Der BDA-Landesverband Württemberg hat als Ergebnis seiner Lehrerfortbildung „ein Lehrbuch für den Schulunterricht unter dem Titel ‚Der Betrieb — Wirkungsstruktur und Entscheidungsbereich' veröffentlicht", womit zugleich „ein Beitrag zum Lehrplanentwurf „Arbeit-Technik-Wirtschaft" der Hauptschule in Baden-Württemberg geleistet" wurde![19] Von der „Wirtschaftsakademie für Lehrer", die der (als „gemeinnützig" anerkannten) Bad Harzburger „Akademie für Führungskräfte der Wirtschaft" angegliedert ist, wird neben zahlreichen Arbeitslehrbüchern die Zeitschrift „Schule-Arbeitswelt" herausgegeben, die vom Westberliner Schulrat G. Poeschke redigiert wird[20].

Die Produktion eigner Unterrichtsmaterialien ist von den Monopolverbänden in den letzten Jahren intensiviert worden; dazu wurden zwei neue Verlage gegründet, informedia Verlags-Gmbh und edition Agrippa, ebenso der „Verein für Didaktik und Methodik des sozialökonomischen Unterrichts"[21]. In der Entwicklung „konkreter Unterrichtshilfen", von Unterrichtsmodellen, Filmen und Tonbildschauen zu verschiedenen, auf die Lehrpläne genau abgestimmten Unterrichtsmaterialien wird ein immer wichtigeres Arbeitsfeld gesehen[22]. Die Wirksamkeit dieser Aktivitäten in den Schulen wäre nicht möglich ohne die immer engere Verflechtung von Monopolverbänden und Kultusbürokratie.

Der Ausbau privater Bildungseinrichtungen durch Monopolverbände und Staat

Die Monopolverbände kämpfen seit jeher gegen „zu viel Staat" auch im Bildungswesen, denn dadurch würde das Recht der verschiedenen Gruppen auf Selbstentfaltung in der pluralistisch verfaßten Gesellschaft eingeschränkt.

Das Christliche Jugenddorfwerk Deutschlands (CJD) ist mit 126 eigenen Institutionen (Gymnasien, Lehrlingsheime, Jugenddörfer, Sozialpädagogische Institute usw.), in denen ständig 25 000 Jugendliche unterrichtet werden, die größte private Bildungseinrichtung in der Bundesrepublik[23]. In Zusammenarbeit von BDA und Adenauer-Regierung wurde das CJD nach dem Kriege aufgebaut. Der größte Teil der Finanzierung geschieht durch öffentliche Mittel. Die Verflechtung von Monopolen und Staat in dieser Art Einrichtung (das CJD steht hier nur als ein Beispiel für das umfangreiche, vielgestaltige private — vor allem kirchliche — Bildungswesen) sowie ihr gesellschaftlich reaktionäres Wesen wird klar, wenn man sich vor Augen hält, daß der Direktor der CJD-Schule Versmold, Hellmuth Schmidt, Vorsitzender der Bundesarbeitsgemeinschaft Schule/ Wirtschaft ist; daß die BDA seit den fünfziger Jahren im CJD neue pädagogische Modelle entwickelt, bevor sie weiterverbreitet werden[24]; daß gerade die großen und aggressiven Konzerne wie Daimler-Benz, SEL usw. zunehmend ihre Lehrlinge und Ausbilder in Kurse des CJD schicken[25]; daß der Präsident des CJD, Pastor A. Dannemann, im Faschismus Vorsitzender der profaschistischen „Deutschen Kirche", mit Prof. K. Biedenkopf, Militärbischof Kunst, Bischof Hengsbach, Prof. P. Mikat, Dr. F. Arlt sowie weiteren Industriellen, Regierungs- und Kirchenräten seit den fünfziger Jahren einen „Gesprächskreis" betreibt[26], und daß schließlich der Syndikus des CJD, H. Seibold, ehemals SS-Standartenführer und im RSHA („Reichssicherheitshauptamt") verantwortlich für Auslandsspionage, in Verbindung mit dem portugiesischen und bundesrepublikanischen Geheimdienst der führende Kopf des Putsches gegen Seku Touré war[27]; seine Operationsbasis: das CJD-Jugenddorf Kankan-Bordo in Guinea, aus öffentlichen Mitteln der „Entwicklungshilfe" finanziert[28].

Ausdrücklich als Gegenreaktion zu den Bildungsreformprogrammen der SPD-geführten Bundesregierung, die auf eine formale Vereinheitlichung und Vergesellschaftung des gesamten Bildungswesens zielten, wurde von den Monopolen der Ausbau privatkapitalistischer und privatrechtlicher Bildungseinrichtungen forciert[29]. Insbesondere sind in den letzten Jahren die Einrichtungen ausgeweitet worden, mit denen der durch die Rationalisierungswellen seit 1968 und 1973 sprunghaft erhöhte Bedarf an Fort- und Weiterbildung gedeckt werden soll. Es handelt sich dabei um Einrichtungen, die einzelnen Konzernen gehören, vor allem aber den neu geschaffenen „Landeswerken" der Monopolverbände und sonstigen kirchlichen oder verschiedensten privatrechtlichen Organisationen. Das Entscheidende dabei ist, daß der Staat den größten Teil der Finanzen dafür aufbringt; so werden z. B. nach dem Hessischen Erwachsenenbildungsgesetz bei privaten Trägern 30 Prozent der Sachkosten und 70 Prozent der Personalkosten aus Steuermitteln aufgebracht[30].

Die Initiativen zu den Berufsakademien, in denen unter Konzernregie Abiturienten außerhalb des öffentlichen Bildungssystems ausgebildet werden, gingen gemeinsam von Kultusbürokratie und Monopolverbänden aus, wobei der Großteil der Mittel auch hier aus Steuergeldern fließt[31].

Was der Öffentlichkeit als Erweiterung des gesellschaftlichen Pluralismus verkauft wird, als Kampf gegen „zu viel Staat", ist in Wirklichkeit die immer engere Verflechtung von Monopolen und Staat, der Abbau demokratisch-öffentlicher Kontrollmöglichkeiten.

Die Militarisierung des Bildungswesens

Für die Monopolverbände ist die Bundeswehr schon immer die eigentliche „Schule der Nation"[32]. Gegenüber der verstärkten ökonomischen und innenpolitischen „Krisenanfälligkeit", gegenüber dem Vordringen der internationalen Entspannung und der auch im Zusammenhang mit der „Ostpolitik" der Bundesregierung wachsenden Aktivität für den Frieden wird von den Monopolen die Militarisierung des Bildungswesens in neuen Formen vorangetrieben; sie arbeiten aktiv im Aufbau der Bundeswehrhochschulen mit[33] und sind an der Planung einer neuen „Nationalen Verteidigungs- und Sicherheitsakademie" beteiligt, in der die Spitzenleute aus Bundeswehr, Staatsapparat und Monopolen zur Beherrschung des militärisch-industriell-politischen Komplexes ausgebildet werden sollen[34]. Für solche Projekte gibt es keine „leeren Staatskassen".

Daneben wird die „Verzahnung" von Bundeswehr, Bildungs- und Beschäftigungssystem in sehr konkreter Weise vorgenommen: Offiziere werden für Führungspositionen in den Unternehmen umgeschult, legen eine Ausbildereignungsprüfung ab[35], längerdienende Soldaten genießen Vorteile in der betrieblichen Ausbildung[36]; über die Arbeitskreise Schule/Wirtschaft, inzwischen durch Bundeswehroffiziere ergänzt, werden Schülerpraktika in der Bundeswehr vermittelt[37]; im CJD wird der Einsatz von Bundeswehr-Absolventen in der Sozialarbeit erprobt[38]. Dies ist Teil eines Rahmenkonzepts, das der BDI zur Verzahnung von Bundeswehr, Zivilverteidigung/Katastrophenschutz und Werkschutz erarbeitet hat[39]. Zur ideologischen Absicherung wird von Staat und Monopolverbänden die Einführung der Wehrkunde in den Schulen vorangetrieben.

Antikommunismus als politische Bildung

Die Monopolverbände haben die Entwicklung systemkritischen Bewußtseins bei großen Teilen der Jugend mit großem wissenschaftlichem Einsatz untersucht; als letzte größere Veröffentlichung gibt es die dreibändige Studie des „Jugendwerks der Deutschen Shell AG" unter dem Titel „Jugend zwischen 13 und 24". Der Shell-Konzern hat seit 1953 unter Hinzuziehung des EMNID-Instituts für Sozialforschung regelmäßig großangelegte Untersuchungen veranlaßt, auf deren Grundlage nicht nur die Monopole selbst Jugendpolitik im Sinne der Systemintegration jeweils auf dem neuesten Stand konzipierten, sondern die gesamte Jugendarbeit, Jugendsoziologie und Jugendpolitik beeinflußten. Nicht zufällig ist das Konzept dazu bei einer gemeinsamen Tagung der Kultusministerkonferenz, der Bundeszentrale für Heimatdienst (später: für politische Bildung) und der „Dienststelle Blank" (später: Bundesministerium für Verteidigung) entwickelt worden[40].

Die BDA faßt die festgestellte Verschiebung des Bewußtseins der Jugendlichen nach links als Herausforderung auf, die politische Bildungsarbeit zu intensivieren. Dies geschieht unter dem Motto, daß „übertriebene" Demokratie nur schade und auf Diktatur hinauslaufe, wobei die Kommunisten die konsequentesten „Demokratisierer", folglich auch die gefährlichsten Diktatoren seien. Platon soll diese Totalitarismus-These belegen: „So kommt denn natürlicherweise die Tyrannei aus keiner andern Staatsverfassung (!) zustande als aus der Demokratie, aus der übertriebensten Freiheit die strengste und wildeste Knechtschaft"[41]. Statt dessen wird die „freiheitlich-demokratische Grundordnung" im Munde geführt, aber die Monopole machen deutlich, daß sie diese in *Alternative* zu Grundgesetz und Demokratie sehen, aus der ja ihrer Auffassung nach die Diktatur hervorgeht; mit Platon machen sie auch deutlich, daß sie eine andere als die demokratische *Staatsverfassung* meinen: hier tritt hinter dem Schleier der „freiheitlich-demokratischen Grundordnung" das hervor, was die Monopole wirklich meinen und was sie in Wirklichkeit auch praktizieren: die Diktatur des Monopolkapitals.

Von diesem Klassenstandpunkt aus ist die Analyse z. B. der Hochschulsituation klar: „Insgesamt gesehen (ist) der marxistische Trend nicht gebrochen"; gemeint sind die DKP-Hochschulgruppen, der MSB Spartakus und der SHB[42]. Klar wird dabei auch die andere Seite gesehen: der Ring Christlich-Demokratischer Studenten (RCDS) und der Sozialliberale Hochschulbund (SLH) sind die „demokratischen" Studentengruppen[43], die finanziell, organisatorisch und ideologisch unterstützt werden; für sie wie für die CDU-Schüler-Union (SU) werden gesellschaftspolitische Seminare veranstaltet, in denen „Argumentationstechnik für die Auseinandersetzung mit dem Systemgegner" gelernt werden soll[44].

Wie für alle wichtigen Gruppen der Intellektuellen (Journalisten, Geistliche, Wissenschaftler usw.) organisieren die Monopolverbände auch Spezialseminare für die Lehrer, vor allem zu Themen des Marxismus und der Wirtschaftspolitik. Diese Veranstaltungen sind in den letzten Jahren vervielfacht worden[45]. Zunehmend werden auf diesem Gebiet auch einzelne Monopole aktiv: Esso, Shell, IBM und andere. Es wird ein umfangreiches Spektrum an auflagenstarken Schriften und Reihen zur „Widerlegung" des Marxismus publiziert[46], die durch die Arbeitskreise Schule/Wirtschaft auch in die Schulen eingeschleust werden.

Diese politische Bildung ist jedoch heute gezwungen, insbesondere gegenüber Intellektuellen mehr „kritische" Stimmen zu Wort kommen zu lassen sowie zur Integration der Jugend kritischere Methoden einzubeziehen: „Wir müssen zur Kenntnis nehmen, daß es Begriffe, Betrachtungsweisen und Argumente gibt, denen wir uns nicht so ohne weiteres anschließen, die aber fest im Denken und Verhalten erwachsener wie junger Menschen verankert sind. Wir müssen uns damit kritisch auseinandersetzen."[47]

In die gleiche Richtung geht der seit einigen Jahren planmäßig betriebene Versuch, die Gewerkschaft Erziehung und Wissenschaft (GEW) in die Arbeitskreise Schule/Wirtschaft mit einzubeziehen. Einerseits treten deren Funktionäre in die GEW ein, so der Geschäftsführer der Bundesarbeitsgemeinschaft Schule/Wirtschaft, andererseits zieht man einzelne GEW-Funktionäre in die Geschäftsführung der Arbeitskreise, bisher insbesondere auf Landesebene; z. B. in Westberlin arbeitet der stellvertretende Vorsitzende des DGB in der Landesarbeitsgemeinschaft Schule/Wirtschaft mit.

Die Bildungspolitik der Monopole im Widerspruch der Entwicklung von Produktivkräften und Produktionsverhältnissen

Die Bildungspolitik der Monopole ist bestimmt vom Profitprinzip einerseits und von der Verteidigung kapitalistischer Eigentums- und Produktionsverhältnisse gegenüber den Möglichkeiten fortschrittlicher gesellschaftlicher Veränderung, die auf Grund der zunehmenden Verwissenschaftlichung und Vergesellschaftung der Produktion aus der Entwicklung der Produktivkräfte hervordrängen.

So forcierten die Monopole in und nach der ersten ökonomischen Krise der Bundesrepublik (1958) aus Profitgründen die Rationalisierung und Verwissenschaftlichung der Produktion, damit notwendigerweise auch die Vernichtung von Klein- und Mittelbetrieben und die Zentralisierung des Kapitals. In der Bildungspolitik schufen die Monopolverbände einerseits ein modernisiertes eignes Instrumentarium (Wirtschaftsakademie für Lehrer, Walter-Raymond-Stiftung, die bildungspolitische Zeitschrift „contact" usw.), riefen andererseits durch ihre weitsichtigeren Fraktionen die „Bildungskatastrophe" (Forderung nach mehr Technikern und Wissenschaftlern) aus, was in den folgenden Jahren zu einer Ausweitung und Modernisierung des Bildungswesens führte, zugleich aber auch zu einer stärkeren sozialen und wissensmäßigen Differenzierung von Elite und Lohnabhängigen (auch zur stärkeren Differenzierung der Lohnabhängigen untereinander) und zur Erweiterung der staatlichzentralen Kompetenz über das Bildungswesen, und dies im Zusammenhang mit der stärkeren Verflechtung von Kultusbürokratie und Monopolverbänden: Damit waren die Möglichkeiten gesellschaftlichen Fortschritts, nämlich Verwissenschaftlichung und Vergesellschaftung im Interesse der *Arbeiterklasse,* ihre erweiterte Teilhabe an Lenkung und Fortentwicklung der Produktion, von den Monopolen hintertrieben.

Der gleiche Vorgang wiederholt sich auf höherer Ebene seit etwa 1968, seit die klassenmäßige Problematik weiterer Verwissenschaftlichung und Vergesellschaftung im Vergleich zur ersten Krise dadurch verschärft wurde, daß sie auf Grund der weiteren internationalen Entspannung und der Tätigkeit einer marxistischen Opposition eine tiefere ideologisch-politische Dimension erhält.

Wenn die Monopolverbände gegen die Verwissenschaftlichung und Politisierung des öffentlichen Bildungswesens kämpfen, so führen sie Wissenschaft und Politik zugleich, notwendigerweise, umfangreicher als je zuvor in ihre eigne Bildungsarbeit ein — bei gleichzeitiger Förderung antiwissenschaftlicher und religiöser Weltanschauungen sowie militaristischen Denkens; wenn sie die Verstaatlichung und Vergesellschaftung des Bildungswesens unter öffentlich-demokratischer Kontrolle bekämpfen, so forcieren sie doch selbst die immer engere Verflechtung von Monopolorganen mit Kultusbürokratie und den Bildungseinrichtungen; wenn sie gegen die Verlängerung der Pflichtschulzeit auf das zehnte Schuljahr in der öffentlichen Schule angehen, so plädieren sie doch ebenso konsequent für das zehnte Schuljahr, aber eben als Berufsgrundbildungsjahr im dualen System; wenn sie gegen den Föderalismus in der Berufsbildung polemisieren, weil er die Mobilität der Arbeitskräfte behindert, so sind sie doch nicht bereit, den Föderalismus abzuschaffen, da sie ihn als Bastion reaktionärer Politik in der Berufsbildung brauchen.

Gegenwärtig arbeiten die Monopole und ihre politischen Sachwalter zum Teil auf die Wiederherstellung „veralteter" Strukturen hin, so z. B. die erneuerte Ordinarienherrschaft im Hochschulrahmengesetz, das Durchbrechen eines einheitlichen, zusammenhängenden Bildungssystems (von der Vorschule bis zur Erwachsenenbildung) durch Ausweitung des privaten Sektors selbst hinter die Positionen zurück, die die CDU beim Bildungsgesamtplan eingenommen hatte — selbst auf die Gefahr geringerer Effizienz; deswegen wird auch hingenommen, daß der Anteil der Arbeiterkinder an den Universitäten nach ständigem Ansteigen seit 1960 nun wieder absinkt, daß durch den Unterrichtsausfall in allen Schulstufen, insbesondere in den Berufsschulen, und durch den Mangel an Ausbildungs- und Arbeitsplätzen vor allem für die Jugend die Qualifikation der Arbeitskräfte hinter den Notwendigkeiten der Produktivkraftentwicklung selbst im „normalen" kapitalistischen Sinne zurückbleibt. So versucht das Monopolkapital, das revolutionäre Potential in der Entwicklung der Produktivkräfte abzufangen.

Eine solche Bildungspolitik ist damit nicht nur politisch reaktionär, antidemokratisch, schließt damit nicht nur den größten Teil der Gesellschaftsmitglieder, insbesondere die Arbeiterklasse vom vollständigen Wissen und von der Leitung und Planung von Produktion und Gesellschaft aus, sondern macht auch die volle Entwicklung der menschlichen und sachlichen Elemente der Produktivkräfte unmöglich, verhindert die volle Realisierung der wissenschaftlich-technischen Revolution, schränkt das Bildungsniveau der arbeitenden Massen sowie die Entfaltung und Freiheit der Individuen ein, führt so — gegenüber den Möglichkeiten — zu geringerer ökonomischer Effektivität, zu niedrigerem gesellschaftlichem Konsumniveau. Eine solche Analyse der Bildungspolitik der Monopole vermeidet Fehler, die von einigen angeblich marxistischen Theorien gemacht werden: Diese gehen von einem mechanistischen Verständnis der Gesetzmäßigkeiten im Kapitalismus aus; sie fassen, indem sie vom Kapitalismus reden, damit auch das Kapital als den alleinigen und entscheidenden Faktor der gesellschaftlichen Entwicklung auf[48]; oder sie schließen aus der bestimmenden Rolle der Produktivkräfte auf deren fast automatisch sich ergebenden Höherentwicklung und die dann vom Monopolkapital zwanghaft betriebene Realisierung der wissenschaftlich-technischen Revolution und die Höherqualifikation der Arbeitskraft[49]. Beide Ansätze lassen neben der Widersprüchlichkeit der Kapital-Politik (Änderung von Konzeptionen und Taktiken entsprechend dem innen- und außenpolitisch bestimmten Kräfteverhältnis zwischen den Klassen, Umsetzung über die *verschiedenen* prokapitalistischen Parteien einschließlich deren innerer Widersprüche) vor allem das wichtigste Element der Produktivkräfte und den entscheidenden Faktor der gesellschaftlichen Entwicklung außer acht: die arbeitende und kämpfende

Arbeiterklasse, die in den sozialistischen Ländern schon zur Beherrschung und Leitung der Produktion übergegangen ist und die im Kapitalismus nicht erst seit heute dabei ist, die kapitalistischen Verhältnisse bewußt umzuwälzen.

[1] Die Frankfurter Sparkasse von 1822 in einem Anschreiben an Frankfurter Schulen/Juni 1973.

[2] So im Bildungsbericht '70 der Regierung Brandt oder in den ursprünglichen Fassungen der Rahmenrichtlinien Deutsch, Gesellschaftslehre und Politik in Hessen bzw. NRW.

[3] So z. B. in: BDA, Jahresbericht 1975, o. O., o. J., S. 75.

[4] Vgl. Stifterverband für die Deutsche Wissenschaft, Tätigkeitsbericht 1973, S. 132, und: Presse-Information Nr. 1 vom 16. 1. 1976 der Konrad-Adenauer-Stiftung „Begabtenförderung mit außerordentlichen Erfolgen".

[5] Vgl. F. Nyssen, Schule im Kapitalismus. Köln 1970, und: K. Johannson, Anpassung als Prinzip. Maßnahmen der Unternehmer im Bereich der politischen Bildung. Eine Dokumentation. Frankfurt/Köln 1975.

[6] V. Krumm, Wirtschaftslehreunterricht. Analysen von Lehrplänen und Lehrinhalten an Kaufmännischen Berufs- und Berufsfachschulen. Deutscher Bildungsrat, Gutachten und Studien der Bildungskommission, Bd. 26, Stuttgart 1973, S. 136 ff.

[7] DIHT-Nachrichten 62/75 vom 3. 12. 75, S. 5.

[8] G. P. Bunk, H. Lindemann, H. Schmidkunz, Modellversuch Berufsgrundbildungsjahr am Lernort Betrieb im dualen System der Berufsausbildung. Berufsfeld Metall. Zwischenbericht der wissenschaftlichen Begleitung für das Versuchsjahr 1972/73, Köln 1975. „Ein Projekt, das vom BMBW finanziell gefördert wird und dessen Geschäftsführung und Koordinierung in Absprache mit dem Bundesinstitut für Berufsbildungsforschung dem Institut der deutschen Wirtschaft, Abteilung Bildungsarbeit und gesellschaftspolitische Fragen, übertragen worden ist" (S. 1).

[9] DIHT-Nachrichten a. a. O., S. 1.

[10] Ebd. S. 4 — Vgl. zur Situation in den Berufsschulen den Beitrag des Autorenkollektivs in diesem Buch.

[11] BDI, Jahresbericht 1972/73, o. O., o. J., S. 192 ff.

[12] DIHT, Bericht 1974, Bonn o. J., S. 219 f.

[13] D. Claessens, A. Klönne, A. Tschoepe, Sozialkunde der Bundesrepublik Deutschland, Düsseldorf/Köln 1973, S. 107.

[14] BDA, Jahresbericht 75, S. 197.

[15] BDI, Jahresbericht 1974/75, S. 169.

[16] S. IDW (Hrg.), Die Arbeitskreise Schule/Wirtschaft, Köln 1974.

[17] J. Franz/H. Meya, Arbeitslehre im Unterricht der Hauptschule, Bochum o. J., letzte Umschlagseite.

[18] W. H. Peterßen/H. Keim, Sachinformation und didaktische Entscheidungshilfe. Wirtschaftssysteme Ost und West, Technischer Fortschritt, Arbeitsplatzsicherheit, Unternehmer, Mitbestimmung. Köln 1972.

[19] BDA, Jahresbericht 1975, S. 81.

[20] schule-arbeitswelt. Informationsdienst zur Arbeitslehre, Bad Harzburg, Umschlagseite 2.

[21] Prof. H. Hoffmann-Vogels, Sozialökonomische Unterrichtshilfen — gesellschaftspolitischer Auftrag der Wirtschaft. Referat auf der Mitgliederversammlung der BDA am 10. 12. 1975, Arbeitskreis IV, Manuskript S. 11.

[22] Ebd. S. 12. Vgl. auch BDA. Jahresbericht 75, S. 81.

[23] Christliches Jugenddorfwerk Deutschlands (CJD), Wo junge Menschen Zukunft haben, Faurndau/Stuttgart o. J., S. 8.

[24] S. BDA, Jahresbericht 1975, S. 76.

[25] S. Dokumentation Christliches Jugenddorfwerk Deutschlands. Modelle der Jugendsozialarbeit, in: contact 1972 (12. Jg), S. 111, und neuere Broschüren des CJD.

[26] H. Kost, Was mich bewegt, Gedanken zur Gesellschaft von morgen, Düsseldorf 1975, S. 8.

[27] Unsere Zeit, 6. 9. 74, S. 16.

[28] S. Anm. 23 ebd.

[29] DIHT, Bericht 1974, S. 126 f.

[30] Ausführlich zur Entwicklung in der Weiterbildung s. K. Johannson a. a. O. Zur Ausweitung der „Landeswerke" s. BDA, Jahresbericht 1971 o. O., S. 108.

[31] W. Albrecht, Kaderschmiede der Großindustrie, in: Erziehung und Wissenschaft 9/1974, S. 14, und ders., Berufsakademien — Ausbildung von Abiturienten unter Konzernregie, in: Demokratische Erziehung 1/1975, S. 82.

[32] Der Arbeitgeber, Köln 1967, (19. Jg.) S. 516.

[33] BDA, Jahresbericht 1975, S. 76 und 79.

[34] Vgl. Frankfurter Allgemeine Zeitung vom 6. 1. 76.

[35] BDA a. a. O., S. 79.

[36] DIHT a. a. O., S. 126.

[37] Unsere Zeit 15. 10. 73, S. 3.

[38] BDA a. a. O., S. 79.

[39] BDI, Jahresbericht 1974/75, o. O., o. J., S. 115 ff. Die Bundeswehr spielt dabei selbst eine aktive Rolle. Vgl. Weißbuch 1975/76, Zur Sicherheit der Bundesrepublik Deutschland und zur Entwicklung der Bundeswehr, Bonn 1976, S. 186: „Für die Kopplung militärisch wie zivilberuflich verwendbarer Ausbildung kommt es darauf an, zwischen dem Ausbildungssystem der Bundeswehr und dem Bildungssystem in den Bundesländern enge Wechselbeziehungen herzustellen."

[40] Jugendwerk der Deutschen Shell (Hrg.), Jugend zwischen 13 und 24. Ein Vergleich über 20 Jahre. 3 Bde. Bearbeitet von Viggo Graf Blücher. o. O. 1975, Bd. 1, S. 1.

[41] BDA, Unbehagen in der jungen Generation — eine Herausforderung, Köln 1974, S. 4.

[42] BDA a. a. O., S. 82.

[43] Ebd.

[44] Ebd. S. 77.

[45] H. Hoffmann-Vogels a. a. O., S. 10.

[45] Z. B. die Reihe „Die Neue Linke", von der bisher 28 Nummern erschienen sind (zu Stamokap, Rätesystem, Investitionskontrolle, „Ausbeutung", „Die roten Kollegen", Marxismus und Gewalt usw.) s. BDA a. a. O., S. 78.

[47] H. Hoffmann-Vogels a. a. O., S. 9.

[48] E. Altvater/F. Huisken, Materialien zur politischen Ökonomie des Ausbildungssektors, Erlangen 1971; M. Baethge, Ausbildung und Herrschaft, Frankfurt 1971.

[49] Projektgruppe Automation und Qualifikation, Bildungsreform vom Standpunkt des Kapitals, in: Das Argument 80/1973, S. 13 ff.; dies., Automation in der BRD, Argument-Sonderbände 7, Berlin (West) 1975.

Hans K. Klettenberg

„Bedarf ist, was man finanzieren kann"
Zur Bildungspolitik von SPD-Führung und CDU/CSU

Heute sind die Probleme, eine Lehrstelle oder einen Studienplatz zu bekommen, größer als vor fünf oder zehn Jahren. Die Lernmittelfreiheit, die Arbeiterfamilien die Lasten einer qualifizierten Ausbildung erleichtern konnte, wird in fast allen Bundesländern wieder eingeschränkt. Stipendien für Studenten werden nicht entsprechend den steigenden Lebenshaltungskosten erhöht und zudem auf Darlehensbasis umgestellt. Während eine qualifizierte Ausbildung notwendiger denn je wird, um berufliche Startchancen zu verbessern, wird zugleich an den Personaletats im Bildungsbereich gespart. In Bayern etwa werden 35 Prozent der zu besetzenden Lehrerstellen gestrichen — obwohl dort 1972/1973 noch 56,8 Prozent der Klassen an Grund- und Hauptschulen mehr als 35 Schüler umfaßten.

Ohne an dieser Stelle auf die schon oft genug dokumentierte Bildungsmisere näher einzugehen,[1] ergibt sich für alle, die die bildungspolitischen Diskussionen der letzten Jahre miterlebt haben, eine schlichte, jedoch entscheidende Frage: Wie kommt dieser phantastisch schnelle Abbau von „Reform"versprechen zustande, der von der „Priorität für die Bildungspolitik"[2] zur „Konsolidierung des Erreichten"[3] reicht?

Der Aufbruch zu neuen Reformufern

Als 1969 die sozialliberale Koalition antrat, schien eine grundlegende Reform des Bildungswesens unmittelbar bevorzustehen. Die SPD hatte sich nicht zuletzt damit empfohlen, daß sie „Bildung und Ausbildung, Wissenschaft und Forschung an die Spitze der Reformen" setzen wollte (Willy Brandt).

Das Bildungswesen der BRD war offenkundig im internationalen Vergleich, auch mit anderen kapitalistischen Industriestaaten, so weit zurückgefallen, daß eine Förderung von Bildung und Wissenschaft durchaus im Interesse der Konkurrenzfähigkeit der Industrie und des Großkapitals des Landes lag. Schließlich hatte G. Picht schon 1964 auf die Notwendigkeit aufmerksam gemacht, die Abiturientenzahlen schnellstens zu verdoppeln, um die „Wettbewerbsfähigkeit der deutschen Wirtschaft" zu erhalten.

1965 besuchten nur 18,4 Prozent aller Siebzehnjährigen eine Vollzeitschule. In Frankreich waren es im gleichen Jahr über 38, in Belgien 44 Prozent. 1969 wurden nur 3,8 Prozent des Bruttosozialprodukts für Bildung und Wissenschaft ausgegeben, in anderen kapitalistischen Staaten waren es über 5 Prozent; in der DDR etwa 8 Prozent. Diesen letztgenannten Prozentsatz hielt auch die OECD, eine Unterorganisation der UNO, für den notwendigen Anteil am Bruttosozialprodukt.

Vor allem der ökonomische, politische und ideologische Wettkampf mit den sozialistischen Staaten erzwang, in der Sicht der bürgerlichen Kräfte, die Notwendigkeit von Reformen. Zunächst sind Forschung und Wissenschaft, ebenso wie eine wachsende Qualifikation der Arbeitskräfte, Voraussetzungen, um im ökonomischen Wettbewerb auch langfristig ausreichende Zuwachsraten zu erzielen, zum anderen aber waren damals und sind heute die Erfolge der sozialistischen Staaten gerade auf dem Bildungssektor nach wie vor unübersehbar. Dort ist es zum erstenmal gelungen, Arbeitern und Arbeiterkindern den Zugang zu weiterführenden Bildungsinstitutionen voll zu öffnen, es gibt eine wissenschaftliche Allgemeinbildung für alle, und jedem stehen zeit seines Lebens alle Wege zum Weiterlernen offen. Bildung ist dort also nicht länger ein Mittel zur Vertiefung der Klassenspaltung, zur Effektivierung der Herrschaftstechniken für die Herrschenden einerseits, zur Verstärkung der Unmündigkeit und Abhängigkeit für die Beherrschten andererseits.

Dies ist also der *eine* wesentliche Faktor, den die SPD-Führung mit ihren Reformplänen zu verwirklichen versprach: das Bildungssystem bezüglich derjenigen Ansprüche zu effektivieren, die aus der ökonomischen und politischen Wettbewerbssituation des westdeutschen Imperialismus resultierten.

Es gab einen *zweiten* wichtigen Faktor, der insbesondere den Masseneinfluß erklärt, den die SPD für ihre Versprechungen gewinnen konnte: nämlich die Hoffnungen und Wünsche der arbeitenden Bevölkerung, die vor allem in der Krise 1966/1967 neue Klassenerfahrungen gemacht hatte. Damals war es breiten Massen sehr wohl deutlich geworden, welche Anfälligkeit unsere „Wohlstandsgesellschaft" trotz aller gegenteiligen Beteuerungen besitzt.

Es war vor allem die extrem ungleiche soziale Situation der großen Mehrheit der Bevölkerung einerseits, einer Handvoll Monopolkapitalisten andererseits, die durch das Leben selbst klargelegt wurde. Wenn auch von der Arbeiterschaft *insgesamt* nicht die tiefste Ursache dieser Klassenspaltung begriffen wurde, so gab es doch ein zumindest diffuses Erkennen der ungleich verteilten sozialen Chancen.[4]

Diese Stimmung griff die SPD-Führung auf, dementsprechend ist in ihren Reformkonzepten sehr viel von Chancengleichheit die Rede: „Die Bundesregierung wird sich von der Erkenntnis leiten lassen, daß der zentrale Auftrag des Grundgesetzes, allen Bürgern gleiche Chancen zu geben, noch nicht annähernd erfüllt wurde", heißt es in Brandts Regierungserklärung von 1969. „Gesellschaftspolitisches Ziel aller Bildungsreformen ist die Verwirklichung des Rechts auf Bildung: Nicht privilegierende Auslese, sondern Chancengleichheit durch individuelle Begabungsförderung ist ihr wichtigster Grundsatz." So steht es im Bildungsbericht '70, in dem die Bundesregierung 1970 ihre bildungspolitische Konzeption darlegte.

Der damalige Bildungsminister Leussink faßte das Programm der SPD/FDP-Regierung so zusammen: „Durchlässigkeit und Chancengleichheit sollen in der Gesamtschule gesichert werden. Die Vorschulerziehung soll soziale Schranken abbauen helfen. Die Trennung von allgemeiner und beruflicher Bildung soll überwunden werden ... Alle Lehrer sollen ein wissenschaftliches Studium absolvieren."[5] SPD und Bundesregierung traten für die integrierte Gesamtschule und die Gesamtschule als notwendige Konsequenz aus ihrem Programm ein. In der Gesamtschule sollten alle Schüler nach einem gemeinsamen Lehrplan eine einheitliche, „wissenschaftsorientierte" hohe Allgemeinbildung bekommen, daneben sollte nach Fähigkeiten und Leistungen differenziert werden.

Als bildungspolitische „Sofortmaßnahmen" sollten die schulformunabhängige Orientierungsstufe und das 10. Schuljahr für alle eingeführt werden. Erstere sollte an die Stelle der Auslese von Gymnasiasten und Realschülern nach der vierten Klasse, mit zehn Jahren also, treten, einen Anachronismus ablösen, den man außer in der Bundesrepublik in keinem Land mehr findet, in dem die Mehrheit der Bevölkerung lesen und schreiben lernt.

In diesem Programm waren rechtssozialdemokratische Illusionen einerseits, falsche Versprechungen andererseits bereits mitenthalten, denn Chancengleichheit wird nur in bezug auf die *Möglichkeit* verstanden, „höhere" Bildungseinrichtungen zu besuchen. Von der Brechung des Bildungsprivilegs, also der Vorherrschaft kapitalistischer Klassen- und Herrschaftsinteressen im Bildungswesen, ist nicht die Rede. Eine wirkliche Demokratisierung muß aber beinhalten, daß die Arbeiterklasse nicht nur mehr Kinder auf das Gymnasium schicken kann oder ihnen in der Gesamtschule Aufstiegsmöglichkeiten angeboten werden, sondern daß auch die Bildungsinhalte den Interessen der Arbeiterklasse entsprechen. Erst dort, wo das der Fall ist, durch Wissenschaftlichkeit des Unterrichts, Einheitlichkeit der Bildung und die Verbindung von Schule und Leben durch das polytechnische Prinzip, ist volle Chancengleichheit möglich![6]

Wir sind selbstverständlich bereit, eine „Chancengleichheit", die nur einen besseren Zugang zu Bildungseinrichtungen auch für Arbeiter- und Bauernkinder sowie für Mädchen meint, als einen Schritt hin zur Demokratisierung anzusehen, der in bestimmtem Maße die Ausgangsposition der Arbeiterklasse und ihrer Verbündeten verbessern kann. Doch unter der Führung Helmut Schmidts nimmt die rechte SPD auf Bundes- und Landesebene selbst diese bescheidenen Ansätze mittlerweile zurück, worauf wir unten noch eingehen werden.

Heute kann auf jeden Fall jeder Bürger der BRD durch eigene Anschauung studieren, was vom „großen Aufbruch" von 1969 übrig blieb, der unter der Losung begonnen wurde: „Wir schaffen das moderne Deutschland!"

Die Anpassung der konservativen Kräfte

Den Anforderungen an das Bildungssystem, die sich aus der notwendigen Modernisierung im Interesse der Konkurrenzfähigkeit ergaben, speziell aus dem Wettbewerb mit den sozialistischen Staaten, konnte sich auch die CDU nicht verschließen. „Der Ausbau und die Entwicklung des Bildungswesens haben Vorrang; dies muß durch entsprechende Entscheidungen in den öffentlichen Haushalten sichergestellt werden!", heißt es in einem Programmentwurf der CDU von 1970.

Daß dies allerdings mit mehr echter Chancengleichheit und höherer Allgemeinbildung für alle verbunden sein sollte, lag von Beginn an nicht in der Absicht der CDU/CSU. „Qualität und Ausbau des Bildungswesens entscheiden immer stärker über die Entfaltungsmöglichkeiten des einzelnen und über seine persönliche Zukunft, wie auch über die gesellschaftliche Weiterentwicklung und wirtschaftliche Konkurrenzfähigkeit eines Landes", heißt es zwar weiter in dem Programm, das 1971 dem Düsseldorfer Parteitag der CDU vorlag. Doch dies hat nach Meinung der CDU/CSU nicht notwendig — in ihrer bevorzugten Vokabel — „Gleichmacherei" in der Bildung zur Folge; die „feinen Unterschiede" sind nach ihrer Auffassung durchaus gerechtfertigt und sollen weiter aufrecht erhalten werden: „... Den verschiedenen Begabungen müssen verschiedenartige Bildungseinrichtungen gerecht werden ..." Unterschiedliche Begabungen gelten als „natürliches" Glück oder Unglück, als unveränderliches Lebensschicksal; sie sollen das Festhalten an einem gestuften Bildungssystem rechtfertigen.

Während in der SPD-Programmatik zumindest Ansätze zu finden waren, von denen aus um die Demokratisierung des Bildungswesens gekämpft werden konnte oder die sogar echte Fortschritte enthielten, gab es in den Zielen der CDU/CSU selbst diese bescheidenen Fortschritte nicht.

Beispielsweise hält diese Partei, die politische Vertretung des Monopolkapitals, an der Ablehnung der Gesamtschule fest, wobei sie diese Ablehnung heute weniger als früher mit der Schutzbehauptung kaschiert, man müsse das Ergebnis der Schulversuche abwarten. Erst am 29. Januar 1976 verabschiedete der Landtag von Baden-Württemberg ein Schulgesetz, das die Gesamtschule nicht einmal als Möglichkeit vorsieht![7]

Im April 1975 wies der bildungspolitische Sprecher der CDU/CSU-Bundestagsfraktion darauf hin, daß vermutlich bis 1978 etwa 500 Millionen DM fehlen würden, um allein den 1973 erreichten Besitzstand in der Bildungspolitik aufrecht zu erhalten — das wären nicht einmal 1,5 Prozent des diesjährigen Rüstungshaushaltes!

Die CDU/CSU hat allerdings nicht nur die Tatsache mitzuverantworten, daß in den öffentlichen Ausgaben die falschen Prioritäten vorherrschen; in Bayern lieferte die CSU auch ein anschauliches Beispiel dafür, daß sie bei den Einsparungen im Bildungsbereich vor nichts zurückschreckt: 30 Prozent der zu besetzenden Stellen, das sind 1 700, im Kultusetat sollen gestrichen werden, beim Bau von Bildungseinrichtungen sollen über 120 Millionen DM und durch die Einschränkung der Lernmittelfreiheit weitere Millionen eingespart werden. „Von Kulturpolitik im vollen Sinne des Wortes kann dann im Grunde keine Rede mehr sein", stellte selbst Kultusminister Maier fest.

Diese offen reaktionäre Position verschleiert die CDU/CSU, unterstützt durch von ihr beeinflußte „Elternvereine", durch heftige Auseinandersetzungen mit der SPD. Diese häufig „höchst dramatischen" Diskussionen haben einerseits die Funktion von Scheingefechten; sie sollen die CDU/CSU auch im Bildungsbereich als „echte Alternative" ausweisen.

Andererseits jedoch gehen die Auseinandersetzungen im Kern um die teils formalen, teils geringfügigen tatsächlichen Fortschritte, die die SPD-Führung im Gegensatz zur CDU/CSU einleitet. Selbst diese sind der politischen Hauptkraft der Reaktion bereits zu weitgehend.

Deshalb u. a. stimmte der bayrische Kultusminister, Hans Maier, schließlich in der „Zeit" vom 30. Januar 1976 das große Lamento an: Schuld an der gegenwärtigen Misere sei nur die überstürzte Bildungsreform mit ihren verschiedenen Fluten, Inflationen und Explosionen. Da ist die *„Reformüberflutung"*, verbunden mit einer *„Stoffüberflutung"*; unter dem Vorwand der „Gesellschaftsrelevanz" und „Wissenschaftlichkeit" wolle man den Kindern alle möglichen neumodischen Lerninhalte zumuten. Kein Wunder, daß dies eine nicht mehr zu bändigende *„Anspruchsinflation"* zur Folge hat: Alle wollen mehr Bildung, Abitur, und womöglich noch einen Studienplatz. Da bricht dann eine *Abiturientenflut* auf uns herein, der wir einfach nicht mehr Herr werden. Der „Versorgungsstaat" schließlich sorgt für die *„Explosion der Personalkosten"*. So hat denn, nach Hans Maier, eine zu große Expansionsrate im Bildungssystem für dessen Überlastung gesorgt, so hat die Parole der Chancengleichheit zu einem Ansturm auf die Schulen geführt, der nun wieder Streß, Leistungsdruck und Auslese zur Folge hat.

Die Funktion der Bundestagsparteien

Es ist bekannt[8], in welchem Umfang, mit welchem enormen Einsatz an Mitteln und mit welcher Zielrichtung die Monopolverbände *direkt* in die Bildungspolitik eingreifen.

Dennoch gibt dieser Aspekt nicht die hauptsächliche Richtung an, in der ihre Einflußnahme erfolgt. Vielmehr müssen wir davon ausgehen, daß nach wie vor der bürgerliche Staat mit seinen entsprechenden Einrichtungen der entscheidende Träger der Bildungspolitik ist, über dessen Vermittlung die Monopolverbände ihre ideologischen und politischen Vorstellungen im Bildungsbereich durchsetzen.[9] Das hängt vor allem damit zusammen, daß der überwiegende Teil des Bildungswesens staatlich ist; dieser Umstand setzt einer *ständigen direkten* Einflußnahme auf *alle* Bereiche der Bildung durch die Monopole gewisse Widerstände entgegen.

Da allerdings im gesellschaftlichen System der BRD der kapitalistische Staat und die Monopole außerordentlich eng miteinander verflochten sind, bringt der erwähnte Umstand zunächst eine Verstärkung der *mittelbaren* Einflußnahme mit sich, die zu einem wichtigen Teil über die staatstragenden Parteien erfolgt.

In unserem Zusammenhang muß dazu festgestellt werden: Auch wenn das Verhältnis zwischen Staat und Monopolen in gewisser Hinsicht widersprüchlich ist, gibt es doch zwischen der Führung der SPD, der CDU/CSU sowie der FDP[10] einerseits, den Monopolen andererseits eine *vollständige* Übereinstimmung in den gesellschaftlichen Grundfragen. Sie alle wollen dieses System erhalten.

Davon also, von dieser grundlegenden Position, gehen wir aus, wenn wir die Funktion der Bundestagsparteien bezüglich der Bildungspolitik einschätzen. Natürlich sind in diesem Bereich, wie auch allgemein, SPD und CDU/CSU nicht einfach austauschbar. Wir haben oben schon einige Unterschiede festgehalten und würden es als falsch ansehen, diese zu ignorieren. Schließlich können der Arbeiterklasse die konkreten Formen nicht gleichgültig sein, in denen die Monopolbourgeoisie ihre Herrschaft ausübt.

Solche Unterschiede ergeben sich allgemein — und so auch im

Bildungsbereich — „aus der Rolle und den Aufgaben der einzelnen systemtragenden Parteien ..., aus der unterschiedlichen sozialen Basis und Tradition dieser Parteien sowie generell aus den in der jeweiligen Partei sowie zwischen ihr und den anderen systemtragenden Parteien wirkenden Widersprüchen".[11]

Dies zunächst haben wir oben gemeint, als wir davon sprachen. daß die SPD-Führung wesentlich stärker auf Stimmungen, Hoffnungen und Wünsche der arbeitenden Menschen eingehen mußte als die CDU/CSU. Wir wollen das hier jedoch speziell in Hinblick auf die Rechtssozialdemokratie ausführen.[12]

Die SPD-Führung kann der Arbeiterklasse Zugeständnisse nur insoweit machen, als sie von der Monopolbourgeoisie toleriert werden. Man kann es direkt als prinzipielle Absicht der rechten SPD formulieren, daß sie reformistische Zugeständnisse befürwortet und auch durchführt, die sich im Rahmen dieses gesellschaftlichen Systems bewegen und gleichzeitig dessen weitere Sicherung zum Ziel haben.

Alle weitergehenden Errungenschaften, die sich die arbeitende Bevölkerung erkämpft, müssen notwendigerweise das Bündnis der rechten SPD-Führung mit dem Großkapital stören und werden deshalb von ihr, wo immer das möglich ist, durch *Schein*zusagen ersetzt, wie man es beispielhaft an vielen bildungspolitischen „Reformen" studieren kann.

Wir sehen diesen Umstand natürlich nicht schematisch; sicher wäre es falsch, die SPD-Führung einfach als „Befehlsempfänger" des Monopolkapitals anzusehen. Der „Spielraum" der Rechtssozialdemokratie, an dessen Ende die störenden Auswirkungen beginnen, ist nicht starr und unveränderlich; er hängt beispielsweise — neben den objektiven Bedingungen, wie etwa dem jeweiligen ökonomischen und politischen Manövrierraum des Monopolkapitals — stark von der Kampfkraft der Arbeiterklasse und ihren Organisationen ab.[13]

Aktuelle Tendenzen

Der „Spielraum" der rechten SPD-Führung hängt allerdings auch in negativer Hinsicht von der Kampfkraft der Arbeiterklasse ab: wo diese zeitweilig unterentwickelt ist, ihren Forderungen zu wenig Druck verleiht, ist die SPD-Rechte auch rigoros bereit, Zugeständnisse zurückzunehmen.

Dies bestimmt offenbar zur Zeit — als Spezialdisziplin von „Macher" H. Schmidt — die aktuelle Tendenz der Bildungspolitik. Wenn sozialdemokratische Spitzenpolitiker heute Bilanz ziehen, so stellen sie zunächst die große Expansion der Bildungsausgaben fest, um dann zu sagen, jetzt sei aber genug expandiert; nun käme es auf „Strukturreformen", „innere Reformen", „Reformen der Inhalte" etc. an. Für das, was jetzt ihrer Meinung nach notwendig ist, finden sie zwar verschiedene Begriffe; sie meinen jedoch stets dasselbe: Reformen, die nichts kosten! Sie meinen faktischen Reformstopp, Einsparungen, Rationalisierung im Bildungsbereich.

Die jüngst vom sozialdemokratischen Bildungsminister Rohde veröffentlichte „Bildungspolitische Zwischenbilanz" enthält dementsprechend eine eindeutige Absage an alle Pläne, die die Kosten für Bildung weiter erhöhen könnten. Die Gesamtschule und die schulformunabhängige Orientierungsstufe werden in das Reich der Utopie verwiesen. Unter dem *Vorwand*, mit Sofortmaßnahmen den bisher Unterprivilegierten im Bildungssystem, den Hauptschülern und Auszubildenden zu Hilfe zu kommen, wird der Anspruch aufgegeben, allen Schülern eine umfassende wissenschaftlich fundierte Allgemeinbildung zu vermitteln und eine hohe Bildung zu ermöglichen. Die Hauptschule nämlich soll nicht mehr durch Verbesserung der Allgemeinbildung den Realschulen und Gymnasien „angepaßt" werden, vielmehr soll sie ihren „eigenständigen Bildungsauftrag" in der Berufsvorbereitung verwirklichen. Dies ist der Verzicht auf einen einheitlichen Bildungsauftrag der allgemeinbildenden Schulen, damit auf eine Gesamtschule. Die Betonung eines eigenständigen, unwissenschaftlichen Bildungsauftrags der Hauptschule knüpft nahtlos an alte Begründungen der verschiedenen Schultypen an, die aus den unterschiedlichen sozialen Positionen der „modernen Industriegesellschaft" abgeleitet wurden.

Das Grundproblem sieht Rohde schließlich in der Koordination von Bildungs- und Beschäftigungssystem. Hinter dieser schönen, unter Bildungsplanern und -politikern modernen Formel verbirgt sich die Frage, ob und wo denn die Schüler und Studenten heute eine ihrer Qualifikation entsprechende Anstellung finden sollen. Rohde kommt immerhin zu der Einsicht, daß wohl auch „Änderungen" im Beschäftigungssystem notwendig sind.

Damit rührt er an den *Kern:* Lösbar wird das Problem einer optimalen Qualifizierung für *alle* nur dann, wenn nicht mehr ausschließlich die Unternehmer die Anforderungen an das Bildungssystem stellen und realisieren lassen können, sondern wenn eine wirksame Mitbestimmung und Demokratisierung im Bildungsbereich und in allen Bereichen der Wirtschaft verwirklicht ist.

Was die CDU/CSU betrifft, so folgt sie ihrem Klasseninteresse und unterstützt die aktuelle Tendenz des faktischen Bildungsstopps. Man kann sicher sein: jeden Angriff der rechten SPD auf bestimmte demokratische Errungenschaften im Bildungswesen überbieten die Strauß, Kohl u. a. mit einem noch weitergehenden Angriff.

Die CDU/CSU rät zu mehr und mehr „Initiative, Spontaneität und

Konkurrenz"; sie will die „pädagogische Autonomie des Lehrers" wiederhergestellt wissen. Das richtet sich wohl beispielsweise gegen die Rahmenrichtlinien in Hessen und NRW, denn die Einschränkung der „pädagogischen Autonomie" durch Berufsverbote und Schulordnungen, die dem Lehrer die Benutzung unzensierten Unterrichtsmaterials verbieten, wird wohl kaum gemeint sein. Die CDU/CSU plädiert für die Einrichtung privater Hochschulen als „Konkurrenz" zu den staatlichen — ein Vorschlag, um die Freiheit von Wissenschaft und Bildung wohl endgültig zu Grabe zu tragen.

Im Unterschied zu 1969/1970 wird heute von dieser Partei das Recht auf Bildung offen bestritten. Bildung soll nicht mehr staatlich gesichert werden, sondern der Privatinitiative überlassen bleiben. Offener und deutlicher als früher wird damit das Bildungssystem der aktuellen, von der Wirtschaftslage abhängigen Nachfrage nach Arbeitskräften unterworfen — und damit der Herrschaft der Unternehmer und des Kapitalverwertungsprozesses.

Insgesamt muß die arbeitende Bevölkerung, was die Bildungspolitik der Bundestagsparteien betrifft, heute von folgendem ausgehen: Der ansatzweise Versuch, das Bildungssystem planvoll zu entwickkeln, ist gescheitert. Heute müssen sich die Bundestagsparteien mit Flickwerk behelfen, um das Schlimmste zu verhindern. „Priorität Bildung" ist eine Parole für bessere Tage; in Krisenzeiten kommen die durch Ausbeutung und Profitmaximierung, Unterdrückung und Konkurrenz gesetzten Prioritäten wieder voll zum Durchbruch.

Was also die Arbeiterklasse im Interesse ihrer Kinder, was sie im Interesse ihrer Zukunft an demokratischer Bildung braucht, kann sie nur im aktiven Handeln gegen die Strategie und den Einfluß des Monopolkapitals und seiner Vertreter in den Bundestagsparteien erkämpfen. Dies wird schwer, dies wird langwierig sein. Aber viele objektive und subjektive Bedingungen sind heute günstig.

---

1 Vgl. den Beitrag des Autorenkollektivs zur Situation von Grund-, Haupt-, Sonder- und Berufsschulen in diesem Buch; vgl. ebenso den Beitrag von S. Voets.

2 W. Brandt, Regierungserklärung 1969.

3 Der Hessische Kultusminister Krollmann 1975: „Bedarf ist, was man finanzieren kann."

4 Die Erkenntnis von der existenziellen Unsicherheit im staatsmonopolistischen Kapitalismus war natürlich nicht auf den Bildungsbereich beschränkt.

5 Parteivorstand der SPD (Hrg.), Ein Jahr Regierungsverantwortung. Leistungen und Perspektiven., Bonn 1970, S. 57.

6 Vgl. dazu den Beitrag von Heiner Schmidt in diesem Buch.

[7] Höchst aufschlußreich ist die Tatsache, daß die Regierung von Baden-Württemberg eine von ihr selbst in Auftrag gegebene wissenschaftliche Studie über die Gesamtschule damit faktisch unterschlägt. Die Studie hatte der Gesamtschule teilweise gleiche, teilweise *höhere* Leistungen (im weiteren Sinne) bestätigt, bezogen auf Vergleichsschulen. — Vgl. G. Schefer, CDU-Bildungspolitik auf hauseigenem Prüfstand, in: Demokratische Erziehung 2/1976, S. 156 ff.

[8] Vgl. den Beitrag von W. Albrecht in diesem Buch.

[9] Da wir in diesem Rahmen nicht ausführlich auf die Wechselwirkung von Monopolen und kapitalistischem Staat eingehen können, merken wir hier nur kurz an:

— Wir sehen den Zusammenhang äußerst komplex, betrachten Staat und Monopole als *widersprüchliche Einheit,* die beispielsweise u. a. geprägt wird vom Kampf der Monopole um höchstmöglichen Einfluß auf den Staat und seine Institutionen.

— Wir beachten, daß es *ständig* gegenläufige Tendenzen im ökonomischen Bereich gibt zur Verstaatlichung auf kapitalistischer Grundlage einerseits, zur Reprivatisierung andererseits. Die jeweils überwiegende Seite dieser gegenläufigen Tendenzen kann zeitweilig den Charakter der Verflechtung von Staat und Monopolen beeinflussen.

— Wir gehen davon aus, daß es Widersprüche auch zwischen den Monopolen gibt und beispielsweise *nicht alle* Fraktionen des Monopolkapitals Interesse am totalen Abbau aller Fortschritte im Bildungsbereich besitzen.

— Wir benutzen im vorliegenden Aufsatz nur ein Grobschema. Beispielsweise gehen wir überhaupt nicht auf die komplexe Abhängigkeit zwischen Bundes-, Länder- und kommunaler Ebene ein, die ja auch im Bildungsbereich eine Rolle spielt und auf deren verschiedenen Ebenen es jeweils spezifische staatliche und monopolkapitalistische Eingriffe gibt.

— Wir haben bei weitem nicht das *Gesamt*system von Wechselwirkungen zwischen Monopolen und Staat hier behandelt, sondern nur die über die staatstragenden Parteien verlaufenden Linien. Dies ist *nur ein* Aspekt, entspricht aber dem Gegenstand unseres Beitrags.

[10] Wir gehen in diesem Aufsatz auf die FDP nicht ein. Heute spielen unter den bürgerlichen Parteien CDU/CSU und Rechts-SPD die Hauptrolle im Bildungsbereich, auch wenn die FDP zeitweilig bedeutsamen Einfluß ausübte — verknüpft mit dem Namen H. Hamm-Brücher. Heute nun ist die FDP — unter Führung von Genscher und Friderichs — *auch offen* zum politischen Interessenvertreter einer bestimmten Fraktion des Monopolkapitals geworden und ist zur Zeit dabei, ihre gesamte Politik dem ökonomischen Restriktionskurs unterzuordnen. — Vgl. zur Funktion aller drei Bundesparteien: Marxistische Blätter 2/1976, Parteien im Herrschaftssystem der BRD; speziell zur FDP den Beitrag von Hans Brender in: ebenda, S. 20 ff.

[11] E. Lieberam, Bundestagsparteien im politischen Machtmechanismus der BRD, Frankfurt/M 1974, S. 10.

[12] Vgl. zum folgenden R. Eckert, Zwei Klassenlinien in der SPD, in: Marxistische Blätter 2/1976, S. 28 ff.

13 Zur Stellung der CDU/CSU merken wir hier nur an, daß diese maßgeblich davon geprägt ist, daß der Anteil der Arbeiter unter ihren Mitgliedern relativ gering ist und die Monopolbourgeoisie seit jeher einen
besonders umfassenden Einfluß in dieser Partei besaß. — Vgl. E.
Lieberam, a. a. O.

Kapitel III

Fragen der Bildungspolitik der demokratischen und Arbeiterbewegung

Nach der Zeit des Faschismus hat es viele positive Ansätze für die Demokratisierung des Bildungsbereiches in unserem Land gegeben. Die Veränderung des internationalen Kräfteverhältnisses durch die Existenz der sozialistischen Länder gab den fortschrittlichen Kräften neue, positive Impulse zur Entwicklung einer demokratischen Alternative.

Bald nach 1945 festigten jedoch die Großkonzerne und ihre Interessenvertreter ihre in den westlichen Besatzungszonen nie vollständig aufgegebene Machtposition, wie in Kapitel II deutlich gemacht wurde. Die Arbeiterklasse der BRD mußte und muß also im restaurierten kapitalistischen System mit Nachdruck gegen das ungebrochene Bildungsprivileg kämpfen.

Henner Stang, Wolfgang Artelt und Frank Behrens stellen die Forderungen der Gewerkschaften in der Frage der Bildungspolitik dar. Auch in den Einzelgewerkschaften wird es immer notwendiger werden die bildungspolitischen Forderungen des DGB zu diskutieren, sind doch die Gewerkschaften jene Organisation der Arbeiterbewegung, die durch ihre zahlenmäßige Stärke und ihr politisches Gewicht am ehesten in der Lage wären, diese Forderungen auch zu erkämpfen.

Die Vorschläge, die die DKP zu machen hat, erläutert Gerd Deumlich in seinem Artikel. Er weist darauf hin, daß die Zurückdrängung der Macht der Monopole eine Aufgabe *aller* fortschrittlichen Organisationen ist, deren Vorstellungen hier in diesem Buch entwickelt werden.

Die Misere im Bildungsbereich trifft unsere Kinder im Alter von sechs bis zwölf Jahren besonders hart. Sie leiden nicht nur unter der materiellen Misere, sondern sind auch der politischen Beeinflussung in der Schule und auf der Straße, durch Comics und Fernsehsendungen „ungeschützt" ausgesetzt. Um ihre Erziehung und Bildung im Sinne eines aktiven, kämpferischen Humanismus geht es der sozialistischen Kinderorganisation „Junge Pioniere", vorgestellt von Achim Krooß.

Dietrich Holl stellt im Interesse einer gemeinsamen demokratischen Alternative einige kritische Fragen an die Adresse der Jungsozialisten. Viele Punkte ihrer Vorstellungen beweisen, daß ein breites Bündnis aller fortschrittlichen Kräfte möglich und notwendig ist — zu einer intensiveren Diskussion verschiedener Auffassungen soll gerade das vorliegende Buch beitragen.

Daß es für Eltern möglich ist, sich zusammenzuschließen, um ihren bislang nur vereinzelt geäußerten Unmut in positive Forderungen, vor allem aber in aktives Handeln umsetzen zu lassen, beweisen H. Bethge und L. Doormann am Beispiel Hamburgs.

Einen etwas breiteren Raum nimmt der Artikel über die Gesamtschule ein. In der aktuellen Auseinandersetzung halten wir es für notwendig, die prinzipielle Befürwortung der Gesamtschule als Alternative zum dreigliedrigen Schulsystem ausführlicher zu begründen.

Henner Stang / Wolfgang Artelt

Die bildungspolitischen Forderungen des Deutschen Gewerkschaftsbundes

Die Gewerkschaften werden mit ihren Forderungen nach Demokratisierung aller Gesellschaftsbereiche zu einer Gefahr für die Zukunft unseres Landes, so wehklagen und drohen die Unternehmer der BRD. Selbst die Schule, das geheiligte Gut der bildungsbürgerlichen Nation, ja das gesamte Bildungswesen, ist vor ihrem Zugriff, ihren Forderungen nicht mehr sicher.

Immer mehr Gewerkschafter setzen dagegen: Demokratisierung, Mitbestimmung, Humanisierung, — eine grundlegende Beschränkung der Alleinherrschaft der Unternehmer wollen wir nicht nur in den Betrieben. Die Schule ist der Ausbildungsplatz unserer Kinder, also muß sie ebenso wie unser Arbeitsplatz entsprechend den Interessen der Arbeiterklasse verändert werden.

Woher nehmen die Gewerkschaften, woher nimmt der DGB das Recht, sich in die Verhältnisse an den Schulen einzumischen? Ist nicht der Staat als neutraler Sachwalter des Allgemeinwohls, sind nicht seine beamteten Pädagogikexperten verantwortlich für die Gestaltung des Schulwesens im Interesse auch der Kinder der Arbeiterklasse?

Diese und ähnliche Fragen werden heute vielfach an die Gewerkschaften gestellt. Wie kommt es dazu?

Tatsächlich spielen in den Protestbewegungen gegen die zunehmend sich verschärfende, katastrophale Lage im Bildungswesen der BRD, so unterschiedlich sie sich auch — vom besorgten Bildungsbürger bis zum arbeitslosen Jugendlichen — zusammensetzen, die Gewerkschaften vom DGB bis zur Gewerkschaftsjugend eine bedeutsame Rolle. Sie wirken in dieser Bewegung vereinheitlichend und können den Standpunkt der Arbeiterklasse parteilich artikulieren. Unzufriedenheit mit Stundenausfall und Lehrermangel, berechtigte Sorge über reaktionäre Bildungsinhalte und teure Schulbücher, die Tatsache, daß Arbeiterkinder noch immer weitgehend von höherer Bildung ausgeschlossen bleiben, sind die Triebkraft einer immer machtvolleren, breitere Bevölkerungsschichten umfassenden Bewegung. Ein einheitliches Ziel, eine einheitliche Strategie darin kann jedoch allein die Arbeiterklasse in ihrem antimonopolistischen Kampf entwerfen. Sie allein vertritt das Interesse der großen arbeitenden Mehrheit der Bevölkerung konsequent. Dies kommt zum Ausdruck in den bildungspolitischen Vorstellungen des DGB, in denen es heißt: „Die Begabungen und Interessen von Jugendlichen *aller* Bevölkerungsschichten sind ... optimal zu fördern."[1] Damit setzen sich die Gewerkschaften als die breiteste und umfassendste Organisation der Arbeiterklasse zu Recht an die Spitze dieser Bewegung.

„Die Forderungen der arbeitenden Menschen nach mehr und besserer Bildung waren seit ihren Anfängen einer der wichtigsten Antriebskräfte der deutschen Arbeiterbewegung und damit der Gewerkschaftsbewegung", stellte Maria Weber auf der bildungspolitischen Konferenz des DGB 1973 in Essen fest. In einer Vielzahl von Entschließungen der verschiedenen Gewerkschaftskongresse, durch ihre Teilnahme an zahlreichen Aktionen treten die Gewerkschaften ein für eine demokratische Bildungsreform, fordern sie kleine Klassen und die Einstellung aller Lehrer sowie eine grundlegende Reform „der überholten Strukturen und Lehrinhalte des Bildungswesens",[2] vor allem und gerade die Berufsausbildung.

Nicht zuletzt fordern die Gewerkschaften das Recht, über die zu verändernde Organisation des Bildungswesens und die Reform der Bildungsinhalte mitzubestimmen. Mit seinen bildungspolitischen Vorstellungen hat der DGB 1972 erstmals eine eigene umfassende Konzeption für eine Reform des Bildungswesens der BRD vorgelegt. Im Mittelpunkt dieser Bildungskonzeption steht die Forderung nach „Gleichheit der Bildungschancen und einer Demokratisierung des Bildungswesens". Die von den Gewerkschaften erhobenen Forderungen nach *Chancengleichheit* können jedoch kein Selbstzweck sein. Sie müssen verstanden werden als ein Mittel zur Herstellung sozialer Gleichheit.

Damit ist die Forderung nach „Gleichheit der Bildungschancen" auch kein primär bildungspolitisches Problem. Gelöst werden kann dieses Problem erst dann, wenn tatsächlich materielle Gleichheit durch gesellschaftliches Eigentum an den Produktionsmitteln für alle Bürger besteht; d. h. wenn die Macht der Groß- und Rüstungskonzerne endgültig gebrochen ist. Insofern kommt es heute darauf an, den Kampf für Chancengleichheit als einen Kampf um die *Brechung des Bildungsprivilegs* der herrschenden Klasse zu verstehen, als einen Kampf zur ständigen Vergrößerung des Einflusses der arbeitenden Bevölkerung und ihrer Gewerkschaften auf das Bildungswesen.

Warum wird es immer notwendiger, die Kraft der organisierten Arbeiterbewegung in diesem Kampf einzusetzen?

Die hohe Zahl der Arbeitslosen, vor allem die den Bankrott des Kapitalismus offenbarende Zahl arbeitsloser Jugendlicher, macht die soziale Notwendigkeit immer deutlicher, die eine qualifizierte Bildung heute hat; sie weist auf die Zusammenhänge und Widersprüche zwischen Profitmaximierung und Reproduktionsbedürfnissen der Arbeitskraft in der gegenwärtigen *allgemeinen Krise* des Kapitalismus hin. Auf der einen Seite eine gewaltige Steigerung der Produktivität der Arbeit, der Entfaltungschancen menschlicher Arbeitskraft auf der Grundlage der revolutionären Entwicklung von Wissenschaft und Technik und ihrer immer unmittelbareren Umsetzung in die Produktion. Auf der anderen Seite 1976 in der BRD mehr als 125 000 Jugendliche, die als Schulabgänger ohne Chance sind, eine Ausbildung zu erhalten, die diesem technischen und wissenschaftlichen Niveau entspricht. „Was heute an Berufschancen und Lebensperspektiven zerstört wird, läßt sich mit den nackten Zahlen der Jugendarbeitslosigkeit überhaupt nicht ausdrücken. Die Jugendlichen müssen nach der Schule die Ausbildungsplätze nehmen, die sie bekommen können — ohne Rücksicht auf ihre Berufswünsche, ohne Rücksicht auf die Qualität der Arbeitsplätze und ohne Rücksicht auf die Zukunftschancen der Berufe.“[3] Das ist die menschenverachtende Bildungsfeindlichkeit, die das Kapital in Gestalt multinationaler Konzerne dem Bildungswillen, der Bildungsfähigkeit der Jugend, ihrem Interesse an qualifizierten Ausbildungsplätzen entgegensetzt. Die antihumanen Verhältnisse des Kapitalismus lassen daher neben dem Kampf um höhere Löhne, den Kampf um die Verbesserung der Qualifikationsbedingungen der Arbeitskraft, den Kampf um die materiellen, d. h. finanziellen und schulorganisatorischen Voraussetzungen für eine Verwissenschaftlichung der Lerninhalte und Demokratisierung der Ausbildungsziele treten. Aufgehoben werden muß die „Distanz“, die „... zwischen den Ausbildungsinhalten und -formen und den Ausbildungsanforderungen einer hochindustrialisierten Gesellschaft ...“[4] besteht.

Nur eine konsequente Analyse der kapitalistischen Wirklichkeit, nur eine richtige Einschätzung der Möglichkeiten der Bildungsreform im Kapitalismus kann diese Politik verantreiben. „Obwohl die gegebene Entwicklung der Produktivität gesellschaftliche Gleichberechtigung durch Bildung wie nie zuvor in der Geschichte möglich machen würde, wird der Notstand in den Bildungsverhältnissen immer bedrückender. Darin wird offenbar, daß zwischen den Interessen der Gemeinschaft und den auf eine private Gewinnmaximierung ausgerichteten Interessen ein Widerspruch besteht. Dieser Widerspruch rechtfertigt in zunehmendem Maße die Forderungen des DGB nach Ausweitung des gemeinwirtschaftlichen Sektors.“[5]

Hier entfaltet sich eine qualitativ neue Dimension in der Politik der Gewerkschaften: Neben den ökonomischen Kampf um Löhne und Tarife tritt als Betsandteil des politischen Kampfes der Kampf um die materielle und inhaltliche Bildungsreform. Die Forderung nach dem *Recht auf Arbeit* wird ergänzt durch die nach einem *Grundrecht auf Bildung.*

Doch auch in diesem Zusammenhang gilt es zu erkennen, „Bildungsreform muß in erster Linie eine soziale Reform sein". „Ich warne vor der Illusion mancher Bildungseuphoriker, Bildung allein würde die Menschen verändern und den gesellschaftlichen Wandel schaffen. Immer deutlicher zeigt der Verlauf der Reformbemühungen den engen Zusammenhang zwischen Bildungs- und Gesellschaftspolitik."[6]

Das Bildungswesen in der BRD aber gehört noch immer zu den gesellschaftlichen Bereichen, „in denen die Kluft zwischen der demokratischen Verfassung und der Verfassungswirklichkeit besonders deutlich wird".[7] Das Recht auf Arbeit, um dessen verfassungsmäßige Verankerung und Verwirklichung der Kampf geführt werden muß, muß heute mehr denn je heißen: Recht auf *qualifizierte* Arbeit und auf einen qualifizierten, weil nur auf Grund dieser Mindestvoraussetzung *sicheren* Arbeitsplatz.

Die Durchsetzung dieser Rechte, das wissen und erfahren immer mehr Gewerkschafter, erfordert eine grundlegende Veränderung der Machtverhältnisse in der BRD. Diese aus der kritischen Auseinandersetzung mit der kapitalistischen Wirklichkeit gewonnenen Erfahrungen äußern sich in Vorschlägen zu einer grundlegenden Umgestaltung von Schule und Betrieb. Im solidarischen Handeln müssen sie von Schule und Gewerkschaft in gemeinsamen Aktionen umgesetzt werden. Die Bedingungen der wissenschaftlich-technischen Revolution erfordern ein hohes Maß an Einsicht in die Gesetzmäßigkeiten der Bewegung, Struktur und Entwicklung von Natur und Gesellschaft auf der Basis einer umfassenden Allgemeinbildung. Dadurch wird das Recht auf Bildung für alle Kinder, an dem der Kampf zu einer qualitativ besseren Bildung und Ausbildung der Arbeiterklasse ansetzt, zu einer gewichtigen Seite der gewerkschaftlichen Forderung.

Damit ist ein Teil der Fragen, die wir am Anfang stellten, bereits beantwortet. Die Gewerkschaften haben nicht nur *das Recht,* wie für höhere Löhne und sichere Arbeitsplätze, so auch für eine Reform der Schule zu kämpfen und zu sagen, wie diese Reform finanziert werden soll. Sie haben als Organisation der Arbeiterklasse die Pflicht, über die Inhalte und Ziele dieser Reform mitzubestimmen, da sie als Interessenvertretung der arbeitenden Menschen die Bedürfnisse der Mehrheit der Bevölkerung am besten kennen und repräsentieren. „Der DGB schaltet sich bewußt und fördernd in eine fortschrittliche Bildungspolitik ein."[8] Dies auch insofern, als die Tarifkämpfe, der ökonomische Kampf, den die Gewerkschaften führen, auch ein Ringen um einen qualifizierten Arbeitsplatz und letztlich einen ständigen Kampf um die Qualifikation der Arbeitskraft,

Grundlage aller Persönlichkeitsentwicklung selbst, einschließt, wie z. B. auch die Lohnrahmentarife zeigen. Doch ohne größeren Umfang der „von Arbeit freien Zeit", bezogen auf das gesamte Leben eines Arbeiters und bezogen auf jeden Arbeitstag, fehlt die mindeste Voraussetzung für eine den Erfordernissen und Bedürfnissen der wissenschaftlich-technischen Revolution entsprechende permanente höhere Qualifizierung. Die Höhe des Arbeitslohnes und die Länge des Arbeitstages stehen in einem inneren, engen, unmittelbaren Zusammenhang. Als Momente der gesellschaftlichen Konsumtion der Arbeiterklasse stellen sie die Voraussetzungen dar für die Erweiterung der Reproduktionsmöglichkeiten der Arbeitskraft.

Für dieses Ziel und seine materielle Absicherung kämpft der bewußte Teil der Arbeiterschaft. „Die Festsetzung eines normalen Arbeitstags ist das Resultat eines vielhundertjährigen Kampfes zwischen Kapitalist und Arbeiter."[9] Und tatsächlich, auf dieser Grundlage kann die Forderung nach qualitativer Verbesserung der Lern- und Lebensbedingungen erst aufbauen. „Wir erklären die Beschränkung des Arbeitstags für eine Vorbedingung, ohne welche alle anderen Bestrebungen nach Verbesserung und Emanzipation scheitern müssen ... Wir schlagen 8 *Arbeitsstunden* als *gesetzliche Schranke* des Arbeitstages vor."[10] An diesen „Vorbedingungen" orientieren sich zentrale gewerkschaftliche Forderungen, so auch die nach Einführung des 10. Schuljahres für alle oder nach 12 Wochenstunden ungeteilten Berufsschulunterrichts: Forderungen, die auf die Arbeitszeit der gesamten Arbeiterklasse bezogen, Arbeitszeitverkürzungen voraussetzen. Also Ziele im ökonomischen Kampf, die aber nicht mehr dem einzelnen Unternehmer allein abgetrotzt werden können, sondern die Kampfziele im Bereich der vom Staat getragenen Bildungspolitik darstellen. Die so erkämpfte Verlängerung der freien Zeit und, durch höheren Lohn, bessere materielle Absicherung, d. h. auch Erhöhung der Nutzbarkeit der freien Zeit zur Verbreiterung und Vertiefung des Wissens, sind die Grundvoraussetzungen einer allseitigen Persönlichkeitsentwicklung. „Zeit ist der Raum zu menschlicher Entwicklung. Ein Mensch, der nicht über freie Zeit verfügt, dessen ganze Lebenszeit — abgesehen von rein physischen Unterbrechungen durch Schlaf, Mahlzeiten usw. — von seiner Arbeit für den Kapitalisten verschlungen wird, ist weniger als ein Lasttier."[11]

Die Reform des Bildungswesens als Erweiterung der gesellschaftlichen Reproduktionsmöglichkeiten der Arbeiterklasse kann nur erfolgen über eine qualitativ neue Schwerpunktsetzung der Ausgaben- und Haushaltspolitik des Staates zugunsten des gesellschaftlichen Konsums. Neben den gewerkschaftlichen Anstrengungen um die Erweiterung der individuellen Konsumtion durch Lohn- und Tarifkämpfe im betrieblichen Sektor, kommt den Forderungen und gewerkschaftlichen Aktivitäten für die Sicherung und Ausweitung der gesellschaftlichen Konsumtion, die dem Staat der Monopole abverlangt werden muß, eine zunehmend höhere Bedeutung zu. Der wahre Gegner auf beiden Kampffeldern — Betrieb *und* Staat — ist allerdings die Monopolbourgeoisie, deren Klasseninteresse ausschließlich auf die Erweiterung des Profits gerichtet ist und die die Bedürfnisse der gesellschaftlichen Konsumtion der Arbeiter und Angestellten ständig auf ein Minimum zu reduzieren sucht.

Die Einsichten weiter Bevölkerungsschichten, daß die individuelle Reproduktion nicht allein durch den Lohn gesichert ist, ja, daß die auf höhere Sicherheit des Arbeitsplatzes zielende Qualifikation immer dringlicher wird, dokumentiert sich in den gewerkschaftlichen Forderungen, die direkt an den Staat oder die sich zur Wahl stellenden Parteien gerichtet sind. So wird z. B. in den *Prüfsteinen des DGB* zur Bundestagswahl 1972 eine „stufenweise Verwirklichung der Bildungsreform unter Aufhebung der Trennung zwischen beruflicher und allgemeiner Bildung" gefordert. Diese Prüfsteine, die letztlich auch auf eine Vereinheitlichung des Bildungswesens im Bundesmaßstab abzielen, fordern neben inhaltlichen und organisatorischen Veränderungen auch die finanzielle Absicherung der Bildungsreform und die Mitbestimmung der Gewerkschaften in allen Fragen.

Ausgehend von der Bestimmung der zwei Seiten des gewerkschaftlichen Kampfes lassen sich nun auch die spezifischen gewerkschaftlichen Forderungen für eine qualitative Umgestaltung des Bildungswesens analysieren und bewerten.

Neben den Forderungen zur Veränderung der Organisationsstruktur und jenen zur Mitbestimmung in allen Bildungsfragen und -bereichen spielen die Vorschläge und Vorstellungen zur *Reform der Lerninhalte,* einer demokratischen Reform der Ausbildungsziele die entscheidende Rolle. „Bildungsreform darf sich nicht allein auf Schul- und Universitätsbauten beschränken. Es geht um die Bildungsinhalte. Wir sehen, daß die Inhalte, die unser Bildungswesen vermittelt, bei weitem noch hinter dem Anspruch einer demokratischen Gesellschaft zurückbleiben. Demokratische Bildung — das erfordert vor allem auch die Vermittlung von politischer Analyse und Kritikfähigkeit, von Selbständigkeit, und das Fähigmachen zum Erkennen und Überwinden von Konflikten. Es geht darum, daß die Arbeitnehmer ihre Rolle als gestaltende gesellschaftliche Kraft in allen Lebensbereichen wahrnehmen können."[12]

„Der DGB erachtet folgende Grundsätze für die Formulierung von Bildungsinhalten als wesentlich:

1. das Wissen muß in der den jeweils neuesten lern-psychologischen Erkenntnissen entsprechenden Form dargeboten werden;

2. die Bildungsinhalte müssen auf die Förderung von Lernfähig-

keit, Einsichtsfähigkeit, Kritikfähigkeit und schöpferischer Eigentätigkeit angelegt sein;

3. die Bildungsinhalte müssen an konkreten Erfahrungsbereichen orientiert sein;

4. theoretische und anwendungsbezogene Bildungsinhalte müssen aufeinander bezogen sein;

5. sozialwissenschaftliche Bildungsinhalte haben besondere Bedeutung. Sie müssen über ihren Eigenwert hinaus dazu dienen, anderen Wissensbereichen politische Perspektiven zuzuweisen;

6. gesellschaftliche Bildung muß sich mit konkreten Beispielen bestehender Interessengegensätze befassen. Diese Aufgabe gilt nicht nur für sozialwissenschaftliche Bildungsinhalte, sondern für den ganzen Bildungsprozeß."[13]

Noch konkreter werden die Ziele der inhaltlichen Reform in den „Jugendpolitischen Forderungen" ausgedrückt: „Emanzipatorische Bildung darf keine Forderung bleiben, die sich in erster Linie auf die pädagogischen Abläufe des Unterrichts bezieht. Viel wichtiger ist es, daß die Schüler, Auszubildenden und Studenten ihre individuelle und soziale Situation in der kapitalistischen Gesellschaft begreifen lernen. Bildung selber emanzipiert nicht, sie hat aber die Voraussetzungen zu schaffen für den Kampf um Emanzipation. Bildung hat also auch zum bewußten solidarischen Handeln zu bewegen, um die Widersprüche der kapitalistischen Gesellschaft zu beseitigen."

Dabei ist nun, will man von einer realistischen Einschätzung der gegenwärtigen Krisensituation ausgehen, unter diesen Bedingungen die materielle, d. h. finanzielle Absicherung des Bildungswesens in sächlicher und personeller Hinsicht besonders dringend.

Die Gewerkschaften weisen den Weg, wie eine demokratische Bildungsreform finanziert werden kann. Die öffentlichen Ausgaben können nach den „Bildungspolitischen Vorstellungen des DGB" noch enorm gesteigert werden; „um die nötigen Reformen im Bereich des Bildungswesens und in den anderen Infrastrukturbereichen durchzuführen, müssen die öffentlichen Ausgaben für diese Bereiche im Verhältnis zum Wachstum des Bruttosozialproduktes überproportional gesteigert werden; die öffentlichen Ausgaben für Bildung und Wissenschaft müssen bis 1980 auf etwa 8 Prozent des Bruttosozialproduktes erhöht werden". Denn „eine auf Entspannung gerichtete Politik muß dazu führen, daß bisher für Rüstung und Rüstungsforschung benötigte Mittel dem Ausbau der Infrastruktur und besonders dem Bildungswesen zur Verfügung stehen".[14] Diese klare Perspektive gewinnt gerade im Hinblick auf die Verwirklichung der Beschlüsse von Helsinki neue Aktualität.

An dem Aufgreifen dieser Grundprobleme (Bildungsinhalte und Bildungsfinanzierung) in gewerkschaftlichen Erklärungen und Aktionen läßt sich derzeit ablesen, ob die gewerkschaftliche Politik, bestimmt durch die Interessen aller Mitglieder, die richtige Orientierung erfährt. Massenaktionen wie in Hamburg, in Hannover und in anderen Städten, die ganz entscheidend von der Gewerkschaftsjugend getragen wurden, spiegeln diese Einschätzung und gewerkschaftspolitische Orientierung am besten wider. Hier sei vor allem das Beispiel der Großkundgebung in Dortmund am 8. November 1975 erwähnt, von wo aus unüberhörbar die Forderung nach dem Recht auf Arbeit, dem Recht auf gleiche Bildung und dem Recht auf Mitbestimmung erhoben wurden. „Die Arbeitnehmer wollen die Mitbestimmung — jetzt! Sie wollen gleichberechtigt mit verhandeln bei allen Entscheidungen, die ihre Ausbildung, ihren Arbeitsplatz und ihre Zukunftschancen betreffen," so H. O. Vetter auf der Großkundgebung in Dortmund.

Ganz eindeutig geht dies auch aus den Forderungen zur Reform der Berufsausbildung hervor. (Auf die an dieser Stelle ebenso wie auf die Forderungen zur Hochschulreform nicht ausführlicher eingegangen werden kann.) Hier stehen, neben solchen Forderungen mit langfristigen Perspektiven wie der Integration des berufsbildenden und des allgemeinbildenden Schulwesens, vordringlich solche Forderungen im Mittelpunkt, wie die Schaffung von 250 000 qualifizierten Ausbildungsplätzen, die Herausnahme der Berufsausbildung aus der alleinigen Kontrolle durch die Unternehmer und ihren Kammern und die finanzielle Beteiligung der Konzerne an der überbetrieblichen Ausbildung.

Die Entwicklung eigener Forderungen wie auch die bildungspolitischen Aktivitäten der Unternehmer waren Grund genug, daß die Gewerkschaften in der bildungspolitischen Diskussion endlich einen Schritt nach vorne machten. Jahrelang war von den Gewerkschaften die Bedeutung der Bildungsinhalte und der gesamten Bildungspolitik, einschließlich Mitbestimmung und Finanzierung, nicht genügend erkannt worden. Noch im Geschäftsbericht 1965—1968 des DGB heißt es, daß die Arbeit der Arbeitskreise Schule—Wirtschaft „durch das Angebot von Gewerkschaftsvertretern als Referenten sowie durch die Bereitstellung von gewerkschaftlichem Informationsmaterial zu unterstützen"[15] ist. Erst auf dem 8. Bundeskongreß des DGB, 1969, wird die gewerkschaftliche Forderung nach Mitbestimmung erstmals im Zusammenhang mit der demokratischen Bildungsreform gesehen, indem die Bildungspolitik als „zentraler Bestandteil gewerkschaftlicher Gesellschaftspolitik" herausgearbeitet wird.

Seit dem 9. Bundeskongreß des DGB entstehen in der Bundesrepublik Einrichtungen, denen für die gewerkschaftliche Bildungspolitik eine langfristige Bedeutung zukommt: Die Arbeitskreise Schule—Gewerkschaft. Sie sollen auf regionaler Ebene der Zusammenarbeit von aktiven Gewerkschaftern, Eltern, Schülern und Lehrern dienen. Angesichts der vielfältigen Aktivitäten der Unternehmer nahmen die Delegierten des Bundeskongresses den Antrag 216 an, in dem es heißt: „Der DGB-Bundesvorstand wird aufgefordert, Materialien für den gesellschafts- und wirtschaftspolitischen Unterricht in den Schulen zu entwickeln, um den bisher ausschließlich an den Interessen der Wirtschaftsverbände orientierten Informationen ein wirkungsvolles gewerkschaftspolitisches Gegengewicht entgegenzusetzen. Die bisher bestehenden Arbeitskreise Schule—Wirtschaft sind nicht geeignet, weil sie sich ausschließlich an den Interessen der Unternehmer orientieren. Dieser verhängnisvollen Entwicklung ist durch die Bildung von Arbeitskreisen entgegenzuwirken, in denen Lehrer, Mitglieder der Schülervertretungen und Vertreter der Gewerkschaften zusammenarbeiten, um Materialien für den politischen Unterricht in der Schule zusammenzustellen."

Auf der Essener DGB-Bildungskonferenz 1973 griff Ernst Reuter die Anregung des Bundeskongresses auf, Arbeitskreise Schule—Gewerkschaft einzurichten, die zunächst ein Gegengewicht gegen die einseitige Beeinflussung der Lehrer durch Institutionen und Publikationen der Unternehmer darstellen sollten. „Sie könnten sich bei entsprechender Erweiterung ihres Aufgabenbereichs darüber hinaus als geeignetes Instrument erweisen, breite Bevölkerungsschichten über ihre Benachteiligung im Bildungswesen aufzuklären und durch Druck von unten die verantwortlichen Bildungspolitiker zur Verbesserung zu zwingen." Weiterhin sieht er die Möglichkeit, daß sie sich „zu einer kritischen Instanz für die organisatorische und inhaltliche Entwicklung des Bildungswesens in einem überschaubaren Bereich" entwickeln können, wenn „in ihnen Vertreter des DGB, einzelner Gewerkschaften, Jugendvertreter, Betriebsratsmitglieder und Eltern eng zusammenarbeiten".

An der kurz skizzierten Arbeit der Arbeitskreise Schule und Gewerkschaft in *Hamburg*, in *Baunatal* bei Kassel und in *Freiburg* soll beispielhaft gezeigt werden, wie die Arbeit solcher Arbeitskreise aussieht und welchen Erfolg sie haben kann:

Beispiel 1: Hamburg — umfassende Initiative auf Landesebene

Im Jahre 1972 wurde auf Initiative der Unternehmerverbände die Arbeit des *Arbeitskreises Schule—Wirtschaft* neu angeregt, in denen zwei wichtige Probleme diskutiert wurden: die *Lehrerfortbildung* und die Durchführung von *Betriebspraktika*. Von gewerkschaftlicher Seite wurde hier die Bedeutung gewerkschaftlicher Einflußnahme sehr schnell erkannt. Auf der Grundlage der Beschlüsse des 9. Bundeskongresses und auf Initiative der Abteilungen Bildung und

Jugend im Landesbezirk Nordmark wurde im DGB-Kreisvorstand die Bildung eines *Arbeitskreises Schule—Gewerkschaft* beschlossen. Er hatte insbesondere die Aufgabe, gegenüber der Schulbehörde kompetent die gewerkschaftlichen Vorstellungen vorzubringen und durchzusetzen. Unter Teilnahme einiger Einzelgewerkschaften fanden monatlich regelmäßige Sitzungen statt. Nach den ersten Erfahrungen hielten es die Mitglieder für zweckmäßig, den Arbeitskreis bei der Abteilung Bildung im Landesbezirk anzubinden. Ihm sollten im folgenden als Mitglieder angehören: der Bildungs- und der Jugendsekretär des DGB-Kreises Hamburg und des Landesbezirks Nordmark, zwei Vertreter der GEW (aus Hamburg und aus Schleswig-Holstein), Vertreter des Bildungsausschusses beim Landesbezirk aus den Einzelgewerkschaften, je ein Vertreter der gewerkschaftlichen Studentengruppen und die Leiter der projektgebundenen Arbeitsgruppen.

Beim Arbeitskreis bestehen zwei Projektgruppen: die Projektgruppe „Schulabgängerinformation" und die Projektgruppe „Unterrichtseinheit Gewerkschaft". Die erste Projektgruppe erarbeitete zunächst eine Unterrichtskonzeption zu den Problemen Berufsfindung und -ausbildung sowie Interessenvertretung, die mehrfach erprobt und überarbeitet wurden. Im weiteren erarbeitet sie Informationsmaterial zu Themen wie Jugendarbeitsschutz, Forderungen zur Berufsbildungsreform, Jugendarbeitslosigkeit, Tarifvertrag, Lehrerstellenwerbung.

Die zweite Projektgruppe erarbeitet Lehrerinformationsmaterial zu Themen wie Geschichte der Gewerkschaftsbewegung, Tarifpolitik der Gewerkschaften, Geschichte des Koalitionsrechts, Einschränkungsversuche der Tarifautonomie seit 1945, Mitbestimmung der Gewerkschaften, gewerkschaftliche Sozialpolitik, DGB und Einzelgewerkschaften.

Mit seiner Arbeit versucht der Arbeitskreis Einfluß zu nehmen auf den Arbeitskreis „Schule—Arbeitswelt", der unter Leitung der Schulbehörde steht und in dem Vertreter der Schule, der Lehrerbildung, des Arbeitsamtes, der Gewerkschaften, der Kammern und der Unternehmerverbände mitarbeiten. Bei der Erstellung der *Handreichungen für das Betriebspraktikum* bildete sich diese Form des Arbeitskreises heraus. Die Gewerkschaften erklärten sich zur Mitarbeit in diesem Arbeitskreis nur bereit, wenn gewährleistet würde, daß nicht mittels Abstimmungsmodalitäten gewerkschaftliche Positionen ausgeschaltet werden können.

Beispiel 2: Baunatal bei Kassel — Verknüpfung von Mitbestimmungsfragen auf Betriebs- und Schulebene durch ein Ortskartell

Nach Wiedererstehung des DGB-Ortskartells 1974 wurde nach einem Vorbereitungswochenende von der GEW-Betriebsgruppe einer Baunataler Gesamtschule und dem DGB-Ortskartell im Sommer 1975 ein Arbeitskreis Schule—Gewerkschaft gegründet. In seinem Vorstand befinden sich je zwei Lehrer, Eltern und Elternbeiräte, die Mitglieder der Gewerkschaft sind. Vom Arbeitskreis wird ein *Elternseminar* für Gewerkschafter durchgeführt, dem die Überlegungen zugrunde lagen, daß

„... viele Eltern an Schulfragen stark interessiert sind, oft aber in Verwirrung und Halbinformation belassen werden, weil ihnen das komplizierte Schulsystem (insbesondere die Gesamtschule) und die Arbeit in der Schule meistens nicht ausreichend erklärt werden;

... die bisher geübte Praxis der Elternabende in vielen Fällen dem Mangel der Desinformation nicht abhilft;

... Angehörige der 10 bis 20 Prozent Baunataler Mittel- und Oberschicht die Beiräte beherrschten und für 80 bis 90 Prozent Arbeitnehmereltern sprachen, oft allerdings nicht in deren Interesse;

... diese Arbeitnehmereltern ohne unsere Hilfe kaum in der Lage sind, ihre Rechte in den Mitbestimmungsgremien der Schule wirkungsvoller zu vertreten. Es fehlt ihnen an Information und intensiver Anleitung;

... der allmähliche Abbau der Gesamtschulkonzeption in Hessen (...) die Suche neuer und weiterer Bündnispartner notwendig macht. Wir übersehen nicht, daß wir uns mit diesem Elternseminar erst jetzt an Partner wenden, deren Interessen wir zwar ständig zu vertreten versuchten, mit denen wir aber nur selten intensiven Kontakt hatten;

... daß Gremienarbeit nicht ständig auf Kosten der Basisarbeit geschehen darf." (Nach einem Papier des Baunataler AK)

Teilnahmeberechtigt an diesem Elternseminar sind alle DGB-Mitglieder, die auf diese Weise in die Lage versetzt werden sollen, die Interessen der arbeitenden Menschen auf der Grundlage gewerkschaftlicher Erfahrungen in den Elternbeiräten zu vertreten.

Beispiel 3: Freiburg — DGB-Kreis führt Lehrer und Betriebsräte an einen Tisch

Seit 1973 entstanden an verschiedenen Orten informelle Gruppen von Lehrern und Betriebsräten mit den Zielen, die Aktivitäten der Arbeitskreise Schule—Wirtschaft zu studieren und die eigene gewerkschaftliche Stärke im Raum Freiburg zu analysieren. Diese Arbeit wurde seit 1974 durch die IGM-Ortsverwaltung unterstützt. In diesem Zusammenhang wurde eine Veranstaltung mit dem Thema „Lehrer und Betriebsräte an einen Tisch" durchgeführt. Im gleichen Jahr wurde durch Beschluß des DGB-Kreisvorstandes der Arbeitskreis Schule—Gewerkschaft gegründet. Der Arbeitskreis ist ein Organ des Kreisvorstandes. Der Vorstand setzt sich aus Vertretern der Industriegewerkschaften und einigen Lehrern zusammen. Vorsitzender ist der Kreisvorsitzende des DGB. Die eigentliche Arbeit findet in drei regionalen Arbeitsgruppen statt. Im Mittelpunkt der Arbeit steht die Darstellung der Arbeitswelt durch die Gewerkschafter und Betriebsräte. Die bisherigen öffentlichen Veranstaltungen hatten Themen wie Mitbestimmung des Betriebsrates, Tarifauseinandersetzungen, Entwicklung der Einheitsgewerkschaft. Einzelne Seminare hatten Themen wie Entwicklung einer Tarifbewegung, Gespräche zwischen Lehrern und Betriebsräten über die Situation im Betrieb, Diskussion der Lehrpläne.

Diese Beispiele können zeigen, wie die Gewerkschaftsbeschlüsse zur Einrichtung von Arbeitskreisen Schule—Gewerkschaft in konkrete Gewerkschaftsarbeit umgesetzt werden können und werden, und damit eine wesentliche Erweiterung der Aktionsformen für die Interessenvertretung der arbeitenden Menschen darstellen.

Die Arbeitskreise erfüllen im Selbstverständnis der beteiligten Gewerkschafter drei wichtige Funktionen für die Schaffung von Bündnissen und die Vereinheitlichung eines parteilichen Standpunktes im Kampf um die Brechung des Bildungsprivilegs:
1. Sie führen die Erfahrung der Betroffenen aus dem Bildungswesen zusammen mit den betrieblichen Kampferfahrungen von Gewerkschaftern.
2. In den Arbeitskreisen können Bildungsziele und -inhalte unmittelbar von den Interessen der arbeitenden Menschen aus formuliert werden: die Darstellung von Rolle und Kampf der Gewerkschaftsbewegung erhält den ihr gebührenden Platz.
3. Die gewerkschaftlichen Forderungen nach Mitbestimmung werden konkret für das Bildungswesen formuliert. — Eltern, Schüler und Lehrer qualifizieren sich für die Durchsetzung dieser Forderungen.
Die Aktionen zur Durchsetzung der Mitbestimmung der Arbeiterklasse und ihrer Organisationen haben das Ziel der Zurückdrängung des Einflusses von Großkapital und Unternehmerverbänden auf die Schule. Die „Demokratisierung der Bildungseinrichtungen" ist neben der Durchsetzung der Mitbestimmung am Arbeitsplatz, auf allen Ebenen der Betriebe und Konzerne, der gesamten Wirtschaft deswegen von hervorragender Bedeutung, weil die Bildung einen Prozeß in der Jugend in Gang setzen muß, „der zu aktivem Mitgestalten und selbstverantwortlichem Handeln führt und davon getragen wird".[16]

Bleibt die Schule weiterhin unter dem Einfluß von konservativen Bildungsbürokraten und Unternehmerinstituten, dann wird es weder zu einer Demokratisierung von Ausbildungszielen noch zu einer Organisationsveränderung mit dem Ziel der Einführung der Gesamtschule als Regelschule kommen. Paritätische Mitbestimmung und demokratische Schulreform stehen in einem engen, unauflösbaren Zusammenhang; sie müssen als Einheit im Kampf um die Veränderung des gesamtgesellschaftlichen Kräfteverhältnisses gesehen werden.

„Unsere Bildung kann und darf keine demokratiefreie Insel bleiben." „Daher fordern wir Mitbestimmung ... der Betroffenen und der Gewerkschaften in den Bildungseinrichtungen."[17] „Der sich ... ständig erweiternde Spielraum selbständigen Handelns erfordert zwingend entsprechende Beteiligungsrechte. Sie müssen in den verschiedenen Gremien und Institutionen des Bildungswesens in Direktvertretung und in der indirekten Vertretung durch die für die Beteiligten sprechenden Verbände wahrgenommen werden."[18]

Die Mitbestimmung hat als wesentliche Funktion, die Beteiligung aller Betroffenen an bildungspolitischen Entscheidungen der Parlamente und Ministerien dadurch zu sichern, daß sie die Bildungspolitik für die arbeitenden Menschen durchschaubar macht. Das ist nur möglich durch eine öffentliche Kontrolle der einzelnen Institutionen, der Bildungsplanung und Bildungsfinanzierung. Neben die unmittelbare Mitbestimmung in den Schulen und Bildungsverwaltungen muß daher die öffentliche Kontrolle der schulpolitischen Entscheidungen durch Gewerkschaftsvertreter auf Kommunal- und Landesebene treten.

Eine Vielzahl von bildungspolitischen Vorhaben erfährt ihre konkrete Ausprägung, ihre reale Gestalt hauptsächlich auf dem Sektor der Kommunalpolitik. Es entspricht dieser Erfahrung, wenn in den letzten Jahren eine verstärkte gewerkschaftliche Einflußnahme auf dem Feld der kommunalen Politik durch die Aktionen des DGB und Äußerungen gewerkschaftlicher Gremien zu beobachten ist. Auf die Entscheidungen kommunaler Parlamente, die z. B. für oder gegen die Einführung von Eingangsstufe, Förderstufe oder Gesamtschule votieren können, kann in den Magistratsausschüssen und Schuldeputationen, in denen Gewerkschaftsvertreter immer beteiligt sein sollten, wesentlich Einfluß im Interesse der Arbeiterklasse genommen werden.

Gerade unter den Bedingungen der verschärften ideologischen Auseinandersetzungen, die die arbeitenden Menschen nur durch Verbesserung ihrer Bildung und ihres Wissens für sich entscheiden können, muß der Kampf um die demokratische Bildungsreform zu einem Bestandteil des konkret im unmittelbaren Arbeits- und

122

Lebenszusammenhang zunächst auf kommunaler und betrieblicher Ebene zu führenden, antimonopolistischen Kampfes werden.

Die Arbeiterklasse muß sich heute die materiellen und institutionellen Voraussetzungen zum Erwerb jenes Wissens erkämpfen, das sie morgen braucht, um mit diesem Wissen die staatliche Macht auf wisenschaftlicher Grundlage auszuüben.

1 Bildungspolitische Vorstellungen des DGB (Verabschiedet vom Bundesvorstand des DGB am 7. 3. 1972), in: Forderungen des DGB zur Bildungspolitik, Berufliche Bildung, Hochschulreform, Düsseldorf o. J., S. 9.

2 Ebenda, S. 9.

3 H. O. Vetter auf der Großkundgebung des DGB, Dortmund 8. 11. 1975.

4 Bildungspolitische Vorstellungen des DGB, a. a. O., Vorwort (S. 3).

5 Ebenda, Vorwort (S. 3).

6 H. O. Vetter auf der Bildungspolitischen Konferenz des DGB, Essen 1973.

7 Bildungspolitische Vorstellungen des DGB, a. a. O., Vorwort (S. 3).

8 Ebenda.

9 K. Marx, Das Kapital, Erster Band, in: Marx-Engels-Werke (MEW), Band 23, Berlin 1969, S. 286.

10 K. Marx, Instruktionen für die Delegierten des provisorischen Zentralrats zu den einzelnen Fragen, in: MEW Bd. 16, a. a. O., S. 192.

11 K. Marx, Lohn, Preis und Profit, in: MEW Bd. 16, a. a. O., S. 144.

12 H. O. Vetter, Bildungspolitische Konferenz des DGB, Essen 1973.

13 Bildungspolitische Vorstellungen des DGB, a. a. O., S. 19.

14 Ebenda, S. 20.

15 Vgl. DGB-Bundesvorstand, Geschäftsbericht 1965/68, S. 367.

16 Bildungspolitische Vorstellungen des DGB, a. a. O., S. 17.

17 H. O. Vetter, Bildungspolitische Konferenz des DGB, Essen 1973.

18 Bildungspolitische Vorstellungen des DGB, a. a. O., S. 17.

Frank Behrens

Die GEW stärken!
Die Notwendigkeit konsequenter Gewerkschaftsarbeit

Aktion Papplehrer

Bremen — 8. Dezember 1974. Anläßlich der Haushaltsberatungen in der bremischen Bürgerschaft demonstrieren über 3 000 Bremer Bürger gegen die drohende Verschlechterung des Bremer Schulwesens. Sie folgen einem von GEW, Zentralelternbeirat und Gesamtschülervertretung gemeinsam herausgegebenen Aufruf, der die Durchführung folgender Sofortmaßnahmen fordert:

keine Eingangsklasse mit mehr als 28 Schülern;

Einrichtung einer Planungsreserve von 100 und einer „Vertretungsmannschaft" von 250 Lehrern;

genügend Ausbildungsplätze für die zweite Phase in der Lehrerausbildung;

besondere Förderung der ausländischen Kinder;

Fortsetzung der Reformvorhaben;

Mitbestimmung der Eltern- und Schülervertretungen und der GEW bei der Planung und Berechnung des Lehrerbedarfs.

Unter den Demonstranten „marschieren" 400 Papplehrer mit — für jeden in Bremen fehlenden Lehrer einer. In den Tagen zuvor waren diese Papplehrer auf den Schulhöfen, im Werkunterricht gebastelt worden, nachdem die GEW berechnet hatte, daß mindestens 350 Lehrer allein für den Ausgleich von Krankheits- und Schwangerschaftsvertretungen und andere personelle Engpässe gebraucht würden. Der Demonstration, die große Sympathie bei der Bevölkerung fand, gingen vielfältige Aktivitäten an den Schulen, in Eltern- und GEW-Versammlungen voraus. Durch diesen breiten Druck gelang es durchzusetzen, daß finanzielle Mittel für 50 Planstellen bewilligt wurden. Daneben war aber auch ein Erfolg, daß es gelungen war, die gewählten Vertretungen der Eltern, Schüler und Lehrer trotz unterschiedlicher Auffassungen in der „Aktion Papplehrer" unter gleichen, fortschrittlichen Forderungen zusammenzuschließen.

Die inzwischen mit der Verschärfung der allgemeinen Krise dieses Systems einsetzende Verschlechterung des Bildungswesens, vor allem die Folgen der „Sparmaßnahmen", die Lehrerarbeitslosigkeit und die Ausbildungssperre für Tausende junger Lehrer und Erzieher, riefen wachsenden Widerstand in breiten Teilen der Bevölkerung hervor. Die GEW spielte nicht selten dabei eine wichtige Rolle. Gelang es ihr doch oft, richtungweisende, gewerkschaftlich orientierte Forderungen in die Bewegungen hineinzutragen und sie damit für noch größere Teile der Bevölkerung zu öffnen. Allerdings gibt es auch eine Reihe von Beispielen, in denen die GEW der Bewegung hinterherhinkte oder sie gar zu bremsen versuchte.

Wer ist die GEW?

Ist sie die „radikalste Einzelgewerkschaft im DGB"[1] oder ist sie nur der „organisierte Ausdruck einer ständisch orientierten, bornierten Lehrerschaft", wie es im Flugblatt einer linkssektiererischen Gruppe ein Jahr später hieß? Trifft es zu, wenn die GEW sich selber als die konsequente Vertreterin der „beruflichen, wirtschaftlichen, sozialen und rechtlichen Interessen ihrer Mitglieder" sieht[2]? Ihre Mitglieder, das sind vor allem Lehrer, aber in wachsendem Maße auch Erzieher, Wissenschaftler an Hochschulen und Forschungsinstituten und Studenten. Von den 140 000 Mitgliedern stehen über 100 000 im Beamtenverhältnis. Damit verfügt sie über den höchsten Anteil an Beamten von allen DGB-Gewerkschaften.

Diese soziale Zusammensetzung erschwerte den Prozeß für die GEW, sich aus einer Vereinigung vorwiegend ständisch orientierter Lehrervereine zu einer Gewerkschaft zu entwickeln. Viele Diskussionen, z. B. um das Streikrecht, das einheitliche Dienstrecht, zeigen, wie schwer Teilen der GEW-Mitgliedschaft der Abschied vom „herkömmlichen Geist des Berufsbeamtentums" fällt. So konnte bis heute in bestimmten Bereichen der GEW eine ständische Orientierung nicht überwunden werden, obwohl die GEW zu den Gründern der Einheitsgewerkschaft DGB nach 1945 zählte.

Heftiger als in den anderen Einzelgewerkschaften des DGB wurden in den letzten Jahren innerhalb der GEW die innerverbandlichen Diskussionen geführt. Im Kern ging es dabei um die Frage, ob die GEW eine auf Integration in das bestehende System zielende Politik verfolgen solle oder sich zu einer kämpferischen Interessenvertretung der Lehrer, Erzieher, Wisenschaftler und Studenten entwickeln müsse. Forciert wurde diese Diskussion durch den großen Mitgliederschub in den siebziger Jahren, der zu einer erheblichen Verjüngung der Mitgliedschaft führte. So wirkten sich in der GEW stärker auch als in anderen Gewerkschaften die Folgen der Studentenbewegung aus. Sowohl die soziale Zusammensetzung der GEW als auch ihre („junge") Geschichte begünstigten das Anwachsen rechtsopportunistischer und linkssektiererischer Strömungen. Dadurch wurde die GEW über einen längeren Zeitraum in einen Zustand versetzt, der bis an die Zerreißprobe führte. Das hinderte sie weitgehend daran, die sich gerade in dieser Zeit verschärfenden Angriffe auf das Bildungssystem und die sozialen und demokratischen Rechte der Lehrer, Erzieher, Wissenschaftler und Studenten abzuwehren.

Bildungspolitik der GEW

Die Erarbeitung und Propagierung, z. T. auch die Durchsetzung bildungspolitischer Forderungen war vor allem in den siebziger Jahren eine der starken Seiten der GEW. Damit verfügte sie über eine beachtliche Anziehungskraft nicht nur auf Lehrer und Erzieher, sondern auch auf fortschrittliche Studenten, Schüler, Eltern und andere Gewerkschafter. Die GEW konnte einerseits anknüpfen an die bürgerlich-humanistischen Idealen verpflichtete Tradition der Lehrerverbände, andererseits erhielt sie wesentliche Impulse durch ihre Eingliederung in die Einheitsgewerkschaft DGB. Allerdings wird ihr auch heute noch — und das nicht selten auch von Mitgliedern anderer Gewerkschaften — vorgeworfen, daß ihre „Propagierung schulpolitischer Ziele, die ja stets dem Arbeitsplatz des Lehrers zugute kommen, vielfach als bildungspolitische Verschleierung handfester berufsständischer Interessen"[3] gesehen werden müsse. Bei allen Schwierigkeiten der GEW muß dieser Vorwurf gegen ihre Bildungspolitik als unzutreffend zurückgewiesen werden, zeigte sich doch gerade hier die große Übereinstimmung der Interessen der Lehrer mit denen anderer Bevölkerungsschichten, vor allem der Eltern und Schüler. Durch die Bildungspolitik hat sich bei vielen GEW-Mitgliedern ein gewerkschaftliches Bewußtsein entwickelt, das der Generalsekretär der GEW, Ernst Reuter, so umreißt: „Gewerkschaftlich orientierte Politik ist daran erkennbar, daß sie sich nicht mit einer ideellen Überhöhung eigener Forderungen durch Hinweis auf Vorteile für das Gemeinwohl begnügt, sondern sich auf die Interessen der Gesamtheit der abhängig Arbeitenden direkt bezieht, deren Interessen innerhalb und außerhalb der beruflichen Tätigkeit solidarisch unterstützt und eigene Forderungen mit den ihren in Einklang bringt."[4]

Aus diesem Verständnis heraus wurden grundlegende Reformvorstellungen entwickelt wie die nach der integrierten Gesamtschule, der Demokratisierung von Schule und Bildungsinhalten, der Vereinheitlichung der Lehrerbildung. Dabei konnte die GEW in einigen Bundesländern durchaus einen beachtlichen Teil ihrer Forderungen durchsetzen. Allerdings wurden mit der Verschärfung der Bildungskrise diese fortschrittlichen Veränderungen oft wieder unterhöhlt oder sogar rückgängig gemacht.

Da hier nicht das ganze Spektrum der bildungspolitischen Forderungen und Aktionen der GEW ausgebreitet werden kann, soll vor allem dargestellt werden, wie sich die GEW gegen die Rotstiftpolitik der letzten Jahre und besonders gegen den Lehrermangel und die Lehrerarbeitslosigkeit zur Wehr setzt.

Kampf gegen Lehrermangel und Lehrerarbeitslosigkeit

Mit der Arbeitslosigkeit für Tausende junger Lehrer hat die reaktionäre Bildungspolitik des Staates eine neue Stufe erreicht. Klagten noch vor wenigen Jahren die bürgerlichen Bildungspolitiker über den „kein Ende nehmenden" Lehrermangel, um die Ergebnisse ihrer bildungsfeindlichen Politik gegenüber demokratischen Initiativen wie z. B. der Aktion „Kleine Klasse" zu rechtfertigen, so warnen heute nicht selten die gleichen Leute vor der über unser Land hereinbrechenden „Lehrerschwemme".

Schon 1971 forderte die GEW die verantwortlichen Politiker auf, keine Einstellungssperre für den Lehrernachwuchs zu verfügen. In einem Brief an die Landesregierungen und die Bundestagsparteien bezeichnete der Vorsitzende der GEW, Erich Frister, solch eine Maßnahme als „Bankrott der bundesrepublikanischen Schulpolitik". Zugleich kennzeichnete er das herrschende Bildungswesen der BRD so: „Mehr als ein Vierteljahrhundert nach Kriegsende sind die Kennzeichen der westdeutschen Schulmisere immer noch: überfüllte Klassen, ausfallender Unterricht und überlastete Lehrer ohne ordentliche Weiterbildungsmöglichkeiten ... Noch immer gilt: Einer der wohlhabendsten Staaten leistet sich eines der ärmlichsten Schulsysteme". Im Februar 1972 bezeichnete der Hauptvorstand der GEW „das Nebeneinander von arbeitslosen Lehrern und weiterhin überfüllten Klassen als Verhöhnung der Bildungsinteressen der Schüler durch die verantwortlichen Politiker".[5a] Bereits im Dezember 1971 forderte der Bundesvorstand des DGB auf Initiative der GEW die Länder auf, „alle zur Verfügung stehenden Hochschulabsolventen einzustellen" und erklärte die angedrohte Nichteinstellung als „eine gegen die große Mehrzahl der Arbeitnehmer gerichtete Politik. Lehrermangel und ausfallender Unterricht gehen fast ausschließlich zu Lasten der Kinder, die auf Grund ihrer familiären Situation allein auf den Unterricht in der Schule angewiesen sind, um bessere Lebenschancen zu erhalten".[6]

In der GEW hat sich in den letzten Jahren eine mehrschichtige, unterschiedlich wirksame Strategie herausgebildet. Während es in zahlreichen Kreis- und Bezirksverbänden zu zum Teil eindrucksvollen Aktionen gegen die Rotstiftpolitik, gegen Lehrermangel und Lehrerarbeitslosigkeit kam, beschränkte sich die GEW-Führung bis auf wenige Ausnahmen auf wortradikale Erklärungen. Nur 1973 in Bonn und Anfang 1974 in Köln kam es zu großen zentralen Kundgebungen mit jeweils mehr als 10 000 Teilnehmern.

Trotz einer verstärkt einsetzenden Verschlechterung im Bildungswesen wurden ähnliche Aktionen weder 1975 durchgeführt noch sind sie für 1976 geplant. Selbst solche Höhepunkte im gewerkschaftlichen Leben wie die Vertreterversammlungen wurden nicht genutzt, um die veränderte Lage im Bildungswesen zu debattieren und Orientierungen zu setzen bzw. Beschlüsse zu fassen, die zu einer Ausweitung der gewerkschaftlichen Aktionen führen könnten. Sowohl die Vertreterversammlung in Mainz (1974) als auch die außerordentliche Vertreterversammlung im darauffolgenden Jahr in Köln „widmeten" sich ausschließlich der innergewerkschaftlichen Situation. In Köln wurde lediglich eine bildungspolitische Entschließung verabschiedet.

Im Juni 1975 entwickelte der Ausschuß junger Lehrer und Erzieher (AjLE) einen detaillierten Aktionsplan gegen Jugendarbeitslosigkeit und Arbeitslosigkeit von Junglehrern für die GEW. Dieser Vorschlag wurde vom Hauptvorstand „zur Kenntnis genommen" und zur Diskussion an alle Landesverbände weitergeleitet. Bei der inhaltlichen Vorbereitung und Durchführung der vom AjLE vorgeschlagenen Kampagne sollten folgende Gesichtspunkte berücksichtigt werden:

Einbettung der GEW-Forderungen in das Gesamtspektrum der gesellschafts- und bildungspolitischen Forderungen des DGB; argumentativer und organisatorischer Anschluß an die Kampagne des DGB für eine bessere berufliche Bildung; Zusammenhang von Bekämpfung der Jugendarbeitslosigkeit und der Forderung nach einem zehnten allgemeinbildenden Pflichtschuljahr; Situation an Haupt- und Berufsschulen, Lehrermangel; Verschlechterung der Arbeitsplatzbedingungen der Lehrer; Ursachen und Folgen der Lehrerarbeitslosigkeit in der Weimarer Republik; statt „Sparpolitik" bei der Bildung erhebliche Senkung des Wehretats.

Wenn nun der Hauptvorstand im Juli 1975 ein „Sofortprogramm gegen Lehrerarbeitslosigkeit" und im Februar 1976 einen Aktionskatalog „Lehrer an ihre Arbeitsplätze" verabschiedete, so ist für die derzeitige Politik der GEW-Führung bezeichnend, daß sie sich weniger mobilisierend an die eigenen Mitglieder wendet, sondern vor allem an die bürgerlichen Institutionen und Politiker („Kultusministerkonferenz muß kämpferischer werden"!)[7]

Versucht man nun einmal, die groben Linien der Argumentation, der Strategie der GEW aus den vielfältigen Stellungnahmen und Aktionen herauszuarbeiten, so zeichnet sich folgendes ab:

Die GEW bemüht sich, Tranzparenz und Klarheit in den Dschungel der ständig wechselnden Lehrerbedarfs- und Überschußberechnungen zu bringen. Um die staatlichen Manipulationen aufzudecken, erstellt die GEW eigene Erhebungen. Diese realen Zahlen stellt sie auch den bildungspolitischen Versprechen der Politiker gegenüber. Anhand der Jugendarbeitslosigkeit und der Situation in der Schule, vor allem in der Hauptschule, versucht sie das öffentliche Bewußtsein zu fördern, daß die Einstellung aller Lehrer unumgänglich ist. Dabei bemüht sich die GEW verstärkt, mit dem DGB und den Einzelgewerkschaften zu gemeinsamen bildungspolitischen Aktionen zu kommen. Die GEW organisiert auch die arbeitslosen Lehrer und versucht, die Solidarität unter ihren Mitgliedern mit den Arbeitslosen zu entwickeln. Insgesamt bettet sie den Kampf gegen die Lehrerarbeitslosigkeit und den Lehrermangel in ihre grundlegenden Vorstellungen zur Abwendung der Bildungsmisere, für Reformen, ein. Dazu legt sie auch konkrete Alternativen zur Finanzierung vor.

Vom Mangel zur Schwemme?

Einer der Schwerpunkte in der GEW-Argumentation ist die publizistische Auswertung der von ihr überprüften offiziellen Lehrerbedarfsberechnungen und deren Gegenüberstellung zu den an der Schulwirklichkeit errechneten Daten. So spielten die Auseinandersetzungen über den tatsächlichen Bedarf an Lehrern in den Aktivitäten der GEW, den Gesprächen mit Regierungsvertretern und Politikern, der Information der Presse, der Öffentlichkeit, immer eine entscheidende Rolle. Dabei macht die GEW deutlich, daß der „Lehrerbedarf politisch bestimmt (wird). Er ist abhängig von der Entscheidung darüber, welchen Beitrag unsere Gesellschaft für die Ausbildung der Heranwachsenden ausgeben will".[8]

In ihren zahlreichen Untersuchungen und Erhebungen hat die GEW nachgewiesen, daß die offiziellen Lehrerbedarfsprognosen immer weniger durch pädagogische und bildungspolitische Gesichtspunkte, sondern fast ausschließlich fiskalisch bestimmt sind. Ein Vergleich verschiedener Prognosen unterstreicht, zu welch unterschiedlichen Ergebnissen Bildungsstatistiker kommen, wenn ihren Berechnungen unterschiedliche Vorgaben und Annahmen (fiskalische, demographische, pädagogische, machtpolitische) zugrunde liegen:

Gesamthochschule Essen (Expertise für den Landtag NW):
Überschuß von 180 000 Lehrern — 1981
Bundesministerium für Bildung und Wissenschaft („Blüm-Gutachten):
Überschuß von 24 000—71 000 Lehrern — 1980

Kultusministerkonferenz:
Überschuß von 12 000—35 000 Lehrern — 1980
Länderfinanzminister:
Überschuß von 195 000—300 000 Lehrern — 1985[9]

Dagegen hat die GEW in ihren Berechnungen[10] bis 1980 einen *Lehrermangel von 300 000 Lehrern* nachgewiesen, unter der Voraussetzung, daß auch nur die dringendsten Reformen durchgeführt werden würden. Um endlich zu einheitlichen, kontrollierbaren Prognosen kommen zu können, fordert die GEW, daß die Planungsverfahren von den Verantwortlichen offengelegt werden und die Betroffenen am Planungsprozeß beteiligt werden. „Eine jeweils durch aktuelle Daten fortgeschriebene Lehrerbedarfs- und -angebotsberechnung mit Offenlegung der Planungsvoraussetzungen, -annahmen, -daten und -methoden ist jährlich zu veröffentlichen."[10a] Solche Maßnahmen hält die GEW für notwendig, weil „unter dem Diktat der Finanzminister ... Prognosen zum Lehrerbedarf und Lehrerangebot vorgelegt worden (sind), die durch die Verschleierung der Ausgangszahlen und Methoden von den notwendigen bildungspolitischen Entscheidungen ablenken" sollen.[11]

Die GEW weist in ihren Untersuchungen nach, daß die Zahlen für die zu erwartenden Lehrer (Angebot) zu hoch und die für die benötigten Lehrer (Bedarf) zu niedrig angesetzt werden. So werden in den offiziellen Berechnungen solche Einflußfaktoren vernachlässigt wie: Entwicklungen des Arbeitsmarktes, Veränderungen in der Berufswahl der Studenten und Frauen. Unberücksichtigt bleiben ferner die von einigen Bundesländern bereits durchgeführten Änderungen in der Lehrerbildung (einheitliche Ausbildung, 18 Monate Vorbereitungsdienst) und die Verwirklichung dringendster pädagogischer Reformen und überfälliger sozialer Maßnahmen (Arbeitszeitverkürzung, Teilzeitbeschäftigung, Herabsetzung des Pensionsalters). Unter Berücksichtigung dieser Forderungen erwartet die GEW für 1985 ein Lehrerangebot von 550 000 bis 650 000 Lehrern und geht von einem Bedarf von 750 000 bis 850 000 Lehrern aus. Anscheinend wollen die „Lehrerschwemmen-Warner" mit ihren Berechnungen „einen Abschreckungseffekt auf potentielle Lehramtsstudenten" erzielen, um den so eintretenden Lehrermangel „auch 1985 noch zum Vorwand (nehmen zu können), die versprochenen Verbesserungen nicht zu verwirklichen ... Die Ausrede: ‚Wir möchten ja gern, aber wir haben doch nicht genügend Lehrer' wird dann wieder allen ‚Gutwilligen' einleuchten".[12]

So wie die GEW die Täuschungsmanöver der Behörden entlarvt, deckt sie auch die Fragwürdigkeit der offiziellen Begründungen für Lehrerarbeitslosigkeit und Sparmaßnahmen auf. Dies soll am Beispiel der besonders gängigen „Erklärungen" wie die vom „Pillenknick", von den „leeren Kassen" und der angeblichen Notwendigkeit, Reformen nun stoppen zu müssen, gezeigt werden.

„Pillenknick" oder Knick in der Pupille?

Auch von der GEW wird ein Rückgang der Geburten und damit eine Verringerung der Gesamtschülerzahl von 12 Millionen (1975) auf rund 9,7 Millionen im Jahre 1985 nicht übersehen. Allerdings weist sie darauf hin, daß „nach den kriegsbedingten ‚schwachen' Jahrgängen am Ende des zweiten Weltkrieges jetzt ‚stärkere' Jahrgänge ins ‚Elternalter' kommen und darüber hinaus besondere familienpolitische Programme entwickelt wurden (Kindergeld usw.), um einem weiteren Absinken der Geburtenzahlen entgegenzutreten"[13]. Fachleute des Bundesfamilienministeriums erwarten inzwischen eine Tendenzwende durch das Eintreffen einer „Babyschwemme", da jetzt die geburtenstarken Jahrgänge ins heiratsfähige Alter kommen.[14] Neuere Berechnungen besagen, daß nur 1,5 Prozent der jungen Ehepaare auf Kinder verzichten wollen, während die übrigen 98,5 Prozent in der Regel mindestens zwei Kinder haben möchte. Nicht berücksichtigt sind in den offiziellen Statistiken auch ein großer Teil der ausländischen Kinder (etwa 400 000) und die Verlängerung der Schulverweildauer, z. B. durch die Einführung des allgemeinbildenden zehnten Schuljahres.

Leere Kassen?

„Bedarf ist, was wir bezahlen können."[15] So schlußfolgert in Hessen der sozialdemokratische Kultusminister Krollmann im Gleichklang mit FDP- und CDU/CSU-Politikern.. Vogel, CDU: „Wir dürfen nicht allein fragen, was pädagogisch noch wünschbar wäre, sondern was wir finanzieren können."[16] Abstriche an den Etats für Bildung und Erziehung sind die Folge gewesen. Galt 1970 für den Deutschen Bildungsrat noch der internationale Vergleich als Orientierungsmarke bei der Bestimmung des Gesamtaufwands für das Bildungssystem (8 Prozent vom Bruttosozialprodukt), so gab schon die Bund-Länder-Kommission solche Maßstäbe zugunsten einer an den Budget-Vorgaben des Finanzplanungsrates („häufig sogar bedenklicher Bildungsaufwand")[17] ausgerichteten Konzeption aus. Politiker der bürgerlichen Parteien, besonders aber auch Sprecher der Unternehmerverbände, bemühen sich, die „Finanzknappheit" der Länder, die „Aufblähung des öffentlichen Dienstes" als Vorwand zu nehmen, um ihre reaktionäre Politik durchzusetzen. So „empfahl" schon 1972 der Präsident der Groß- und Einzelhandelsvereinigung

F. Dietz: „Die Wirtschaft erwartet von der Verwaltung, daß sie ihre Produktivitätsreserven schnellstens aktiviert, ... ich meine, daß es höchste Zeit für einen Kabinettsbeschluß ist, die Gesamtzahl der Bewerber konstant zu halten."[18] Winke dieser Art wurden von den Regierenden im Bund und in den Ländern durchaus verstanden, wie die Einstellungspolitik der letzten Jahre demonstriert. Dagegen hat die GEW entschieden Stellung bezogen: „Gesellschaftliche Gruppen und politische Kräfte, denen der Sozialstaat schon immer verdächtig war, die private Gewinne hoch und öffentliche Leistungen niedrig halten wollen, mißbrauchen die gegenwärtige Lage, um den Abbau des Sozialstaates zu propagieren."[19]

Die GEW-Führung erkennt also durchaus die Gefährlichkeit dieser Politik und kündigt an, „die wirtschaftspolitischen Zusammenhänge und die gesellschaftspolitischen Folgen einer Sparpolitik mit Scheuklappen heraus(zu)stellen"[20] Sie vermindert aber die Wirkung ihrer Proteste, da deren Stoßrichtung nicht eindeutig benannt wird. Die Verantwortlichen werden nicht eindeutig namhaft gemacht („gesellschaftliche Gruppen") und die Ursachen werden ungenau und verfehlt gesehen in „einer zunehmend lehrerfeindlichen Tendenz"[21] (Frister) oder gar in „emotionalen Regungen der Ministerialbürokratie gegen die Lehrerschaft"[22] (G. Ludwig, Vorsitzender der GEW-Hessen).

Solche Beiträge zur „Motivforschung" staatlicher Angriffe gegen die Beschäftigten des öffentlichen Dienstes und das Bildungswesen gestatten nicht, die wahre Funktion der derzeitigen Steuer- und Haushaltpolitik offenzulegen: die Vergrößerung der finanziellen Manövriermasse zur Bewältigung der kapitalistischen Krise zu Lasten der arbeitenden Bevölkerung, letztendlich die Beschleunigung des Umverteilungsprozesses des Volkseinkommens zugunsten der Monopole. Zwar wirft die GEW-Führung durchaus die Frage auf, ob das Argument „der leeren Kassen dann nicht auch bei der Bundeswehr und der Polizei" gehen müsse, verzichtet aber darauf, den unterschiedlichen Charakter beider Arten Staatsdiener (politisch-administrativ-militärischer Bereich bzw. Erziehungs- und Bildungswesen) aufzuzeigen. Ja, sie macht die verfehlte Feststellung, „daß die Beschäftigung dieser (arbeitslosen) Lehrer an unseren Schulen für die Sicherung und die Fortentwicklung unserer gesellschaftlichen Ordnung ebenso bedeutungsvoll ist wie die Existenz von Bundeswehr und Polizei"[23]. Von diesem Standpunkt aus ist die GEW nicht in der Lage, klare Alternativen, die im Interesse der arbeitenden Bevölkerung, der Gewerkschaften, liegen, zu entwickeln: „Das Instrument zur Erhöhung der Mittel des Staates ist in der jetzigen Situation die stärkere Staatsverschuldung."[24] Schlußfolgerungen wie diese und die folgende sind kaum geeignet, die arbeitende

Bevölkerung für Reformen im Bildungswesen zu gewinnen: „Allein die hohe Sparquote zeigt, daß bei den einzelnen Bürgern Spielräume für die Finanzierung öffentlicher Ausgaben vorhanden sind, sei es nun durch höhere Steuern oder durch Gebühren für öffentliche Leistungen."[25] Solchen, neue Massenbelastungen geradezu rechtfertigende Einschätzungen stehen jene zu den Ursachen der Krise (angeblich „*weltweite* Inflation", „*aktuelle* Schwierigkeiten unseres Wirtschaftssystems") und dem Charakter des Staates („die Bundesrepublik ist sozial geordnet, politisch stabil und wirtschaftlich reich") nicht nach. Wegen dieser falschen Auffassungen dringt die GEW nicht zu den richtigen Schlußfolgerungen und Forderungen, wie sie z. B. im Memorandum der 41 Wirtschaftswissenschaftler im September 1975 veröffentlicht wurden, durch: „Umfangreiche Mittel können bereits durch eine höhere Besteuerung von hohen Einkommen und durch eine Verminderung des Verteidigungshaushaltes aufgebracht werden."[26]

Reformstopp

Führende Vertreter des Großkapitals erklären unverhüllt, daß sie die durch ihre Politik verursachte Krise nutzen wollen, um Reformmaßnahmen zu stoppen, „Reformideologien" zurückzudrängen. „Wenn die offizielle Bildungspolitik an der Hypertrophie (maßlose Übertreibung, d. Verf.) ihrer eigenen Zielsetzungen zu ersticken droht, dann kann, dann muß sogar die Wirtschaft im Rahmen ihrer Möglichkeiten alles tun, um die gesellschaftspolitisch verhängnisvollen Spätschäden dieser Politik zu mildern."[27] In den Landtagen und Kreisparlamenten bietet deshalb die CDU in demagogischer Manier Programme und Sofortvorschläge „zur Rettung des Bildungswesens" an. So versuchte beispielsweise die CDU Niedersachsens, damals noch in der parlamentarischen Opposition ein Neun-Punkte-Programm mit dem Kernsatz anzubieten: „Jegliche Veränderung auf dem Schulsektor, die zusätzliche Lehrkräfte benötigen, müssen unterbleiben."[28] Bestrebungen dieser Art werden von der GEW zurückgewiesen. „Forderungen nach Einschränkung der Beschäftigungsmöglichkeiten im öffentlichen Dienst sind Vorwand und Hebel zugleich, um Gemeinschaftsleistungen einzuschränken und zu demontieren. Dies gilt für die soziale Sicherung wie für den Gesundheitsdienst wie für das Bildungswesen."[29] In der „Entschließung zur bildungspolitischen Lage" der Vertreterversammlung der GEW (1975) heißt es: „Inhaber staatlicher und wirtschaftlicher Machtpositionen benutzen das vorübergehende Konjunkturtief, um die Entwicklung zur inneren Reform zu verhindern. Für die Angriffe derjenigen Politiker, Publizisten und Unternehmer, die Bildungsausgaben nur unter dem Gesichtspunkt der Verwertung von Kapital und der Verwirklichung von Aufstiegsbedürfnissen sehen können, ist nunmehr mit der Massenarbeitslosigkeit und den geschwächten Staatskassen der Boden bereitet. Sie mißbrauchen die aktuellen Schwierigkeiten unseres Wirtschaftssystems, um Entscheidungen von langfristiger Wirksamkeit für die Entwicklung des Bildungswesens herbeizuführen, die vorwiegend durch ihre eigene Interessenlage bestimmt sind."[30]

Die Argumentation der GEW zum Problem „Lehrermangel—Lehrerschwemme" bietet trotz verschiedener Inkonsequenzen insgesamt eine Grundlage für eine Ausweitung des bildungspolitischen Kampfes. Es läge jedoch im Interesse der gesamten arbeitenden Bevölkerung, wenn von der GEW-Führung darüber hinaus ein kontinuierlicher Erfahrungsaustausch für alle Ebenen organisiert und wesentlich mehr konkrete Hilfe gerade den unteren Gliederungen bei der Umsetzung der GEW-Politik geleistet würde. Die Durchführung von örtlichen Seminaren zur Lehrerbedarfsberechnung ist sicher eine Form der Unterstützung. Doch sollte bei all ihrer Bedeutung nicht davon ausgegangen werden, daß die Lehrerbedarfsberechnungen ein Ersatz für gewerkschaftliche Aktionen sein oder an die Stelle der konkreten Erfahrungen der Betroffenen mit der Schulwirklichkeit, dem Stundenausfall, den überfüllten Klassen usw. treten könnten. Letztere bleiben die entscheidenden Anknüpfungspunkte bei der Mobilisierung der Lehrer, aber auch der Schüler und Eltern.

Jugendarbeitslosigkeit und arbeitslose Lehrer

In ihrem Kampf gegen den Lehrermangel, für die Einstellung aller Lehramtsbewerber, bemüht sich die GEW auch verstärkt, den Zusammenhang zur sich ausweitenden Jugendarbeitslosigkeit herzustellen. So kritisieren führende GEW-Vertreter scharf die Lehrstellenverknappungspolitik der Unternehmer, ihre Versuche, „die Notlage auf dem Rücken der Jugendlichen zu einer Erpressung der Bundesregierung auszunutzen mit dem Ziel, qualitative Anforderungen an die Berufsbildung abzuwehren oder wieder zu beseitigen".[31] Die Bundesregierung wird von der GEW aufgefordert, „durch Gesetz die Möglichkeit (zu) schaffen, die Unternehmer zur Ausbildung zu verpflichten".[32]

In diesem Zusammenhang weist die GEW auf die Bedeutung der Qualifikation der Jugendlichen, ihrer Schulbildung hin. Sie betont dabei besonders die schwierige Situation der Hauptschüler und der Schulabgänger ohne Ausbildungsplatz. „Von den rund 390 000 Hauptschülern, die am Ende des laufenden Schuljahres die Schule verlassen, haben 81 000 keinen Abschluß erreicht ... Diesen 390 000 Hauptschulabgängern stehen im nächsten Herbst insgesamt 210 436 besser Vorgebildete, nämlich 162 867 Realschulabsolventen und 42 569 Abgänger aus der 10. Klasse von Gymnasien als Konkurrenten gegenüber".[33]

In Übereinstimmung mit dem DGB strebt die GEW die Vollzeitschulpflicht von zehn Schuljahren für alle Schüler und ein elftes Berufsgrundbildungsjahr an. Deren Realisierung würde ebenso die Einstellung zusätzlicher Lehrer notwendig machen wie auch die „Erhöhung der Zahl an Ausbildungsplätzen für Schulabgänger in Berufsfachschulen, besonders dort, wo aus Gründen der regionalen Wirtschaftsstruktur das Angebot der Betriebe unzureichend ist" und eine „Heraufsetzung des Berufsschulunterrichts auf 12 Wochenstunden".[34] Weitere Vorschläge der GEW sind „Lehrgänge zur Erreichung des Hauptschulabschlusses; Schaffung von Berufsbildungswerken für Lernbehinderte; Einleitung von sozialpädagogischen Maßnahmen, um junge Arbeitslose für berufsorientierende und berufsbildende Maßnahmen zu motivieren".[35]

Auch wenn inzwischen erste große Aktionen mit mehreren tausend Teilnehmern gegen Jugend- und Lehrerarbeitslosigkeit stattgefunden haben, muß wohl eingeschätzt werden, daß diese Seite des Kampfes gegen die Nichteinstellung junger Lehrer noch unzureichend von der GEW beachtet wird. Dabei bieten sich gerade hier sehr günstige Voraussetzungen an, um zu gemeinsamen Aktionen mit der Gewerkschaftsjugend und darüber auch mit dem DGB und den Einzelgewerkschaften durchzuführen.

Berufsverbote und Lehrerarbeitslosigkeit

Die Lehrerarbeitslosigkeit scheint den Herrschenden geeignet, disziplinierend auf die Lehrer und Lehramtsbewerber einzuwirken. Sind die Berufsverbote für sie das Instrument, unmittelbar die aktivsten und konsequentesten Interessenvertreter der arbeitenden Bevölkerung auszuschalten, indem ihnen die materielle Existenzgrundlage entzogen wird — was natürlich an sich schon disziplinierend auf die übrigen Lehrer wirkt —, so glauben die herrschenden Kräfte, mit der Lehrerarbeitslosigkeit noch massenhafter die Einschüchterung der Lehrer erreichen zu können. Diese Wirkung wird durch die unterschiedlichen Formen der Anstellungsverträge, befristeten Teilzeitbeschäftigungen, wie sie seit einiger Zeit in den meisten Bundesländern praktiziert werden, noch unterstützt. Solch eine Kurzarbeit für Lehrer wird immer mehr zu einer „Kandidatenzeit" für Staats-, besser: Systemtreue.

Mit der Spaltung der Lehrer in arbeitslose und Lehrer in Arbeit ist die Grundlage geschaffen, den weiteren Abbau der sozialen und demokratischen Rechte der Lehrer voranzutreiben. Die GEW-Führung vermeidet offensichtlich den Zusammenhang von Berufsverboten, Disziplinierungen und Lehrerarbeitslosigkeit herauszustellen. Zwar hat sie in einer Reihe von Beschlüssen die Berufsverbotspolitik abgelehnt, zwar warnt sie vor der „Gefahr der uferlosen Schnüffelei" (Frister)[36] der Verfassungsschützer, doch hindert sie der starre Antikommunismus einiger führender Funktionäre daran, hier klare gewerkschaftliche Positionen zu beziehen. Allenfalls wird den Herrschenden der warnende Zeigefinger vorgehalten und darauf hingewiesen, daß es wohl kaum „ratsam (sei), abzuwarten, bis wieder Zehntausende radikalisiert auf die Straße gehen, und es ist schon gar nicht erforderlich, einer möglichen neuen Welle der Staats- und Systemverdrossenheit arbeitslose Junglehrer zu Tausenden als Triebkraft zuzuführen" (Erklärung des Vorsitzenden der GEW, Erich Frister, zur Beschäftigungslage der Lehrer in der BRD, Mai 1975).[37]

Konsequenter wird das Problem in verschiedenen Landesverbänden der GEW angegangen. So hat beispielsweise die GEW-Hamburg in ihr „Aktionsprogramm 76" die Erstellung einer Dokumentation aller Hamburger Berufsverbotsfälle und die Durchführung eines Hearings zu den Berufsverboten aufgenommen. Der Bezirksverband Frankfurt der GEW führte am 6. März 1976 eine Demonstration mit über 5 000 Teilnehmern für die politischen und sozialen Rechte der Schüler und Lehrer durch, auf der auch die Notwendigkeit der uneingeschränkten politischen und gewerkschaftlichen Betätigung betont und sowohl die Einstellung aller Lehramtsanwärter als auch der vom Berufsverbot Betroffenen verlangt wurde.

GEW und arbeitslose Lehrer

Ohne von der grundsätzlichen Forderung nach der Einstellung aller Lehrer abzugehen, sieht die GEW die Notwendigkeit, schon jetzt die Unterstützung der arbeitslosen Lehrer zu organisieren. So forderte der Hauptvorstand der GEW im Juni 1975 die Einrichtung einer Clearing-Stelle zur Vermittlung von Lehramtskandidaten, da es in der BRD keine zentrale Stelle gibt, die die vorhandenen Ausbildungsplätze erfaßt und „eine vernünftige Verteilung der Lehramtskandidaten regeln könnte".[38] Im August 1975 beschloß die GEW dann die Einrichtung eines „Sekretariats arbeitsloser Lehrer" (SAL) beim Hauptvorstand der GEW. Es soll „allen Betroffenen ohne Rücksicht auf ihre Mitgliedschaft in der GEW offenstehen".[39] Diese Adressenkartei, die u. a. auch Angaben über die jeweilige Fächerkombination und die Schulstufe umfaßt, steht allen Schulen und

Einstellungsbehörden zur Verfügung. Um den tatsächlichen Lehrermangel an den Schulen offenzulegen, fordert die GEW zudem alle Kollegen auf, Überstunden aufzugeben, nebenamtliche Lehraufträge niederzulegen und vorzeitige Pensionsmöglichkeiten zu nutzen. In solchen Maßnahmen sieht die GEW auch die Möglichkeit, „die Solidarität aller Lehrer mit den arbeitslosen Referendaren unter Beweis zu stellen".[40]

Die GEW weist auch auf die rechtlose Stellung der arbeitslosen Lehrer hin und fordert Abhilfe. Sie tritt dafür ein, „daß alle Lehrer und Lehramtsbewerber, die nicht in den Schuldienst übernommen werden, als Arbeitslose anerkannt werden; demnach alle arbeitslosen Lehrer Anspruch auf Arbeitslosengeld in Höhe der von der Bundesanstalt für Arbeit festgelegten Sätze erhalten; die Bezahlung des Arbeitslosengeldes durch den Staat erfolgt".[41]

Eine komplizierte Situation ist für die GEW durch das veränderte Einstellungsverhalten der Behörden entstanden. So erhalten Lehramtsbewerber häufig keine Vollzeitstelle im Beamtenverhältnis, sondern werden mit befristeten Angestelltenverträgen abgespeist. Besonders unsozial ist die Vergabe von Lehraufträgen bis zu 13 Stunden, also unterhalb der Regelarbeitszeit. Damit ist der Staat nicht zur sozialen Absicherung dieser Beschäftigten verpflichtet. Bedeuten diese Verträge für den Staat also Kostenersparnis und zugleich höhere Mobilität im Einsatz der Lehrbeauftragten, so sind sie existenzbedrohend für den Betroffenen, vergrößern diese Verträge die Konkurrenz innerhalb der Lehrerschaft und verschlechtern sie die Schulbedingungen erheblich. In einem Brief an Bundeskanzler Schmidt kritisiert Erich Frister die ablehnende Haltung des Bundesministers für Arbeit, Ahrend, zur Aufnahme der Lehrer in die Arbeitslosenversicherung: „Den arbeitslosen Lehrerinnen und Lehrern ... muß ich nun antworten, daß sie durch die Maschen dieses berühmten Netzes der sozialen Sicherung fallen."[42] Mittlerweile haben sowohl der Hauptvorstand der GEW als auch einige Bezirksverbände Faltblätter und Broschüren mit konkreten Hinweisen zur sozialen Sicherung für die arbeitslosen Lehrer herausgegeben.

In wessen Interesse die neuen Einstellungsverfahren liegen, wird in den Forderungen der Unternehmerverbände an die Landesregierungen deutlich: „Um die finanziellen Belastungen solcher Maßnahmen (Einstellung aller Lehrer, d. Verf.) begrenzen zu können und um den Leistungsgedanken zu fördern, sollten zusätzliche Lehrkräfte in befristete Angestelltenverhältnisse übernommen werden."[43] Zudem schafft sich der Staat hier ein Mittel, eventuellen Schüler- oder Elternprotesten kurzfristig durch Einsatz von Lehrbeauftragten zu begegnen. Demgegenüber erhebt die GEW die Forderung nach Umwandlung aller Lehraufträge in Planstellen. Den zunehmenden Versuchen, durch Beschränkungen der Ausbildungskapazitäten den numerus clausus in die zweite Phase der Lehrerbildung hinüberzuziehen, setzt die GEW die Forderungen nach dem Ausbau der schulpraktischen Ausbildungsstätten, der Seminare, entgegen, wie auch den Hinweis auf das Grundrecht der Lehramtsanwärter nach Art. 12 GO ihre Ausbildung beenden zu können.

Immer stärker wehren sich die von der Arbeitslosigkeit betroffenen oder bedrohten Lehrer und treten in Aktionen selbständig für eine Verbesserung ihrer Lage ein. Zwar organisiert die GEW die Arbeitslosen, allerdings mit wenig Konsequenz. So können die arbeitslosen Lehrer in der Regel nur außerordentliche Mitglieder der GEW werden, d. h. sie haben zwar Anspruch auf alle Solidarrechte der GEW, verfügen aber über so gut wie keine innergewerkschaftlichen Mitentscheidungsmöglichkeiten. Diese Form der Organisierung ist nicht geeignet, den staatlichen Spaltungsabsichten entgegenzutreten. Denn schon jetzt wirkt sich doch in Teilbereichen die Nichteinstellung dieser Lehrer in erhöhter Arbeitsbelastung z. B. durch Zusammenlegung von Klassen, aus. Die Organisierung der arbeitslosen Lehrer mit gleichen Rechten wie die der Lehrer in Arbeit ist notwendig, weil die Interessen beider Gruppen auf die Verbesserung der Lage in den Schulen zielen. Dies ist vor allem durch die Einstellung zusätzlicher Lehrer möglich. Die Geschlossenheit des Kampfes wäre sicher einfacher zu erreichen, wenn er von allen Mitgliedern der Gewerkschaft gemeinsam und gleichberechtigt beschlossen und durchgesetzt werden könnte.

Unter den derzeitigen Bedingungen hat sich am besten die Organisierung der Arbeitslosen in eigenen Ausschüssen bewährt, die eng mit dem AjLE und den Fachgruppen zusammenarbeiten. Anzustreben sind auch Regelungen, wie in der GEW-Westberlin, in der ein Vertreter aus dem Arbeitslosenausschuß an den Sitzungen des Vorstandes der GEW teilnimmt.

Finanzierung — Wer soll zahlen?

„Noch immer gilt: Einer der wohlhabensten Staaten Europas leistet sich eines der ärmlichsten Schulsysteme."[44] Ausgehend von dieser Einschätzung der BRD und der Auffassung, daß die gesellschaftliche, die ökonomische und vor allem die technologische Entwicklung ein ständig höheres Niveau der Schulabgänger erfordert, drängt die GEW seit Jahren darauf, daß die Bildungsausgaben denen der vergleichbaren Industriestaaten angeglichen werden (8 Prozent vom Bruttosozialprodukt). In diesem Zusammenhang spricht die GEW vom „Offenbarungseid des Förderalismus und der marktwirtschaftlichen Ordnung". Zugleich erklärt sie zur Aufgabe der Gewerkschaften, dafür zu sorgen, daß „die Bildungsmisere überwunden und der Reichtum dieser Gesellschaft gerechter verteilt wird".[45]

Allerdings zeigen Einschätzungen wie „privater Reichtum — öffentliche Armut" und „Nur die Reichen können sich einen armen Staat leisten", eine Widersprüchlichkeit, die es erschwert, von allgemeinen Forderungen zu konkreten Finanzierungsvorschlägen zu kommen. In dieser Frage werden noch sehr unterschiedliche Positionen vertreten. So steht ein Teil der GEW noch hinter der auf der Kieler Vertreterversammlung 1971 beschlossenen Forderung nach Finanzierung der Bildungsreformen durch allgemeine Steuererhöhungen, während immer mehr GEW-Mitglieder die auch damals schon formulierte Kritik an solchen Vorstellungen teilten: „Die GEW wendet sich mit diesem Beschluß gegen die Interessen der großen Masse der arbeitenden Bevölkerung, dem entscheidenden Verbündeten im Kampf für die Verteidigung und Durchsetzung der Ausbildungsinteressen"."[46]

In zahlreichen Einzelvorschlägen und Stellungnahmen der GEW — sie verfügt noch nicht über ein durchgehendes Finanzierungskonzept — zeigt sich als eine Grundlinie vor allem die Forderung nach einer Ausweitung der öffentlichen Haushalte, einer stärkeren Staatsverschuldung. In anderen Vorschlägen fordert die GEW eine „Steuerpolitik, die bei sozial gerechter Verteilung der Lasten zu einer Erweiterung des finanziellen Spielraums des Staates führt".[47] Mit Recht weist die GEW darauf hin, daß „die finanzielle Lage dse Staates besser (wäre), wenn die veranlagten Steuern (Einkommens-, Körperschafts-, Erbschafts- und Mehrwertsteuer) ebenso zügig und ohne Rückstände erhoben würden wie die Lohnsteuer bei den Arbeitnehmern" (Offensive). Frister deckt auch den Widerspruch der bürgerlichen Politiker auf, die einerseits behaupten, über kein Geld für die Einstellung der Lehrer zu verfügen, sich andererseits aber in der Lage sehen, ein Steuergeschenk von rund 2 Mrd. DM an die Erben des Großkapitalisten Friedrich Flick zu erwägen.

Konkret rechnet z. B. ein Material der GEW vor, daß für die Einstellung aller verfügbaren Lehrer 300 Millionen DM aufzuwenden wären. Bei rund 300 Milliarden DM Ausgaben aller öffentlichen Hände würde das also 1 Promille der Ausgaben ausmachen. „Die Lehrer sollen nicht arbeitslos werden, weil die Mittel für ihre Beschäftigung fehlen, sie werden arbeitslos, weil ihre Beschäftigung als unwesentlich für die Sicherung und die Fortentwicklung unserer gesellschaftlichen Ordnung angesehen wird".[48]

An Beispielen zeigt die GEW auf, wie sich die Steuergesetzgebung, auch die „Steuerreform" zugunsten der Großverdiener auswirkt und zu einer Minderung der Staatseinnahmen führt. So bewirkt beispielsweise die Abschaffung der Ergänzungsabgabe zur Einkommenssteuer (für Bezieher von Monatseinkommen ab 3 000,— DM) einen Einnahmenausfall von jährlich 2 Mrd. DM, die Neuregelung der Abzugsfähigkeit der Sonderausgaben kostet dem Staat 1,7 Mrd. DM — beides zusammen zwölfmal mehr als notwendig wäre, um 10 000 Lehrer einzustellen!

Verstärkt drängen einige Landesverbände der GEW auf eine Umverteilung der bestehenden Haushalte. So greift z. B. die Landesvertreterversammlung der GEW-NW die herrschende Haushaltspolitik an. Vor allem kritisiert sie „eine unsinnige und ineffektive Subventionspolitik, falsch gelenkte Investitionszulagen für Unternehmer (mit dem häufigen Effekt der Wegrationalisierung von Arbeitsplätzen), verschwenderische Ausgaben der öffentlichen Hand, z. B. bei der Förderung spekulativer Bauvorhaben, unverhältnismäßige Erhöhung des Wehretats bei gleichzeitiger Verringerung des Bildungsetats".[49]

Auch führende GEW-Funktionäre verurteilen, daß im Haushalt 1976 der Bundesregierung der Posten für Bildung um über 11 Prozent gesenkt, der für die „Verteidigung" aber um 1,5 Prozent gesteigert werden soll. Jedoch verzichtet die GEW-Führung derzeit noch darauf, den Rüstungsetat direkt anzugehen. Notwendige Forderungen nach Einschränkung der Rüstungskosten finden sich nur spärlich. In der Resolution der Großkundgebung in Bonn 1973 wird gefordert: „Fortsetzung der Friedenspolitik der Bundesregierung, um eine Verringerung des Verteidigungshaushaltes zu ermöglichen."[50] Erich Frister wirft dagegen den Gewerkschaftern, die die Finanzierung „bildungspolitischer Reformen durch Verlagerungen aus dem Verteidigungshaushalt" fordern, vor, „einer Illusion nachzujagen".[51] Dabei stehen diese Gewerkschafter in gar nicht so schlechter Gesellschaft, denn in zahlreichen Beschlüssen auf Gewerkschaftskongressen wurde in den letzten Jahren die erhebliche Senkung des Rüstungshaushaltes zugunsten sozialer und bildungspolitischer Reformen verlangt.[52] So forderten gleichlautend die DGB-Bundesfrauenkonferenz und der 10. Ordentliche Gewerkschaftstag der IG Druck und Papier jeweils 1974, daß „1. der Rüstungsetat ab sofort nicht weiter erhöht wird, 2. als nächster Schritt die Rüstungskosten um 20 Prozent gesenkt werden".[53] Sicher würden Forderungen dieser Art auch einer Gewerkschaft des Erziehungs- und Bildungswesens gut zu Gesicht stehen, läge deren Verwirklichung doch gerade angesichts der Sparpolitik im Interesse der von der Bildungsmsiere Betroffenen. Ebenso wurden von anderen Gewerkschaften die Ergebnisse der KSZE in Helsinki begrüßt und der Hoffnung Ausdruck gegeben, daß die Verhandlungen in Wien über beiderseitige, ausgewogene Truppenverminderungen (MBFR) erfolgreich verlaufen. Wenn die GEW sonst zu Recht häufiger den Vergleich der BRD mit den übrigen westeuropäischen Staaten bemüht, dann wäre auch in dieser Hinsicht ein Blick nach England, Holland, Dänemark oder Italien nützlich: Diese Länder haben bereits angefangen, ihre Militärausgaben einzuschränken.

Eine starke GEW ist notwendig

Wie entwickelte angesichts der Verschärfung der Bildungskrise, des verstärkten Abbaus der sozialen und demokratischen Rechte der im Bildungs- und Erziehungswesen Tätigen die GEW ihre Strategie, ihre Organisation? Wurde von der Gewerkschaftsführung alles getan, um den neuen Erfordernissen durch die allseitige Stärkung der gewerkschaftlichen Kampfkraft Rechnung zu tragen?

Den vielfachen Angriffen durch Staat, Unternehmertum und deren Sprecher in den Parteien und Verbänden steht eine Politik der GEW-Führung gegenüber, die grundlegende Prinzipien der Gewerkschafts- und Arbeiterbewegung verletzt. Statt die *Einheit* der GEW zu festigen, versuchten führende GEW-Funktionäre Spaltungsprozesse zu fördern. Statt die *Unabhängigkeit* der GEW von allen Parteien, von Wirtschaft und Staat zu entwickeln, zielte das Verhalten der GEW-Führung auf Integration in das staatsmonopolistische System hin. Statt die *Kampfbereitschaft* zu fördern, die Mitglieder auf Aktionen vorzubereiten, zumindest den aktionsbereiten Gliederungen alle Unterstützung zu geben, orientierte die Führung zur Zeit der schärfsten Angriffe auf das Bildungssystem letztendlich auf eine Stillhaltepolitik. Bei dieser Charakterisierung der Politik der GEW-Führung muß aber auch darauf hingewiesen werden, daß sie sowohl bei einigen Landesverbänden als auch innerhalb der führenden Organe, also im Hauptvorstand und Hauptausschuß, auf entschiedene Kritik gestoßen ist.

Einheit der GEW

Wie nie zuvor war die GEW in den letzten Jahren außerordentlichen Angriffen auf ihre Einheit ausgesetzt. Dem mit der Verschärfung der Krise verstärkt erzeugten Druck von außen, sich von „marxistischen Nebeln"[54] (FAZ) zu befreien, von Mitgliedern der DKP zu lösen, entsprachen Teile der GEW-Führung stärker als in anderen DGB-Gewerkschaften mit mehr oder weniger offenen Spaltungsmanövern. Zu den Versuchen, die Unvereinbarkeitsbeschlüsse des DGB über die Mitgliedschaft gewerkschaftsfeindlicher Kräfte mehrfach fälschlich auszuweiten, kamen die Anstrengungen, bestimmte Ausschüsse und Gruppen der GEW zu isolieren, die Organisation in ordentliche, außerordentliche und fördernde Mitglieder aufzuspalten, Konkurrenzverbände auf Ortsebene zu gründen, ja, sogar ganzen Landesverbänden mit dem Ausschluß aus dem DGB zu drohen. Mit diesen Maßnahmen sollte vor allem versucht werden, konsequente bildungspolitische Aktivitäten gegen die uneingelösten Versprechungen der sozialliberalen Koalition zu verhindern bzw. im Zaune zu halten und zugleich eine stärkere Linkswendung der vielen desillusionierten, nicht nur jungen, GEW-Mitglieder zu stoppen. Wie gerufen kamen diesen Kräften in der GEW-Führung das chaotische Auftreten linkssektiererischer Gruppen. Sie leiteten Wasser auf die Mühlen derer, die aus der GEW eine antikommunistische Richtungsgewerkschaft machen wollen.

Wenn auch die Trennung der GEW von solchen Feinden der Gewerkschaften, der Arbeiterbewegung, wie Angehörige der Horlemann-Semler-Gruppe („KPD"), die zur Bildung von Roten Revolutionären Gewerkschaftsopposition aufrufen, richtig war, so erwies sich für die Entwicklung der GEW die von rechtssozialdemokratischen und ultralinken Kräften permanent aufgezwungene Diskussion um die Unvereinbarkeitsbeschlüsse als schädlich. Ausdruck der daraus resultierenden armseligen Gewerkschaftspolitik war die Vertreterversammlung in Mainz 1974, auf der neben Satzungsänderungen als einziger Beschluß die Übernahme des Unvereinbarkeitsbeschlusses des DGB auf die GEW verabschiedet wurde. Ihren traurigen Höhepunkt hatte diese Politik in dem Versuch Fristers, die DKP und die SEW in den Unvereinbarkeitsbeschluß einzubeziehen. Dank des starken Widerstands in der GEW, vor allem auf unterer Ebene, wo sich die GEW-Mitglieder ein eigenes und ganz anderes Bild von der konstruktiven und konsequenten Gewerkschaftsarbeit der DKP-Mitglieder gebildet hatten, aber besonders auch durch den Einspruch anderer Gewerkschaften, scheiterte Fristers Versuch.

In zahlreichen Äußerungen wurde deutlich, daß die Mitglieder der DKP untrennbarer Teil der Einheitsgewerkschaft sind. Diese Auffassungen drücken sich auch in Stellungnahmen führender Funktionäre von Industriegewerkschaften aus, so Eugen Loderer für die IG Metall: „Die DKP, die als eine legale Partei in der BRD die Plattform für die Arbeiter hat, ist genauso wie die anderen Parteien in dieser Einheitsgewerkschaft zu Hause und zwar so lange, wie sie gemäß unseren gewerkschaftlichen Grundsätzen in unserer Einheitsorganisation arbeitet. Ich glaube, daran gibt es nichts zu rütteln."[55]
Und Leonhard Mahlein führte aus: „Für die IG Druck und Papier, das gilt auch für einige andere Gewerkschaften im DGB, möchte

ich eindeutig zum Ausdruck bringen: Wir meinen damit nicht die DKP, sondern wir gehen davon aus, daß sich die DKP immer zur Einheit der Gewerkschaften bekannt hat und daß sie das auch weiterhin tun wird und sich nicht gegen die Einheitsgewerkschaft stellen wird. Deswegen ist das für uns überhaupt kein Diskussionsobjekt."[56] Das Präsidium der DKP wies die Absicht einiger GEW-Führer, „jede Unterstützung der DKP als gewerkschaftsschädigend" erklären zu lassen, als Angriff gegen die bewährten Prinzipien der Einheitsgewerkschaft zurück. Es erklärte, daß die Mitglieder der DKP „unbeirrt auf der Grundlage gewerkschaftlicher Beschlüsse für die Entwicklung der Gewerkschaften als Klassenorganisation der Arbeiterklasse ein(treten) ... Die Einheitsgewerkschaften sind eine bedeutende Errungenschaft der Arbeiterbewegung, die nach den blutigen Erfahrungen des Faschismus von den Kommunisten mit geschaffen wurden. Die Mitglieder der DKP setzen sich konsequent für die Verteidigung und Festigung der Einheitsgewerkschaften ein".[57]

Wenn Erich Frister in einem Fernschreiben an den Landesvorstand der SPD in Westberlin meint, daß der GEW dadurch geholfen wäre, „wenn Sozialdemokraten in Berlin, die in der GEW operieren, ihre Bündnispolitik mit dem SLB (Sozialistischer Lehrerbund, d. Verf.) und damit der SEW aufgäben. Hierin liegt die Aufgabe der Partei"[58], dann sei die Frage gestattet, ob Frister hier als Vorsitzenden des DGB richtig interpretiert. Heinz Oskar Vetter hatte nämlich in seinem Grußwort des DGB auf der Vertreterversammlung der GEW in Mainz ausgeführt, daß die politisch aktiven Gewerkschaftsfunktionäre die „Vertreter der Arbeitnehmer in den Parteien (sind). Sie haben nicht die Aufgabe, Parteipolitik in den Gewerkschaften zu betreiben"![59]

Die antikommunistische Grundhaltung einiger GEW-Führer fand auch ihren Ausdruck in einem Versuch zur Veränderung der Rechtsschutzpolitik der GEW. Danach sollten Mitglieder der DKP im Fall eines Berufsverbots in der Regel nur dann Rechtsschutz erhalten, wenn sie — entgegen allen Gepflogenheiten — bereit sind, unmittelbar vor das Bundesverfassungsgericht zu ziehen. In zahlreichen Stellungnahmen in der GEW wurde diese Maßnahme, Mitglieder zweiter Klasse zu schaffen, kritisiert und dabei auf die vielfältigen negativen Erfahrungen der Gewerkschaften mit vorgeblich gesellschaftspolitisch „neutralen", höchstrichterlichen Entscheidungen hingewiesen. Prof. Wolfgang Abendroth sprach sicher für einen großen Teil der GEW-Mitgliedschaft, wenn er vor den Gefahren des Antikommunismus in den Gewerkschaften warnt: „Hätte er Erfolg, dann würde am Ende auch Frister selbst Opfer der gleichen antikommunistischen Hysterie werden, der er Konzession auf Konzession macht. Hat einst 1933 die Kapitulation der Führung irgend-

einem Gewerkschafter genützt? ... Ohne Verteidigung der Einheitsgewerkschaften ist keine Verteidigung der Demokratie möglich. Sie
ist notwendig, nicht nur im Interesse der arbeitenden Klasse und des
Verfassungsrechts; sie ist notwendig sogar im Interesse der gleichen
Gewerkschaftsführung, die heute so blind ist, die Preisgabe des
Prinzips der Einheitsgewerkschaft für ein Mittel zu halten, die wirklichen Feinde jeder Gewerkschaftsbewegung befrieden und von
der Weiterführung ihres Angriffs auf Lebensstandard und Bildungschancen und auf Demokratie selbst abhalten zu können."[60]

Unabhängigkeit der GEW

Die geschichtlichen Erfahrungen haben gezeigt, daß sich die Einheit der Gewerkschaften nur dann verwirklichen läßt, wenn die
Unabhängigkeit dieser Organisation vom Staat, von den Parteien
und Verbänden gewahrt ist. Zwar finden auf alle Gewerkschaften
vielfältige Angriffe auf deren Selbständigkeit statt, z. B. durch die
Aushöhlung der Tarifautonomie, „Konzertierter Aktion" u. ä., doch
tauchen in der GEW zusätzliche Probleme auf. So steht sie in ihrem
Kampf unmittelbar dem Staat als dem „Monopolisten" im Er-
ziehungs- und Bildungswesen gegenüber, zugleich setzen sich ihre
führenden Organe oft aus leitenden Beamten (Referenten in Kultusministerien, Schulräten, Schulleitern) eben dieses Staates zusammen.
Man stelle sich einmal vor, die leitenden Gremien der IG Metall
wären mit Angehörigen des mittleren und höherem Management
aus den Konzernetagen besetzt! So kann es z. B. dazu kommen, wie
1975 in Hessen geschehen, daß nicht mehr die eigentlichen gewerkschaftlichen Vorstellungen, sondern die SPD/FDP-Koalitionsverein-
barungen zum Maßstab und Ziel der GEW-Forderungen erhoben
werden.

Wie in den übrigen DGB-Gewerkschaften wirkt sich auch in der
GEW die enge Bindung der Gewerkschaftsführung zur SPD in der
Regel ungünstig für die Entwicklung einer unabhängigen GEW-
Politik aus. Allerdings hat es in diesem Verhältnis durch die nicht
mehr rechtfertigbare Verschlechterung des Bildungswesens erheb-
liche Risse gegeben. So mußte auch die GEW-Führung den „Bankrott
westdeutscher Schulpolitik" erklären, und Erich Frister mußte dem
Bundeskanzler Schmidt vorwerfen, daß er dabei sei, „das Rad des
Bildungsplans zurückzudrehen".[61]

So richtig solche Feststellungen meist sind, so wenig Konsequenzen haben sie oft für die GEW-Politik. Das hat seine Ursachen vor
allem in folgendem:

Die Proteste bleiben meist verbal. Sie werden nicht in gewerkschaftliche Sofortmaßnahmen umgesetzt und zur Mobilisierung der Mitglieder genutzt.

Auch wenn das Versagen *aller* Bundestagsparteien — sichtbar auch in ihrer Landespolitik — offensichtlich ist, wird versucht, die GEW auf diese Parteien einzuschwören.

Die wortradikalen Äußerungen werden besonders bei Erich Frister immer wieder durch andere, eine Stillhaltepolitik begünstigende, entwertet: „Der Stillstand (der Bildungspolitik) nach sechs Jahren lebhaften Fortschritts auf einem deutlich höherem Niveau muß zunächst einmal zur inneren Konsolidierung und Stabilisierung in den Einrichtungen des Bildungswesens führen. Die in Gang gesetzten Veränderungen brauchen Zeit, um Reife und Überzeugungskraft zu entwickeln."[62] In einer Stellungnahme ging der AjLE auf diesen Widerspruch ein: „In der Meinung, die gegenwärtige sozialliberale Regierung um jeden Preis zu stützen, auch dann noch, wenn, wie in Fragen der beruflichen Bildung, prinzipielle gewerkschaftliche Positionen aufgegeben werden, geraten viele parteipolitisch orientierte Gewerkschaftskollegen in den Konflikt zwischen Parteiloyalität und den Prinzipien der Einheitsgewerkschaft. Diesen Kollegen rufen wir die Worte des DGB-Vorsitzenden in Erinnerung: ‚Unsere Unabhängigkeit beruht darauf, daß wir von keiner Partei, von keiner Regierung, von keinem Unternehmer irgendeine Weisung entgegennehmen.'" In der gleichen Rede wies Vetter weiter darauf hin: „Rechenschaft sind wir unseren Mitgliedern schuldig, nicht der CDU, nicht der SPD, nicht Schmidt, nicht Brandt, nicht Kohl, nicht Biedenkopf und auch nicht Genscher."[63]

Natürlich kann Unabhängigkeit der Gewerkschaft niemals politische Neutralität bedeuten. Schließlich ist sie als Klassenorganisation zur Vertretung der sozialen und politischen Interessen der arbeitenden Bevölkerung verpflichtet. Trotz aller Schönfärberei mancher Gewerkschaftsführer („Die Bundesrepublik Deutschland ist ein Rechtsstaat mit einem hohen Maß an sozialer Sicherheit für alle Bürger, mit weitgehend verbrieften und verwirklichten Menschenrechten")[64]. Frister gilt mehr denn je die im Grundsatzprogramm des DGB enthaltene Feststellung: „Die Entwicklung in der Bundesrepublik hat zu einer Wiederherstellung alter Besitz- und Machtverhältnisse geführt ... Die Arbeitnehmer, das heißt, die übergroße Mehrheit der Bevölkerung, sind nach wie vor von der Verfügungsgewalt über die Produktionsmittel ausgeschlossen." (Grundsatzprogramm des DGB 1963)[65]

Zur Überwindung dieser Verhältnisse hat auch die GEW beizutragen, will sie ihren Auftrag ernst nehmen. Daß im derzeitigen Parteienspektrum allein die DKP in Wort und Tat sowohl hinter den allgemeinen sozialen und politischen Zielen des DGB steht als auch als einzige Partei der BRD konsequent an der Durchsetzung aktueller gewerkschaftlicher Forderungen mitwirkt, kann wohl kaum dieser Partei angelastet werden. Wie sehr diese Aussage gerade auch im bildungspolitischen Kampf gilt, weiß die Führung der GEW. Deshalb wäre es wohl an der Zeit, den der gesamten Gewerkschaftsbewegung schadenden Antikommunismus endlich über Bord zu werfen und sich um ein besseres, wie in anderen DGB-Gewerkschaften, „normaleres" Verhältnis zur DKP zu bemühen.

GEW eine Klassenorganisation?

In seiner „Erklärung zur Lage der GEW" anläßlich der außerordentlichen Vertreterversammlung in Köln greift Erich Frister die Position der DKP zum Charakter der Gewerkschaften („Entwicklung der Gewerkschaften als Klassenorganisation der Arbeiterklasse", DKP-Präsidium, Januar 1975) an und meint, daß „dies eine Zielangabe (sei), die von der Einheitsgewerkschaft wegführt. Die Einheitsgewerkschaft nach dem Verständnis der einzelnen Gewerkschaften des DGB und des DGB als Gewerkschaftsbundes ist keine ‚Klassenorganisation der Arbeiterklasse'. Eine solche leninistisch definierte Gewerkschaft ist eine Richtungsgewerkschaft." [66]
Hier irrt der Kollege Frister mehrfach. Ohne nun ein für den gesamten DGB geltendes allgemein verbindliches Verständnis von Gewerkschaften = Klassenorganisation behaupten zu wollen, läßt sich jedoch ohne Schwierigkeiten nachweisen, daß solch eine Auffassung vom Charakter der Gewerkschaften ihren festen, traditionellen Platz in der Gewerkschaftsbewegung — und nicht nur bei Marxisten — hat. Nach wie vor gehen große Teile der Gewerkschaften von der Existenz von Klassengegensätzen aus. Dafür zeugen viele Belege aus der Praxis der Gewerkschaften und ihre Beschlüsse. In hohem Maße gilt dies für die meisten Industriegewerkschaften und die Gewerkschaftsjugend. Unmißverständlich nahm auch Heinz Oskar Vetter in seiner Rede auf dem 3. außerordentlichen Bundeskongreß des DGB dazu Stellung: „Fragen wir uns heute nach den Grundlagen der Gewerkschaftsbewegung, so stehen wir heute wie vor hundert Jahren vor demselben Tatbestand: nämlich dem der sozialen Unterlegenheit und der Abhängigkeit des Arbeitnehmers. Er muß seine Arbeitskraft verkaufen, um für sich selber und seine Familie den notwendigen Lebensunterhalt zu decken. Als einzelner, auf sich allein gestellt, ist er der Übermacht derer ausgeliefert, die über Kapital und Eigentum an den Produktionsmitteln verfügen. Erst solidarisch und mit Hilfe gemeinsamer Aktionen vermögen wir Unterdrückung, Abhängigkeit und Ausbeutung aufzuheben. Nur kollektiv können wir der gesellschaftlichen Macht der Gegenseite eine eigene Macht entgegenstellen. Dies

sind die Grundlagen des gewerkschaftlichen Zusammenschlusses; sie sind bis in die Gegenwart im Prinzip unverändert geblieben ... Noch wird unsere Gesellschaft von dem Grundkonflikt aller privatkapitalistischen Ordnungen beherrscht: dem Widerspruch zwischen gesellschaftlicher Produktion und privater Verfügungsmacht und Aneignung."[67] Auch in der GEW dringen solche Positionen bis in die führenden Organe vor. Selbst das GEW-Mitglied Klaus von Dohnany, damals noch Bundesminister für Bildung und Wissenschaft, gestand 1973 auf dem Bildungskongreß des DGB ein: „Bildungsfragen sind also Machtfragen, Interessenfragen, Klassenfragen ... Der Bundesminister für Bildung und Wissenschaft weiß, daß es bei der Auseinandersetzung um die Demokratisierung unseres Bildungswesens um Klasseninteressen geht."[68] Das Klasseninteresse ist in allen Fragen der Ausgangspunkt, und so steht es auch im Grundsatzprogramm des DGB: „Der Zusammenschluß aller Gruppen der Arbeitnehmerschaft in dieser Organisationsform bietet die sichere Gewähr, daß sowohl die spezifischen Interessen der Arbeiter, Angestellten oder Beamten als auch ihre gemeinsamen Anliegen erfolgreich vertreten werden können." Und zu den möglichen Schlußfolgerungen daraus führte das verstorbene DGB-Vorstandsmitglied Franz Woschech auf dem 8. DGB-Bundeskongreß aus: „Das Grundsatzprogramm des DGB würde eine hinlängliche programmatische Grundlage dafür bieten, den revolutionären, die Gesellschaft verändernden Charakter der Gewerkschaftsbewegung wieder in das Bewußtsein der Arbeitnehmer zu rücken."[69]

Ohne Zweifel wird die Entwicklung der GEW zur Klassenorganisation dadurch erschwert, daß sie keine Arbeiter, wenig Angestellte, sondern vorwiegend Beamte, die vor allem der Intelligenz zuzuordnen sind, organisiert. Untersucht man allerdings deren Arbeits- und Lebensbedingungen, so läßt sich unschwer erkennen, daß sie sich immer mehr denen der Masse der Arbeiter und Angestellten annähern. Die Angriffe auf die sozialen und demokratischen Rechte der Beschäftigung des öffentlichen Dienstes wurden in der letzten Zeit enorm verstärkt. In Reaktion darauf entwickelt sich auch spürbar in den wie bei den Angehörigen des öffentlichen Dienstes die Bereitschaft zur Verteidigung dieser Rechte auch bei den Lehrern ein gewerkschaftliches Bewußtsein. Die Beschleunigung dieses Prozesses wird in der GEW vor allem noch dadurch gehemmt, daß die GEW als einzige DGB-Gewerkschaft keine Tariffähigkeit besitzt. Die Aktionen zur Unterstützung der im Tarifkampf stehenden ÖTV-Kollegen, die Durchführung von Warnstreiks und Urabstimmungen signalisieren allerdings Veränderungen. Langfristig wird dem Kampf um die Tariffähigkeit entscheidende Bedeutung auch bei der Klärung des Charakters der GEW zukommen.

Von der Notwendigkeit der konsequenten Gewerkschaftsarbeit

Eine klare gesellschaftspolitische Standortbestimmung dient nicht nur der richtigen Aufgabenstellung, sie ist auch unerläßlich für die politisch-organisatorische und zahlenmäßige Stärkung der GEW. Jede Verbesserung des Organisationsgrades wird zu einer höheren Schlagkraft führen, wenn die gewerkschaftlichen Ziele klassenmäßig bestimmt werden und die Kampfbereitschaft der Mitglieder entwickelt wird. In dieser Hinsicht hat die GEW in den letzten Jahren einige Schritte nach vorn, aber auch nach hinten getan. Gekennzeichnet ist die Periode seit der Vertreterversammlung in Kiel 1971 vor allem durch eine — sicher auch notwendige — Zentralisierung, die aber nicht begleitet wurde von einer Entwicklung der innergewerkschaftlichen Demokratie. Es wurden sogar wesentliche gewerkschaftliche Rechte eingeschränkt bzw. abgebaut. Diese Veränderungen wurden innerhalb der GEW stark kritisiert. Sie führten auch zum Rücktritt des Stellvertretenden Vorsitzenden der GEW, Helmut Lohmann, da „sie sich mit meiner Auffassung von der Gültigkeit der im Grundgesetz festgelegten Rechte auch innerhalb der GEW nicht mehr decken, muß ich mein Amt niederlegen".[70]

Dieser Tendenz zur Zentralisierung ohne Demokratisierung wird in der GEW jetzt verstärkt die Forderung nach dem Aufbau von Betriebs- bzw. Schulgruppen und eines Vertrauensleutesystems entgegengesetzt, wie es in anderen Gewerkschaften üblich ist. Durch die stärkere Orientierung auf den Arbeitsplatz verspricht man sich eine höhere Wirksamkeit der gewerkschaftlichen Arbeit. Denn am Arbeitsplatz treten die Probleme, die Konflikte am offensten auf. Dort, am Arbeitsplatz, kann die Umsetzung der gewerkschaftlichen Beschlüsse am effektivsten geschehen und kann sich zugleich auch der innergewerkschaftliche Willensbildungsprozeß verstärken. In der gemeinsamen Aktion bildet sich auch die Einheit der Kollegen heraus, bieten sich Möglichkeiten zur Einbeziehung der nichtorganisierten Kollegen und damit auch günstigere Bedingungen zur Mitgliederwerbung an. Hier kann auch praktische Solidarität durch Zusammenarbeit mit den ÖTV-Kollegen demonstriert werden. Durch die Tätigkeit einer gewerkschaftlichen Betriebsgruppe bieten sich auch wesentlich bessere Voraussetzungen für die Entwicklung bzw. Vertiefung des Bündnisses mit den Schüler- und Elternvertretungen an. Bisher existiert solch eine Gewerkschaftsarbeit nur in wenigen Landesverbänden. In der Satzung des Landesverbandes Bremen der GEW sind die Aufgaben der Betriebsgruppen, ihre Rechte, so umrissen: „Die Betriebsgruppen sollen insbesondere a) ihre Mitglieder über alle sie betreffenden innerverbandlichen Vorgänge informieren, b) Anträge an die Beschlußorgane des Bezirks erarbeiten, c) die Politik der GEW gegenüber den nicht organisierten Kollegen vertreten. Die Betriebsgruppen können innerhalb ihrer Bildungseinrichtungen Stellungnahmen, die sich im Rahmen der Beschlüsse der GEW halten, veröffentlichen. Stellungnahmen, die für die allgemeine Öffentlichkeit bestimmt sind, Beteiligung an Aktionen anderer Gruppierungen und Mitunterzeichnung von Flugblättern bedürfen der Zustimmung des Bezirksvorstandes."[71]

Die Betriebsgruppen wählen ihre Delegierten, zehn Mitglieder einen Delegierten. So entspricht die Bezirksdelegiertenversammlung etwa einer Vertrauensleutekonferenz. Mit den Betriebsgruppen ist die GEW unmittelbar an der Schule, in den anderen Bereichen des Bildungswesens vertreten — eine wichtige Voraussetzung für eine konsequente Bildungspolitik.

Erfolgreiche GEW-Politik

Die letzten Monate zeigen: GEW-Politik ist vor allem dann erfolgreich, wenn sie ausgeht von den sozialen und bildungspolitischen Interessen der Lehrer und Erzieher, Studenten und Wissenschaftler und den Bildungsbedürfnissen der arbeitenden Bevölkerung. Wirksam ist die GEW dann, wenn ihre Politik aktionsorientiert ist.

Z. B. Hamburg: Hamburg war eines der ersten Bundesländer, in dem die Sparmaßnahmen am Bildungsetat „griffen". Reagierte der Landesvorstand Anfang 1975 mit einer ausführlichen, noch recht zurückhaltenden Dokumentation zu den Auswirkungen dieser Sparmaßnahmen des Senats „Hat Hamburg genug Bildung für alle?", so gelang es im Laufe der nächsten Monate, eine zunehmend stärker aktionsorientierte Politik in der GEW durchzusetzen. Zahlreiche Aktivitäten, Demonstrationen gegen die Rotstiftpolitik mit bis zu 10 000 Teilnehmern waren die positiven Ergebnisse. Inzwischen wurde ein „Aktionsprogramm '76" der GEW-Hamburg verabschiedet. Es sieht sowohl die Einrichtung von Kontaktkreisen, GEW-Eltern, Veranstaltungen und Demonstrationen gegen Jugendarbeitslosigkeit und zur Stufenschule vor wie auch Flugblattaktionen und Informationsstände zum 1. Mai, Aktionen zur Lehrerarbeitslosigkeit und Hearings zur Bildungsfinanzierung und zu den Berufsverboten. Diese langfristige Planung gewerkschaftlicher Arbeit ist eine wesentliche Voraussetzung, daß auch die Öffentlichkeit, vor allem die Eltern besser in den Kampf einbezogen werden können. Zugleich sind Programme dieser Art sicher geeignet, im DGB und den anderen DGB-Gewerkschaften die Diskussion um eine stärkere Unterstützung dieser Forderungen und gemeinsame Aktionen zu entwickeln. Letztlich sind solche Pläne auch Bestandteil der innergewerkschaftlichen Demokratie, bieten sie doch den Mitgliedern die leichtere Kontrolle der Arbeit ihrer gewählten Organe.

Z. B. Frankfurt: So notwendig die Verabschiedung von Aktionsplänen und Sofortprogrammen ist, so bleibt doch entscheidend ihr Inhalt, gibt er doch Richtung und Ziel der gewerkschaftlichen Politik, des Widerstands gegen die Verschlechterung des Bildungswesens an. Zu welch unterschiedlichen Ergebnissen gewerkschaftliche Gremien da kommen können, zeigt sich in Hessen. Während der Bezirksverband Frankfurt einen Aktionsplan zur „Verteidigung der sozialen und politischen Rechte von Lehrern und Schülern" beschloß und erfolgreich durchführte, entschied sich der Hauptausschuß der GEW-Hessen für „Sofortmaßnahmen". Daß diese ganz sicher nicht geeignet sind, der Lage der arbeitenden und lernenden Jugend gerecht zu werden, zeigt die genauere Betrachtung. So werden die GEW-Mitglieder aufgefordert, „ihr schulisches und pädagogisches Engagement auf das vorgeschriebene Maß zu reduzieren" (Ludwig, Vors. der GEW-Hessen), auf Wandertage und Schullandheimaufenthalte zu verzichten, keine Elternabende mehr zu machen, Versuchsanträge von Gesamtschulen zurückzunehmen und die Unterstützung von Modellversuchen aufzugeben. Angekündigt wurde ferner ein Reformboykott, der sich besonders gegen die Rahmenrichtlinien richtet, von dem aber auch die integrierten Gesamtschulen betroffen wären. Solche, den CDU/CSU-Forderungen nach einem Reformstopp nachkommenden Beschlüsse sind Ausdruck einer für die GEW schädlichen Standespolitik. Sie sind ungeeignet, Eltern und Schüler verstärkt in den bildungspolitischen Kampf einzubeziehen. Dagegen wies die Kampagne des GEW-Bezirks Frankfurt Möglichkeiten und Erfolge einer gewerkschaftlich orientierten Politik nach. Ausdruck dafür war die im März 1976 durchgeführte Demonstration und Kundgebung mit 5 000 Teilnehmern für die politischen und sozialen Rechte der Schüler und Lehrer. Vorausgegangen waren sechs Veranstaltungen zur Mobilisierung der Lehrer zu folgenden Schwerpunkten: Lehrermangel und Nichteinstellung, Normenbücher, Numerus Clausus, Situation der ausländischen Schüler und Lehrer, Arbeitsbedingungen der Lehrer, Erschwerung der Erwachsenenbildung, Arbeit des Personalrats.

Die GEW-Schulgruppen wurden aufgefordert, mit den Elternbeiräten und Schülervertretern die anstehenden Probleme zu diskutieren und die Beteiligung an der gewerkschaftlichen Protestveranstaltung zu besprechen. Auf einer Beratungskonferenz mit 250 Teilnehmern, Eltern- und Schülervertretungen, Vertretern der Gewerkschaftsjugend, Mitglieder der GEW-Organe und anderer Gewerkschaften wurde angeboten, „ihre spezifischen Probleme in bezug auf eine gewerkschaftliche Protestveranstaltung einzubringen".[72] So gelang es der GEW, einen Forderungskatalog zu verabschieden, der nicht nur schulspezifischen Forderungen, sondern auch solche, die die berufliche Bildung, das Recht auf Arbeit und die Einschränkung politischer Rechte umfaßte.

Wenn die GEW es insgesamt versteht, die zuletzt dargestellte Politik zu entwickeln, kann sie zu der Kraft werden, die organisierend und mobilisierend im Kampf gegen die Verschlechterung des bundesrepublikanischen Bildungswesens, für grundlegende Reformen im Interesse der arbeitenden Bevölkerung wirkt.

1 Zielscheibe GEW. In: Geschäftsbericht der GEW 1971—1974. Teil: Dokumentation s. 50. Darmstadt 1974.

2 GEW über sich selbst. Hrsg. GEW-Hauptvorstand. Frankfurt/M 1973. S. 5.

3 Ernst Reuter, Vom Standesverband zur Gewerkschaft. In: Die Deutsche Schule 5/74. S. 325.

4 Ebenda, S. 325.

5 GEW-Aktion Lehrermangel. Informationsmappe des Hauptvorstands der GEW. Teil: GEW-Positionen. Blatt 1. Frankfurt 1975.

5a Zur Nichteinstellung von Lehrern. In: Geschäftsbericht der GEW, a. a. O., S. 123.

6 DGB fordert Einstellung aller Lehrer. In: Geschäftsbericht der GEW, a. a. O., S. 123.

7 GEW-Wandzeitung: Kultusministerkonferenz muß kämpferischer werden. Frankfurt 1976.

8 GEW-Aktion: Lehrermangel. a. a. O., Teil: Referat Blatt 2.

9 Zahlen zusammengestellt aus verschiedenen GEW-Materialien und Spiegel-Artikel Nr. 4/75, 20. 1. 1975, S. 34.

10 Siehe hier vor allem: GEW: Auch 1985 wird es einen Lehrermangel geben! In: Brennpunkt. Meinungen, Modelle, Materialien. Hrsg. vom Hauptvorstand der GEW. Frankfurt, März 1975. S. 2—9.

10a Entschließung der a. o. Vertreterversammlung der GEW zur bildungspolitischen Lage. Köln, 8. 3. 1975. In: Erziehung und Wissenschaft, Nr. 4/75, S. 4.

11 Auch 1985 wird es einen Lehrermangel geben, a. a. O., S. 2.

12 Ernst Reuter: Wie verbindlich ist der Bildungsgesamtplan. In: betrifft: erziehung, Nr. 3/75, S. 39.

13 GEW-Aktion: Lehrermangel, a. a. O., Teil Referat, Blatt 6.

14 Experten erwarten neue „Babyschwemme". Weser-Kurier vom 19./20. 7. 75.

15 GEW-Aktion: Lehrermangel, a. a. O., Teil Referat. Blatt 7.

16

17 Wissenschaftlicher Beirat beim Bundesfinanzministerium. Auszug aus dem Gutachten. Frankfurter Rundschau vom 12. 8. 1975.

18 Fritz Dietz. In: Wirtschaftswoche, 30/1972.

19 GEW fordert: Offensive Bildungspolitik-Sofortprogramm gegen Lehrerarbeitslosigkeit. Hrsg. vom Hauptvorstand der GEW. Frankfurt/M 1975.

[20] Ebenda.

[21] Lehrerarbeitslosigkeit. Hrsg. vom Bezirksverband Frankfurt der GEW. Frankfurt 1975. S. 7.

[22] Ebenda.

[23] GEW-Aktion: Lehrermangel, a. a. O., Teil Referat. Blatt 23.

[24] Offensive Bildungspolitik, a. a. O., S. 1.

[25] Erich Frister: Beschäftigungslage der Lehrer in der Bundesrepublik Deutschland. In: Hintergrundinformation der GEW. 22. Mai 1975. S. 5.

[26] Memorandum von Wirtschaftswissenschaftlern „Für eine wirksame und soziale Wirtschaftspolitik", vorgelegt am 4. November 1975 in Bonn. In: Blätter für deutsche und internationale Politik. Köln 1975. S. 1287.

[27] Dr. Hanns Martin Schleyer: Überzeugen und überzeugen lassen. In: Der Arbeitgeber. Heft 15—16/1975, S. 578.

[28] Lehrerarbeitslosigkeit — Neue Variante staatsmonopolistischer Bildungspolitik. Hrsg. vom MSB-Spartakus an der Carl von Ossietzky-Universität — Oldenburg. November 1975. Dokumentenanhang.

[29] GEW fordert: Offensive Bildungspolitik. a. a. O., S. 2.

[30] Entschließung der a. o. VVder GEW zur bildungspolitischen Lage, a. a. O.

[31] Ernst Reuter: Jugendarbeitslosigkeit wächst. In: Erziehung und Wissenschaft Nr. 3/75, S. 4.

[32] Durch Gesetz zur Ausbildung verpflichten. In: Erziehung und Wissenschaft, Nr. 2/75, S. 9.

[33] Wohin gehören die Fünfzehnjährigen? In: Erziehung und Wissenschaft Nr. 3/75, S. 1.

[34] GEW fordert: Offensive Bildungspolitik. a. a. O., S. 3.

[35] Aktionsprogramm der GEW-Hamburg. Hrsg. vom Landesverband der GEW-Hamburg. Hamburg 1976.

[36] Überprüfungspraxis ändern. In: Frankfurter Rundschau vom 7. 8. 1975.

[37] Erich Frister: Beschäftigungslage, a. a. O., S. 6.

[38] Bremer Lehrerzeitung. Zeitung des Landesverbandes der GEW — Bremen 2/75.

[39] GEW-Aktion: Lehrermangel, a. a. O., Teil: GEW-Positionen. Blatt D 1.

[40] Lehraufträge niederlegen. In: Erziehung und Wissenschaft, Nr. 3/75, S. 12.

[41] Lehrerarbeitslosigkeit, a. a. O., S. 19.

[42] GEW-Aktion: Lehrermangel, a. a. O., Teil: GEW-Positionen. Blatt 4.

[43] Lehrerarbeitslosigkeit — Neue Variante staatsmonopolistischer Bildungspolitik, a. a. O., Dokumentenanhang.

[44] Erich Frister: Lehrermangel ohne Ende. November 1971.

[45] Bildungsreform — mehr Chancen für Arbeiterkinder. Flugblatt zur Bundestagswahl 1972. Hrsg. vom Hauptvorstand der GEW. Frankfurt 1972.

[46] GEW — Bedingt abwehrbereit. In: betrifft: erziehung a. a. O., Nr. 7/71, S. 7.

[47] GEW fordert: Offensive Bildungspolitik. a. a. O., S. 2.

[48] GEW-Aktion: Lehrermangel. a. a. O., Teil: Referat Blatt 23.

49 Entschließung der Landesvertreterversammlung zur Lehrerarbeitslosigkeit 17.—19. 10. 1975. Landesverband GEW-NW. In: Materialien und Dokumente aus Hochschule und Forschung Nr. 4/75. GEW-Referat Hochschule und Forschung.

50 Resolution. In: Geschäftsbericht der GEW a. a. O., S. 90.

51 Erich Frister: Wo leben wir denn. Rede vor der Bundestagung junger Lehrer und Erzieher der GEW. Januar 1974.

52 In einem persönlich gezeichneten Flugblatt hat Erich Frister anläßlich einer zentralen Kundgebung der GEW in Essen (12. Mai 1975) allerdings folgende Forderung wieder aufgenommen: „Höhere Bildungsausgaben, Beschränkung der Rüstungsausgaben durch Fortsetzung der Entspannungs- und Friedenspolitik".

53 Bulletin Nr. 3. Herausgegeben vom Komitee für Frieden, Abrüstung und Zusammenarbeit. Köln 1976. S. 18.

54 Ernst Günter Vetter: Radikale drinnen und draußen. In: Frankfurter Allgemeine Zeitung, Nr. 175/1974.

55 Eugen Loderer. 11. Ordentlicher Gewerkschaftstag der IG Metall.

56 Leonhard Mahlein, 10. Ordentlicher Gewerkschaftstag der IG Druck und Papier.

57 Erklärung des Präsidiums der DKP.

58 Berliner Lehrerzeitung. Hrsg. vom Landesverband Berlin der GEW. Nr. 1/75, S. 4.

59 Recht auf Bildung ist Basis einer freiheitlichen und demokratischen Lebensordnung. In: Neue Deutsche Schule. Hrsg. vom Landesverband der GEW-Nordrhein-Westfalen. Nr. 12/74.

60 Wolfgang Abendroth: Fristers gefährlicher Fehler. In: Die Tat Nr. 7/75.

61 DGB fest an der Seite des Kanzlers. In: Handelsblatt. 6. Juni 1974.

62 Erich Frister: Erklärung zur Lage der GEW. In: Erziehung und Wissenschaft. Nr. 2/75.

63 Recht auf Bildung, a. a. O.

64 Erich Frister: Wo leben wir denn?, a. a. O.

65 Grundsatzprogramm des Deutschen Gewerkschaftsbundes. In: Dokumente der Gewerkschaften. Frankfurt/M 1970. S. 12.

66 Erich Frister: Erklärung zur Lage der GEW, a. a. O., S. 3.

67 Heinz Oskar Vetter: Rede auf dem 3. a. o. Bundeskongreß des DGB. Mai 1971.

68 Klaus von Dohnanyi: Rede auf der Bildungskonferenz des DGB, November 1973.

69 Zitiert bei Seeger/Ledwohn: Gewerkschaften, Standort und Perspektive. Frankfurt/M. S. 221.

70 Helmut Lohmann tritt zurück. In: Erziehung und Wissenschaft. 3/75.

71 Satzung der GEW Landesverband Bremen. In: Bremer Lehrer Zeitung. Nr. 1/75, S. 88.

72 Aktionsplan und Termine. GEW-Informations-Bezirksverband Frankfurt/M., Nr. 1/76, S. 2—3.

Gerd Deumlich

Der Beitrag der DKP
zu einer demokratischen Bildungspolitik

Die DKP betrachtet in ihren bildungspolitischen Grundsätzen „die Bildung als elementare gesellschaftliche Frage und als menschliches Grundrecht", sie führt den gesellschaftlichen Bezug — den auch andere nicht leugnen — bis zu der Konsequenz, daß Bildungsfragen Machtfragen sind: „Welche Bildung, Ausbildung und Erziehung die Jugend erhält, in wessen Interesse, d. h. für welche gesellschaftliche Ziel- und Aufgabenstellung sie ausgebildet und erzogen wird, das war und ist eine der entscheidenden gesellschaftspolitischen Fragen, der die Arbeiterklasse seit jeher große Aufmerksamkeit gewidmet hat."[1]

Bildungspolitik: eine Frage mit Systemcharakter

Es ist keine einseitige Verzeichnung und erschwert keinesfalls ein für politisches Handeln notwendiges, differenziertes Erfassen der gegebenen Situation, wenn für die BRD zunächst festgestellt wird, daß das gesamte Bildungswesen von den herrschenden Kreisen darauf angelegt ist, die Jugend im Interesse der Stabilisierung des überholten spätkapitalistischen Systems auszubilden und zu manipulieren. Die wirkliche Einseitigkeit, d. h. der jetzige Charakter des Bildungswesens der BRD ist vielmehr darin zu sehen, wie das Großkapital seine Ansprüche daran formuliert und auch faktisch durchsetzt.

Von jeher haben die Marxisten die Systembedingtheit der Zustände im Bildungswesen nachgewiesen — eine alte Wahrheit, die durch das völlig unterschiedliche Bild, welches die sich gegenüberstehenden Systeme Kapitalismus und Sozialismus auch in puncto Bildungswesen aufweisen, nur noch augenfälliger geworden ist.

Selbst die vom Bundesminister für Bildung und Forschung herausgegebenen „Materialien zur Bildungsplanung, Bildungswesen im Vergleich, VII. Beschäftigungsprobleme Jugendlicher in ausgewählten Ländern" müssen im Abschnitt über die DDR zugeben: „Das verfassungsmäßig verankerte Recht auf Arbeit, die Pflicht zur Arbeit, sowie das Recht und die Pflicht, einen Beruf zu erlernen, schließen Jugendarbeitslosigkeit de jure aus ... auch de facto existiert weder allgemeine, noch Jugendarbeitslosigkeit." Seite 46)

„Mit gewissen Vorbehalten" wird über das gesetzlich zugesicherte gleiche Recht auf Bildung festgestellt: „Diese Bildungsgarantie (wird) eingehalten. Hieraus folgt, daß über die gleiche Bildungsvermittlung an den zehnklassigen allgemeinbildenden polytechnischen Oberschulen (POS) auch die grundsätzliche Zuteilung der Lebenschancen an den heranwachsenden Staatsbürger gleichartig erfolgt." (Seite 46)

Wenn das sozialistische System eine derartige Leistung gegenüber den Zuständen hervorbringt, die den hochentwickelten Kapitalismus der BRD charakterisieren, dann unterstreicht das nur wie begründet und auf die Interessen der Bevölkerung der BRD gerichtet der Grundsatz der DKP ist, „daß die sozialistische Gesellschaft und ein ihr entsprechendes einheitliches sozialistisches Bildungssystem das endgültige Ziel unseres Kampfes darstellen."[2]

Die Nennung des sozialistischen Zieles, noch dazu, wenn — von der Sache her völlig naheliegend und gerechtfertigt — auf die Leistungen des real existierenden Sozialismus Bezug genommen wird, führt erfahrungsgemäß sehr rasch zu dem Vorwurf, die Kommunisten wollten das Modell der DDR „übertragen", und meist ist dann schon das Vorurteil genährt, daß Sozialismus ohnehin etwas „Fremdes" sei, und der Blick dafür getrübt, daß Sozialismus in Wahrheit gar nicht zu „übertragen" ist, sondern die Voraussetzungen dazu und die Vorteile, die er einbringt, nur durch den bewußten und zielklaren Kampf der Volksmassen hierzulande erkämpft werden können.

Daß dies das Wesen der Politik der DKP ausmacht, ist daran zu erkennen, daß sie eine von den konkreten gesellschaftlichen Bedingungen der Bundesrepublik bestimmte Strategie des Kampfes um grundlegende demokratische Reformen, für die Herbeiführung einer antimonopolistischen Demokratie, für die Öffnung des Weges zum Sozialismus entwickelt hat. Darin sind die Vorstellungen der DKP für die Veränderung im Bildungswesen eingeordnet.

Bildungspolitik ist Klassenkampf

Nicht, weil sie es so will, sondern den gesellschaftlichen Realitäten Rechnung tragend, stellt die DKP fest: „Der Kampf um die Demokratisierung des Bildungswesens ist Klassenkampf"[3], hervorgerufen durch die sich gerade auch in Bildungsfragen ausdrückende Gegensätzlichkeit und Unvereinbarkeit zwischen dem totalen Machtanspruch des Monopolkapitals und den Volksinteressen. Es ist daher von prinzipieller und sehr praktisch politischer Bedeutung, wenn die DKP davon ausgeht, eine demokratische Bildungsreform könne „keine über den Klasseninteressen schwebende Gemeinschaftsaufgabe aller gesellschaftlichen Kräfte, kein gemeinsames Anliegen von Arbeiterklasse und Großkapital sein".[4] Sie könne „weder durch systemimmanente, das monopolistische System stabilisierende Detailveränderungen am spätkapitalistischen Bildungs-, Ausbildungs- und Erziehungswesen noch als isoliertes Ziel, sondern nur in dem Maße verwirklicht werden, wie sie Teil des Kampfes um eine demokratische Alternative zur gesamten Politik der herrschenden Kreise ist. Wir sehen darum im Kampf um die Demokratisierung des Bildungswesens einen wichtigen Teilaspekt innerhalb unserer Gesamtstrategie zur Zurückdrängung und schließlichen Überwindung der Macht des Großkapitals."[5]

In den hier zitierten programmatischen Vorschlägen der DKP sind die detaillierten Vorstellungen über das Bildungswesen entwickelt, die im Prozeß des Kampfes für eine antimonopolistische Demokratie durchzusetzen sind. Im Bezug auf das Bildungs- und Erziehungsziel tritt die DKP dafür ein: „Bildung, Ausbildung und Erziehung haben die Entwicklung allseitig gebildeter Persönlichkeiten zum Ziel, die nicht nur hochqualifizierte Fachkräfte, sondern zugleich verantwortungsbewußte Demokraten sind, die durch Einsicht in die gesellschaftlichen Entwicklungsgesetze ihr Leben bewußt zu gestalten vermögen und die aktiv am Kampf für den gesellschaftlichen Fortschritt teilnehmen."[6]

Was den Aufbau eines demokratischen Bildungswesens betrifft, müsse es nach dem Grundsatz, daß Bildungsinhalt und Struktur eine Einheit darstellen, den gesamten Bereich von der Vorschulerziehung, über die demokratische Gesamtschule, das Sonderschulwesen, die Lehrlingsausbildung, die Weiterbildung, die Gesamthochschule, bis zur Freizeitgestaltung umfassen. Es muß die „Einheit von wissenschaftlicher Bildung und demokratischer Erziehung, die Verbindung von Unterricht und produktiver Arbeit, von Schule und Leben"[7] verwirklichen. Grundlegende antimonopolistische Veränderungen der Gesellschaft würden die materiellen und personellen Voraussetzungen eines solchen Bildungssystems gewährleisten, ebenso wie die unverzichtbare Voraussetzung einer „Mitbestimmung der Arbeiterklasse und ihrer Organisationen auch im Bildungswesen, eine funktionierende Demokratie durch gewählte Gremien aus Eltern, Lehrern, Schülern, Studenten und Vertretern aus Gewerkschaften und demokratischen Jugendverbänden."[8] Dabei ist die DKP aufgeschlossen für die Vorstellungen anderer demokratischer Kräfte, wie der Gewerkschaften, den Jugendverbänden und anderer und, wie die Praxis zeigt, bereit zur Zusammenarbeit. Unter den Gründen, die für die Aktionseinheit von Sozialdemokraten und Kommunisten sprechen, und jeweils Ausmaß und Ansätze praktischer Möglichkeiten der Aktionseinheit umreißen, spielen Gemeinsamkeiten hinsichtlich

156

der bildungpolitischen Interessen der Arbeiterklasse eine vorrangige Rolle.

Es ist hierbei natürlich in Rechnung zu stellen, daß es zwischen Kommunisten und Sozialdemokraten tiefe Meinungsverschiedenheiten über den Charakter des Sozialismus gibt, andererseits das Beispiel des sozialistischen Bildungswesens, vornehmlich der DDR, in einem solchen Maße bei Sozialdemokraten Anerkennung findet, daß dies die Diskussion über den Sozialismus und die Lösung gesellschaftlicher Fragen überhaupt nur fördern kann. Das wiegt um so schwerer, als viele Sozialdemokraten und Gewerkschafter die bildungspolitisch fortschrittlich engagiert sind, sich der Tatsache gegenüber sehen, daß die führenden Sozialdemokraten in Bund und zum großen Teil auch in den Ländern, die einstmals hoch angesetzten Bildungsreformpläne und -Versprechungen der SPD zugunsten der Interessen des Großkapitals aufgegeben haben. Damit verbreitert sich die Basis, Kritik und den Kampf für eine demokratische Bildungsreform nicht allein gegen die Mißstände, sondern gegen die sie verursachende Macht des Monopolkapitals und gegen eine Regierungspolitik zu richten, die die Interessen der Monopole vollstreckt. D. h. die Kommunisten können und müssen die Erkenntnis vertiefen, daß erfolgreiche, fortschrittliche Bildungspolitik antimonopolistische Politik sein muß.

In der Krise: Soziale Demontage

Unter diesem Gesichtspunkt gilt es vor allem die Wirkung zu berücksichtigen, welche die jüngste kapitalistische Wirtschaftskrise auf die bildungspolitische Situation ausübte, auf welche neuen Probleme man sich längerfristig einstellen muß, unabhängig von dem weiteren Verlauf des Krisen-Konjunktur-Zyklus.

Zunächst ist festzustellen, daß die akutesten Krisenlasten Massenarbeitslosigkeit und Kurzarbeit, damit verbundene Verschlechterung der Realeinkommen durch inflationäre Teuerung und herabgedrückte Lohnabschlüsse, keinesfalls die Bedeutung der Bildungsinteressen der arbeitenden Bevölkerung herabgemindert oder in den Hintergrund geschoben haben, weder objektiv, noch, wie viele Aktivitäten der letzten Jahre zeigen, etwa weithin im Bewußtsein der Betroffenen. Jugendarbeitslosigkeit, Lehrstellenmangel, Sparprogramme, die nicht nur gravierend die Misere in allen Sektoren des Bildungswesens verschärfen, sondern auch in vieler Hinsicht den Familien für die Ausbildung der Kinder zusätzliche Lasten auferlegen, also Bildung insgesamt teurer machen, haben die Tatsache, daß Bildungsfragen unmittelbarer Bestandteil der sozialistischen Lebenslage sind, zur massenhaften Erfahrung gemacht. Es wäre eine Illusion zu glauben, daß ein „Aufschwung" die Bildungsprobleme „entspannen", d. h. kurzerhand auf das gewohnte Maß der Bildungsmisere in diesem Land zurückführen wird.

Für die weitere Entwicklung, auch der Bildungsproblematik, tritt ein Umstand in Kraft, auf den die 9. Tagung des Parteivorstandes der DKP aufmerksam machte, nämlich, „daß wir es erstmals in der Geschichte der Bundesrepublik mit einer Situation zu tun haben, in der das sozialökonomische Potential und der entsprechende Manövrierraum der herrschenden Klasse nicht mehr ausreichen, um bei Beibehaltung der Hochrüstung und der ökonomischen Expansion nach außen, gleichzeitig die sozialen Widersprüche des Systems durch größere materielle Zugeständnisse an die arbeitende Bevölkerung zu überdecken."[9] Der Sozialabbau gilt also nicht allein für die Zeit der Krise, die Krise wurde und wird vielmehr genutzt, um eine massive Sozialdemontage auf längere Sicht durchzusetzen. Die Sparprogramme im Bildungsbereich und die Verteuerung der Bildung für die Familien der Werktätigen bleiben nach den Grundlinien der Politik der Monopole und der Regierung bestehen, sie können sogar noch weiter verschärft werden. Vor allem aber rechnen die Herrschenden selbst im Zusammenhang mit andauernder Massenarbeitslosigkeit, mit einer umfangreichen Jugendarbeitslosigkeit, fortdauerndem Lehrstellenmangel und Minderqualifizierung. Auch die bereits zitierten Materialien zur Bildungsplanung weisen, wenn auch abstrahiert von dem tieferen gesellschaftlichen Hintergrund, auf den „starken Zusammenhang zwischen Berufsausbildung und Arbeitslosigkeit" hin, als einer Quelle der überdurchschnittlichen Jugendarbeitslosigkeit. Es wird vorausgesagt: „Aus demographischen Gründen ist in den nächsten Jahren eine Verschärfung des Problems der Eingliederung von Jugendlichen in das Ausbildungs- und Beschäftigungssystem zu erwarten. Durch das Nachrücken geburtenstarker Jahrgänge wird die Zahl der Bevölkerung in der Altersgruppe 15 bis unter 20 Jahre bis 1980 um etwa 130 000 Personen jährlich zunehmen".[10] Aber natürlich wird gar nicht erst gefragt, ob die „freie Marktwirtschaft" und das ihr angepaßte Bildungssystem in ihrer gepriesenen „Dynamik" imstande sind, sich darauf einzustellen. Vielmehr wird die bezeichnende Prognose getroffen: „Die gegenüber früher verbesserte Arbeitsplatzsicherheit älterer Arbeitnehmer dürfte auch in Zukunft für eine Überproportionalität der Jugendarbeitslosigkeit sorgen. Die in der Bundesrepublik Deutschland in den letzten Jahren vollzogene sozialpolitische Aufwertung der älteren Arbeitnehmer (?), verbunden mit dem spezifischen arbeitsrechtlichen Status der Jugendlichen wird wahrscheinlich nicht nur in der Rezession die geschilderten Folgen haben, sondern auch im ‚normalen' Wachstumsprozeß der Volkswirtschaft, d. h., daß im Zuge der Stagnation und Rückbildung einzelner Sektoren und Branchen bei Konzentrations- und Rationalisierungsvorgängen Jugendliche überproportional freigesetzt werden. Dabei darf nicht übersehen werden, daß die von Wachstumsbranchen geschaffenen Arbeitsplätze oftmals neue, anspruchsvollere und vor allem Berufspraxis erfordernde Qualifikationen verlangen."[11]

Die Frage nach qualifizierter Schul- und Berufsausbildung und nach ausreichenden Ausbildungs- und Arbeitsplätzen bleibt also für die Arbeiterjugend und damit für die ganze Arbeiterklasse ein erstrangiges Problem ihrer sozialen Sicherheit.

Wenn man angesichts dessen das „Institut der Deutschen Wirtschaft" immer noch — wie zu Beginn des Jahres 1976 — den Vorwurf erhebt, in der Bildungspolitik sei die Chancengleichheit überbetont und die „Anforderungen des Beschäftigungssystems" zu wenig berücksichtigt worden[12], dann gebietet das wohl nachdrücklich, der Arbeiterklasse deutlich bewußt zu machen, daß ihre bildungspolitischen Interessen, in denen Tages- und Zukunftsinteressen eng verschmelzen, konsequenten Kampf gegen die Monopole und die staatsmonopolistische Ausrichtung des Bildungswesens, die Solidarisierung der älteren Arbeitergeneration mit der arbeitenden und lernenden Jugend verlangen. Ganz davon abgesehen, daß die zynische Feststellung des Unternehmerinstituts, angesichts der schon drastischen Lage, Bände spricht über den Wert des arbeitenden Menschen, über Freiheit und Zukunftsperspektiven in diesem „Beschäftigungssystem".

Offensichtlich fühlt sich die Bourgeoisie sicher in ihrer Annahme, in der Bundesrepublik sei es möglich, eine rigorose soziale Demontage zu betreiben, ohne auf Widerstand in der arbeitenden Bevölkerung zu stoßen, weil diese längst in das kapitalistische System integriert sei. Dies und auch die bei manchen fortschrittlichen Geistern anzutreffende gleichklingende Resignation erfordert von den Kommunisten die feste Position, „daß die elementaren Grundsätze des Klassenkampfes auch in unserem Land Geltung haben, ... daß es nicht nur notwendig, sondern auch möglich ist, den Kampf gegen die Abwälzung der Krisenlasten und die Sozialdemontage zu führen". (9. PV-Tagung der DKP)

Der Kampf gegen die Krisenlasten im Bildungsbereich

Dafür zeugen insbesondere auch die Aktionen der Arbeiterjugend für bessere Berufsausbildung, gegen Jugendarbeitslosigkeit und Lehrstellenmangel, die zu den größten und wuchtigsten Aktionen aus der Arbeiterklasse in den letzten Jahren überhaupt zählen.

Allerdings, wenn die Vertretung der Bildungsinteressen im Kern immer stärker auf den Kampf gegen die systembedingten Ursachen der Bildungsmisere, die Macht der Monopole hinausläuft, erfordert dies dennoch in der Praxis „konkrete Anknüpfungspunkte zu finden und überschaubare Forderungen zu entwickeln, deren Durchsetzung den arbeitenden Menschen nicht nur richtig, sondern auch realistisch erscheint". (9. PV-Tagung der DKP) Hier zeigt sich die unmittelbare praktische Gültigkeit der „Sofortmaßnahmen zur Verbesserung der Bildung und Berufsbildung", welche die bildungspolitische Konferenz der DKP in Köln im November 1974 verabschiedet hatte. Sie sind ein aktuelles Kampfprogramm gegen die staatsmonopolistische Bildungspolitik und betreffen die Komplexe: Kostenabbau und bessere äußere Bedingungen für die arbeitenden Menschen zu Lasten von Rüstung und Profit, grundlegende Verbesserungen von Kindergärten, Hauptschule und Berufsbildung im Interesse von Arbeiterkindern und Arbeiterjugend, das Recht auf Bildung für Kinder ausländischer Arbeiter, kleine Klassen an allen Schulen, fortschrittliche Lehrinhalte und Beseitigung der Berufsverbote, Übergang zur Gesamtschule, wirksame Mitbestimmung im Bildungswesen auf allen Ebenen unter Beteiligung der Gewerkschaften.

Es geht dabei nicht allein darum, mit dem Gesamtkompendium dieser detaillierten Sofortvorschläge den agitatorischen Nachweis zu führen, daß die DKP die Interessen der arbeitenden Bevölkerung vertritt, sondern dies zu erreichen, indem die Grundorganisationen der DKP konkrete Anhaltspunkte finden für naheliegende Forderungen, für die die Betroffenen im Wirkungsbereich dieser Gruppen — im Betrieb, Wohngebiet, Schulen oder Hochschulen — als Antwort auf bestimmte Belastungen oder Mißstände zur Durchsetzung von Verbesserungen aktiv werden können.

Wenn z. B. erkannt wird, wie sehr die finanziellen Belastungen der Arbeiterfamilien ihrem Anspruch auf gute Bildung für ihre Kinder im Wege stehen, wie diese Bildungsschranke immer höher wird, wird es möglich sein, den Abbau von Kosten und Lasten in den Kampf für die Verteidigung der Realeinkommen überhaupt einzubeziehen. Möglichkeiten bilden die Forderungen nach Preisstopp oder gar Gebührensenkung bei den Kindergartenplätzen, nach Preisstopp für Schulbücher und Lehrmittel und Gewährleistung der vollen Lehrmittelfreiheit, nach kostendeckender Ausbildungsförderung vom zehnten Schuljahr an. Das Interesse an der Beseitigung arbeiterfeindlicher äußerer Bedingungen, die dem Recht auf Bildung im Wege stehen, führt an den Zusammenhang zu Forderungen heran, die die Finanzierung sozialer und demokratischer Reformen auf Kosten der Rüstung und der Monopolprofite als gangbaren Weg begründen.

Das betrifft nicht zuletzt die dringend nötige Durchsetzung einer besseren Berufsausbildung. Hier fallen der finanzielle und der politische Aspekt des Problems zusammen: Die Monopole weigern sich, die Berufsausbildung als öffentliche Aufgabe zu finanzieren, beharren aber auf ihrer Verfügungsgewalt über das Berufsausbildungswesen, d. h. gegen den Einfluß der Unternehmer und ihrer Kammern müssen Mitbestimmung und demokratische Kontrolle der Gewerkschaften über Ziele, Inhalte, Durchführung und Finanzierung der Berufsbildung durchgesetzt werden. Daß hier die Ernsthaftigkeit der DKP-Forderungen, vor allem an der konkreten Unterstützung für die Arbeiterjugend in den Betrieben gemessen wird, liegt auf der Hand.

Nicht einer vorgefaßten Sozialschwärmerei, sondern harten, von sozialreaktionärer Politik geschaffenen Realitäten entspringt es, wenn die DKP mit Nachdruck und konkreten Forderungen auf die vorrangig notwendige Verbesserung der Bildungssituation in den Arbeitervierteln, auf dem Lande und nicht zuletzt für die Kinder ausländischer Arbeiter orientiert. Konkrete Lösungen müssen primär eine Überwindung der krassen materiellen Hintanstellung dieser Bereiche und die Einstellung aller ausgebildeten Lehrkräfte, d. h. die Beseitigung der Lehrerarbeitslosigkeit im Auge haben.

In der Regel werden sich Ansätze für demokratische Initiativen aus der Bevölkerung in erster Linie aus greifbaren materiellen Problemen ergeben. Wenn es jedoch um die Frage nach dem Woher notwendiger höherer Mittel für die Bildung geht, tritt sofort der politische Bezug hervor. Jegliches Eingrenzen von Bildungsfragen auf sogenannte reine Sachfragen, als welche sie vielen zunächst erscheinen mögen, verbaut darum letztlich den Weg zum Erfolg. Das bedeutet auch, daß in der Situation, wo die Beseitigung der gröbsten Mißstände und Rückständlichkeiten im Vordergrund steht, die Arbeiterklasse politische Interessen im Zusammenhang mit dem Bildungssystem nicht aufschieben kann, d. h., die Arbeiterklasse muß ihren Anspruch auf stärkeren gesellschaftlichen Einfluß mehr und mehr bewußt ausdehnen auch auf die Forderung nach Mitbestimmung über alle Bereiche des Bildungswesens. Das beginnt oft erst bei Mitentscheidung in einfachen „Sachfragen", darf aber nicht Halt machen vor dem Kampf um erweiterte, wirksame Mitbestimmungsrechte in Vertretungen, wo Lernende und Lehrende, Eltern und nichtlehrende Angestellte über Schulbücher und Lehrmaterialien, Bildungspläne, Prüfungs- und Schulordnungen, Lehrerzuwendungen und Ausstattungen der Unterrichtsstätten mitentscheiden, sie erarbeiten, bestätigen und kontrollieren.

Diese Zielstellung bedingt jetzt, in geeigneten Aktivitäten das Interesse der Arbeiterklasse an demokratischen Bildungsinhalten, gegen den totalen Vormachtanspruch des Großkapitals zur Geltung zu bringen, gegen entsprechende Erlasse wie gegen einzelne Schulbücher. D. h. auch, aus dem Bereich der Eltern und Schulen heraus, den Kampf gegen die Berufsverbote zu verstärken, die nicht nur den Lehrermangel verschärfen, sondern fortschrittliche Gedanken im Lehrbetrieb unterdrücken und eine allgemeine Atmosphäre der Einschüchterung und der Anpassung an die Kapitalmacht bewirken sollen.

Im Kampf für solche Forderungen geht es der DKP immer darum, nicht nur ihre Politik zu propagieren; diese Politik selbst findet ihren getreuesten Ausdruck, wenn es gelingt, demokratische Initiativen anzuregen, Teile der werktätigen Bevölkerung zu bewegen, ihre eigenen Belange selbst zu vertreten und dabei stets möglichst breite Kräfte von Lehrern, Schülern und Eltern zusammenzuführen.

Diese Orientierung der DKP geht davon aus, daß es durch entsprechende Aktivitäten möglich ist, viele bildungspolitische Interessen der werktätigen Bevölkerung — identisch mit den fortschrittlichen Forderungen — bereits jetzt durchzusetzen. Die Kommunisten, die für grundlegende gesellschaftliche Umgestaltungen, für den Sozialismus sind, zeigen dabei, daß ihnen die Aufgabe nicht zu gering ist, für jetzt fällige, dringende und seien es nur minimale Verbesserungen der Lage des Volkes, mit anderen Kräften zusammen zu kämpfen.

Diese Orientierung auf das real Durchsetzbare ist das Gegenteil von der von den sozialdemokratischen Führern propagierten „Beschränkung auf das Machbare". Dieses ist, wie die Praxis auf allen Gebieten zeigt, das Schlüsselwort für die Unterordnung unter die Profit- und Machtinteressen des Monopolkapitals. Der DKP geht es unter den Bedingungen eines von der tatsächlichen Macht des Monopolkapitals gekennzeichneten innenpolitischen Kräfteverhältnisses um die Durchsetzung eigener, in jedem Falle objektiv antimonopolistischer Forderungen der Werktätigen. Bei der gegebenen Interessen- und Machtlage ist es unvermeidlich, daß alle erkämpften Fortschritte sofort das Problem der Sicherung des Erreichten durch weiterreichende Lösungen aufwerfen, also an die Frage nach gesellschaftlichen Veränderungen, an den Kampf um gesellschaftliche Umgestaltungen heranführen.

Das ist — daraus braucht kein Hehl gemacht zu werden — das Ziel und Bemühen der Kommunisten. Das ergibt sich aber aus der Natur der Sache. Da Bildungsfragen objektiv Machtfragen sind, ist eine fortschrittliche Bildung umfassend und dauerhaft nur durch eine fortschrittliche Umgestaltung der Gesellschaft herbeizuführen und zu sichern.

[1] Bildung — Gesellschaft — Zukunft, Vorschläge der DKP für ein demokratisches Bildungswesen, hrsg. vom Parteivorstand der DKP, Düsseldorf o. J., S. 5.

[2] Ebenda, S. 11.

[3] Ebenda, S. 11.

[4] Ebenda, S. 11.

[5] Ebenda, S. 12.

[6] Ebenda, S. 14/15.

[7] Ebenda, S. 16/17.

[8] Ebenda, S. 28.

[9] Rede des Vorsitzenden der DKP, Herbert Mies, auf der 9. Tagung des Parteivorstandes am 1./2. November 1975 in Düsseldorf.

[10] Materialien zur Bildungsplanung, Bildungswesen im Vergleich, VII. Beschäftigungsprobleme Jugendlicher in ausgewählten Ländern, hrsg. vom Bundesminister für Bildung und Forschung, S. 41.

[11] Ebenda, S. 42/43.

[12] Vgl. UZ, Tageszeitung der DKP, vom 20. 1. 1976.

Achim Krooß

Zur Arbeit der Jungen Pioniere

Vor fast zwei Jahren hat die sozialistische Kinderorganisation „Junge Pioniere" damit begonnen, aktiv an der Erziehung der Kinder in der BRD Anteil zu nehmen. Lange schon war eine Stärkung derjenigen Kräfte notwendig geworden, die sich für eine Erziehung auch der Kinder im Sinne der Solidarität, des Friedens und sinnvollen Lernens einsetzten.

„Die Bundesleitung der Jungen Pioniere ist mit ihrer Arbeit zufrieden. Bereits Ende 1974 arbeiteten 151 Pioniergruppen, mehr als 130 000 Menschen hatten Kinderfeste und öffentliche Veranstaltungen der Jungen Pioniere und befreundeter Organisationen besucht . . ."[1] schreibt die großbürgerliche Zeitung „Handelsblatt" über unsere Arbeit. Und sie versucht auch, sich mit den Zielen der Pionierorganisation zu befassen: „Mit den Jungen Pionieren verfolgt die DKP das Ziel, auf eine möglichst große Zahl von Kindern bereits in der Entwicklungsphase Einfluß zu gewinnen, in der sie am nachhaltigsten und leichtesten beeinflußbar sind."[2] Exemplarisch greift daraufhin das „Handelsblatt" auf, was den Jungen Pionieren als „kommunistische Erziehung" vorgeworfen wird: Kinderfeste, billige Ferienfahrten in die DDR, Malwettbewerbe, Spiel- und Singenachmittage, bei denen Arbeiterlieder und fortschrittliche Kinderlieder gesungen werden oder gar die Veranstaltungen zum 8. Mai 1975 unter dem Motto „Wir Jungen Pioniere wollen in Frieden leben und uns für ihn einsetzen".

Diese Taktik, voller Entrüstung auf Politisierung der Kinder und angebliche ideologische Beeinflussung hinzuweisen, ist für die bürgerliche Ideologie nicht neu. Seit Jahren schon wettern rechte Kräfte in Zeitungen, Funk und Fernsehen gegen die Indoktrination der Kinder. Sie wird dabei immer nur den „Linken" unterstellt, während die bürgerliche Ideologie eine Erziehung der Kinder im „unpolitischen Freiraum" nach wie vor als erstrebenswert darstellt.

Eine Verurteilung politischer Erziehung sprechen aber ausgerechnet jene aus, die Tag für Tag die Kinder mit ihrer Politik berieseln; die durch Fernsehen, Filme und Comics Kinder politisch beeinflussen; die in den Schulen antikommunistische Lehrinhalte vermitteln; die eine „Spar"politik betreiben, die unseren Kindern Lehrer, Lernmittel, Kindergartenplätze und Ausbildungsmöglichkeiten vorenthält.

Die Jungen Pioniere können und wollen es nicht nur den Unternehmern und ihren Helfern überlassen zu bestimmen, was Kinder denken und wollen. Es ist nicht Politik „an sich", die die Kinder verdirbt, dies ist allein die reaktionäre Politik, denen die Kinder Tag für Tag ausgesetzt sind.

Erziehung kann daher niemals „neutral" oder „unpolitisch" sein. Die Kinder der arbeitenden Menschen in unserem Land wachsen nicht unter einer Käseglocke auf. Sie werden mitten in die Auseinandersetzungen dieser Zeit hineingeboren, sie sollen daher von klein auf lernen können, wohin sie im großen Kampf der Klassen gehören.

Ein Kind im Pionier- und damit im Schulalter hat meist einen geregelten Tages- und Wochenablauf, der morgens in der Schule mit politischer Beeinflussung in Fächern wie Deutsch, Erdkunde, Geschichte, Musik — um nur einige herausragende zu nennen — beginnt. Wer möchte bezweifeln, daß hier handfeste Politik betrieben wird? Auch nach der Schule und den Schularbeiten ist die bürgerliche politische Ideologie allgegenwärtig: im Angebot der Kinderbücher, in der Kinderliteratur und insbesondere in Comic-Serien, durch die politischen Klischees im Kinderfernsehprogramm und im Film. Es gibt keinen Bereich in Film, Fernsehen, Buchproduktion, Werbung oder auch der Spielwarenindustrie, in dem sich die Meinungsmacher so ausschließlich an einen Interessenten- und Alterskreis wenden können, wie den der Kinder. Und sicherlich ist das auch ein Grund für den Erfolg der Beeinflussung.

Wir erleben in unserem Land z. Z. nicht nur eine Verschärfung der ökonomischen und politischen Kämpfe, wir erleben auch täglich aufs neue, daß der Kampf um das Denken, um das Bewußtsein der Jugend und auch der Kinder zunimmt. „Elternhaus und Schule, Lektüre und Fernsehen: Die Faktoren heben Pädagogen und Soziologen als die stärksten persönlichkeitsbildenden Einflüsse des Kindes hervor. Sie setzen und vermitteln die Leitbilder, die Vorstellungen und Verhalten der Kinder prägen und bestimmend auf ihre Lebensziele und ihre Umweltbeziehung einwirken."[3] Ein Schwerpunkt der systematischen Beeinflussung der Kinder liegt unbestreitbar im Schulunterricht und setzt bereits in der Grundschule an. Um zu verhindern, daß die Kinder ihre Interessen erkennen und später als Jugendliche wahrzunehmen lernen, müssen die Herrschenden mit allen Mitteln versuchen, den Jugendlichen falsche Interessen vorzutäuschen. Die Beeinflussung geschieht heute in der BRD vor allen Dingen in zwei Bereichen: In der Schule und durch die Manipulation solcher Massenmedien wie Funk, Fernsehen, Kinderliteratur.

Schule

Die reaktionären Politiker unseres Landes haben in den letzten Monaten ein Kesseltreiben gegen fortschrittliche Kinder-, Lesebücher und Unterrichtsmaterialien durchgeführt. Es sei hier nur an die Kampagne gegen die „drucksachen", die „Birne-Bücher" von Günter Herburger oder das Kinderlied vom Baggerführer Willibald erinnert. Anfragen in Landtagen, CDU-gesteuerte „Elterninitiativen", Diffamierungskampagnen rechter Zeitungen waren die Druckmittel der Reaktion.

Die Taktik dieser Kräfte wurde offenbar: Alles, was in solch extremer Darstellung Entrüstung und Ärger hervorruft, wurde als „links" bezeichnet, in einen großen Topf geworfen und diffamiert. Die Reaktion ist gegen alle „antiautoritäre, antiinstitutionelle, sozialistische und kommunistische Position, Familienfeindlichkeit, Verunglimpfung der Polizei, Lächerlichmachung von Lehrern, Verhöhnung von Hausbesitzern ..., Gossensprache"[4] angetreten. Und jedes einzelne dieser Elemente wird dann als Bestandteil „marxistischer Lehrpläne" ausgegeben. Während vor allem den „Linken" der Vorwurf gemacht wird, „Kinder zu verführen", manipulieren jedoch die Reaktionäre aller Schattierungen munter drauf los: Wer kennt sie nicht aus eigener Erfahrung, die Schulferien zum 17. Juni, die Erdkundekarten von „Deutschland in den Grenzen von 1937", die Inhalte des Geschichtsunterrichts über den deutschen Faschismus, die Darstellung der Arbeitswelt in bundesdeutschen Lesebüchern usw.

Zu solchen inhaltlichen Manipulationen gehört gleichzeitig, sozusagen als materielle Grundlage, der Versuch einer Abwälzung der Lasten der Krise des kapitalistischen Systems auch auf die Kinder. Der Bundes-Bildungsetat 1976 wurde um 502 Millionen DM gekürzt. Nach Berechnungen der GEW werden ca. 20 000 Lehrer in diesem Jahr ohne Arbeit und Anstellung erwartet. Überfüllte Klassen, drastische Einschränkungen der Lernmittelfreiheit, Beschränkung der Unterrichtsmaterialien auf weniger Bücher, Streichung von Fahrgeldzuschüssen. Das sind nur einige Stichpunkte in einer Reihe schier endloser Belastungen und Einschränkungen, denen die arbeitenden Menschen und ihre Kinder heute ausgesetzt sind. Berufsverbote für fortschrittliche Lehrer, über eine halbe Million zugegebene „Überprüfungen" auf der Grundlage von Materialien des sogenannten Verfassungsschutzes tun das ihre, den scharfen Kurs nach rechts zu beschleunigen in den die BRD gegenwärtig getrieben wird. Auch das ist Teil einer kinderfeindlichen Politik, wie sie die SPD-/FDP-Regierung betreibt und über die den Kindern ihrer Erfahrung und ihrem Alter gemäß die Augen geöffnet werden müssen. Keine Diskussion über Bildungsinhalte oder Pädagogik kann diesen Bereich der Kinderpolitik ausklammern.

Besonders deutlich wird die politische Beeinflussung in Zeiten der kapitalistischen Krise, wenn versucht wird, jede systemkritische Tendenz massiv zu bekämpfen. Dabei geht es den Herrschenden vor allem darum zu verhindern,

— daß den Kindern ein reales, der Wirklichkeit entsprechendes Bild von der Gesellschaft vermittelt wird;

— daß sie begreifen lernen, daß diese Gesellschaft zu verändern ist und verändert werden muß;

— daß die Kinder Solidarität und gemeinsames Handeln für kollektive Interessen lernen, statt Vereinzelung und Konkurrenzverhalten, und

— daß die Kinder zur Achtung vor den arbeitenden Menschen und ihren Leistungen, zum aktiven Eintreten für den Frieden und zur Völkerfreundschaft erzogen werden.

Am grundlegenden Erziehungsziel hat sich seit Generationen für den Imperialismus nichts geändert: Für ihn ist der unterdrückte, verunsicherte, verängstigte Mensch der ideale Bürger und Untertan im wahrsten Sinne des Wortes. Anstelle von Solidarität sollen bei ihm Unsicherheit und Egoismus treten, an die Stelle der Zivilcourage das Duckmäusertum. Aber diese willige Unterordnung genügt in der heutigen krisenhaften Situation Teilen des Kapitals nicht mehr. Sie verlangen schon die „Änderung des Denkverhaltens ... zur gewollten selbstverantwortlichen Einordnungsbereitschaft des einzelnen in Betrieb und Gesellschaft", wie es der BDA in einer Stellungnahme zur Erziehung der Heranwachsenden fordert. Tiefe Ratlosigkeit und das Unvermögen, positive Leitbilder für die überlebte kapitalistische Gesellschaftsordnung zu formulieren, spricht aus den Aussagen des bildungspolitischen Kongresses der CDU-NRW vom 15. Februar 1975: „Neue Bildungsziele und Rahmenlehrpläne müssen berücksichtigen, daß Denken, Urteilen und Verhalten der Menschen in der modernen Industriegesellschaft von einer tiefen Unsicherheit geprägt sind."[5] Und die programmatische Alternative lautet genau wie beim BDA: „Politische Bildung in der Schule muß die Schüler zur Bejahung der freiheitlichen demokratischen Ordnung in unserem Staate erziehen."[6]

Das aber heißt, gemessen an der konkreten CDU/CSU-Politik: Unterordnung im Betrieb, kein Streben nach Mitbestimmung, Akzeptierung des Berufsverbotes für demokratische Lehrer, der Arbeitslosigkeit und ihrer Folgen etc.

Ein scharfer politischer Kampf wird durch die Reaktionäre der CDU/CSU mit Unterstützung der FDP und der rechten SPD-Führung z. Z. an unseren Schulen ausgefochten, der sich gegen die

Schülervertretungen richtet. Auch hier wird versucht, die Schüler-vertretungen rigoros in ihren Rechten einzuschränken, gegen fortschrittliche Schülervertreter vorzugehen. Die Zielstellung ist eindeutig: sie richtet sich gegen progressive politische Tendenzen. In Baden-Württemberg werden Richtlinien ausgearbeitet, nach denen Schülersprecher und Bildungsreferenten von Jugendverbänden einer unerträglichen Gesinnungsschnüffelei unterworfen werden. Der hessischen Landesschülervertretung wurde seitens des Kultusministers verboten, Informationsveranstaltungen zu den Berufsverboten durchzuführen. In Gießen und Bremen wurden von den Schulbehörden Schülervertretungen für abgesetzt erklärt.

Auch hier stehen SPD-Kultusminister wieder Seite an Seite mit stockreaktionären CDU/CSU-„Kollegen". Zwar steht die Aussage der SPD zum Politik-Unterricht an unseren Schulen noch im Gegensatz zu dieser Praxis:

„Im Politik-Unterricht geht es darum, selbständig denkende, urteilende und handelnde Bürger zu erziehen. Ziel ist der Bürger, den Augenmaß und Zivilcourage auszeichnen, der auch einmal bereit ist, gegen den Strom zu schwimmen: das Gegenbild des Untertanen, des Mitläufers, desjenigen, der alles ungeprüft für richtig hält, wenn man es ihm nur schwarz auf weiß zeigt."[7] Dieses Erziehungsziel ist durch die Praxis rechter SPD-Minister längst hinweggefegt.

Wer soll z. B. dann noch „gegen den Strom schwimmen", wenn die Zusammenarbeit mit Kommunisten für die zuwiderhandelnden Sozialdemokraten den Parteiausschluß nach sich zieht? Wie soll etwas anderes als ein Untertan und Mitläufer herangezogen werden, wenn selbständiges Handeln zum Berufsverbot, zu Unvereinbarkeitsbeschlüssen, zu Diskriminierungen und Verfolgungen führt? Nein, die Politik der rechten sozialdemokratischen Führung ist auch nicht dazu angetan, das Ideal des Untertan und Duckmäusers zugunsten eines selbständig denkenden und handelnden Bürgers fallen zu lassen, der weiß, wo er in den Klassenauseinandersetzungen unserer Zeit hingehört und bereit ist, für seine Rechte einzutreten.

Kindercomics, Kinderbücher, Kinderzeitungen

Wir können in unserem Lande die verstärkte Herausgabe bürgerlicher Kinderzeitungen und -Magazine beobachten. Sie richten sich an ganz bestimmte, bisher — aus der Sicht der Ideologen des Großkapitals — vernachlässigte Altersgruppen, wie Kinder von etwa 6 bis 14 Jahren, und sie richten sich mit sogenannten Erziehungshilfen an die Eltern.

Bis vor einigen Jahren wurde den Kindern unseres Landes in Schulbüchern, Kinderbüchern in starkem Maße eine „heile Welt" vorgespiegelt. Es wurde eine Welt dargestellt, in der es keine Konflikte gab, in der die Menschen mit ihrem Los zufrieden waren, in der Herrschafts- und Ordnungsverhältnisse akzeptiert wurden und daher unangetastet blieben.

Diese Tendenz im reaktionären Bereich wird heute von einer zunehmenden Brutalisierung in der Kinderliteratur überlagert. Selbst die Bundesprüfstelle für jugendgefährdende Schriften in Bonn mußte eine zunehmende Verherrlichung von Gewalt in der Kinderliteratur zugeben und in der Begründung für die Dauerindizierung eines Comicmagazins feststellen: „Die Schrift fördert Intoleranz, Haß- und Vernichtungswillen gegenüber dem Gegner. Ebenso werde das Vorurteil gefördert, gesellschaftliche, politische und persönliche Entwicklungen und Krisen seien das Werk dunkler Mächte, deren erbarmungsloser Ausrottung es bedürfe, um Ruhe und Ordnung wieder herzustellen — gleich, mit welchen Mitteln."[8]

Auch durch Entwürfe furchterregender, drohender Zukunftsbilder werden Unsicherheit und Angst vor der Zukunft hervorgerufen. Diese Angst vor der eigenen Entwicklung, vor überirdischen Mächten oder übermächtigen Verhältnissen erzeugt politisches Desinteresse und Resignation. Man kann sich leicht vorstellen, welche Auswirkungen diese reaktionäre Beeinflussung auf die Kinder haben soll, wenn gleichzeitig die antikommunistische Ideologie verstärkt wird. Ausdruck dieser Welle der Gewalt sind auch die steigenden Zahlen der Kinderkriminalität in unserem Lande.

Eine andere Strömung der bürgerlichen Erziehung und Massenbeeinflussung der Kinder nennt durchaus vorhandene gesellschaftliche Konflikte. Aber eben nur in begrenztem Sinne. Sie wahrt gleichzeitig mit aller Entschiedenheit die kapitalistische Gesellschaftsordnung. Die Kinder sollen lernen, Konflikte zu erfassen und gewisse Lösungen anzustreben. Dabei werden allerdings grundlegende Konflikte wie der zwischen Kapital und Arbeit zu Konflikten von „Interessengruppen" umgedeutet. Monopolverbände stehen auf einer Stufe mit Hundezüchtervereinen, die Gewerkschaften mit Sportvereinen. In unwesentlichen Fragen dürfen die Kinder durchaus kritisch sein, immer in dem Maße, wie die Grundlagen der Gesellschaftsordnung nicht angetastet werden.

Aus der Angst heraus, daß in Zeiten einer solchen Krise, wie unser Land sie durchmacht, Kritik an begrenzten politischen Konflikten bis an die Wurzeln des Systems führen kann, wendet man sich wieder der Darstellung einer heilen Welt zu. So berichtet eine bürgerliche Zeitung am 25. November 1975: „Ein merkwürdiges Phänomen hat der Leiter der internationalen Jugendbibliothek in

München ... bei der Kinder- und Jugendbuchproduktion des Jahres 1975 beobachtet: „Gesellschaftskritik findet kaum mehr statt!" Und der gleiche Artikel schließt auf die Absicht der Jugendbücher: Es soll deutlich gemacht werden, „was es draußen auf dem Land beim Großvater jenseits der zerstörten Welt, nicht alles gibt".[9]

Eine weitere Stufe schließlich ist die direkte und unmittelbare politische Beeinflussung, wie sie an einem Beispiel aus dem Comic „Donald Duck" dargestellt werden mag.

Situation: Donald Duck ist durch Bestechung und Manipulation zu einem bekannten Box-Star geworden. Als Donald mit dem Taxi zurück in die Stadt fährt ...

„Verflixt: Da vorn findet eine Demonstration statt!"

„Meine Leute schaffen es nicht, die Demonstranten auseinanderzutreiben!"

„Die Menge ist ganz schön wütend!"

Da erscheint Donald als Retter in der Not ...

„Hört mit dem Unfug auf und macht, daß ihr nach Hause kommt. Andernfalls kriegt ihr's mit mir zu tun!"

Später zu Hause ...

„Wir sind stolz auf dich, Onkel Donald!"[10]

Ziele und Arbeit der Jungen Pioniere

Unsere Antwort auf die Entwicklung in der Bundesrepublik muß sein, die sozialistischen Organisationen und fortschrittlichen Kräfte in unserem Land zu stärken, ihren Einfluß zu erhöhen und die Massen der Bevölkerung zu erreichen. Wir müssen die Bedürfnisse der Kinder und ihre Ansprüche in der Öffentlichkeit aufzeigen, die demokratischen Organisationen verstärkt für die Aktionen zum Wohle der Kinder gewinnen und echte Alternativen zur Verbesserung der Lage der Kinder aufzeigen.

Sowohl die Jungen Pioniere als auch die Schülergruppen der SDAJ und der MSB Spartakus entwickeln Aktivitäten in dieser Hinsicht. Ihre Politik ist darauf gerichtet, Schüler und Jugendliche vom verheerenden Einfluß der imperialistischen Manipulation zu befreien. Sie zeigen auf, daß Politik nicht, wie es die Massenmedien darzustellen versuchen, nur in Verbindung mit Skandalen, Morden, Brutalität, Terror oder Bestechung steht.

Zu den Grundvoraussetzungen in der Arbeit der sozialistischen Kinderorganisation Junge Pioniere gehören qualifizierte Leiter, die mit Liebe, Geduld und Einfühlungsvermögen in die Persönlichkeit des Kindes ihm helfen, sich in der gesellschaftlichen Realität zurechtzufinden. Da die marxistische Weltanschauung zutiefst optimistischen Charakter trägt, kann den Kindern, besser als in jedem „glücklich endenden" Märchen. deutlich gemacht werden, daß *sie selbst* es sind, die bereits als kleine Persönlichkeiten die Fähigkeit zum Eintreten für ihre Interessen entwickeln können.

Wir wollen durch unsere Arbeit den Kindern ein reales Bild der gesellschaftlichen Wirklichkeit in der BRD vermitteln und ihnen den Kampf der progressiven Kräfte verständlich machen. Zuverlässigkeit, Ehrlichkeit und Hilfsbereitschaft untereinander sind Eigenschaften, die Kindern in der kapitalistischen Umwelt nur zu selten nahegebracht werden. Wir machen in unserer Organisation deutlich, daß sie solidarisch untereinander sein müssen, wenn sie ihre gemeinsamen Interessen durchsetzen wollen. Die Solidarität, die der Kapitalismus verhindern will, ist für die Arbeit unserer Gruppen ein wichtiges Erziehungsziel. Unsere Erziehung zu demokratischen und sozialistischen Persönlichkeiten muß auf dem Wege zur Entwicklung eines Kollektivs diese positiven Charaktereigenschaften bei den Kindern fördern und entwickeln.

Die Pioniergruppen laden Arbeiter zu ihren Nachmittagen ein und diskutieren mit ihnen über die Situation im Betrieb, über ihre Arbeit und ihre Probleme. Sie sollen erkennen, daß das auch die Probleme ihrer Eltern sind.

In unserer Pionierarbeit legen wir großen Wert auf die Entwicklung eines richtigen Verständnisses der Kinder für die Leistungen der arbeitenden Menschen.

Wir lehren die Kinder, das Leben zu achten, für den Frieden einzutreten, eine Position der Freundschaft zu den Kindern in aller Welt und der Sympathie gegenüber den sozialistischen Ländern einzunehmen. Die Kinder üben Solidarität mit den Arbeitern aller Länder und der antiimperialistischen Befreiungsbewegung und sind mit ihnen solidarisch verbunden, sie pflegen Freundschaft zu den ausländischen Kindern in der BRD. Wir wollen den Kindern helfen, das Wesen des Imperialismus zu erkennen. Sie sollen vom Imperialismus wissen, daß er seine Verbrechen auch an Millionen Kindern verübt, daß er Kinder mordet und ausbeutet und von ihrem Hunger profitiert, daß er vielen den Weg zur Schule versperrt, daß er sie mißhandelt und für seine schmutzigen Geschäfte mißbraucht.

Solidaritätsbasare, Sammlungen und der Verkauf von selbstgebastelten Sachen spielen in unseren Pioniergruppen eine entscheidende Rolle. Zehntausende Mark wurden von den Gruppen bereits auf Solidaritätskonten überwiesen. Die Diskussion über die Kinder in aller Welt und die aktive Solidarität auch durch Bilder, Lieder und Filme gehört untrennbar zum Bestandteil unserer Arbeit.

Als politische Erziehungsorganisation stellen die Jungen Pioniere in ihren Gruppen die Vielfalt des gesellschaftlichen Lebens so breit wie möglich dar. Dabei heißt die grundsätzliche Zielstellung: Erziehung zu allseitig gebildeten Persönlichkeiten.

In unserer Gesellschaft ist die Familie nach wie vor die wichtigste Gemeinschaft zur Erziehung der Kinder. Hier werden wichtige Grundlagen für die gesamte Entwicklung des Menschen gelegt. Eine Erziehung durch die Pioniergruppen sollte zur Aufgabe haben, positive Erziehungsziele des Elternhauses zu fördern, die Solidarität und Liebe in der Familie gegenüber den Eltern und Geschwistern zu unterstützen. Wir wollen den Arbeiterfamilien auch helfen, den erforderlichen Widerstand gegen die feindlichen Einflüsse auf Kinder, gegen die kinderfeindliche Umwelt zu entwickeln.

Wir laden die Eltern zu unseren Gruppennachmittagen, zu Karnevalsfeiern, Besprechungen und Informationen über Ferienfahrten oder zu Nikolaus- und Weihnachtsfeiern in die Gruppen ein. Wir informieren die Eltern über Zielsetzung und Arbeit der Pioniere und möchten so ihre Unterstützung für unsere Arbeit gewinnen.

Wir erziehen die Mitglieder unserer Organisation zu einem guten Verhältnis zum Lernen. Wissen ist eine der wichtigsten Voraussetzungen, um die Welt richtig erkennen zu können. Wir wollen die Kinder zum kritischen Denken und zu engagierten Demokraten erziehen, und dazu gehört, sich Wissen anzueignen und kritisch zu lernen. Darunter verstehen wir auch, daß die Jungen Pioniere gemeinsam mit anderen demokratischen Kräften für bessere Lehr- und Lernbedingungen eintreten.

Unter dem Thema „Müssen wir in der Schule gut lernen?" werden in den Pioniergruppen Nachmittage durchgeführt, die den Kindern ihr Verhältnis zur Schule und zum Lernen verdeutlichen sollen. Wir wollen den Sinn des Lernens für die Entwicklung der Persönlichkeit und im Streben nach einer besseren Gesellschaftsordnung darstellen.

Im Sinne unserer Erziehungsprinzipien haben wir natürlich gemeinsame Ziele und Grundlagen mit allen fortschrittlichen Kinderorganisationen der ganzen Welt, die für die Rechte der Kinder eintreten. Große Bereiche unserer Zielstellungen sind in den Ländern verwirklicht, in denen eine sozialistische Gesellschaftsordnung besteht.

Immer mehr Menschen schauen heute mit Bewunderung auf die Entwicklung des überragenden Schul- und Bildungssystems in den sozialistischen Ländern. Ein Familienbericht und Bericht über die Lage der Kinder, wie er am 22. Mai 1975 im Bundestag gegeben wurde, der die katastrophale Lage der Kinder in unserem Land in allen Bereichen zeichnete, ist — das erkennen immer mehr Menschen — in einem sozialistischen Staat undenkbar. Immer ist es eines der höchsten Ziele sozialistischer Erziehung und der sozialistischen Bewegung gewesen, mit allen Mitteln für die Rechte der zukünftigen Generation, der Jugend und der Kinder einzutreten und die Heranwachsenden zu aktiven und engagierten Demokraten zu erziehen.

Auch die Jungen Pioniere der BRD setzen sich gemeinsam mit allen anderen fortschrittlichen Kräften konsequent für eine solche Politik in der BRD ein.

1 „Handelsblatt" vom 19./20. 12. 1975.
2 Ebenda.
3 H. P. Bleuel, Kinder in Deutschland, München 1973, S. 135.
4 betrifft: erziehung 4/1975, S. 49/50.
5 Bildungspolitik mit Augenmaß und Vernunft, Bildungspolitischer Kongreß der CDU (NRW) am 15. 2. 1975, S. 7.
6 Ebenda, S. 9.
7 „Das lernt Ihr Kind im Politik-Unterricht", Kultusminister des Landes NRW, Dortmund 1975.
8 Frankfurter Allgemeine Zeitung vom 15. 5. 1975.
9 Ruhr-Nachrichten vom 25. 11. 1975.
10 Donald Duck 11/1975, S. 18/19.

Dietrich Holl

Fragen an die Bildungspolitik
der Linkssozialdemokratie

Es wäre sicher falsch, die SPD insgesamt als einheitlich, in sich geschlossen anzusehen. Gerade auf dem Gebiet der Bildungspolitik hat sich in den vergangenen Jahren — mitunter wesentlich deutlicher als in anderen Bereichen — der Unterschied zwischen der rechten SPD-Führung einerseits, der fortschrittlichen Klassenlinie andererseits gezeigt. Immerhin wurde der linkssozialdemokratische Einfluß auf die Bildungspolitik nach außen dokumentiert durch Namen wie Evers, von Friedeburg u. a.

Seitdem allerdings auch in den sozialdemokratischen „Reformhochburgen" der nüchterne Schulalltag wieder eingekehrt ist, seitdem neue Gesamtschulen nicht mehr genehmigt und die Reformlehrpläne wieder auf kapitalistisch-partnerschaftliche Paßform gebracht werden, seitdem trotz offiziell behaupteter „Lehrerschwemme" Schulen und Schulklassen aus allen Nähten platzen, stellt sich mit Nachdruck die Frage nach den konkreten Ursachen für den trostlosen Zustand, in den die einst mit so viel Elan begonnenen Reformvorbereitungen geraten sind.

Resultiert die schwache Position der verbliebenen konsequenten Bildungsreformanhänger in der linken Sozialdemokratie einfach aus der Stärke des Gegners? Sind es prinzipiell richtige Ansatzpunkte und Forderungen, die von Jungsozialisten und linkssozialdemokratischen Einzelkämpfern im Bildungsbereich formuliert wurden, und die nun lediglich infolge der Verschlechterung finanzieller und politischer Rahmenbedingungen zum gegenwärtigen Zeitpunkt keine ausreichende Unterstützung finden? Sind es die Auswirkungen der Wirtschaftskrise, daß das Thema Bildungspolitik bei der arbeitenden Bevölkerung häufig auf Desinteresse und sogar Mißtrauen stößt? Oder ist die Schwächung der Reformpositionen inner- und außerhalb der SPD, die mit dem Ausscheiden sozialdemokratischer Reformrepräsentanten wie Evers und von Friedeburg auch als „Tendenzwende" in der offiziellen Bildungspolitik ihren Ausdruck fand, durch falsche Ansatzpunkte und Forderungen zumindest mitverursacht worden?

Forderungen der Jungsozialisten

Bildungspolitik ist unter Jungsozialisten ein umstrittenes Thema. Auf dem Bundeskongreß der Jungsozialisten in Oberhausen wurde 1972 noch ein längerer Antrag der Südhessen zur „Strategie von Sozialisten im Schulbereich" ohne größere Diskussion angenommen. 1973 konnten sich die Delegierten in Godesberg dagegen nicht auf ein während des Kongresses formuliertes Kompromißpapier über bildungspolitische Ziele und Strategien einigen. Man beschloß stattdessen, einen Bildungskongreß durchzuführen, der im November in Saarbrücken stattfand und ein achtzig Stichworte und Unterpunkte behandelndes Beschlußpapier hinterließ.

Es ist nicht unsere Aufgabe, inhaltliche und strategische Einzelheiten grundlegender Meinungsverschiedenheiten zu analysieren, die sich in diesem Beschluß zum Teil niederschlagen. Wir haben vielmehr davon auszugehen, daß die dort niedergelegten Einschätzungen und Zielsetzungen gerade in ihrer Widersprüchlichkeit, Weitschweifigkeit, begrifflichen Unklarheit und Zusammenhangslosigkeit als „verbindliches" bildungspolitisches Programm der Jungsozialisten zu betrachten sind und das gegenwärtige Dilemma jungssozialistischer Politik und Strategie angemessen zum Ausdruck bringen.

Das Schlagwort von den „antikapitalistischen Strukturreformen" präsentieren auch die bildungspolitischen Reformvorstellungen der Jungsozialisten. Zweifellos beinhalten die Beschlüsse von 1973 vielfach richtige und fortschrittliche Einsichten und Forderungen, die deutlich im Gegensatz stehen zur Praxis verantwortlicher sozialdemokratischer Politiker und der Politik der rechten SPD-Führung generell. So wird gewerkschaftliche Mitbestimmung in allen Bereichen gefordert, besonders in der Berufsausbildung; weiterhin — um noch einige ins Auge fallende Punkte anzuführen — die Beseitigung des dreigliedrigen Schulsystems und die Einführung der integrierten Gesamtschule; deren sofortige Institutionalisierung als Regelschule; Einführung gleichwertiger schulischer Abschlüsse; Durchlässigkeit beruflicher Ausbildungsgänge; Erleichterung der Weiterbildung und Bildungsurlaub; Einführung der Ganztagsschule; bessere Ausstattung von Grund-, Haupt- und Berufsschulen. Andererseits sind aber — mißt man die Beschlüsse am Anspruch, sozialistische Politik zu formulieren — opportunistische Schlenker und Zugeständnisse so häufig und unübersehbar, daß die fortschrittlichen Ansatzpunkte zu Versatzstücken scheinreformerischen Wortgeklingels geraten. — Im Folgenden beziehen wir uns in unserer Kritik auf die hier genannten Schwerpunktforderungen der Jungsozialisten.

Keine eindeutige Analyse der Gesellschaftsordnung

Die Jusos verzichten darauf, in der Begründung ihrer Forderungen von einer eindeutigen und konkreten Gesellschaftsanalyse auszugehen und dementsprechend (trotz einer Vielzahl konkretistischer Einzelforderungen) auch darauf, eindeutige Forderungen zu formulieren.

Zwar ist von „antikapitalistischer Bildungspolitik" die Rede, auch vom Widerspruch zwischen „den Forderungen des Kapitals nach verwertbaren Arbeitskräften" und dem Verlangen der Bevölkerung nach „Einlösung von Bildungsangeboten" o. ä. Es wird auch darauf hingewiesen, daß die Bindungen im Ausbildungsbereich von „kapitalistischen Systemerfordernissen" abhängen und „nicht beliebig zu verändern sind". Charakteristisch ist jedoch bei solchen und ähnlichen Formulierungen und für den Rahmen, in dem sie gemacht werden, daß das Kapital lediglich als einer unter mehreren gesellschaftlich wirksamen Machtfaktoren dargestellt wird, nicht aber als der *herrschende*. Es sei „staatliche Bildungspolitik in der Bundesrepublik ... durch einen sichtbarer werdenden Widerspruch ..." gekennzeichnet, ohne daß der Charakter dieser Widersprüche klar gekennzeichnet wird. Im Rahmen staatlicher Bildungspolitik streiten demnach unterschiedliche Interessen um Durchsetzung. Den herrschenden Einfluß des Monopolkapitals auch in der Bildungspolitik, der ja gerade durch die erfolgreiche Verhinderung konsequenter Maßnahmen zur Verbesserung der Lage im Bildungswesen nur zu deutlich dokumentiert wird, erwähnt man nicht.

Das „Kapital" bleibt in den ansonsten sehr wortreichen Beschlüssen überdies eine höchst abstrakte, unfaßbare Instanz. Offenbar lassen sich die dominierenden Fraktionen der Jusos trotz abstrakt formulierter Kapitalismuskritik von der rechtssozialdemokratischen Führungslinie so sehr einschüchtern, daß sie es nicht wagen, die Dinge beim Namen zu nennen. Peinlich vermeiden sie es, die täglich wachsende Konzentration ökonomischer Macht bei den großen internationalen Kapitalgruppen oder gar deren Einsatz ökonomischer und politischer Machtmittel anzurühren. An keiner Stelle beschäftigen sie sich mit der Frage, wo die Gelder zur Finanzierung der geforderten Reformmaßnahmen herkommen könnten. Zu sagen, daß der arbeitenden Bevölkerung nur das gegeben werden kann, was den Konzernen genommen wird, wäre wohl eine zu deutliche Markierung des Klassengegensatzes.

Überhaupt zeichnen sich die Forderungen der Jusos durch eine merkwürdige Allergie gegenüber den konkreten materiellen Engpässen im Bildungsbereich aus. „Unzureichende Finanzierungsmöglichkeiten, Lehrermangel, Raumknappheit und unzulängliche

Arbeitsmittel dürfen nicht als Vorwand dazu benutzt werden, die Drei-Klassen-Schule zu erhalten ..." wird formuliert — an die Beseitigung dieser Zustände wird hier schon gar nicht mehr gedacht.

Werden damit „unzureichende Finanzierungsmöglichkeiten" also als unvermeidliche einschränkende Bedingung für jede Bildungspolitik akzeptiert? Obwohl zugleich „eine an den gesellschaftspolitischen Zielen des demokratischen Sozialismus orientierte Bildungsfinanzierung, die nicht zu Lasten der Lohnabhängigen geht", gefordert wird, und dies im Gegensatz zur „Unterwerfung der staatlichen Bildungsreform unter die konjunkturellen Schwankungen kapitalistischer Wirtschaftspolitik". Letzteres wird zu Papier gebracht, um einige Zeilen weiter zu schreiben: „In der Phase der Hochkonjunktur werden die freien Mittel als Konjunkturausgleichrücklage benutzt, ... so daß auch hier zusätzliche Mittel für den Bildungssektor in der Regel *nicht* zur Verfügung stehen." *In einem Satz:* Die Jusos setzen in ihren bildungspolitischen Grundsätzen nicht an den konkreten Interessen der arbeitenden Bevölkerung an. Folgerichtig werden auch keine konkreten Forderungen aufgestellt.

Keine Analyse des Bildungswesens

Die Jusos verzichten darauf, die staatliche Bildungspolitik systematisch und kritisch zu analysieren. Bezüglich der Möglichkeiten staatlicher Bildungspolitik werden illusionäre Hoffnungen geweckt.

Wir haben oben festgestellt, daß die Abhängigkeit der Bedingungen im Bildungsbereich von „kapitalistischen Systemerfordernissen" erwähnt wird. An anderer Stelle heißt es sinngemäß, Bildungspolitik unter kapitalistischen Bedingungen diene vorwiegend den Interessen des Kapitals, wobei dies allerdings etwas verschlungener formuliert wird. Das hindert die Jungsozialisten aber nicht daran, „eine in ihren gesamtgesellschaftlichen Zielen ausgewiesene gesamtgesellschaftliche Planung" zu fordern, die „die dezentral entwickelten Bedürfnisse der Mehrheit der Bevölkerung zusammenfaßt". Rätselhaft ist nicht nur, wie unter den von den Jusos selbst genannten Bedingungen eine solche „Zusammenfassung" tatsächlich stattfinden könnte, sondern auch, was Sozialisten unter „gesamtgesellschaftlichen Zielen" verstehen sollen, nachdem vorher von antikapitalistischen Reformen die Rede war. Die Forderung nach gesamtgesellschaftlicher Planung stellen die Jungsozialisten heute auf, obwohl heute Bildungspolitik den Interessen des Kapitals verpflichtet ist und auch „die grundsätzliche Begrenztheit kapitalistischer Gesellschaftsplanung" nicht zu übersehen sei. Warum? Weil „die krisenhafte Wirtschaftsentwicklung der Bundesrepublik ... die Notwendigkeit, die Finanzierung des Bildungsbereichs unabhängig zu machen von konjunkturellen Schwankungen" unterstreiche!

Wiederum *in einem Satz:* Die Jusos übersehen systematisch den Klassencharakter staatlicher Bildungspolitik, sie verbreiten die Illusion, über staatliche Bildungspolitik könnten unter den gegenwärtigen Bedingungen sozialistische Zielvorstellungen realisiert werden, während sie die Notwendigkeit einer klassenkämpferischen Bewegung gegen die Allmacht des nationalen und internationalen Großkapitals einschließlich seiner staatlichen Interessenvertreter mehr oder weniger bewußt leugnen.

Wie bewerkstelligen es nun die Jungsozialisten, daß solche Lücken und Ungereimtheiten nicht jedem auf Anhieb ins Auge fallen? Was tritt an die Stelle konkreter Analyse und konkreter Forderungen?

Was bieten die Juso-Forderungen konkret?

Die Jusos verzichten in ihren bildungspolitischen Beschlüssen auf jede erkennbare Schwerpunktsetzung, führen Einzelaspekte bis in nebensächlichste Details aus, präsentieren eine Vielzahl bildungspolitischer Reizworte und Patentrezepte, ergänzt durch einige Begriffshülsen aus dem akademisch-studentischen Polit-Slang.

Die Aneinanderreihung einiger Dutzend Forderungen zu allen Schulstufen und -arten, zu Vorschule, Hochschule und Weiterbildung, mag beim ersten Durchlesen den Eindruck enormer Gründlichkeit und Systematik hinterlassen. Ja — die Forderungen sind so vielfältig und zum Teil auch konkret, daß darüber die massiven Widerstände, mit denen beim Versuch konkreter Durchsetzung (auch durch eine SPD-Regierung!) zu rechnen wäre, in Vergessenheit geraten.

Vielmehr entsteht der Eindruck, daß man an die Probleme im Bildungswesen nur mit der erforderlichen Gründlichkeit, Differenziertheit und vor allem pädagogischen Geschicklichkeit herangehen müsse, um sie zu lösen. Daß echte Reformen gegen starke gesellschaftliche Kräfte durchgesetzt werden müssen, wird kaum angedeutet. So wenig hilfreiche Formulierungen wie die, daß statt schlechter Ausbildung und ideologischer Anpassung „gegenseitige, gesellschaftskritische Durchdringung von Theorie und Praxis" für die Berufsausbildung gefordert werde, verdeutlichen die Entfernung der Verfasser von konkreter Politik endgültig. Aber schwerwiegender ist noch jener pädagogische Illusionismus, der bezüglich der Möglichkeiten und realen Folgen von Projektunterricht, der Einführung polytechnischen Unterrichts, der Änderung von Arbeitsformen im Unterricht (Gruppenarbeit) und seines unmittelbaren Praxisbezugs zumindest dadurch geweckt wird, daß der Zweck solcher formaler und inhaltlicher Veränderungen nicht klar ersichtlich wird.

Fassen wir zusammen: Die Jusos entwickeln eine bildungspolitische Programmatik, der infolge scheingenauer Anhäufung von Forderungen, deren Zwecke gar nicht oder ungenau angegeben werden, vor allem aber aufgrund des Verschweigens von Widerständen gegen Reformen, eine klare Stoßrichtung fehlt, die aber andererseits bildungspolitischen und pädagogischen Illusionen Vorschub leistet.

Die Perspektiven linkssozialdemokratischer Bildungspolitik

Trotz einiger positiv zu wertender Teile also ist der zwiespältige Charakter der Bildungspolitik der Jungsozialisten hervorzuheben und zu betonen. Das Etikett „antikapitalistisch" — in den bildungspolitischen Beschlüssen demonstrativ herausgestellt — vernebelt, daß tatsächlich keine klaren Aussagen und Forderungen formuliert werden. Die allgemeinen kritischen Ausführungen zu den Grenzen staatlicher Bildungsplanung überdecken die konkrete opportunistische Anbiederung an die staatliche Bildungspolitik. Schließlich lenkt der pädagogische Illusionismus ab von der Notwendigkeit jetzt, *in erster Linie* für die Verbesserung der materiellen Bedingungen im Bildungssystem zu kämpfen. Die im wesentlichen nur scheinbar linken bildungspolitischen Aussagen werden damit zum Alibi einer insgesamt verfehlten Politik, wodurch sich gewiß nicht wenige Anhänger der Jungsozialisten täuschen lassen. Außerdem wird es so der rechtssozialdemokratischen Führung leichtgemacht, „linke" bildungspolitische Forderungen nach ihren Vorstellungen zu vermarkten.

Die hier an den Jungsozialisten geübte Kritik trifft im wesentlichen auch die nicht den Jungsozialisten unmittelbar zuzurechnenden linkssozialdemokratischen Bildungsexperten und Bildungspolitiker. 1969 schrieb Ludwig von Friedeburg, schon Kultusminister in Hessen, es komme nicht darauf an, „die Schule für die Anforderungen der spätkapitalistischen Leistungsgesellschaft zuzurichten, sondern sie zu einer der Kräfte zu machen, die die Demokratisierung der Gesellschaft weitertreiben" (Hessischer Kultusminister, Bildungspolitische Informationen 3/69). Der in dieser „Aufbruchphase" entwickelte Elan konnte nicht lange vorhalten, denn spätestens 1971 wurde deutlich, daß der „Bildungsgesamtplan" der „Bund-Länder-Kommission für Bildungsplanung" (er wurde 1973 verabschiedet) hinter wesentlichen Forderungen der Schulreformer (Gesamtschule als verpflichtendes Ziel für alle Bundesländer, Einführung einer zehnjährigen Mindestschulzeit u. a.) zurückfallen würde. Auch die ursprünglichen Finanzierungsansätze wurden nach 1969 mehrfach nach unten „korrigiert".

Natürlich sind die bildungspolitischen Zielvorstellungen der linken Sozialdemokraten in keiner Phase *ungebrochen* in das Regierungsprogramm irgendeiner sozialdemokratisch geführten Regierung übernommen worden. Im Schulentwicklungsplan I der hessischen Landesregierung (Hessen '80) von 1970 finden sich zwar die meisten der gängigen Forderungen und Formulierungen wieder, aber auch gleichzeitig eine Verschiebung in der Argumentation zur Begründung der Schulreform. Ihre Notwendigkeit wird vom Begriff der „Industriegesellschaft" aus entwickelt, als ginge es vorwiegend darum, einen technischen „Modernitätsrückstand" aufzuholen. Überhaupt fällt auf, daß dem Aspekt „Technik" und Unterrichtstechnologie zunächst sehr große Bedeutung zugemessen wird. In Hessen wurde ein bildungs-„technologisches" Zentrum eingerichtet (inzwischen wieder aufgelöst), programmierter Unterricht sollte „zukünftig in der Schule eine erhebliche Rolle spielen" (Hessen '80), eine aufwendige Unterrichtstechnologie konnte von interessierter Seite als wesentliche Komponente der Schulreform aufgebaut werden, da sich hier scheinbar Reformperspektiven ergaben, die politisch völlig unproblematisch aussahen. Erst als die Finanzierungsfrage in den Vordergrund trat und die Schulpraxis zeigte, daß der Einsatz aufwendiger Unterrichtstechnologien auf die Dauer kein einziges Problem der Schulen lösen konnte, verschwand diese „Reform"-fraktion von der Bildfläche.

Was *heute* von seiten der Linkssozialdemokratie noch an echter bildungspolitischer Reform zu erwarten? In einem Interview in einer pädagogischen Zeitschrift vertrat der hessische Exminister Friedeburg Mitte 1975 die Ansicht, die SPD in Hessen habe „keinen Zweifel daran gelassen, daß sie an den zentralen Zielen festhalten" wolle — „im Rahmen des Möglichen". Was heute „möglich" ist und wie utopisch dieses „Festhalten" heute erscheinen muß, verdeutlichen die Politik des neuen hessischen Kultusministers und die Arbeitslosigkeit Tausender Lehrer in allen Teilen der Bundesrepublik. Das tatsächliche Ausbleiben konkreter und wirkungsvoller Reformmaßnahmen und die effektive Verschlechterung der Situation an den Schulen sowie im gesamten Bildungs- und Ausbildungsbereich (bei gleichzeitiger gebetsmühlenartiger Wiederholung sich abnutzender Reformphrasen) hat zur Folge, daß nun auch für die Restbestände fortschrittlicher sozialdemokratischer Bildungspolitik eine sichere Massenbasis in der Bevölkerung fehlt. Die SPD-Führung betrachtet es als Ausweg, den Forderungen der CDU teilweise entgegenzukommen (etwa mit massiven Berufsverboten). Wie reagiert nun die SPD-Linke, die ehemaligen Reformexperten und Bildungspolitiker auf den Krebsgang der offiziellen Bildungspolitik?

Der Prozeß der bildungspolitischen Ernüchterung führt leider nicht zwangsläufig zu einer klaren Sicht der Ursachen des Scheiterns. Während die SPD-Spitze mit dem Ablenkungsmanöver „weg von der Gesamtschule, hin zur Berufsausbildung" vor den Angriffen der CDU fortzulaufen versucht, finden manche Sozialdemokraten immer neue Ausreden und auch immer neue „Reform"-möglichkeiten. Die ungünstige Entwicklung der Haushaltslage und die Böswilligkeit des politischen Gegners werden am häufigsten als Ursachen genannt. Als neues „Reformfeld" wird die Integration schulischer und beruflicher Bildung speziell in der Oberstufe, ergänzt durch die Einführung des polytechnischen Unterrichts in der Mittelstufe, angeboten.

Ludwig von Friedeburg kritisierte auf dem Bundeskongreß der Gemeinnützigen Gesellschaft Gesamtschule (GGG) im Mai 1974 in Kassel den „idealistischen Ansatz" der Gesamtschultheorie, behauptet aber gleichzeitig, in der Gesamtschule könne „der Wissenschaftsanspruch des Gymnasiums erhalten, aber seine Praxisferne überwunden werden", eine in dieser Allgemeinheit schon damals absolut idealistische Wunschvorstellung. Auch die wohl anfeuernd gemeinten Ausführungen des Vorsitzenden der GGG, Joachim Lohmann, bei der Eröffnung des Gießener Bundeskongreß der GGG 1975 („Der Durchbruch der Gesamtschule ist gelungen") können wohl kaum als realistische Einschätzung der gegenwärtigen bildungspolitischen Entwicklungstendenzen gewertet werden.

Bildungspolitische Aktivitäten der Jungsozialisten sind rar geblieben, die erfolglosen Versuche zur Stützung der hessischen Rahmenrichtlinien Mitte 1973 hat viele resignieren lassen, erst recht die darauffolgenden bildungspolitischen Kurskorrekturen. Resignation führt zunehmend zu einer Haltung des „Dann macht doch eure Schulreform alleine, wir machen nicht mehr mit", die zur Zeit auch von der Spitze der Gewerkschaft Erziehung und Wissenschaft verbreitet wird.

Währenddessen beschäftigen sich die gegenwärtig für Bildungspolitik Verantwortlichen eifrig und unbeeindruckt von vereinzelten Protesten mit der bildungspolitischen Vergangenheitsbewältigung. Die fortschreitenden Verschlechterungen der Bedingungen auf fast allen Ebenen des Bildungswesens hindert beispielsweise die Staatssekretärin im hessischen Kultusministerium, Vera Rüdiger, keineswegs daran, in ihrem Einführungsreferat beim GGG-Kongreß im Mai 1975 zu behaupten: „Von den allgemeinen Zielen der Schulreform wird kein Jota abgerückt." Ein Ausspruch, der wohl entweder als Wechsel auf das Jenseits zu betrachten ist, oder als Verdeutlichung dessen, was sich die SPD-Führung schon immer unter „Schulreform" vorgestellt hat.

Zweifellos lassen die heutigen Rahmenbedingungen für eine fortschrittliche Reformpolitik auch und gerade im Bildungswesen auf kurze Sicht nicht viel Raum für Optimismus. Die linken Sozialdemokraten haben sich in eine Sackgasse manövriert, aus der sie nur mit einiger Anstrengung herausfinden werden. Schon 1973 schrieb der ehemalige Bildungssenator von Westberlin, Carl-Heinz Evers, in einem kritischen und ernüchternden bildungspolitischen Rückblick, die erforderliche konstruktive Kritik müsse vermeiden, „alte Illusionen durch neue zu ersetzen". Er kritisierte unter anderem die idealistische Parteinahme für die Gesamtschule unter illusionären oder inhaltslosen Versprechen wie der Chancengleichheit, der optimalen Förderung jedes Schülers, der Gerechtigkeit, Gleichheit oder Solidarität. Auch die allgemeine Einführung der integrierten Gesamtschule, so Evers weiter, werde eine Fülle von Widersprüchen nicht beseitigen, „solange der Grundwiderspruch zwischen gesellschaftlicher Produktion und privater Aneignung besteht".

Nur eine solche realistische Sicht der Dinge wird der linken Sozialdemokratie wieder eine konkrete bildungspolitische Perspektive eröffnen. Diese schließt allerdings nicht nur eine nüchterne Bestandsaufnahme und klare Abkehr von alten Illusionen, sondern vor allem die Einsicht ein, daß bildungspolitische Fortschritte nur im politischen Kampf, im konkreten Klassenkampf gegen das Großkapital und seine gut organisierten Interessenvertretungen, erreicht werden können; daß darüber hinaus auch sozialdemokratisch geführte Landesregierungen und Kultusministerien nicht durch Appelle und parteiinterne Beschlüsse, sondern nur durch eine Verschiebung des gesellschaftlichen Kräfteverhältnisses zugunsten der Arbeiterklasse zur Änderung ihrer gegenwärtigen Politik bewegt werden können.

Ohne Zweifel gibt es eine *entscheidende* Bedingung für eine mögliche Belebung des linkssozialdemokratischen Einflusses auf die Bildungspolitik, nämlich: die Jungsozialisten und die führenden Bildungspolitiker der SPD-Linken müßten *erstens* die Forderungen des sozialdemokratisch beeinflußten Teils der Arbeiterklasse aufgreifen; sie müßten *zweitens* die Forderungen des DGB, der Industriegewerkschaften und der GEW aufnehmen und auf der politischen Ebene *konsequent* vertreten; und sie müßten schließlich *drittens* sich aktiv einreihen in die breite demokratische Bewegung *aller* politischen Strömungen der Arbeiterbewegung der BRD.

Viele junge Sozialdemokraten im gewerkschaftlichen Bereich demonstrieren täglich den Erfolg dieser prinzipiellen Linie. Gestützt auf diese Erfahrungen kann man ganz allgemein formulieren:

Gelingt es den Jungsozialisten nicht, eine Strategie der gewerkschaftlichen Orientierung in ihrem Verband breit zu verankern; gelingt es ihnen nicht, ihre Mitgliedschaft zum aktiven Einsatz für die Aktionseinheit der Arbeiterklasse auch im Bildungsbereich zu mobilisieren, dann werden sie keine Perspektive besitzen und zum bedeutungslosen Feigenblatt der rechten SPD-Führung herabsinken.

Heiner Schmidt

Die Gesamtschule, Stand und Perspektiven

Die schon seit Jahren andauernde Auseinandersetzung um die Gesamtschulen in unserem Land hat mit Sicherheit eines erwiesen: Die Gegner der Gesamtschule besitzen keine Argumente. Was Unternehmerverbände und CDU/CSU sowie reaktionäre Elternvereine bisher aufgetischt haben, lief nur auf üble Stimmungsmache hinaus. Die Gesamtschulen seien „nicht genug erprobt" und Reformen ohnehin zu teuer oder gar die Wurzel aller Übel. Erst vor wenigen Monaten behauptete die CDU im Landtag von Nordrhein-Westfalen, die Entscheidung für die Gesamtschule werde getroffen, ohne daß ihre pädagogische Leistungsfähigkeit erwiesen sei.

Um dem Argumentationsnotstand der Reaktion abzuhelfen, wurde kürzlich Hanna-Renate Laurien vorgeschickt, CDU-Staatssekretärin in Rheinland-Pfalz, über die sich hartnäckig das Gerücht hält, sie sei ein kluger Kopf in der reaktionären Bildungspolitik. In der Nr. 1/1976 der Zeitschrift „aspekte" führte sie gegen die Gesamtschule folgende „Argumente" ins Feld: 1. Es könne kein Beweis für die Überlegenheit der Gesamtschule geführt werden; 2. das bestehende Schulsystem sei leistungsfähig; 3. auch an der Gesamtschule gäbe es Auslese zu Lasten der Arbeiterkinder; 4. die BRD habe ohnehin schon einen hohen Anteil von Arbeiterkindern unter den Studenten; 5. für das bestehende Schulsystem sprächen die „Begabungslage" der Schüler und ihr „Recht auf Unterschiedlichkeit"; 6. nicht die integrierte Gesamtschule nütze den Arbeiterkindern, sondern die Weiterentwicklung der Hauptschule.

Sämtliche dieser „Argumente" sind ebenso falsch wie unverfroren. Was beispielsweise die Leistungsfähigkeit der Gesamtschulen angeht, hätte sich Frau Laurien nur beim Kultusministerium in Baden-Württemberg erkundigen müssen, um dort die Ergebnisse einer von ihren CDU-Freunden in Auftrag gegebenen Studie entgegen zu nehmen, die gerade die Überlegenheit der Gesamtschule belegt (und deshalb natürlich öffentlich nicht „benutzt" wird — wie in der Zeitschrift Demokratische Erziehung 2/1976 jüngst enthüllt wurde). Solche „Argumente" sprechen also nicht gegen die Gesamtschule, sondern ausschließlich gegen die CDU und ihr nahestehende Gegner der Gesamtschule.

Wir gehen im folgenden ausführlich auf die wesentlichen Punkte ein, wir wollen jedoch eingangs unsere prinzipielle Position klarlegen:

— So mangelhaft Aufbau und Ausstattung von Gesamtschulen bisher sind, zeigt sich doch schon heute — unter höchst erschwerten Bedingungen — der Vorzug von darin enthaltenen demokratischen Ansätzen für die Kinder der arbeitenden Bevölkerung.

— Die „Leistungen" des derzeitigen dreigliedrigen Schulsystems sind Hunderttausende von „Sitzenbleibern", sind 20 bis 25 Prozent von Hauptschülern ohne Abschluß. Es hat damit selbst die Notwendigkeit seiner Abschaffung bewiesen.

— Die auch an Gesamtschulen stattfindende Auslese spricht nicht gegen das einheitliche Schulsystem, sondern gegen die Art seiner Verwirklichung in der BRD.

— Deshalb treten wir nachdrücklich für den konsequenten Ausbau aller demokratischen Ansätze ein und kämpfen für deren materielle, organisatorische und inhaltliche Ausweitung und Absicherung.

Denn es läßt sich weder mit unverfrorenen lügenhaften Behauptungen, noch mit illusionären „Vorschlägen" (und deren notwendigem Scheitern) aus der Welt schaffen: ein einheitliches Schulsystem bieten den Arbeiterkindern bessere Entfaltungsmöglichkeiten!

Zur aktuellen Auseinandersetzung um die Gesamtschule

> Jedoch der aufgeklärteste Teil der Arbeiterschaft versteht vollständig, daß die Zukunft seiner Klasse und damit die der Menschheit durchaus von der Ausbildung der werdenden Generation abhängt.[1]

Von der Ausbildung ihrer Jugend hängt die Zukunft der Arbeiterklasse ab. Wie sehr sich auch die Bourgeoisie dieser Tatsache bewußt ist, zeigen u. a. die Schmähschriften und die Polemik der CDU/CSU gegen organisatorische und inhaltliche Gesamtschulversuche: ebenso wie gegen die Rahmenrichtlinien in Hessen („Sozialismus im Schulwesen, am Beispiel Hessen", „Marx statt Rechtschreibung") zogen sie mit aus dem Zusammenhang gerissenen Zitaten in Nordrhein-Westfalen gegen schulische Neuerungen zu Felde; in den Versuchen zur Überwindung des dreigliedrigen Schulsystems sahen sie die Gefahr der „Vermassung" und „Gleichschaltung"; Gesamtschule wurde mit „Systemveränderung" oder „sozialistischer Kaderschmiede" identifiziert. „Gleichmacherischer Utopismus" oder „Nivellierung nach unten" waren die bewußt gewählten Reizworte für den antikommunistisch eingestimmten Bundesbürger. Diese Hetzkampagne — von dem CDU-nahen Hessischen Elternverein tatkräftig und mit großem publizistischen Aufwand unterstützt — blieb nicht folgenlos. Um den Einfluß der Wählermassen bangend und die „Lücke" im Finanzetat vor Augen, blies die SPD zum Rückzug. Die Rahmenrichtlinien Deutsch und Gesellschaftslehre in Hessen wurden zurückgezogen und — unter formaler Beibehaltung der Bezeichnung — in einem inhaltsleeren Aufguß verdünnt. In diesem oftmals als Musterland sozialdemokratischer Bildungspolitik gepriesenen Teil der BRD wurde nach der Wahlniederlage der SPD in den Landtagswahlen 1974 — in völliger Verkennung ihrer Ursachen — die Schulpolitik in den Koalitionsvereinbarungen mit der FSP geopfert. Lapidar heißt es jetzt: „Die zur Zeit laufenden Schulversuche sind zu konsolidieren" (Kultusminister Krollmann, SPD), was ihre faktische Einstellung bedeutet.

Dieses schulische „Nullwachstum" beinhaltet eindeutig: Die integrierte Gesamtschule wird nicht zur Regelschule! Sie behält ihren Versuchsstatus. Und das trotz zahlreicher Lippenbekenntnisse führender SPD- und FDP-Politiker am Jahresende 1975 zur Gesamtschulentwicklung, trotz der insgesamt zwar widersprüchlichen, doch ausbaufähigen Gesamtschulversuche beispielsweise im Raum Wetzlar.[2]

Auch juristisch wurde der Gesamtschulbewegung ein Riegel vorgeschoben: Im Juni 1975 erklärte der hessische Verwaltungsgerichtshof, daß die integrierte Gesamtschule nicht dazu führen darf, „herkömmliche Schulformen, für deren Fortführung ein öffentliches Interesse besteht, zu beseitigen oder einzuschränken." Allein eine Änderung des hessischen Schulverwaltungsgesetzes kann dieses Urteil aufheben.

Daß sich die „Gesamtschulbewegung in einer schwierigen Phase ihrer Entwicklung"[3] befindet, hatte sich nicht nur bildungspolitischen Experten längst offenbart; spätestens seit den offenkundigen Zugeständnissen der Rechtssozialdemokratie an die CDU/CSU in den Auseinandersetzungen um die hessischen Rahmenrichtlinien war die eingeschlagene bildungspolitische Sackgasse für alle fortschrittlichen Kräfte zu erkennen.

Dennoch trat die Auseinandersetzung um die Gesamtschule 1975, im größten Krisenjahr der Nachkriegsgeschichte, in eine neue Phase: Angesichts der Kürzung um 11,3 Prozent des Bildungsetats im „Bonner Sparprogramm", der Verabschiedung des „Mitbestimmungs-Kompromisses", der Berufsverbote und des reaktionären Hochschulrahmengesetzes sowie der politischen und die Fortführung der ideologischen „Gleichschaltung" der Reformen befürwortenden Kräfte auf dem Mannheimer Parteitag der SPD wurden die noch von vielen Pädagogen im Geheimen gehegten Illusionen völlig zerstört.

Nicht zuletzt durch die erstmals in der Geschichte der BRD auftauchende Lehrerarbeitslosigkeit rückten Grundsatzfragen der Gesamtschulkonzeption in den Mittelpunkt:

— In welche Richtung kann sich die Gesamtschule überhaupt noch entwickeln?

— Sind die fortschrittlichen Ziele der Gesamtschule noch realisierbar oder ist die Gesamtschule tot?

— Wozu brauchen wir überhaupt Gesamtschulen?

In einer Phase, wo selbst die großbürgerliche Frankfurter Allgemeine Zeitung konstatieren mußte: „Wir stehen vor der schwersten Ausbildungskrise in der Geschichte der Bundesrepublik"[4], ist es nicht verwunderlich, wenn sich bei manchen Pädagogen Resignation und lähmende Untätigkeit einschleichen. Sie treten meist an die Stelle einstiger Schwärmerei und der Vision, über gleiche Bildungschancen auch Chancengleichheit in der Gesellschaft herstellen zu können.

Das zeigt: Es bestanden und bestehen viele Unklarheiten über das, was aktuell zu tun ist, über einen gangbaren Ausweg aus der Bildungskrise.

Diese Unklarheiten drücken sich neben ablehnenden und reaktionären Auffassungen vor allem auch in zwei vieldiskutierten „linken" Positionen aus, mit denen wir uns in Theorie und Praxis täglich auseinandersetzen müssen und wozu auch dieser Aufsatz einige Hilfestellungen leisten soll.

Die einen kommen zur pauschalen Ablehnung der Gesamtschule „als kapitalistischer Einheitsschule"[5], die anderen gehen immer noch von längst widerlegten „Freiraum-Theorien" aus, wonach die Gesamtschulen als bestehende Freiräume „zugunsten einer langfristigen Humanisierung der Gesellschaft genutzt" werden müssen. In „erster Linie" wird das angeblich vom „Wissen, Können und kritischen Bewußtsein der an ihr arbeitenden Lehrer" abhängen.[6]

Im folgenden wollen wir deshalb eingehen auf

— *konkrete Probleme,* wie sie für Eltern, Lehrer und Schüler aus der täglichen Praxis der Gesamtschule erwachsen;

— Fragen nach der Verwirklichung von *Chancengleichheit* und der Abhängigkeit der schulischen Leistung von der *Begabung,* die auch auf zahlreichen Kongressen oftmals im Mittelpunkt stehen;[7]

— das Problem der *Reformierbarkeit des Schulwesens* innerhalb der kapitalistischen Gesellschaftsformation im Interesse der Arbeiterklasse.

Dabei können wir natürlich nicht auf alle Untersuchungen zur Gesamtschule eingehen und beschränken uns auf die genannten Fragen.

Gesamtschule heute — Anspruch und Wirklichkeit

Acht Jahre ist es nun her, seit in Westberlin die ersten Gesamtschulen eingerichtet wurden; dort und in Niedersachsen ist sie inzwischen zur Regelschule *neben* anderen geworden, in Hessen und Bremen hat man die Einführung als Regelschule als anzustrebendes Ziel deklariert und in Nordrhein-Westfalen hat man die Stufengliederung zum Ziel der Schulreform erklärt. In Westberlin besuchen vom Schuljahr 1975/1976 an knapp 30 Prozent, in Hessen 20 Prozent eines Altersjahrgangs die Gesamtschule. In den von der SPD regierten Bundesländern ist die Gesamtschuldichte achtmal so hoch wie in den von der CDU bzw. CSU regierten Bundesländern.

Vielfältige Berichte sind aus dieser jahrelangen Erfahrung inzwischen veröffentlicht worden.[8] Sie setzen mancher allzu übertriebenen Erwartung einen Dämpfer auf: die Umsetzung des hohen Anspruchs in die alltägliche Schulpraxis hat vielerlei Probleme aufgeworfen.

Nur einige wenige Schulen wurden durch eine wissenschaftliche Begleitung unterstützt. Sie wurden materiell und personell so ausgestattet, daß günstige Versuchsbedingungen zu einem guten Start verhalfen. So wurden z. B. neben Lehrern aller Schulformen auch pädagogische Mitarbeiter und Verwaltungsassistenten eingestellt, die in der unterrichtlichen und außerunterrichtlichen Arbeit eine große Unterstützung der Lehrkräfte und Schüler waren.

An anderen Schulen kristallisierten sich bald folgende Schwierigkeiten heraus:

Die Lehrer, die diesem neuen Schultyp zugewiesen wurden, waren während ihres Referendariats in keiner Weise auf die neuen Probleme vorbereitet worden, mit denen sie sich nun auseinanderzusetzen hatten. Da die neuen Lehrpläne für Gesamtschulen noch nicht erstellt bzw. noch nicht fertig waren, mußten sie sich mit großem Arbeitsaufwand an die Herstellung von Curricula vor allem für die neuen Fächer Gesellschaftslehre und Polytechnik, aber auch Naturwissenschaften und Fremdsprachen setzen. Es gab anfänglich für ein differenziertes System, das möglichst durchlässig sein soll, keine Schulbücher; zum Teil liegen sie bis heute nicht vor. Die Kriterien, nach denen differenziert werden sollte, waren zu ungenau und abstrakt formuliert. Die Kurs- bzw. Klassenstärken waren immer noch zu groß für die optimale Förderung aller Schüler.

Der besondere Status als „Versuchsfamilie" sowie das Weiterbestehen der alten Abschlußregelungen und Zeugnisse brachten die Gesamtschulen in eine Konkurrenzsituation zu den traditionellen Schulformen. Der massiv einsetzenden Hetzkampagne der CDU/CSU gegen die Gesamtschule setzten die sozialdemokratisch geführten Kultusministerien keine offensive Gegenstrategie entgegen. Im

Gegenteil, der Rückzug inhaltlicher Ansätze, durch die Einführung eines langwierigen und arbeitsaufwendigen Genehmigungsverfahrens für die Arbeit mit den Rahmenrichtlinien durch die Elternbeiräte, der Abbau materieller Unterstützung der laufenden Versuche waren für viele unzureichend informierte Eltern eine Bestätigung der CDU-Kritik.

Und dennoch, es gibt inzwischen auch einen Erfahrungsbericht, der belegt, daß es bei allen Schwierigkeiten gelingen kann, *eine* Zielsetzung der Gesamtschule zu erreichen: mehr Schüler durch Förderung ihrer Fähigkeiten zu einem höheren Schulabschluß zu verhelfen.

Der Flächenversuch im Kreis Wetzlar in Hessen, dem zwölf integrierte Gesamtschulen mit Sekundarstufe I und eine Sekundarstufe II angehören, wurde 1969/1970 in einem ländlichen, bis dahin vom Bildungsangebot unterversorgten Gebiet gestartet und hat 1975/1976 den ersten Jahrgang bis zum Übergang in die Sekundarstufe II begleitet. Die wesentlichen Ergebnisse dieses Versuches seien hier kurz zusammengefaßt:[9]

Die Übergangsquote zum Gymnasium liegt heute im Vergleich zu 1969/1970 um 13 bis 15 Prozent höher. Eine Meinungsumfrage, die im Auftrag des Bundesministeriums für Bildung und Wissenschaft unter Lehrern und Eltern durchgeführt wurde, ergab, daß Lehrer und Eltern offenbar mit dem Modell der integrierten Gesamtschule zufrieden sind. Sie sehen die Verwirklichung ihrer Bildungsvorstellungen am ehesten in der integrierten Gesamtschule gewährleistet:

Die befragten Eltern, die vorwiegend Arbeiter und Angestellte sind, streben für ihre Kinder in erster Linie den Abschluß mit Sekundarstufe I (48 Prozent) und den Abschluß mit Sekundarstufe II (31 Prozent) an.

Befragt über die Ziele und Aufgaben für eine moderne Schule, gaben die Eltern und Lehrer an:

— Herstellung gleicher Bildungschancen für die Stadt- und Landkinder (93 Prozent Eltern und 98 Prozent Lehrer);

— Herstellung gleicher Bildungschancen für Kinder aus verschiedenen sozialen Schichten (94 Prozent Eltern und 96 Prozent Lehrer);

— Die besondere Förderung für Kinder aus unteren sozialen Schichten nannten 79 Prozent der Eltern und 81 Prozent der Lehrer.

Eine große Mehrheit der Lehrer und Eltern begrüßten vor allem die Tatsache, daß eine zu frühe Entscheidung über den Ausbildungsweg der Schüler vermieden wird. Für 72 Prozent der Eltern und 78 Prozent der Lehrer ist die integrierte Gesamtschule die Schule der Zukunft, für ihre Einführung in Hessen stimmten 61 Prozent der Eltern und 66 Prozent der Lehrer.

Viele Reformerwartungen, die mit diesem Flächenversuch bei

zahlreichen Eltern und Lehrern bestärkt wurden, sind allerdings heute durch die gigantische Umverteilung im „Bonner Sparprogramm" zu Lasten des Bildungsbereichs, durch Numerus Clausus und Hochschulrahmengesetz zunehmend zerschlagen worden. Die Kürzung des Bildungsetats um 11,3 Prozent widerspricht nicht nur einmal aufgestellten und bereits mehrfach revidierten Daten des Bildungsgesamtplans, der Bund-Länder-Kommission oder des Finanzplanungsrates,[10] sondern bedeutet konkret die Rücknahme des einstmals formulierten Reformanspruchs:

— Wegfall der Entlastungsstunden für Lehrer;[11]
— steigender Stundenausfall für Schüler, da
— Lehrermangel trotz Lehrerarbeitslosigkeit;
— Vergrößerung der Klassenfrequenzen;
— Wegfall der Stütz- und Förderkurse;
— Entlassung der Schulpsychologen usw.

Außerdem entsprechen natürlich zunehmende Jugendarbeitslosigkeit sowie politische Disziplinierung von Lehrern (Berufsverbote) und Schülern (Versuch des Entzugs des politischen Mandats der Schülervertretung) in keiner Weise dem Lernziel „Emanzipation".[12]

Den zunehmenden Abbau von Mitbestimmungsmöglichkeiten demonstrierte die Kultusministerkonferenz recht plastisch an einem Beispiel: Sie überraschte die meisten Lehrer, Eltern und Schüler mit der Veröffentlichung sogenannter Normbücher; diese waren unter Ausschluß der demokratischen Öffentlichkeit zustande gekommen und geben die Lernziele bzw. Lerninhalte vom Prüfungsstoff her vor, ohne sie noch in irgendeiner Weise pädagogisch abzuleiten.

Ideologisch wurde diese Entwicklung bereits im Orientierungsrahmen 85 der SPD vorbereitet und auf dem Mannheimer Parteitag sanktioniert.[13] Waren auf dem Hannoveraner Parteitag 1973 der Bildungspolitik noch Priorität eingeräumt, die Mängel unseres Bildungswesens benannt (Benachteiligung der Arbeiterkinder, die Unterversorgung der Grund- und Hauptschulen usw.) und die integrierte Gesamtschule dem undemokratischen dreigliedrigen Schulsystem als Ziel entgegengestellt worden, so hat sich in dem verabschiedeten Programm fast alles ins Gegenteil verkehrt. Von der benannten Benachteiligung der Arbeiterkinder und der notwendigen Brechung des bürgerlichen Bildungsprivilegs ist ebensowenig zu lesen wie von dem zuvor ständig hervorgehobenen Prinzip gleicher Bildungschancen. Wurde 1973 noch die weitgehende Einheitlichkeit des Unterrichts angestrebt, begünstigt man nun die Differenzierung und Auslese im Kursunterricht, um den Kindern Möglichkeiten zur Entwicklung ihrer unterschiedlichen Fähigkeiten zu bieten. Begründet wird dieser Wandel mit dem Rückgriff auf verstaubte, längst auch von einigen Strömungen der bürgerlichen Wissenschaft[14], erst recht von der marxistischen Lerntheorie, sowie der alltägichen Praxis im realen Sozialismus[15] widerlegten Theorien und Ideologien über die „ungleiche Begabung" der Kinder.

Zusammenfassend muß festgehalten werden: Die inhaltliche und organisatorische Stillegung von Gesamtschulversuchen in der kapitalistischen Krise weist eindeutig auf die ökonomischen und politischen Grenzen der Reformierbarkeit von gesellschaftlichen Teilbereichen im Rahmen der jetzigen Wirtschaftsordnung und unter dem gegenwärtigen gesellschaftlichen Kräfteverhältnis hin. Sie zwingt die fortschrittlichen Kräfte, ihr Augenmerk wieder stärker auf die Tatsache zu richten, daß der Kampf um eine demokratische Schule *nur* sinnvoll ist als Bestandteil des Kampfs um eine demokratische Gesellschaft überhaupt. Gerade die geringe Beachtung dieser Tatsache führte in den vergangenen Jahren zu zahlreichen Illusionen über die Verwirklichung von Chancengleichheit usw., womit wir uns im nächsten Abschnitt beschäftigen werden.

Chancengleichheit

> Blicken wir auf diese Entwicklung, d. h. auf den nun knapp zehnjährigen Versuch mit Gesamtschulen zurück, so zeigt sich, daß man dem Ziel, mehr Chancengleichheit zu erreichen, nicht sehr viel näher gekommen ist.[16]

Chancengleichheit — das hieß nach dem Willen der Reformer
— Individualisierung des Lernangebots,
— individuelle Begabungsförderung,
— die Ermöglichung sozialer Erfahrungen, sowie
— Erziehung zur Autonomie.
Sie war damit das meist diskutierte und kritisierte offizielle Ziel der Gesamtschule.

Chancengleichheit — das war für viele Arbeiter und Angestellte der Inbegriff sozialdemokratischer Reformpolitik in den frühen siebziger Jahren, war identisch mit Willy Brandts Forderung „Mehr Demokratie wagen" und wurde deshalb zum Zugpferd der Wahlpropaganda der SPD[17].

Chancengleichheit — das war auch für viele Pädagogen eine verlockende Herausforderung, die glaubten, ihre an der Hochschule gemachten individuellen „Emanzipationserfahrungen" in der Praxis ihres pädagogischen Alltags umsetzen zu können.

Was machte diese Forderung so attraktiv? Ganz sicher nicht die Hoffnung, daß nun die „Gleichheit der Chancen" geschaffen wird, Millionär zu werden. Tatsächlich hatten nämlich große Teile der Arbeiterklasse, insbesondere in der Krise 1966/1967, eine zunehmende Kenntnis über die *Ungleichheit* der Sozialchancen gewonnen.

Daran konnte die SPD anknüpfen und nicht zuletzt ihren größten Wahlerfolg seit 1945 mit vorbereiten.

Allerdings wird schon in einem OECD-Bericht über das Bildungssystem der BRD[18] darauf verwiesen, daß der Begriff Chancengleichheit *ohne* weitere Erklärung mehr Fragen aufwirft als er zu beantworten imstande ist. Ausgangspunkt solcher weitergehender Erklärungen sind u. E. die Fragen:

— Um *wessen* Chancen geht es?
— Um *welche* Chancen geht es?
— *Wer* soll sich „emanzipieren"?
— Was ist das gesellschaftliche Ziel einer echten „Emanzipation"?
— Was sind die gesellschaftlichen Bedingungen bzw. Voraussetzungen einer solchen „Emanzipation"?

Werden solche Fragen nicht gestellt und nicht beantwortet, so sind Unverständnis und Leerformeln, unerfüllbare Hoffnungen und Resignation unausbleiblich.

Der OECD-Bericht geht ganz sicher nicht von marxistischen Positionen aus, er ist dennoch um ein Vielfaches präziser als sozialdemokratische Wahlversprechen. Wir wollen es deshalb nicht versäumen, die drei möglichen Auslegungen des Begriffs Chancengleichheit zu skizzieren, die in diesem Bericht entwickelt werden.

1. Im ersten Modell gilt Chancengleichheit nur für eine kleine privilegierte Minderheit, bietet ihr die Möglichkeit innerhalb des gymnasialen Bildungsbereichs am Lernwettbewerb teilzunehmen. Für die Mehrheit der Schüler besteht keine Chance zur Weiterbildung. Dieses Modell entspricht den Anforderungen einer „statischen" Gesellschaft, die kaum soziale oder wirtschaftliche Veränderungen erwartet.

2. Im zweiten Modell soll Chancengleichheit *allen* Kindern die Möglichkeit für weiterführendes Lernen ermöglichen. Dieses Modell entspricht einer Gesellschaft mit wachsender „technischer Leistung, der Mobilisierung von Begabtenreserven und der Entwicklung einer Bereitschaft zur Anpassung an Veränderungen innerhalb der Arbeitnehmer". Damit wird formal die Chancengleichheit angestrebt, um dann einen ungleichen Bildungsstatus zu erreichen. Chancengleichheit bedeutet hier immer Konkurrenzverhalten, heißt Beibehaltung der gesellschaftlichen Hierarchie auch im abgestuften Schulsystem, was besonders der BRD entspricht.

3. Das dritte Modell, das in Abgrenzung zur formalen Chancengleichheit als „materiale" Chancengleichheit bezeichnet wurde, sichert die Mitbestimmung von Eltern und Schülern, orientiert sich an den Selbstentfaltungsmöglichkeiten der bislang Lohnabhängigen und nicht an ihrem Beitrag zum wirtschaftlichen Wachstum der kapitalistischen Gesellschaft. Ziel ist die Aufhebung des Wett-

bewerbs „Jeder gegen jeden" oder „Wenige gegen Viele" und die *kollektive* Lösung gesellschaftlicher Probleme.

Das Streben nach Chancengleichheit wurde in der Bundesrepublik gerade in der Umbruchsphase des gesamten Bildungs- und Ausbildungssystems gefördert. Dazu sollten alle „Begabungsreserven" ausgeschöpft werden, wie es offiziell hieß:

Zum einen sollte dies erfolgen durch die schulorganisatorische Beseitigung des dreigliedrigen Schulsystems zugunsten einer integrierten Gesamtschule mit Stütz- und Förderkursen, mit größerer Öffnung und Durchlässigkeit zwischen den Jahrgängen und stärkerer Berücksichtigung individueller Fähigkeiten durch Differenzierung.

Zum anderen meinten eher „progressistische" Wissenschaftler und Lehrer, durch „kompensatorische" Erziehung, die „Sozialisationsdefizite" der Arbeiterkinder ausgleichen und ihnen den Sprung ins „gelobte Land", hier in die Sekundarstufe II, erleichtern zu können.

Drittens hofften auch viele Pädagogen auf eine Reformierung der Lerninhalte, der Lehrpläne und der Berücksichtigung kontroverser wissenschaftlicher Erkenntnisse und politischer Meinungen.

Doch heute zeigt die Bilanz:

— Eine *umfassende* Öffnung der Schulen, besonders der Gesamtschulen, fand nicht statt; von einer Durchbrechung des bürgerlichen Bildungsprivilegs kann keine Rede sein;

— angesichts der aktuellen Krisensituation werden die beantragten und zur Durchführung von Reformprojekten notwendigen Planstellen ebenso wenig finanziert wie Stütz- oder Förderkurse und Entlastungsstunden für Lehrer;

— aus den genannten Gründen wirkt sich auch die Vergrößerung der Klassenfrequenz lernhemmend auf die individuelle Förderung aus;

— die Beibehaltung der zweiten Fremdsprache als Voraussetzung für den Hochschulzugang behält den Vorrang des Sprachlichen bei und erschwert die angestrebte Chancengleichheit enorm;

— die Anwendung eines Auslesesystems nach Durchschnittszensuren für den Übergang in weiterführende Schulen erschwert für sprachlich Benachteiligte die Weiterbildung, erfordert erheblich mehr Energie usw.;

— mit der Beibehaltung der traditionellen Abschlüsse bleibt die Stufengliederung der alten Bildungsgänge bestehen.

Wir stellen das hier ohne Schadenfreude fest — denn es ist dies eine Bilanz zum Schaden der Arbeiterkinder. Wir stellen es fest als realistische Antwort auf einige linkssozialdemokratische Illusionen und auf rechtssozialdemokratische Wahldemagogie. Und wir halten die dennoch bestehenden positiven Ansätze fest, auf die wir schon kurz verwiesen haben. Angesichts der erörterten Probleme und

Widersprüche bei der Realisierung einer formalen Chancengleichheit, heben wir noch einmal unsere prinzipielle Auffassung hervor:
Alle Reformen zur Überwindung schulischer Ungleichheiten im Interesse der Arbeiterklasse sind zu begrüßen und zu unterstützen, auch wenn es bisher nur kleine Schritte sind, auch wenn Anspruch und Wirklichkeit noch weit auseinanderklaffen. Gleichzeitig ist zu unterstreichen, daß der erreichte Zustand von allen demokratischen Kräften genutzt werden muß, um weitere Fortschritte für die Kinder der arbeitenden Bevölkerung anzustreben. Dabei darf jedoch nicht aus den Augen verloren werden, daß grundlegende Schulreformen mit wirklicher, „materialer" Chancengleichheit nicht isoliert von grundlegenden gesamtgesellschaftlichen Veränderungen erreichbar sind und endgültig gesichert werden können, erst wenn die politische Macht durch die Arbeiterklasse und ihre Verbündeten ausgeübt wird. Das zu übersehen, hieße, sich unerfüllbaren Hoffnungen hinzugeben und bei anderen Illusionen zu erzeugen.

Leistung — Begabung

In die Diskussionen über Chancengleichheit durch individuelle Begabungsförderung[19] schalteten und schalten sich konservative und reaktionäre reformfeindliche Kräfte mit einem massiven Geschütz ein: Sie beschwören einen drohenden „Leistungsverfall". Der Sozialwissenschaftler Helmut Schelsky lieferte das Stichwort: „Gefahr des Niveauverlustes"[20]. Der Philologenverband griff es als sein Standardargument auf. In der Presse wurde damit systematisch gegen die Gesamtschule operiert. Der wissenschaftliche Anschein des Arguments erhöhte seine Wirksamkeit. Als praktische Auswirkungen des angeblichen Leistungsverfalls wird das wachsende Engagement der Schüler selbst ausgegeben. Aktionen von Schülern, die gegen Unterrichtsausfall und Lehrermangel protestieren, die sich kritisch mit überalterten Lehrinhalten auseinandersetzen, werden benutzt, um über die Massenmedien den Anschein zu erwecken, als sei das Chaos im Verzug, seien reine Protestwut und Lernunwilligkeit eingerissen. Die CDU und die CSU greifen solche von der Presse verbreiteten angeblichen Mißstände für die politisch-parlamentarische Ebene auf, sekundiert von den Unternehmerverbänden, die die angebliche Leistungsverflachung als den Anfang vom Ende der „Privatinitiative" anprangern, die bekanntlich die Grundlage „unserer" Wirtschaftsordnung sein soll. Aus solchen Versatzstücken kommt dann ein Gesamtbild zustande, das nicht ohne Erfolg dem Zweck dient, die Reformbestrebungen in Mißkredit zu bringen bis tief in die Kreise der arbeitenden Bevölkerung, die große Hoffnungen auf eine Verbesserung des Bildungswesens, insbesondere der

Schulen im Interesse ihrer Kinder setzen. Sie werden verunsichert, weil sie natürlich nicht möchten, daß ihre Kinder weniger lernen. Sie sagen sich, daß sie an guten schulischen Leistungen ihrer Kinder in deren ureigenstem Interesse interessiert sein müssen.

Es ist um so wichtiger, den Begriff „Leistung" im Zusammenhang mit den heftigen ideologischen Auseinandersetzungen um die Gesamtschule genauer zu untersuchen, weil er nicht nur von Gegnern der Gesamtschule, wie vor allem der CDU/CSU benutzt wird, er wird vielmehr in der SPD und FDP selber gebraucht gerade als Argument *für* die Gesamtschule. Dadurch kommt ein verwirrendes Bild zustande. Die Verwirrung läßt sich jedoch klären, wenn man zunächst noch einmal verdeutlicht, daß es auch innerhalb der Kräfte, die unter dem Trommelfeuer der CDU/CSU für eine Bildungsreform eingetreten sind, über diese Reform sehr widersprüchliche Auffassungen gibt. Es lassen sich dabei zwei Hauptlinien unterscheiden:

Die eine Linie hat zu ihrer Hauptlosung die Chancengleichheit gemacht. Die Gesamtschule ist in dieser Konzeption das Mittel zum Zweck, die sozial bedingten Chancenunterschiede zumindest zu mildern. Sie soll die Chancen durch gezielte Förderung der Benachteiligten ausgleichen helfen. Gerade diejenigen Lehrer und Pädagogen, die in den Gesamtschulen die Hauptarbeit geleistet haben, setzten sich für diese Zielstellung ein. Dadurch entstand für sie selber und oft auch nach außen hin der Eindruck, daß sie die treibenden und tragenden Kräfte der Reform seien. Dabei liegt eine Verwechslung vor von maßgeblichem Anteil an der geleisteten Arbeit und dem tatsächlichen maßgeblichen Einfluß auf Inhalt und Verlauf der Reform.

Dieser Linie demokratischer Veränderungen mit Hilfe der Gesamtschule im Interesse der Masse der Betroffenen Kinder der arbeitenden Bevölkerung stand von Anfang an eine andere Linie einer Reform gegenüber, die sich davon abzugrenzen sucht durch das folgende typische Argument: „Chancengleichheit darf jedoch nicht durch Behinderung der Entwicklung anderer Lernender erreicht werden. Das Recht auf freie Entfaltung der Persönlichkeit darf durch keine erzwungene Nivellierung verletzt werden."[21] Die mit der Forderung nach Chancengleichheit auftretenden Bestrebungen werden damit in den Geruch unterdrückerischer Gleichmacherei gebracht. Es ist eine scheinheilige Argumentation, die sich hinter einem „Recht auf freie Entfaltung der Persönlichkeit" versteckt, weil sie nicht offen aussprechen will, daß ihr die Entwicklung einiger weniger wichtiger ist, als die aller.

Und diese Linie wurde in aller Klarheit schon vom damaligen SPD-Minister von Dohnany ausgesprochen, wobei deutlich wird, daß das zentrale Stichwort dieser Richtung der Leistungsbegriff ist:

Man müßte „den Mut haben, offen zu sagen, daß es schon am Ende der zehnjährigen Schulzeit eine erste Leistungsauslese stattfinden wird, die sich in der Gesamtschule wahrscheinlich verschärft. Denn wer die Chancen gleicher machen will, und nicht mehr zusehen möchte, daß wenige privilegierte Kinder fast automatisch die Positionen ihrer Väter erben, der muß den Wettbewerb um hervorgehobene Positionen in der Gesellschaft wollen. Und mehr Wettbewerb heißt: schärferer Wettbewerb; heißt auch: Leistung und Leistungsmessung".[22] Der dürre Kern dieses Konzepts ist: Die Schule muß die Kinder und Jugendlichen einer verschärften Auslese unterwerfen, damit über die engen sozialen Grenzen hinaus Kader für die „hervorgehobene Positionen in der Gesellschaft", also im Dienst des Großkapitals verfügbar werden. Kurzum: Das Bildungswesen soll nicht demokratisiert, es soll effektiver im Interesse der herrschenden und profitierenden Kreise gestaltet werden. Diese „Leistung" bedeutet letzten Endes: die Monopolprofite sollen erhöht werden. Die Interessen der Masse der Schüler und Eltern aus der arbeitenden Bevölkerung kommen hier nur insofern in Betracht, als an ihre demokratischen Hoffnungen angeknüpft wird, um sie durch den illusionären Weg des persönlichen Leistungswettbewerbs vom Kampf um soziale Veränderungen abzulenken. Die Gesamtschule ist in dieser Konzeption das Mittel zum Zweck der Auslese, das den Wettbewerb einheitlicher organisiert, als dies das traditionelle mehrstufige System vermag, das mit seinen Sackgassen wenig Aufstiegsillusionen aufkommen läßt. Aber selbst diese Konzeption von der Gesamtschule wurde zurückgenommen, weil sie den demokratischen Bestrebungen noch zu viele Anknüpfungspunkte boten, vor allem aber, weil sie finanzielle Aufwendungen erfordert hätten, die Veränderungen bei den Prioritäten des Staatshaushalts erfordert hätten, die das Großkapital nicht hat zugestehen wollen. Es ist nun nüchtern einzuschätzen, daß im Ergebnis in der Schulpraxis die Zielstellung des Bildungsrates durchgesetzt wurde; und das betrifft die herkömmlichen wie die hinzugekommenen Gesamtschulen, wo sich die Schüler selbst und untereinander fast ausschließlich nach formalen Leistungsgesichtspunkten[23] einschätzen. Ein Leistungsprinzip wurde durchgesetzt, das der Bildungsrat so rechtfertigt: „Das pädagogische Leistungsprinzip gewährleistet ..., daß der Lernende am Ende seiner Schul- und Ausbildungszeit den gesellschaftlichen Leistungsanforderungen nicht unvorbereitet gegenübersteht."[24] Zu welchen Mißständen diese vermeintliche Vorbereitung in Gestalt enorm verschärften Leistungsdrucks geführt hat, ermißt man, wenn man bedenkt, daß sogar von der Seite des konservativen Hartmannbundes Hessen („Verband deutscher Ärzte") gewarnt wird, „man dürfe nicht die Arbeitsmethoden der Erwachsenen auf Kinder übertragen. Permanenter Leistungsdruck führe häufig zu ... Konzentrationsschwächen, Unruhe, Angst ... und Aggressionen".[25] Die wachsende Zahl von Schülern, die in den Selbstmord flüchten, ist alarmierend. Die meisten Schüler suchen den Grund bei sich selber, daß sie den Anforderungen nicht gewachsen sind. Durch solche Umstände kommen wachsende Zweifel auch bei vielen Menschen an der Richtigkeit des Leistungsarguments auf, die sich noch haben verwirren lassen vom angeblich drohenden Leistungsverfall durch Reformen. Denn die Verschärfung des Wettbewerbs unter den Schülern hat keineswegs das ganze Schulwesen effektiver gemacht, sondern ins hemmungslose Strebertum geführt. Die verschärfte Auslese wird mit dem Preis der Aussichtslosigkeit auf ein Weiterkommen des Durchschnitts bezahlt.

Die praktischen verheerenden Auswirkungen einer Schulentwicklung im Namen der „Leistung" lassen es um so dringlicher erscheinen, sich mit den Mitteln und Methoden auseinanderzusetzen, die letzten Endes diese Auswirkungen hervorrufen. Und es wird auch von zunehmender Bedeutung sein in den konkreten Auseinandersetzungen des Schulalltags, daß sich die betroffenen Lehrer, Schüler und Eltern gleichermaßen mit diesen Mitteln und Methoden kritisch befassen.

Zunächst einmal ist festzuhalten, daß Lehrer wie Schüler diesem „pädagogischen Leistungsprinzip" unterworfen werden. Das resultiert aus der Hauptmethode, die im Zitat des ehemaligen Ministers von Dohnany mit dem Begriff „Leistungsmessung" angeführt wurde. Was heißt das? Es wird der Anspruch erhoben, daß die Leistung objektiv meßbar werden muß. Aus diesem Grund werden immer stärker Formen standardisierter Leistungstests, vorgegebene, nicht mehr veränderbare Wissenskataloge eingeführt, denen Schüler wie Lehrer Genüge leisten müssen. Der Lernprozeß nimmt einen immer stärker formalisierten Charakter an, wobei der Schüler immer stärker in die Rolle eines Wissensspeichers gerät und der Lehrer in eine Art Techniker der Übermittlung formellen, abfragbaren Wissens. Der nach Inhalt und Form immer mehr festgelegte Lernprozeß erhält durch seine Unveränderbarkeit den Rang unbezweifelbarer Objektivität. Die ständigen Tests ermöglichen nicht nur, sondern zwingen Schüler wie Lehrer, sich selber ständig zu kontrollieren und zu zensieren. Und nicht zu Unrecht schreibt Beck: „Wer sich selbst zensiert, akzeptiert die Noten eher."[26] Und damit das ganze System dieser Scheinobjektivität der Leistungsmessung.

Mit dieser dem US-amerikanischen Behaviorismus verpflichteten Unterrichtsstrategie wird außerdem zweierlei erreicht:

Zum einen sind alle errechenbaren „Störfaktoren", besonders durch Schüler und Lehrer, ausgeschaltet. *Zum anderen* zerreißt die

Zergliederung des Lernstoffes den „Zusammenhang, in dem dieser tatsächlich steht, und scheidet dadurch die Möglichkeit ab, den Lerninhalt wie auch die Lernsituation selbst überhaupt noch in Frage zu stellen".[27]

Die Funktion des Leistungsprinzips in Schule und Gesellschaft wurde treffend auf dem Kongreß der Gemeinnützigen Gesellschaft Gesamtschule (GGG) von 1974 analysiert:

„Was sich zunächst gegen die überkommene Herrschaft (des Feudaladels, d. Verf.) wendete, die Forderung nach Ablösung von zugeschriebenen durch erworbene Positionen, dient jetzt der Begründung neuer Herrschaft. Nach der Ablösung religiöser und traditioneller Rechtfertigungslehren bleibt nunmehr nur die Legitimation durch individuelle Leistung übrig."[28]

Angeblich vorhandene unterschiedliche Leistungsfähigkeit dient zur Begründung unterschiedlich honorierter Positionen in der Gesellschaft. Jeder Facharbeiter kann diese These angesichts der ständigen Benachteiligung der Frauen trotz gleicher Leistung leicht ad absurdum führen.

„Die Leistungsideologie nimmt Ausbeutung und Macht zur Kenntnis und vermittelt ein Bild sozialer Gerechtigkeit. Weder individuelle Anstrengungen und Mühen (Aufwandskriterium) noch gesellschaftliche Vorteile und Nutzen (Ertragskriterium) als die beiden Aspekte des Leistungsbegriffs könnten aber dann soziale Ungleichheit legitimieren, wenn die Chancen, Leistungen zu erbringen, gar nicht *individuell*, sondern *gesellschaftlich bedingt* und entstanden sind (d. Verf.). ‚Leistung' als zentraler Begriff einer Verteilungstheorie setzt deshalb noch ein drittes Kriterium voraus, nämlich, daß nicht alle Individuen alle Fähigkeiten überhaupt entwickeln können, Talente also prinzipiell knapp sein müssen. Erst in Verbindung mit dem *Begabungsbegriff* (d. Verf.) wird dann der Leistungsbegriff zum geeigneten ideologischen Instrument, soziale Schichtung zu legitimieren."[29]

Das pädagogische wie wirtschaftliche Leistungsprinzip gewinnt erst durch die weitverbreiteten Vorstellungen von naturbedingter Begabungsgleichheit und unterschiedlichem Intellekt an Glaubwürdigkeit. Und nicht zufällig massieren sich Äußerungen konservativer Bildungspolitiker über die erbbedingte Ungleichheit in den Spalten großer Tageszeitungen.

Die CDU, und mittlerweile auch die SPD — wenn auch nicht so offen — gestehen ein, daß sich bei den Überlegungen zur Schulorganisation u. a. die Frage nach dem Menschenbild stellt. Sind, so formulierte es der schulpolitische Sprecher der CDU im hessischen Landtag sehr prononciert und von einer keineswegs defensiven Position aus, bei der Frage nach der Begabung „erbbiologische Komponenten zu vernachlässigen"?[30]

Solche Fragestellungen nach biologischen Faktoren haben eindeutig den Zweck, von den *sozialen* Hintergründen abzulenken. Das Argument von den angeborenen Anlagen, von natürlichen Begabungen und damit natürlichen Unterschieden der Menschen knüpft geschickt an die tatsächlichen Unterschiede der Menschen an. Diese Unterschiede werden aber letzten Endes nur herangezogen, um die sozialen Unterschiede durch die Verschiedenheit der Natur der Menschen zu rechtfertigen. Mit dem Argument der natürlichen Unterschiede wird den Bestrebungen entgegengetreten, die um soziale Gleichheit kämpfen. Von solchen Auffassungen der natürlichen Ungleichheit der Begabungen bis zu Theorien von der natürlichen Teilung der Menschen in Besitzende und Habenichtse, schließlich in auserwählte Elite und zu führende Masse, ist es nicht weit. Ihren konsequenten und reaktionärsten Ausdruck fand diese Ideologie in der faschistischen Rassen- und Herrenmenschen-„Theorie". Und gerade weil zur Genüge bekannt ist, welches Unheil im Namen solcher Auffassungen angerichtet wurde, muß man diesen Auffassungen äußerst kritisch begegnen, wo sie sich heute modern aufgeputzt präsentieren. Die „biologischen Faktoren" werden aus eindeutigen politischen Absichten gerade von den Kräften ins Feld geführt, die gesellschaftlichen Veränderungen feindlich gegenüberstehen, die den gesellschaftlichen Fortschritt leugnen, weil er sich gegen ihre Interessen richtet. Sie klammern sich an antidemokratische, inhumane, reaktionäre bürgerliche Auffassungen[31], die auch von durchaus bürgerlichen Wissenschaftlern mit Recht bekämpft werden und selbst von deren Standpunkt aus als wissenschaftlich längst widerlegt gelten können:

„Nähme man diese Kinder bei der Geburt und untersuchte ihr Verhalten, wäre es sehr schwer, Unterschiede im Verhalten aufzuweisen, durch die sich Weiß von Schwarz und Weiß oder Schwarz von Gelb unterscheiden ließen ... Unsere ererbte Struktur liegt bereit, um auf tausend verschiedene Arten geformt zu werden, je nachdem wie ein Kind erzogen wird."[32]

Natürlich gibt es angeborene Unterschiede im Aufbau des Gehirns, der Sinnesorgane und Bewegungsorgane, also unterschiedliche physiologische Voraussetzungen für die Entwicklung von Fähigkeiten. Aber ob, und wenn ja, wie diese Fähigkeiten von der Gesellschaft *entwickelt* werden, hängt von den gesellschaftlichen Verhältnissen ab, und damit *letztlich* von den Eigentumsverhältnissen. Denn auf der Grundlage ein und derselben Anlage können sich verschiedene Fähigkeiten entwickeln, je nach Anforderungen der Tätigkeit.

Die Entwicklung der Fähigkeiten, des Intellekts und des Bewußtseins vollzieht sich in und durch die menschliche Arbeit in der gesellschaftlichen Auseinandersetzung mit der Natur.

„... Die Veränderung der Natur durch den Menschen, nicht die Natur als solche allein, ist die wesentliche und nächste Grundlage des menschlichen Denkens, und im Verhältnis, wie der Mensch die Natur zu verändern lernte, in dem Verhältnis wuchs seine Intelligenz."[33]

Mit der Entwicklung der Produktivkräfte unter kapitalistischen Bedingungen wuchs die „Intelligenz" der gesamten Bevölkerung nicht gleichzeitig. Für die übergroße Masse der Bevölkerung bedeutete die Einführung der Maschinerie und großen Industrie eine umfassende Veränderung des Verhältnisses Mensch und Maschine, einen Verlust an Qualifikation. Aus der „lebensnahen Spezialität, ein Teilwerkzeug zu führen, wird die lebenslange Spezialität, einer Teilmaschine zu dienen. Die Maschinerie wird mißbraucht, um den Arbeiter selbst von Kindesbeinen in den Teil einer Teilmaschine zu verwandeln".[34]

Unabhängig von den Arbeitern existiert in der Fabrik ein toter Mechanismus und sie „werden ihm als Anhängsel einverleibt".[35] Hier wie überall muß man unterscheiden „zwischen der größeren Produktivität, die der Entwicklung des gesellschaftlichen Produktionsprozesses und der größeren Produktivität, die seiner kapitalistischen Ausbeutung geschuldet ist",[36] denn unter den geschilderten Verhältnissen ist eine allseitige Entwicklung auch im Schulwesen undenkbar.

Zusammenfassend wollen wir also betonen:

Wenn wir von Gleichheit sprechen, so meinen wir stets die *soziale* Gleichheit; wir beachten dabei gerade die *individuellen* Verschiedenheiten und wollen sie — durch die optimale Entwicklung aller menschlichen Fähigkeiten — für die vielfältige Ausgestaltung einer wahrhaft humanen Gesellschaftsordnung nutzbar werden lassen.

Die DKP und die Perspektiven der Gesamtschulentwicklung. Welche Forderungen unterstützt die DKP im Schulalltag?

1. Angesichts der aktuellen landes- sowie bundesweiten materiellen Restriktionspolitik im Bildungsbereich sind die „Sofortvorschläge der DKP für bessere Bildung und Berufsbildung" vom November 1974 auch heute von großer Aktualität. Zur Gesamtschulentwicklung heißt es:

„Die DKP ist die einzige Partei, die konsequent für die demokratische Gesamtschule eintritt. Sie setzt den Kampf der Arbeiterbewegung um die Einheitsschule fort. Damit tritt sie ein für die Überwindung aller Bildungsvorrechte, der Aufspaltung des Bildungswesens und der Auslese zu Lasten der Arbeiterkinder."[37]

Sie unterstützt alle wirksamen Schritte hin zur demokratischen Gesamtschule, was konkret bedeutet:

„Alle neuen Schulen sind als integrierte Gesamtschulen zu errichten, vorrangig in Arbeiterwohngegenden und auf dem Land;

jede Neueinrichtung im Sinne der hergebrachten Schulformen unterbleibt;

Verankerung dieser Regelung in einem Schulbaugesetz;

Vereinheitlichung der Lehrerausbildung und -besoldung auf dem besten Niveau im Sinne der Gesamtschule;

Zusammenfassung der Klassen 5 und 6 aller Schulformen in eigenen, unabhängigen Zentren, aus denen Gesamtschulen zu entwickeln sind;

bessere Ausstattung und Förderung der bestehenden Gesamtschulen."[38]

Außerdem wird die DKP alle Initiativen von Eltern, Schülern u. a. sowie von fortschrittlichen Kräften innerhalb der Sozialdemokratie bzw. der FDP für kleine Klassen (vgl. u. a. Hamburg, Wolfsburg), für das schulpolitische Mandat (s. Darmstadt) und zur Überwindung bestehender Chancen-Ungleichheit (vgl. Wetzlarer Flächenversuch) unterstützten. Gleichzeitig wendet sie sich gegen das „pädagogische Leistungsprinzip", wodurch indirekt das dreigliedrige Schulsystem innerhalb der Gesamtschule restauriert wird.

2. Wir meinen allerdings, daß „materiale" Chancengleichheit, die Aufhebung des bürgerlichen Bildungsmonopols und -privilegs sowie die bestmögliche Entfaltung der Fähigkeiten aller Menschen nur in einer sozialistischen Gesellschaftsordnung möglich ist. Das gleiche gilt für die Absicherung der Mitbestimmungsrechte der Schüler, Eltern und Lehrer bei den Lehrinhalten und Lehrformen usw.

Die Bildungskrise ist nicht das Resultat von Versäumnissen und Kurzsichtigkeiten oder der „fortschreitenden Neigung der Schulverwaltungen, auf sie zukommende Schwierigkeiten durch eine Flucht in die Bürokratie"[39] zu lösen, sie dokumentiert die Unfähigkeit des kapitalistischen Systems, die gesellschaftlichen Probleme im Interesse der lernenden und arbeitenden Jugend zu lösen.[40] Besonders kraß tritt diese Unfähigkeit in der Lehrerarbeitslosigkeit bei gleichzeitig zunehmendem Unterrichtsausfall zutage. „Darum ist es das Geheimnis des Erfolges im Kampf für eine demokratische Bildungsreform, daß er sich nicht allein gegen Mißstände, sondern gegen die sie verursachende Macht des Monopolkapitals und gegen eine Politik des Staates richten muß, die die Interessen der Monopole vollstreckt. Erfolgreiche Bildungspolitik muß antimonopolistische Politik sein."[41]

Besondere Aufmerksamkeit müssen wir dabei den weitverbreiteten Illusionen gerade unter den jungen Lehrern über den oftmals betonten Gemeinwohlcharakter des Staates widmen. Der Staat wird dabei nicht selten als die „formalisierte Totalität der Gesellschaft aufgefaßt und *nicht bloß* (Hervorhebung d. Verf.) als Instrument der Herrschenden"[42], wie es J. Strasser formulierte. Als Marxisten müssen wir jedoch diese Staatsauffassung und die sich daraus ergebenden Konsequenzen für die demokratische Veränderung der Gesellschaft ablehnen. Die „Formen des bürgerlichen Staates sind außerordentlich mannigfaltig, ihr Wesen ist aber ein und dasselbe: alle diese Staaten sind so oder so, aber in letzter Konsequenz unbedingt eine Diktatur der Bourgeoisie".[43]

3. Da Sinn und Zweck von Gesamtschulen in der jetzigen Krisensituation häufiger grundsätzlich in Frage gestellt wird, müssen wir klarer als bisher die Bedeutung der Gesamtschule als Teilgebiet demokratischer Erziehung, als ersten Schritt zur Einheitlichkeit des Bildungswesens und als ersten Schritt zur polytechnischen Bildung, der organischen Verbindung mit der produktiven gesellschaftlichen Arbeit hervorheben. In seiner Kritik am Gothaer Programm der Sozialdemokratie schrieb Marx: „Allgemeines Verbot der Kinderarbeit ist unverträglich mit der Existenz der großen Industrie und daher leerer frommer Wunsch. Durchführung desselben — wenn möglich — wäre reaktionär, da bei strenger Regelung der Arbeitszeit nach den verschiedenen Altersstufen und sonstigen Vorsichtsmaßregeln zum Schutz der Kinder, *frühzeitige Verbindung produktiver Arbeit* mit Unterricht eines der mächtigsten Umwandlungsmittel der heutigen Gesellschaft ist."[44]

4. Ohne den Kampf für inhaltliche oder materielle Reformen zu vernachlässigen, müssen wir gerade in der jetzigen Etappe der weltweiten Klassenauseinandersetzungen — wo die herrschende Klasse der BRD einem zunehmenden Anpassungsdruck nach außen, nämlich der Entspannungspolitik der sozialistischen Staaten ausgesetzt ist — viel stärker als bisher in den täglichen Auseinandersetzungen der ideologischen Offensive der Herrschenden entgegentreten, besonders den verlogenen bürgerlichen Freiheits- und Gleichheitsideologien und den verschärften Angriffen auf die marxistische Theorie von der Persönlichkeit.

Im hier entwickelten Verständnis, also unter Beachtung der prinzipiellen Kritik an bürgerlichen Gesamtkonzeptionen, aber unter gleichzeitiger Betonung der darin enthaltenen demokratischen Ansätze setzt sich die DKP für eine *konsequente* Fortführung jeder Entwicklung der Gesamtschule ein, die im Interesse der arbeitenden Bevölkerung liegt. In diesem Sinne kämpft sie um die Sicherung jeder — möglicherweise noch so geringen — demokratischen Errungenschaft auf diesem Gebiet.

Es liegt auf der Hand, daß sich damit allen demokratischen Pädagogen, Eltern und Schülern, allen fortschrittlichen gewerkschaftlichen und politischen Kräften die *realistische* Perspektive anbietet — zur gemeinsamen Diskussion und zum gemeinsamen Handeln.

1 K. Marx, Instruktionen für die Delegierten des provisorischen Zentralrats zu den einzelnen Fragen. In: K. Marx, F. Engles, Über die Gewerkschaften. Berlin, 1971, S. 210 f, S. 214.

2 Vgl. Frankfurter Rundschau v. 20. 10. 1975. „Schulsystem bewährt": „Nach Ansicht von Kultusminister Hans Krollmann kann das hessische Schulsystem der integrierten Gesamtschulen besser als andere Schulsysteme junge Menschen befähigen, mit den Problemen der modernen Arbeitswelt fertig zu werden." Vgl. auch Die Welt v. 10. 12. 1975 „Die hessische FDP ist über die Gesamtschule tief zerstritten". Dort heißt es: „Hintergrund des Streits ist ein überraschender Beschluß des Landeshauptausschusses der Partei, (...) die integrierte Gesamtschule als eine der möglichen Regelschulen in den entsprechenden Katalog des hessischen Schulverwaltungsgesetzes aufzunehmen."

3 C. H. Evers, Einführung. In: H. G. Rolff u. a., Strategisches Lernen in der Gesamtschule. Hamburg, 1974, S. 9 f, S. 9.

4 Vgl. U. Reumann, „Die Ausbildungskrise wird noch schlimmer." In: FAZ v. 19. 12. 1975.

5 Vgl. J. Becker, Lernen in der Klassenschule. Reinbek, 1974, S. 196 f.

6 W. Keim, Arbeiterkind und Gesamtschulreform, in: Westermanns Pädagogische Beiträge, H. 1/1975, S. 9 ff, S. 11.

7 Vgl. u. a. Der Kongreß „Die integriert Gesamtschule — Regelschule oder gescheitertes Experiment" am 22. 11. 75 in Frankfurt/M., oder auch den Bundeskongreß der Gemeinnützigen Gesellschaft Gesamtschule in Wetzlar 1975.

8 Hier sei nur auf zwei Berichte aufmerksam gemacht, die einen umfassenden Überblick geben: W. Keim (Hrsg.), Gesamtschule. Bilanz ihrer Praxis. Hamburg, 1973. und M. Bernhardt u. a., Soziales Lernen in der Gesamtschule. München, 1974.

9 Entnommen aus: Gmeinnützige Gesellschaft Gesamtschule, Arbeitspapiere, Berichte, Materialien zum Bundeskongreß 1975 in Wetzlar, S. 42 ff.

10 Die Bund-Länder-Kommission hat im Februar 1973 übereinstimmend 57,2 Md. DM für den Bildungsetat 1975 gefordert, der Finanzplanungsrat und die Konferenz der Landesfinanzminister haben lediglich einen Betrag von 53,6 Md. DM *in Aussicht* gestellt.

11 Entlastungsstunden bedeuten keine Befreiung des Lehrers, sondern Freistellung für außerunterrichtliche pädagogische und organisatorische Tätigkeiten.

12 Vgl. „Schüler-Radikalerlaß?" in: DVZ v. 6. 11. 1975 und „Druck auf Schülervertreter nimmt zu. Generalangriff auf die Lernziele Selbständigkeit und Selbstverantwortung" in: DVZ v. 11. 12. 1975.

[13] Autorenkollektiv, Der SPD-Orientierungsrahmen '85. Frankfurt/M., 1975.

[14] Vgl. Anm. 32.

[15] Vgl. A. N. Leontjew, Probleme der Entwicklung des Psychischen. Berlin, 1971. vgl. H. Klein, Bildung in der DDR. Grundlagen, Entwicklungen, Probleme. Hamburg, 1974.

[16] E. Reuter, „Demokratische Neubestimmung der Ziele, Inhalte und Verfahren", in: Gewerkschaftliche Bildungspolitik 1/1973, S. 27 ff, S. 27.

[17] Vgl. Wahlprogramm der SPD von 1972, S. 41: „Bildung und Ausbildung stellen die Weiche für die Entfaltung des einzelnen für seine menschliche und berufliche Entwicklung. Eine demokratische Gesellschaft verlangt nicht nur den chancengleichen Zugang aller Bürger zu allen Bildungseinrichtungen, sondern auch Bildungsinhalte, die jeden Bürger befähigen, in der Politik, am Arbeitsplatz und in anderen gesellschaftlichen Bereichen verantwortlich mitzubestimmen."

[18] OECD-Bericht Begabung und Bildungschancen, Frankfurt am Main 1971.

[19] Deutscher Bildungsrat, Empfehlungen der Bildungskommission 1967 bis 1969, Stuttgart, 1970, S. 181 ff.

[20] Vgl. u. a. Schriftenreihe des Hessischen Philologenverbandes: Die integrierte Gesamtschule — der einzige Weg in die Zukunft? Hadamar, 1969.

[21] Stuttgarter Leitlinien der FDP, Stuttgart, 1972, S. 9.

[22] K. v. Dohnany: Wo die Reform wehtut. in: K.v. Dohnany: (Hrsg.), Die Schulen der Nation. Düsseldorf, 1971, S. 458.

[23] Vgl. dazu M. Bernhardt u. a., Soziales Lernen in der Gesamtschule, a. a. O.

[24] Deutscher Bildungsrat, Strukturplan für das Bildungswesen, Bonn, 1970, Kap. I, 4. 5.

[25] Margit Metz, Kranke Schulen — kranke Kinder, in: Frankfurter Rundschau v. 13. 5. 1974, S. 11.

[26] J. Beck, Demokratische Schulreform in der Klassengesellschaft. in: Erziehung in der Klassengesellschaft, hg. v. J. Beck u. a., München, 1970, S. 92 ff, S. 114.

[27] K. J. Bruder, Taylorisierung des Unterrichts, in: Kursbuch 24, Berlin, 1971, S. 119.

[28] GGG (Hrsg.), Gesamtschule '74, Arbeitspapier der AG „Soziale Organisation und Differenzierung" für den Bundeskongreß 1974, S. 35.

[29] Ebenda, S. 36.

[30] Vgl. H. Flottau, Entlastung an Hessens Schulfront, in: Süddeutsche Zeitung v. 6./7. 9. 1975.

[31] Vgl. R. Kühnl (Hrsg.), Geschichte und Ideologie. Hamburg, 1973.

[32] Vgl. J. B. Watson, Behaviorismus. Köln, 1968, S. 11, S. 117. Watson schreibt an anderer Stelle: „Die Gesellschaft hat sich daran gewöhnt, die Kinder zu Hunderten verhungern und in Slums aufwachsen zu sehen, ohne sich besonders aufzuregen." (S. 133).

[33] MEW, Bd. 20, Berlin, 1968, S. 498.

[34] K. Marx, MEW, Bd. 23, a. a. O., S. 445.

[35] K. Marx, MEW Bd. 23, a. a. O., S. 445.

[36] Ebenda.

[37] Parteivorstand der DKP (Hrsg.), Sofortvorschläge der DKP für bessere Bildung und Berufsbildung. Düsseldorf, 1974, S. 18.

[38] Ebenda, S. 29.

[39] Vgl. Malte Buschbeck, Der Zorn über die Schule, in: Süddeutsche Zeitung v. 9. 12. 1975, S. 4.

[40] Parteivorstand der DKP (Hrsg.), Referat v. R. Priemer, Mit der DKP für die Interessen der arbeitenden und lernenden Jugend. 7. Tagung des Parteivorstandes der DKP. in: UZ v. 19. 6. 1957, S. 13 ff. der Beilage.

[41] Parteivorstand der DKP (Hrsg.), Sofortvorschläge. a. a. O., S. 5 f.

[42] Vgl. J. Strasser, Antikapitalistische Praxis und Strategiediskussion, in: Juso, H. 9/10 1972, S. 3.

[43] W. I. Lenin, Staat und Revolution. Frankfurt/M., 1970 S. 346. vgl. auch Willi Gerns, Der Marxismus als Waffe zur erfolgreichen Vertretung der Arbeiterinteressen — die Aufgaben der DKP im ideologischen Kampf, Referat zur 5. Tagung des Parteivorstandes der DKP, in: UZ v. 17. 10. 1974, S. 11 ff. der Beilage.

[44] K. Marx, Kritik des Gothaer Programms, Berlin, 1969, S. 37.

Horst Bethge/Lottemi Doormann

Aktionen, Probleme und Perspektiven von Elternprotesten — am Beispiel Hamburgs*

Die Aktionen

Einen Monat lang war der Schulkampf der Hamburger Eltern Thema Nummer eins in der Hansestadt. Auf dem Höhepunkt der Ereignisse Mitte Juni kam es zu einem eintägigen gemeinsamen Warnstreik an knapp dreißig Schulen in einer Massendemonstration von Eltern, Lehrern, Schülern und Studenten „Gegen die Sparpolitik des Hamburger Senats im Bildungsbereich".[1] Was seit Ende Mai zunächst an drei, vier Schulen mit Elternversammlungen, Informationsständen, Flugblattaktionen und örtlichen Demonstrationszügen begonnen hatte, wuchs innerhalb von zwei Wochen in eine Dimension elterlichen Widerstands gegen die offizielle Schulpolitik, wie es sie seit Bestehen der Bundesrepublik nirgendwo zuvor gegeben hatte. Ohne Aufruf von „oben", ohne die Organisationsapparate von Parteien, Gewerkschaften, Verbänden oder der Landeselternvertretung, brachten es die Betroffenen selbst zustande, die Isolation vereinzelter Protestaktionen zu durchbrechen und zu einem gemeinsamen Vorgehen an vielen Schulen gleichzeitig zu gelangen. Daß am gleichen Tag Tausende von Schulkindern und Berufsschülern dem Unterricht fernblieben, erregte nicht nur von Flensburg bis München Aufsehen, sondern warf allenthalben — angesichts der bundesweiten Schulmisere — die Frage auf, wie es dazu gerade in Hamburg (wo es doch mit dem Schulwesen sogar besser bestellt sein soll als anderswo) kommen konnte.

Vorgeschichte

Um diese Frage beantworten zu können, ist es nötig, sich einige Besonderheiten der hamburgischen Situation klarzumachen. Ein ganz wesentlicher Faktor in der bildungspolitischen Landschaft des Stadtstaates ist die Arbeit der Elternaktive Aktion Kleine Klasse (AKK), einem offenen Zusammenschluß aktiver Eltern, die sich

* Dieser Aufsatz wurde bereits veröffentlicht in: Demokratische Erziehung 5/1975, S. 65 ff.

innerhalb und außerhalb der Schulen seit Jahren für die Bildungs-reform einsetzen.

Diese Initiative trat zum erstenmal im Januar 1973 mit drei For-derungen an die Öffentlichkeit: Senkung der Klassenfrequenzen auf 25 Schüler; Behebung des Lehrermangels und Stundenausfalls — Ein-stellung aller ausgebildeten Lehrer; mehr Mittel für die Grund-schulen. In Flugblättern und Informationsbroschüren wurden diese Forderungen, für die Aktion 25 000 Unterschriften sammelte, von allen Seiten her erläutert mit Fragen wie „Warum gerade 25 Kinder in einer Klasse?" oder „Woher sollen die Lehrer kommen?" oder „Wie können die Forderungen der AKK finanziert werden?". Höhe-punkte der Arbeit waren im Sommer 1973 ein bildungspolitisches Hearing (2000 Teilnehmer) und die gemeinsame Demonstration mit der Lehrergewerkschaft GEW für die Hamburger Schulreform (ca. 10 000 Teilnehmer). Im Januar 1974 folgte der „Hamburger Eltern-kongreß", bei dem erstmals Elterninitiativen aus dem gesamten Bundesgebiet zusammenkamen.

Arbeit und Forderungen der Aktion Kleine Klasse erreichten in Hamburg einen hohen Bekanntheitsgrad, wozu sicher auch die inten-sive Pressearbeit beitrug. Abgesehen von einigen konkreten Teil-erfolgen — wie Bewilligung zusätzlicher Stellen für Vertretungs-lehrer, Aufnahme der Senkung der Klassenfrequenzen in die Wahl-programme der Bürgerschaftsparteien, Erweiterung der Kapazität des Studienseminars für Lehrerstudenten, mehr Mittel für die Grundschulen — war *der politische Erfolg* der AKK sicher am we-sentlichsten. Fassen wir die für die schulpolitischen Auseinanderset-zungen wichtigsten Punkte zusammen:

1. Das allgemeine Schulbewußtsein der Hamburger Eltern wurde verändert. Während die AKK-Mitglieder von zwei, drei Jahren die Notwendigkeit kleinerer Klassen überall diskutieren mußten, gibt es heute in Hamburg kaum noch Eltern, die nicht wissen, wie schädlich zu große Klassen sind. Das Interesse an Schulpolitik ist gewachsen und damit auch der Informationsstand der Eltern. Vor der Bürgerschaftswahl im März 1974 spielten Bildungsfragen — nicht zuletzt durch die Aufklärungsarbeit der AKK — eine große Rolle und nach der Wahl wurde dafür gesorgt, daß die Ver-sprechungen der SPD/FDP-Regierungskoalition im Gedächtnis der Eltern blieben.

2. Im Herbst 1973 trat in Hamburg ein neues Schulverfassungs-gesetz in Kraft. Bei Informationsveranstaltungen und in Flug-blättern rief auch die AKK alle aktiven und engagierten Eltern auf, dieses neue Gesetz zu nutzen und sich in die Elterngremien wählen zu lassen. Dies geschah mit großem Erfolg: AKK-Mit-glieder und Sympathisanten, die bei den Wahlen erklärten, wo-

für sie sich als Elternvertreter einsetzen würden, wurden fast alle mit großer Stimmenmehrheit gewählt.

3. Die Ent-Tabuisierung bestimmter Aktionsformen wurde erreicht. Durch die Mitarbeit in der AKK haben viele Eltern zum erstenmal Flugblätter verteilt und hergestellt, an Informationstischen gestanden und mit Bürgern diskutiert, auf Versammlungen geredet und an Demonstrationen teilgenommen. Solche Aktionsformen haben beim Hamburger Schulkampf vor den Ferien eine große Rolle gespielt und sind aus den Schulen heraus selbsttätig praktiziert worden.

Diese aktive, informierte und erfahrene Elternschaft startete die Protestaktionen an den Schulen[2] — und zwar in dem Augenblick, als zum üblichen Lehrermangel und Stundenausfall und den bereits im November 1974 angekündigten Sparmaßnahmen ein ganz konkretes, sie persönlich hart treffendes Ereignis hinzukam: die zum neuen Schuljahr geplanten *Klassenzusammenlegungen*. An dieser Stelle waren die Eltern nicht mehr bereit, Zugeständnisse zu machen. Als alle Briefe, Resolutionen und Protestschreiben an die Schulbehörde nichts fruchteten, schrieben die Elternvertreter der Schule Krohnstieg, jener Schule, die den Anfang machte, in einer Pressenotiz: „Weil alle Bedenken der Eltern von den Verantwortlichen unbeeindruckt vom Tisch gewischt werden, müssen wir im Interesse unserer Kinder auch außerhalb der Klassenzimmer aktiv werden.

So liefen die Elternproteste an, mit zwei Aktivitätszentren in den Bezirken Langenhorn/Eppendorf und Wandsbek und später einem dritten in Altona.[3] Zieht man in Betracht, daß es von Anfang an Organisationskerne gab wie beispielsweise die Anlaufstellen der AKK, die in der Lage waren, relativ schnell zu reagieren und als Koordinations- und Sammelpunkte ebenso wie als Multiplikation dienten, so wird die rasche Ausweitung der elterlichen Kampfmaßnahmen begreiflich. Hinzu kamen eine Reihe weiterer spezifisch hamburgischer Vorbedingungen:

1. Die seit 1973 verstärkten Initiativen und Aufklärungskampagnen der Gewerkschaft Erziehung und Wissenschaft zur Durchsetzung der Bildungsreformen in Hamburg. Im „Handlungsplan" der Hamburger GEW vom Juni 1972 wurden Forderungen zur Verbesserung der Schulsituation aufgestellt, die mit denen der AKK weitgehend übereinstimmten und ein punktuell gemeinsames Handeln ermöglichten. Die Informationen und Flugblattaktionen zu den geplanten Einsparungen, die die GEW im Frühjahr 1975 startete, unterstützten darüber hinaus die fortschrittliche Elternarbeit an den Schulen.

2. Die ungewöhnlich heftigen Stellungnahmen und Protesterklärungen der Hamburger Elternkammer (Landeselternvertretung) nach

Bekanntgabe der Sparmaßnahmen. Alle Eltern aufzufordern, „mit jedem demokratischen Mittel für die Erhaltung der jetzigen Richtlinien und Stundentafeln zu sorgen", war ein für dieses Gremium beispielloser Vorgang — wenn auch die Elternkammer ihren Verbalprotest nicht einlöste, fortan eine hilflose Zick-Zack-Politik der alternativen (und nicht abzeptablen) Sparvorschläge betrieb und die Eltern an den Schulen allein ließ.

3. Zwei Aktions-Markierungspunkte: erstens die überraschend große Demonstration der Gewerkschaftsjugend und Berufsschüler im Februar 1975 unter dem Motto „Gemeinsam für bessere Bildung und Berufsbildung", die auch von den Eltern der AKK unterstützt wurde; zweitens der unbefristete Schulstreik von mehr als 1000 Schülern an der Gesamtschule Steilshoop im Mai 1975, der viel Publizität fand („An Hamburgs Schulen ist die Stimmung explosiv") und — trotz Drohbriefen des Landesschulrats Neckel an alle 1200 Eltern der Schule („Dieses Vorgehen ist ungesetzlich") — nach vier Tagen einen erfolgreichen Abschluß fand.

Diese Vorgänge beeinflussen das schulpolitische Klima in der Hansestadt und die Handlungsbereitschaft der Eltern. Nicht unwichtig waren auch das Engagement der Springer-Presse, der CDU und Jungen Union. Seit Jahren hat die hiesige CDU Schwierigkeiten, sich gegenüber der sozial-liberalen Koalition in Sachen Bildungspolitik zu profilieren. Dazu bieten sich weder die recht zahmen neuen Rahmenrichtlinien noch das heiß umkämpfte neue Schulverfassungsgesetz an, das sich als behörden-konformer entpuppte als ursprünglich angenommen. So versuchten die Hamburger Christdemokraten, auf der Welle der Elternproteste ein wenig mitzuschwimmen, ohne daß es ihnen gelang, glaubhafte alternative Finanzierungsvorschläge vorzulegen — zumal der materielle Schulnotstand in CDU-regierten Ländern weit schwerer wiegt als der in Hamburg. Und daß die Springer-Presse — allen voran das bürgerliche „Hamburger Abendblatt" — den Elternaktivitäten eifrig Beifall zollte, wirkte sich insofern eher allgemein mobilisierend aus, als eigentlich nirgendwo die Intentionen dieser Berichterstattung recht deutlich wurden.

Kommen wir nun noch zu den linkssektiererischen Gruppierungen wie zum Beispiel dem KB und seiner neuerdings in Hamburg operierenden sog. „Aktionseinheit".[4] Diese Gruppierungen traten genau zu dem Zeitpunkt auf den Plan, als „die Sache eigentlich schon gelaufen war". Bei einem Treffen von Elternräten aus 50 Schulen versuchten sie sich an die Spitze der Protestbewegung zu stellen, indem sie die teilweise vorhandene Naivität aktionsunerfahrener Eltern und ihre Organisationsfeindlichkeit raffiniert ausnutzten und sie geschickt gegen Elternvertreter der Aktion Kleine Klasse

wendeten. Da es den KB-Leuten gelang, in einen „Organisationsaus-
schuß" hineinzukommen, der auch die Demonstration vorbereitete,
hatten diese einigen Einfluß auf die Auswahl der Demonstrations-
redner, der Solidaritätsadressen und den Inhalt einer anschließend
erstellten „Dokumentation" der Ereignisse. Dabei unterliefen den
„Chaoten" allerdings so viele Fehler, daß die meisten Eltern das
„Spiel" durchschauten und nach den Ferien nicht länger bereit sind,
das Alibi für deren „Kampfinteressen" zu bieten.

Reaktionen

Pünktlich zum Schulbeginn trat Schulsenator Apel vor die Presse
und legte eine zehn Seiten lange Erklärung unter dem Titel „Voraussetzungen für geordneten Unterricht sind gegeben" vor, in der allerdings trotz der Ausführlichkeit wesentliche Angaben wie z. B.
Anzahl der gestrichenen Lehrerstellen und der gekürzten Schüler-
und Lehrerstunden fehlten. Statt dessen bringt das Papier im Anhang eine Fülle nichtssagender statistischer Tabellen, die offenbar
von der Tatsache ablenken sollen, daß objektive, spürbare Verschlechterungen in der Schulversorgung eintreten. So wird die
Orientierungsfrequenz von 1969 wieder ausgekramt und als „Erfolg"
ausgegeben, daß sie nun endlich nach oben eingehalten wird —
aber jeder Hinweis auf die vom Senat verkündete „Priorität Bildung" und die Voraussagen und Versprechungen für das Jahr 1975
fehlt. Abgesehen davon, daß an den Sparmaßnahmen im Bildungsbereich prinzipiell festgehalten und durch Schönfärberei versucht
wird, ihre Auswirkungen herunterzuspielen, haben die Proteste vor
den Ferien in zwei Punkten Wirkung gezeigt: erstens in dem Versuch, das bedrohliche Problem der Lehrerarbeitslosigkeit so weit
wie möglich durch kurzfristige Lehrer-Teilzeitverträge (bis zum
1. 2. 76) vom Tisch zu bekommen und besonders kämpferische Eltern
durch die Zurücknahme von Klassenzusammenlegungen (in drei
Fällen) zu beruhigen. Zweitens auf der politischen Ebene durch
eine beispiellose Maßregelung der Schulleiter mittels einer 34 Seiten
starken Broschüre mit dem Titel „Schule '75). Beeindruckt von der
Vehemenz des Elternkampfes, machte die Schulbehörde offensichtlich während der Ferien Überstunden, und was diese „Fleißarbeit"
leisten soll, sagt Schulsenator Apel selbst im Begleitbrief: „Sie faßt
in knapper Form zusammen, was diejenigen zur Hand haben sollen,
die in Gesprächen und Diskussionen Stellung beziehen und *Bildungspolitik 1975 vertreten müssen*". Und weiter: „Ich übersende
Ihnen diese Schrift zur rechtzeitigen Information und bitte Sie, *in
diesem Sinne zu argumentieren*, wenn Sie mit Eltern, Lehrern oder
Schülern über die Situation Ihrer Schule sprechen". Wie solche

Argumentation auszusehen hat, wird in „Schule '75" im Kapitel „Allgemeine politische Wertung" erläutert — zum Beispiel so: „Absolut unredlich ist es, wenn Senat und Bürgerschaft des Wortbruchs bezichtigt werden oder sich manche Kritiker soweit versteigen, zu behaupten, die programmatischen Aussagen des Senats und der ihn tragenden Parteien seien propagandistische Manöver zur Täuschung der Wähler, ohne daß diese Gremien den Willen gehabt hätten, diese Programme zu verwirklichen" (S. 1).

Was die Hamburger GEW betrifft, ist festzustellen, daß sie sich durch interne Auseinandersetzungen erst nach den Ferien dazu durchrang, ihre Zurückhaltung aufzugeben. Bei einer Pressekonferenz zum Schulbeginn forderte sie alle Eltern auf, sich gegen die Bildungspolitik des Senats zu wehren. Zum Schulanfang verteilte sie an Hamburgs Schulen Flugblätter mit dem Slogan „Hamburg tut zu wenig für die Bildung" und Leuchtschrift-Aufkleber („Eine sichere Zukunft — auf die Schule kommt es an!"). Für den Herbst sind weitere Aktionen geplant.

Die Hamburger Elternkammer blieb bei ihrer ablehnenden Haltung gegenüber den Sparmaßnahmen im Schulbereich, insbesondere der Lehrerstellenkürzung. Sie bezeichnete die Situation an den Schulen „auch im neuen Schuljahr" als „völlig unbefriedigend" und erneuerte ihre Forderung, weitere Lehrer einzustellen und dafür „Kürzungen in anderen Bereichen des gesellschaftlichen Lebens" hinzunehmen.

Und die protestierenden Eltern? Eine bisher nicht in Erscheinung getretene Elterngruppe aus den Hamburger Stadtteilen Mümmelmannsberg, Billstedt und Rahlstedt rief zwei Tage nach Unterrichtsbeginn zum Boykott der anstehenden Elternrats-Wahlen auf, um eine Verbesserung des Schulverfassungsgesetzes zu erreichen. Dieser Weg dürfte wenig Unterstützung finden und bedeutet in seiner Konsequenz, den Einfluß in der institutionalisierten Elternvertretung aufzugeben.

Die Elterninitiative Aktion Kleine Klasse hat zum Schulbeginn Flugblätter verteilt. Um Orientierungspunkte zu geben, bildungspolitische Zusammenhänge zu verdeutlichen, die aktiv gewordenen Eltern vor Resignation zu bewahren und sie an eine kontinuierliche bildungspolitische Arbeit zu binden, wiederholte die AKK noch einmal im einzelnen die Forderungen der Eltern. Darüber hinaus forderte die AKK ausdrücklich dazu auf, sich in die Schulgremien wählen zu lassen und kündigte weitere Aktionen an.

Probleme

Es zeigte sich, daß viele Eltern und Elternräte durchaus im kleineren Rahmen (Klasse, Schule, engerer Wohnbezirk) zu organisieren in der Lage sind und bereitwillig Aufgaben übernehmen. Es mangelt aber zumeist an Erfahrungen, im größeren Rahmen zu organisieren, spontan dazustoßende Elternräte und Schulen einzubeziehen, breite Presseinformation zu leisten und den Druck konzentriert auf die politischen Instanzen zu lenken. Normalerweise ist bei Sitzungen von Elternräten der Schulleiter Kristallisationskern, bei Kreiselternräten der Schulrat, was eigene Organisationserfahrungen erschwert. Hier sollten Eltern mit politischer oder gewerkschaftlicher Organisationserfahrung Hilfestellung geben.

Am Verlauf der Aktionen an einzelnen Hamburger Schulen läßt sich ablesen, daß anfangs Schulleiter und vereinzelt auch Schulräte die Eltern sachlich und offen informierten, weil sie im Elternprotest eine Unterstützung ihrer internen Bestrebungen erblickten. Mit zunehmender Ausweitung und Zuspitzung aber, besonders unter dem massiven politischen Druck seitens der Länderregierung, griffen zahlreiche Schulleiter und fast alle Schulräte zu Manipulationen, Fehlinformationen, Beschwichtigungen. Bisweilen wurden auch Drohungen in die Diskussionen eingebracht. Mancher Elternvertreter erlebte „seinen" vertrauten Schulleiter von einer neuen Seite. Verständlich, daß nicht jeder sich von dieser Art der Beeinflussung frei machen konnte.

Elternvertreter, die z. T. jahrelang Briefe, Eingaben, Bittgesuche geschrieben hatten und die oben genannten Erfahrungen machen mußten, Eltern, die nun konkret an der Situation „ihres" Kindes die Misere erfuhren, reagierten oft mit einer erstaunlichen Radikalität. Bei den Diskussionen — schulintern oder bei Sitzungen von Koordinierungsgremien — konnten diesen Eltern, die sich zu aktiven und massiven Protesten und Schulstreiks nun durchgerungen hatten, ein Streik nicht lange genug dauern. Sie plädierten für unbefristete Streiks und setzten ihre Aktionsbereitschaft bei allen Eltern voraus. Organisatorisch, politisch und vor allem gewerkschaftlich erfahrene Eltern und Kräfte fanden sich unversehens in die Rolle von „Bremsern" gedrängt. Es erwies sich oft als schwierig, in einem spontan entstandenen fluktuierenden Gremium, zumal Vertreter sektiererischer Gruppen diese „Alles-oder-Nichts-Haltung" noch schürten, zu geschlossenem und besonnerem Handeln zu gelangen.

Ein großer Teil der aktivsten Eltern, Angestellte (etwa auf Abteilungsleiterebene), Journalisten, Graphiker, Mütter mit nicht beendetem Studium o. ä., entstammt den sogenannten Mittelschichten. Diese, zumeist auch recht wortgewandten Eltern, haben durchaus die Erfahrung machen müssen, daß politische Gruppen, die sie zu vertreten vorgaben, ihre Interessen doch nicht vertreten haben. An gewerkschaftliche Organisation nicht gewöhnt, enttäuscht von den Wahlversprechen zur Bürgerschaftswahl 1974, individualistisch erzogen und trainiert, von der Springer-Presse und den Bürgerschaftsparteien gewarnt und verunsichert, sich „vor den Karren" der Linken spannen zu lassen, haben sie eine deutliche Furcht vor Organisationen und Gewerkschaften entwickelt. Diese latente Organisationsfurcht, von Sektierern verstärkt, erwies sich als größtes Hindernis, daß die protestierenden Elternräte von sich aus das Bündnis mit den Gewerkschaften und der GEW suchten. In der ganzen Phase der Aktionen gab es nur ganz spärliche Kontakte dieser Art. Selbst die „Aktion Kleine Klasse" war manchen Eltern schon zu viel „Organisation", zumal diese Einstellung massiv von sektiererischen Kräften ausgenutzt wurde.

Schließlich soll als Problem genannt werden, daß solche Elternproteste unter mangelnder Kontinuität zu leiden drohen. Für einige Wochen, mit hohem zeitlichen und physischen Einsatz, engagieren sich überraschend viele Eltern — bis an die Grenze ihrer Leistungsfähigkeit. Oft konnte man hören: „Man gut, daß jetzt die großen Ferien kommen, da erhole ich mich erst mal" oder: „Diese Aktion mache ich noch, bei der nächsten sind mal andere dran."

Perspektiven

Damit ist die Frage der Perspektive solcher Elternproteste und -aktionen aufgeworfen. Besonders wichtig ist die umfassende Information der Elternvertreter und der Eltern. Sowohl für das Entstehen so breiter Protestbewegungen wie für die Ausweitung und Fortführung ist es wichtig, Informationskanäle und -möglichkeiten zu nutzen bzw. zu schaffen. Unter den konkreten Hamburger Bedingungen kam diese Rolle der „Aktion Kleine Klasse" zu, teilweise spielte sie aber auch das „Hamburger Abendblatt".

Intensive und umfangreiche bildungspolitische Diskussionen, die noch viel mehr Eingang in die Elterngremien und -abende finden müssen, sind zur Herausbildung einheitlicher Positionen und Forderungen unerläßlich. Oft mangelt es an griffigen, allgemeinverständlichen Argumentationen und Faktensammlungen — hier hätten u. a. die demokratischen pädagogischen Zeitschriften noch eine Aufgabe. Insbesondere sind aber finanzpolitische und bildungsökonomische Zusammenhänge stärker herauszuarbeiten, um über die lokalen Anlässe hinauszuführen und die argumentative Grundlage für gemeinsames Handeln zu ermöglichen. In Hamburg kam es vor, daß an einigen Schulen nur die 2. Klassen, die von der Zusammenlegung bedroht waren, aktionsbereit waren und streikten — während die 3. und 4. Klassen noch nichts zu beraten hatten. Aufgabe politisch erfahrener Kräfte ist es, gerade diesen Diskussionsprozeß zu initiieren und zu befruchten.

Überall sollten Bürgerinitiativen angestrebt werden, bieten sie doch eine adäquate Organisationsform: Grundsätzlich überparteilich und sachbezogen, stehen sie jedem zur Mitarbeit offen. Sie verbinden — flexibel genug — Offenheit mit der Möglichkeit Aktions- und Organisationskerne zu bilden. An der Basis, der einzelnen Schule, unter dem Vorzeichen begrenzter, interessenorientierter Zielsetzung lassen sich antikommunistische und antigewerkschaftliche Positionen in Vorbereitung, Durchführung und Auswertung von Aktionen abbauen.

Den konkret anstehenden Aufgaben z. B. dem Verfassen eines Flugblattes, sollten gründliche politische Diskussionen vorangehen — auch wenn mancher drängt: „Wir wollen doch weiterkommen".

Bestehen Bürgerinitiativen, Elternaktionen, „Kleine Klasse" o. ä., so ist eine gewisse Fluktuation und unterschiedliche Intensität der Aktivitäten festzustellen. Bestimmte Anlässe, z. B. jetzt die allerorten verkündeten Einsparungen, stimulieren jedoch neue Aktivität, wenn der Kern die schwankende Aktionsbereitschaft einkalkuliert und dabei bleibt. Ein Wechsel der Aktionsformen, abwechselnde Aufklärung und Demonstration, vertiefende Diskussion und Breitenarbeit, lassen diese Bürgerinitiativen über längere Zeiträume bestehen. Die angekündigten Kürzungen in den Bildungsetats der Länder und Gemeinden, die zu registrierenden konkreten Verschlimmerungen der Bildungsmisere gerade im nächsten Jahr geben genügend Stoff und Anlässe.

Mittelfristig müßten die Elterninitiativen in ein breiteres Bündnis mit der gewerkschaftlich organisierten Jugend und Arbeiterschaft, den organisierten Studenten, Referendaren, Lehrern und Wissenschaftlern einbezogen werden. Zur Zeit müssen in den Diskussionen der Eltern dazu die Voraussetzungen geschaffen werden. Wichtig dafür erscheint uns nach den Hamburger Erfahrungen, daß Asta-, Referendars- und Lehrervertreter, u. U. betont als Gäste, Beobachter, Verbindungsleute, an den Beratungen von Elterninitiativen teilnehmen. Diese Mittlerfunktion ist nicht zu unterschätzen. Die Eltern können informiert werden, welche Probleme und Aktionen in den anderen Bereichen anstehen, die anderen Gremien wären zu unterrichten über Ziel, Anlaß und Aktionen der Eltern. Gewerkschaftlich gebundene Eltern könnten diese Mittlerfunktion zwischen Elterninitiativen und Gewerkschaftsgremien wahrnehmen.

An dieser Stelle wird deutlich, daß gerade auch von diesen politischen Kräften die Tendenz der CDU oder der Jungen Union, sich in Elterninitiativen hereinzuhängen, zurückgedrängt werden muß. Die soziale Demagogie der CDU kann nicht nur festgestellt werden, sie muß in den konkreten Diskussionen zurückgewiesen werden.

Wenn die hier ausgebreiteten Erfahrungen aus Hamburg eine gewisse Allgemeingültigkeit haben, dann zeichnet sich für die nächsten Monate ab, daß überall solche Elternproteste erfolgen — da überall Kürzungen im Bildungsbereich anstehen. Gaben für reaktionäre Kräfte die neuen Rahmenrichtlinien oder Schulbücher Anlaß für Elternmobilisierung, so gilt für die demokratischen Kräfte, daß jetzt jede Elterninitiative Unterstützung verdient, die auf mehr Geld für das Bildungswesen zielt. Angesichts von Lehrer- und Jugendarbeitslosigkeit, angesichts der Perspektiven der Ergebnisse der Europäischen Sicherheitskonferenz wird der Kampf um mehr Bildungsinvestitionen, um Beseitigung der Bildungsmisere wichtiger — und er wird auch erfolgreicher sein können, selbst wenn er härter werden wird.

[1] Vgl. den Bericht „Schulkampf in Hamburg" in Demokratische Erziehung 4/75, S. 8/9.

[2] Die Elternratsvorsitzende der Langenhorner Schule „Krohnstieg", die den Protest-Anfang machte, arbeitete zwei Jahre in der AKK. Der Elternbeiratsvorsitzende der Schule „Bandwirkerstraße" im Bezirk Wandsbek, der ebenfalls eine Vorreiterrolle bei den Elternprotesten spielte, war langjähriges AKK-Mitglied. Beide setzten sich sofort mit anderen Schulen ihres Bezirkes in Verbindung und informierten das AKK-Büro. Dies sind nur zwei typische Beispiele für viele.

[3] Vgl. Anm. 2. Dies widerspricht entschieden dem Erklärungsversuch des Hamburger Korrespondenten der „Frankfurter Rundschau", der unter der Überschrift „Die merkwürdige Volksfront in der Hamburger Schulpolitik" Schulstreiks und Demonstrationen zur puren „Selbstdarstellung" von „Junger Union" und „Kommunisten" subsumierte, die den Sparbeschluß des Senats „ausnützen" würden, um gegen die sozial-liberale Landesregierung zu Felde zu ziehen. Nach dieser „Theorie" waren es „eher konservativ eingestellte Eltern" die die Kampfaktionen starteten und dann „viele Bündnispartner von Linksaußen" fanden (FR v. 20. 6. 75). Daß diese Einschätzung völlig unhaltbar ist, daß es eher fortschrittlich (sozialdemokratisch bis linksliberal) eingestellte Eltern waren, die den Stein ins Rollen brachten, dürfte durch die Darstellung hinreichend deutlich geworden sein.

[4] Die „Aktionseinheit" ist ein seit knapp einem Jahr bestehender Zusammenschluß von Schüler-, Jugend- und Studentengruppen, in dem u. a. vertreten sind der Bund Demokratischer Jugend (BDJ/RBJ), der Sozialistische Schülerbund (SSB), der Sozialistische Studentenbund (SSB) und der KB (Kommunistischer Bund).

Kapitel IV

Der Kampf um demokratische Bildungsinhalte

Aus den vorhergehenden Kapiteln wird deutlich, daß eine demokratische Alternative zum bestehenden Bildungswesen sich in dem Maße durchsetzen wird, wie die fortschrittlichen Kräfte gesamtgesellschaftlich an Einfluß gewinnen. Es wird deutlich, daß ein Bildungssystem, das den Interessen der Mehrheit der Bevölkerung entspricht, sich letztlich erst dann voll entfalten kann, wenn die Macht der Monopole überwunden ist.

Dazu ist es heute schon von großer Wichtigkeit, auch inhaltliche Alternativen zu entwickeln. Gerade über den Weg der Lehrinhalte versucht das kapitalistische System, seinen ideologischen Einfluß aufrechtzuerhalten. Dabei hat auch die praktizierte extreme Unwissenschaftlichkeit in unseren Schulen Systemcharakter.

Junge Menschen, die in der Schule lernen, z. B. im Bereich der Naturwissenschaften wissenschaftlich gründlich zu arbeiten, würden vielleicht auch lernen, gesellschaftliche Zusammenhänge besser zu durchschauen, könnten vielleicht beim Eintritt in den Produktionsprozeß darauf kommen, was es wirklich ist, „das die kapitalistische Welt im Innersten zusammenhält": das Privateigentum an Produktionsmitteln und das Streben nach Profit.

Solche Lernprozesse nicht stattfinden zu lassen oder weitgehend zu bremsen, dazu dient die Unwissenschaftlichkeit als Methode. Dem haben einige Autoren Beispiele entgegengesetzt, die für vielfältige Bemühungen stehen, die Lehrinhalte zu demokratisieren. Kurt Faller nennt aktuelle Aufgaben für das Fach Politische Bildung, Albrecht Schnitzer befaßt sich mit dem Fach Polytechnik. Doris Schwert und Anke Wagner beschreiben mögliche Lernziele im Deutsch-Unterricht — wobei sich die durchgeführten Unterrichtsreihen auf die Studienstufe der Gesamtschule beziehen. Rainer Eckert beweist, wie der Mathematik-Unterricht verwissenschaftlicht werden kann und gerade deshalb *alle* Schüler einer Klasse die Chance haben, „mitzukommen".

Dies führt noch einmal auf das Grundanliegen dieses Buches zurück: Es gilt, das Recht der Kinder der Arbeiterklasse auf Bildung zu erkämpfen und zu sichern, ihre Persönlichkeitsentwicklung zu fördern. Deshalb muß der bürgerlichen Pädagogik eine Alternative entgegengesetzt werden, nicht nur politisch-organisatorisch — auch inhaltlich.

Kurt Faller

Demokratische Lehrinhalte im politischen Unterricht*

„Die geistigen Grundlagen der freiheitlich-demokratischen Gesellschaftsordnung der Bundesrepublik Deutschland werden seit einigen Jahren durch die zunehmende Verbreitung linksradikaler Ideen gefährdet. Getarnt durch anscheinend demokratische Schlagworte wie ‚Emanzipation‘, ‚Abbau der Herrschaft‘, ‚Mitbestimmung‘ und ‚Demokratisierung‘ wird ein Zustand allgemeiner Orientierungslosigkeit und politischer Anarchie herbeizuführen versucht, in dem es für die Anhänger eines totalitären Sozialismus leicht wird, die Macht zu ergreifen. Neben den Massenkommunikationsmitteln bildet das Erziehungswesen das bevorzugte Kampffeld, weil vor allem in diesen beiden Gesellschaftsbereichen Einfluß darauf genommen werden kann, von welchem Weltbild und von welcher Wertordnung sich die Bevölkerung leiten lassen wird.“ Mit diesen Worten charakterisiert der konservative Pädagoge W. Brezinka die heutige Lage aus seiner Sicht.[1] Er wird dabei assistiert von den Ideologen der Unternehmerverbände, die auf der letzten Mitgliederversammlung des „Instituts der deutschen Wirtschaft“ unter dem Schlagwort „Wer die Schule hat, hat das Land“, einen „neue, wertorientierten Unterricht“ forderten.

Immer häufiger erregen sich konservative Politiker und Zeitungen über Schulbücher, Richtlinien u. ä. Konservative Elternverbände geben Richtlinien zur Bespitzelung von fortschrittlichen Lehrern heraus, von der CDU bzw. CSU regierte Bundesländer weigern sich, Schriften der Bundesregierung zur Berufsbildung an die Schulen weiterzugeben. Der vom Ministerium für gesamtdeutsche Fragen herausgegebene Kalender über die DDR, darf in einigen dieser Länder ebenfalls nicht an die Schulen ausgegeben werden, weil, so ein CDU-Sprecher, „Mauer und Stacheldraht und das Blut von Flüchtlingen nicht zu sehen seien“. So ist die Frage, was in den Schulen gelehrt, verteilt und gesagt werden darf, in den Mittelpunkt des politischen Kampfes gerückt.

Und die Auseinandersetzung um Lehrpläne und Schulbücher ist, wie der Vorsitzende des Bundes Freiheit der Wissenschaft, Thomas

---

* Unter Verwendung einiger Passagen eines Beitrags des Autors in: Demokratisierung der Lehrinhalte — Grundlagen, Schwerpunkte, Aktionen. Röderberg Verlag, Frankfurt am Main 1975.

Nipperdey, klar sieht, „kein Fachproblem für Schulleute, es ist ein zentrales Stück der geistigen und politischen Auseinandersetzung in der BRD".[2] Der Kampf um die Demokratisierung der Inhalte der Erziehung und Bildung ist tatsächlich zu einem der wichtigsten Bereiche in dem gesamtgesellschaftlichen Kampf um Einschränkung oder Erweiterung der demokratischen Rechte geworden. Dabei geht es auch hier nicht darum, wie der eine oder andere Lehrplan formuliert oder dieser oder jener Text in einem Lesebuch zu beurteilen ist, sondern es geht um die Interpretation des Grundgesetzes, darum, ob dieses Grundgesetz endgültig den Machtverhältnissen in unserem Lande angepaßt oder im Sinne einer sozialen Demokratie in die Wirklichkeit umgesetzt wird.

Welche bedeutende Rolle in diesem Kampf die Auseinandersetzung um die Lehrinhalte spielt, wird besonders an dem Beispiel der hessischen Rahmenrichtlinien (RRL) und dem Arbeitslehreprojekt des DIFF (Deutsches Institut für Fernstudien an der Universität Tübingen) deutlich. Dabei geht es hier nicht so sehr um die pädagogischen, fachwissenschaftlichen und didaktischen Diskussionen, die die RRL ausgelöst haben, sondern um die grundsätzlichen Intentionen der Verfasser. Denn die hessischen RRL sind die ersten Lehrpläne in der Geschichte der Bundesrepublik, die bewußt das Grundgesetz, und zwar vor allem den Grundrechtskatalog, das Sozialstaatsprinzip und das Demokratiegebot, in den Vordergrund und als oberstes Lernziel gesetzt haben. So schreibt L. v. Friedeburg: „Oberstes Lernziel der in Hessen vorgelegten Bildungspläne ist die ‚Selbst- und Mitbestimmung' ..., ist es, Schüler zur Teilnahme an der produktiven Gestaltung gesellschaftlicher Realitäten zu befähigen. Dieses Lernziel ergibt sich aus den grundlegenden Werten, die die Verfassung unserer demokratischen Ordnung — das gilt sowohl für das Grundgesetz als auch für die hessische Verfassung — bestimmen. Loyalität zum Grundgesetz als zentraler Ausgangspunkt der Bestimmung von Lernzielen meint, als Grundgesetz ernst nehmen, indem die Verfassungswirklichkeit am Grundgesetz gemessen wird."[3]

Herrmann Giesecke zieht die Konsequenzen für den politischen Unterricht aus diesem Lernziel: „Dies folgt zwingend aus dem vom Sinn des GG ausgehenden Demokratiekonzept, das die vorhandene politische und ökonomische Ungleichheit als einen mit demokratischen Mitteln Stück für Stück aufzuhebenden Widerspruch zum Grundgesetz ansieht."[4] Damit läßt sich, so faßt Gerd Köhler die Diskussion zusammen, „überall als politisch-didaktisches Grundprinzip erkennen, daß aus dem Vergleich von Verfassungsnorm und Verfassungswirklichkeit Notwendigkeit und Möglichkeit der gesellschaftlichen Veränderung abgeleitet wird".[5]

Diese Entwicklung rüttelte nun die vereinigte Reaktion wach. So meinte der hessische Arbeitgeberverband empört: „Wollen die Verfasser der Richtlinien mit ihren Vorstellungen den Klassenkampf neu beleben? Haben sie noch nichts von der Chancengleichheit gehört, die jedem die Möglichkeit des Vorwärtskommens in unserer Gesellschaft bietet und damit die Bildung von Klassen verhindert? Haben sie noch nichts vom Geist und Inhalt unserer Rechtsordnung gehört, die davon ausgeht, daß es keine Bevorrechteten und Unterdrückten gibt?"[6]

Und der „arbeitgeber", das offizielle Organ der BDA, beklagte sich: „Eine auch nur stellenweise positive Darstellung der geltenden Gesellschaftsordnung findet in den hessischen Rahmenrichtlinien nicht statt. Schlimmer: Die Schüler werden nicht zu loyalen Staatsbürgern in eine Gemeinschaft mit harmonisierenden Spielregeln erzogen, sondern zu ideologisch programmierten Revoluzzern abgerichtet, die Kritik zum alleinigen Maßstab ihrer Mündigkeit zu machen haben. Schule wird zur Schulung."[7] Hanna-Renate Laurien verdammte die RRL, indem sie kurz und knapp feststellte: „Kritik ist ihr Maßstab, Loyalität sucht man vergebens, und die Werte des Grundgesetzes erscheinen in verengter Fassung."[8]

In einer beispiellosen Kampagne gelang es nun, die RRL zum Scheitern zu bringen und damit zu verhindern, daß dieser Versuch einer demokratischen Lehrplanentwicklung in der Schulpraxis erprobt wird. Ein ähnliches Schicksal ereilte das Arbeitslehreprojekt des DIFF. Dieses Projekt sollte in der Lehrerbildung eingesetzt werden, und es war gedacht als eine einheitliche, für das ganze Bundesgebiet geltende Konzeption, die den Rahmen bilden sollte für die verschiedenen divergierenden Ländermodelle. Die Leitung wurde deshalb den bekannten Wissenschaftlern Blankertz und Groth übertragen. Das Verfasserteam führte auch auftragsgemäß eine Bestandsaufnahme der bisherigen Arbeitslehrekonzeptionen und der Erfahrungen in den einzelnen Bundesländern durch und erarbeitete einen neuen Ansatz. Dabei waren die Wissenschaftler allerdings nicht bereit, die Modelle der Bad Harzburger Wirtschaftsakademie für Lehrer und der Arbeitskreise Schule/Wirtschaft zu übernehmen. Im Gegenteil formulierten sie in den „Leitlinien": „Das leitende didaktische Interesse beruht auf einer Parteinahme für den zukünftig abhängigen Arbeitnehmer. Das heißt, durch die Auswahl der Inhalte und Methoden sollen vor allem

die im Grundrechtskatalog garantierten Freiheitsrechte allgemein realisiert werden,

den Unterschichtenkindern spezifische Hilfen bei der Erlangung der Chancengleichheit gegeben werden,

die Probleme der Gruppen an der Basis der gesellschaftlich-wirtschaftlichen Pyramide zum Gegenstand allgemeiner Reflexionen gemacht werden ..."

218

Und weiter: „Der abhängig arbeitende Mensch muß zuvörderst befähigt werden, sich selbst als Objekt von Fremdbestimmung und Ausbeutung zu erkennen. Die Analyse der Bedingungen dieser Situation sowie der Möglichkeiten ihrer Veränderung hat die Kriterien für ein rational begründetes politisches Handeln zu liefern."[9]

Das war nun den Kultusverwaltungen, die diese Studienbriefe zu übernehmen haben, doch zuviel an Demokratie. Die gleichen Kultusverwaltungen übrigens, die beständig Fortbildungsveranstaltungen für Lehrer gemeinsam mit dem ESSO-Konzern und den AK Schule/Wirtschaft ohne jegliche verfassungsrechtliche Gewissensbisse durchführen. Als erster reagierte der Landesschulrat von Westberlin, Herbert Bath, mit dem Vorwurf der Einseitigkeit, die „nicht mit dem grundgesetzlichen Auftrag der Schule in Einklang zu bringen" sei.[10]

Die anderen Kultusminister schlossen sich an. Das führte nun dazu, daß die Informationen und Studienbriefe zum Lehrgang „Polytechnik/Arbeitslehre" zwar ausgearbeitet wurden, aber nur in Hessen auch an die Lehrer ausgegeben werden durften. In allen anderen Bundesländern wurde die Ausgabe an die Lehrer durch die Kultusministerien verweigert. Die bisher ausgedruckten Studienbrief lagern nun im Keller des Beltz-Verlages, und das gesamte Projekt muß nun noch einmal, wie es heißt, überarbeitet werden.

An diesen Beispielen zeigt sich der verzweifelte Versuch, demokratische Reformen abzuwehren und zu verhindern, daß viele Menschen erkennen, was der DGB in seinen bildungspolitischen Forderungen erklärt hat, nämlich: „Das Bildungswesen in der Bundesrepublik Deutschland gehört zu den gesellschaftlichen Bereichen, in denen die Kluft zwischen der demokratischen Verfassung und der Verfassungswirklichkeit besonders deutlich wird."[11]

Durch beständiges Wiederholen der gleichen, falschen Formeln, wie dem Wort von Hans Martin Schleyer, daß „die Verfassung mit der Verfassungswirklichkeit"[12] übereinstimme, sollen alle Kräfte, die den sozialen und antifaschistischen Auftrag des Grundgesetzes (W. Abendroth) ernstnehmen, verschreckt werden. Ganz deutlich sagt es der Ministerpräsident von Baden-Württemberg, Filbinger, im Bundestag: „Jeder, der fordert, daß die Wirtschaftsstruktur, unsere soziale Marktordnung, verändert wird, ist letztlich ein Verfassungsfeind." Damit sind alle Programme fortschrittlicher Kräfte, einschließlich des Grundsatzprogramms des DGB, abqualifiziert.

Herrschende Ideologie in der Schule

Die geschilderten Beispiele der Einflußnahme *gegen* Ansätze von demokratischen Lehrinhalten beschreiben natürlich nicht nur schul*organisatorische* Vorgänge. Es handelt sich vielmehr um schul*politische,* bildungs*politische,* und damit im Grunde um tiefgehende allgemein-politische und ideologische Auseinandersetzungen.

Ihnen kommt deshalb zentrale Bedeutung zu für die Einschätzung der Möglichkeiten eines demokratischen politischen Unterrichts in den allgemeinbildenden Schulen.

Was wir an einigen Beispielen beschrieben haben, läßt sich verallgemeinern; es gilt, in diesen Beispielen von direkter Einflußnahme die *Erziehungsziele* der politisch rückschrittlichen Kräfte in der BRD zu erkennen, es gilt also zu erkennen, in welchen Inhalten sich bislang die *herrschende Ideologie* im Unterricht durchsetzt.

Dem Klasseninteresse der Konservativen und Reaktionäre entsprechend, besteht der *Kern* ihrer Erziehungsziele darin, die bestehenden gesellschaftlichen Verhältnisse als gerecht darzustellen, als im Interesse „von uns allen" liegend.

In einem sogenannten Test, der Gemeinschaftskunde-Lehrern zum direkten Unterrichtsgebrauch zugestellt wird, lautet beispielsweise eine Frage: „Wem schaden ständig schrumpfende Gewinne?" mit folgenden Antwortmöglichkeiten: „a) Nur dem Unternehmer? b) Nur dem Unternehmen? c) Dem Staat und allen Bürgern?"[13] Und natürlich — wer hätte das vermutet — ist „Ihre Entscheidung richtig, wenn Sie c) angekreuzt haben."[14]

Um diesen Kern der Verteidigung der bestehenden monopolkapitalistischen Ordnung herum gruppieren sich weitere, davon abgeleitete Erziehungsziele wie

— die Darstellung der bestehenden gesellschaftlichen Verhältnisse als endgültig, als prinzipiell nicht veränderbar. Dies bedeutet die Einübung statischer, ahistorischer Betrachtungsweisen;

— die Verteidigung dieser Gesellschaftsordnung *speziell* gegenüber dem Sozialismus. Dies bedeutet die ständige Einübung von Antikommunismus.

Jeder Lehrer für Gesellschaftslehre bzw. Gemeinschaftskunde (oder Sozialkunde) kennt diese „globalen" Erziehungsziele, die sich in vielfachen Teilzielen und Einzelgesichtspunkten in die einschlägige Literatur und die Unterrichtsmaterialien fortsetzen.

Ansätze eines demokratischen politischen Unterrichts

Wir können hier keine in Einzelheiten gehende Unterrichtseinheiten vorlegen.[15] Wir können jedoch allgemeine Ansätze benennen, also die ideologischen Gegenpositionen mit *demokratischem Inhalt* anführen, auf die sich ein fortschrittlicher politischer Unterricht prinzipiell stützen sollte, der sich an den Interessen der überwiegenden Mehrheit der Bevölkerung orientiert. Ohne dies hier näher auszuführen, verweisen wir darauf, daß sich die folgenden demokratischen Erziehungsziele auf die demokratischen und antifaschistischen Aussagen des Grundgesetzes bzw. der Länderverfassungen stützen.[16]

Unserer Auffassung nach geht es für die demokratischen Kräfte vorrangig um die Realisierung von zwei globalen Zielen, nämlich um

— die Erziehung zu kultureller Selbsttätigkeit, um die Förderung aller demokratischen Kulturbedürfnisse und -ansprüche der Kinder der arbeitenden Bevölkerung; sowie um

— die Erziehung zu einem humanistischen Menschenbild, damit gleichzeitig um die konsequente Auseinandersetzung mit rückschrittlichen, konservativen, faschistischen und militaristischen Auffassungen.

Solche allgemeinen Zielsetzungen müssen organische Bestandteile eigentlich jedes Unterrichtsfaches werden, natürlich vorrangig des politischen Unterrichts. Das ist keine einfache Aufgabe für die fortschrittlichen Pädagogen, allerdings eine höchst notwendige. Sie müssen auch nicht immer unmittelbar Unterrichtsgegenstand sein; ihre Realisierung beginnt im Grunde bei der Unterrichtsvorbereitung, bei der Literaturauswahl, bei der Auswahl von Unterrichtsbeispielen. Die Realisierung setzt sich — ebenfalls außerhalb des „Klassenzimmers" — fort in pädagogischen Diskussionen mit Kollegen und mit Eltern.

Natürlich werden die genannten Ziele nicht auf der allgemeinen Ebene verwirklicht; deshalb kann die Aufzählung von daraus abgeleiteten demokratischen Positionen im einzelnen hilfreich sein bei der dahingehenden Vertiefung des Unterrichts.

Wie schon erwähnt, ist dies kein Vorschlag für eine fertige Unterrichtsplanung. Es handelt sich um eine stichwortartige, einige Schwerpunkte setzende, noch weitgehend ungeordnete Angabe von demokratischen Inhalten, deren Durchsetzung der Tätigkeit fortschrittlicher Pädagogen überlassen bleiben muß.

In diesem Sinne geht es im politischen und Fachunterricht derzeit vor allem um

— die Erziehung zur Achtung vor der arbeitenden Bevölkerung und ihren Gewerkschaften;

— die Erziehung zur Einsicht in den Charakter gesellschaftlicher Konflikte;

— die Erziehung zur Einsicht in demokratische Mitbestimmungsprozesse;

— die Vermittlung von Einsichten in den Charakter demokratischer Volksbewegungen, sowie deren bewußt positive Hervorhebung; beispielsweise bezüglich Massenbewegungen wie in Frankreich, Portu-

gal, Angola, Chile u. a., aber auch bezüglich ökonomischer und politischer Bewegungen in der BRD;
— die Erarbeitung gesellschaftlicher Entwicklungsperspektiven, die Fatalismus und Resignation zu überwinden geeignet sind;
— die Vermittlung von solidarischen und kooperativen Verhaltensweisen, die gleichzeitig andere, nämlich demokratische Leistungsnormen beinhalten;
— die Vermittlung von Einsichten in den Zusammenhang von individuellem und kollektivem (sozialen) Handeln;
— die Vermittlung von Einsichten in den Zusammenhang von außerschulischer Realität und schulinterner Situation;
— die Vermittlung von Einsichten in die materiellen Bedingungen von intellektueller, allgemein kultureller Tätigkeit;
— insgesamt also die Vermittlung einer wahrheitsgemäßen Widerspiegelung der objektiven Realität in der Gesellschaft.

An einem Beispiel, der Erziehung zu einer aktiven Haltung im Kampf um den Frieden, sollen im folgenden die Bedingungen ausgeführt werden, die zur Grundlage entsprechender pädagogischer Leitlinien werden können.

Der Kampf um den Frieden und die Reform der Lehrinhalte

Gerade nach Abschluß des KSZE und Verabschiedung der Schlußakte in Helsinki wird deutlich, daß sich die Entspannungspolitik weltweit durchsetzt. Trotz vieler Hindernisse und mancher böswilligen Aktionen reaktionärer Kräfte sind Fortschritte im politischen, ökonomischen und auch militärischen Bereich zu sehen.

In der Schlußakte von Helsinki bezogen sich vor allem die Aussagen des „Korb 3" auf die Schulbuchproblematik.

Denn gerade auf diesem Gebiet gab es eine Reihe von konkreten Beispielen praktischer Entspannungspolitik. So hatten schon während der sechziger Jahre Schulbuchkommissionen zwischen Polen und Frankreich gemeinsame Empfehlungen zur Darstellung des anderen Landes in den Schulbüchern erarbeitet. Diese Empfehlungen wurden gegenseitig in die Schulbücher eingearbeitet. Auch zwischen Wissenschaftlern der BRD und Polens gab es in den sechziger Jahren Kontakte, die aber jeweils in unverbindlichen Diskussionen endeten. Daß es aber notwendig ist, unsere Geschichtsbücher in entscheidenden Punkten zu revidieren, darüber waren sich auch die konservativsten Wissenschaftler einig.

Denn unsere Geschichts- und Sozialkundebücher sind, was die Darstellung anderer, besonders sozialistischer Länder, angeht, von einem Niveau, welches sich in der politischen Szene unserer Tage nur noch rechtsradikale Gruppierungen erlauben können. Selbst die

Tiraden, die konservative Politiker heute gegen die Polen-Verträge und die Entspannungspolitik allgemein ablassen, werden übertroffen von dem, was die Schulkinder in den Sozialkunde- und Geschichtsbüchern lernen sollen.

Vor allem der Initiative von Prof. Eckert vom Internationalen Schulbuchinstitut in Braunschweig ist es zu verdanken, daß es schließlich möglich war, eine deutsch-polnische Schulbuchkommission einzusetzen. Diese Kommission sollte nun nicht mehr nur unverbindliche Diskussionen führen, sondern konkrete Empfehlungen verabschieden. Drei Jahre haben diese Wissenschaftler gearbeitet und insgesamt acht Zusammenkünfte und Konferenzen, abwechselnd in Warschau und Braunschweig, durchgeführt. Dabei gehörten zu der bundesdeutschen Kommission auch konservative Vertreter der Geschichtswissenschaft.

Diese Arbeit wurde nun Mitte 1975 abgeschlossen, und es stand nun die Aufgabe, diese Empfehlungen in die Schulbücher einzuarbeiten. Dabei nun zeigten sich vor allem bei uns Schwierigkeiten. In Polen arbeitete die Kommission mit den staatlichen Stellen zusammen, mit dem Außenministerium und dem Ministerium für Schulbildung. Sinn und Inhalt der Empfehlungen wurden in die Schulbücher eingearbeitet.

Bei uns aber hat man bisher die Empfehlungen hier und dort veröffentlicht, will aber die Realisierung den Schulbuchautoren, Verlagen und den einzelnen Kultusbehörden überlassen. Hier nun stießen die Empfehlungen, u. a. in Bayern, auf härtesten Widerstand. Aber auch in den SPD-regierten Ländern wurden keinerlei Versuche unternommen, diese Empfehlungen verbindlich zu machen. Hier weist man darauf hin, daß die Empfehlungen nicht übereinstimmen mit den von der Kultusministerkonferenz verordneten Ostkunde- und Totalitarismuserlassen. Und dies entspricht der Wahrheit. Denn diese beiden Erlasse, die jeweils auf dem Höhepunkt des kalten Krieges verabschiedet wurden, widersprechen zutiefst dem Geist und den vertraglichen Vereinbarungen der Entspannungspolitik. Zwar wurde der Ostkundeerlaß inzwischen etwas revidiert, doch nicht gänzlich aufgehoben. Auch die durch die Wissenschaft und durch die Praxis in den sozialistischen Ländern längst widerlegte Totalitarismus-Doktrin wird in den Schulen noch tagtäglich den Kindern vorgesetzt. Junge Menschen, die morgen in der Lage sein sollen, die Entspannungspolitik und Friedenspolitik mitzutragen, werden mit den finstersten Auswüchsen von Vorgestern auf diese Aufgabe „vorbereitet".

Diese für unser Land beschämende Situation, daß Verträge abgeschlossen, die Gegenseite zur Einhaltung verpflichtet wird, man selber aber praktiziert auf den alten Positionen des Revanchismus und Antikommunismus verharrt, kann nur durch die gemeinsame

Aktion der demokratischen und friedliebenden Kräfte gelöst werden. Denn wenn die deutsch-polnischen Empfehlungen nicht in die Realität umgesetzt werden, besteht die Gefahr, daß auch die neugebildeten Schulbuchkommissionen mit Rumänien und der Sowjetunion von vornherein zum Scheitern verurteilt sind.

Obwohl gerade für die Darstellung der sozialistischen Länder eine Revision der Schulbücher dringend erforderlich ist. Hier finden sich Tendenzen wie: „Nachdem die Rote Armee die ‚Sowjetunion‘ nach außen gefestigt hatte, setzte sich das kommunistische Herrschaftssystem gegen alle Gegner mit blutigem Terror durch. Ganze Bevölkerungsschichten wurden ausgerottet. Weite Landstriche schienen entvölkert."[17]

Doch nicht nur die Darstellung sozialistischer Länder muß in das Prokrustes-Bett der Totalitarismus-Doktrin gepreßt werden, auch die demokratischen und antifaschistischen Kräfte unserer „westlichen Verbündeten" kommen nicht besser weg. Besonders bei der Darstellung der Resistance und des antifaschistischen Widerstandes in Italien kennen unsere Schulbuchautoren keine Unterschiede. Hier einige Beispiele: „Erste, noch schwache Gruppen von Partisanen bildeten sich aus Verfolgten im unbesetzten Teil Frankreichs. Sie versteckten sich in gebirgigen und waldreichen Gegenden des Zentralmassivs und der Alpen, im ‚maquis‘
. . .

Zu ihnen stießen später zahlreiche Männer, die der Zwangsarbeitsverpflichtung nach Deutschland entgehen wollten. Die ‚Maquisards‘ verübten zahlreiche Überfälle und leisteten nach der Invasio in der Normandie den Alliierten gute Dienste . . ."[18] Oder, noch deutlicher: „In Frankreich folgte der Befreiung eine chaotische, innenpolitische Situation, in der die Resistance (Widerstandsbewegung), deren Kern die Kommunisten seit 1942 bildeten, mit den Kollaborateuren abrechnete, ohne immer die Gerichte zu bemühen. Die Zahl der Opfer dieser Femeaktionen ist nicht bekannt. Die KPF blieb noch lange die beherrschende politische Kraft in Frankreich".[19] Solche und andere Aussagen widersprechen zutiefst dem deutsch-französischen Vertrag, der bei seinem Abschluß durch Adenauer und DeGaulle als eine Versöhnung zwischen Frankreich und der Bundesrepublik gefeiert wurde.

Auch die Verpflichtungen, die der BRD aus ihrem Beitritt zur UNO erwachsen, werden in keiner Weise beachtet. Hier wird die Darstellung der Menschen der dritten Welt immer noch weitgehend von reaktionären, bis rassistischen Vorurteilen bestimmt. Der dringende Hinweis der UNESCO, in den Schulbüchern die Länder der dritten Welt objektiv, ohne Vorurteile und aus ihrer eigenen Entwicklungsgeschichte heraus darzustellen, wird in keiner Weise beachtet. Dabei wird auch gröblichst gegen die UNO-Charta und gegen

Beschlüsse der UNO verstoßen. Südafrika, das wegen seiner Apartheid-Politik von allen Nationen geächtet wurde, wird in Schulbüchern z. B. so dargestellt: „Die Weißen haben Südafrika durch ihr Können und ihren Weitblick erschlossen und zu dem gemacht, was es heute ist; die Regierung bemüht sich, das Rassenproblem zu lösen ... Der innere Friede der Republik Südafrika ist mit zunehmendem Maße durch den Anspruch des schwarzen Bevölkerungsteils auf politische Mitbestimmung gefährdet."[20] In Südafrika droht „Gefahr ... nur von den Kaffern oder Bantus ... sie vermehren sich so stark ..."[21]

So zeigt sich bei all diesen kurzen Skizzen, daß im Bereich der Lehrinhalte die Forderungen des Grundgesetzes, die Konsequenzen der Entspannungspolitik und des UNO-Beitritts der BRD noch keinerlei Niederschlag gefunden haben. Dies wird wesentlich verhindert durch den Ostkunde- und Totalitarismuserlaß, die jeglichen Fortschritt verhindern. Nur durch die Rücknahme dieser reaktionären Erlasse kann eine Reform der Lehrinhalte in Bewegung gesetzt werden. Doch diese Rücknahme wird von starken Kräften verhindert. So werden die Inhalte in diesem Bereich vor allem von den sog. Ostforschungsinstituten in der BRD bestimmt, die großen Einfluß auf die Bundes- und Landeszentralen für Politische Bildung haben. In einigen Bundesländern, insbesondere in Baden-Württemberg und Bayern, haben die sog. Vertriebenenverbände erheblichen Einfluß auf die Bildungspolitik. So werden in enger Abstimmung mit diesen Verbänden Aufsatzwettbewerbe „zu mittel- und ostdeutschen Themen" durchgeführt. Zeitschriften der „Gesellschaft für Ostkunde" werden in großer Zahl an den Schulen verteilt.

Doch all diese Aktivitäten können nicht darüber hinwegtäuschen, daß die rechtliche und politische Situation dieser reaktionären Kräfte sehr schwach ist. Denn gegen sie sprechen die antifaschistischen Aussagen des Grundgesetzes, die abgeschlossenen Verträge und die Bestimmungen der UN-Charta. All diese verfassungsrechtlichen Grundlagen fordern dringend eine Reform der Lehrinhalte. Sie *fordern* sie nicht nur, sondern durch die jüngste Entwicklung der internationalen Situation bezüglich der Entspannung, durch die breiter werdende Diskussion unter demokratischen Pädagogen und Eltern werden die Bedingungen zur *Verwirklichung* dieser Reform in wachsendem Maß günstiger.

Wie kann man aktiv an der Demokratisierung der Lehrinhalte arbeiten?

Zunächst ist klar, daß der Kampf um demokratische Inhalte auf allen politischen Ebenen geführt werden muß, mit Hilfe und in demokratischen politischen Organisationen, mit Gewerkschaften, fortschrittlichen Bildungsvereinigungen usw.

Aber der Kampf ist genauso *möglich* und *notwendig* in der *einzelnen* Schule, er beginnt bei jedem einzelnen Lehrer. Hervorragende Bedeutung zur festen Verankerung von demokratischen Positionen kommt dabei den Arbeitskreisen Schule/Gewerkschaft zu. Deren bisherige Entwicklung[22] zeigt zwar die Schwierigkeiten, aber vor allem die großen Chancen, die in einer guten Zusammenarbeit von Lehrern, Betriebsräten und Gewerkschaftsfunktionären liegen. Da es noch keine verbindlichen Richtlinien zur Gründung derartiger Arbeitskreise gibt, entwickeln sich Arbeitskreise aus verschiedenartigen Ansätzen und mit unterschiedlicher Zielsetzung.

Hier sollen nur einige Punkte aufgezeigt werden, die sich als erfolgreich erwiesen haben.

1. Alleiniger Träger des Arbeitskreises Schule/Gewerkschaft ist der DGB. Der Arbeitskreis gilt als Organ des Kreisvorstandes des DGB. Das bedeutet, daß alle Gewerkschaften des DGB aufgerufen sind, an diesem Arbeitskreis mitzuarbeiten.

2. Im Mittelpunkt der Arbeit des Arbeitskreises müssen die realen Probleme der Betriebseinheit stehen. Die Information über die Betriebswirklichkeit ist bei Lehrern entscheidend für ihre Unterrichtspraxis. Für Betriebsräte bedeutet die Darstellung ihrer Tätigkeit eine wichtige Motivationsgrundlage, um auch dann über andere Probleme engagiert zu diskutieren. Gerade von der Darstellung der betrieblichen Situation her läßt sich der Zusammenhang von „Bildungs- und Tarifpolitik" gewinnen. Aus dieser Zusammenarbeit können Unterrichtshilfen für Lehrer entstehen, die als Gegengewicht gegen die Unternehmerinformation in den Schulen verbreitet werden.

Hierin also liegt die große Zukunft des Kampfes um eine Demokratisierung *aller* Fächer, aber vor allem des politischen Unterrichts: in einer wirksamen Zusammenfassung von demokratischen Positionen, ihrer Umsetzung in Unterrichtsinhalte, sowie ihrer Realisierung in der Schule, gestützt auf die organisatorische Kraft fortschrittlicher, gewerkschaftlich orientierter und organisierter Lehrer, Eltern und Schüler; gestützt auf die große Kraft, die aus ihrem gemeinsamen aktiven Handeln entspringt.

[1] W. Brezinka, Die Pädagogik der Neuen Linken, Stuttgart 1973, S. 7.

[2] Thomas Nipperdey, zit. nach: Köhler/Reuter, Was sollen Schüler lernen? Frankfurt a. M. 1973.

[3] L. v. Friedeburg, in: Köhler/Reuter, S. 37.

[4] Hermann Giesecke, in: Köhler/Reuter, S. 68.

[5] Gerd Köhler, in: Köhler/Reuter, S. 13.

[6] Hess. Arbeitgeberverband, zit. nach: Köhler/Reuter, S. 15.

[7] arbeitgeber, Organ der BDA, zit. nach: Köhler/Reuter, S. 17.

[8] Hanna-Renate Laurien, zit. nach: Köhler/Reuter, S. 16.

[9] DIFF-Projekt, zit. nach: Dieter Görs, Arbeitslehre — eine Herausforderung an die Gewerkschaften, in: Gewerkschaftliche Bildungspolitik 5/1974, S. 109.

[10] Ebenda.

[11] Bildungspolitische Vorstellungen des DGB, Düsseldorf 1972.

[12] Hanns Martin Schleyer, in: arbeitgeber 11/1974, S. 402.

[13] Test: „Wieviel verstehen Sie von der Wirtschaft?", Institut der deutschen Wirtschaft (Hrsg.), Köln 1974, S. 29.

[14] Ebenda, S. 31.

[15] Wir verweisen auf eine in diesem Zusammenhang wichtige Broschüre: Demokratisierung der Lehrinhalte — Grundlagen, Schwerpunkte, Aufgaben, Röderberg — Verlag, Frankfurt a. M. 1975.

[16] Vgl. K. Lipps, Der soziale und antifaschistische Auftrag des Grundgesetzes. In: ebenda, S. 19 ff.

[17] K. H. Pelzer, Geschichte für die Hauptschule, Donauwörth 1974.

[18] Grundzüge der Geschichte, Mittelstufe, Bd. 4, Diesterwegverlag 1968.

[19] Zeiten und Menschen, Oberstufe, Schöningh-Schroedel 1970.

[20] Seydlik für Gymnasien, Schroedel.

[21] K. Heck, Länder und Völker, Bd. III, Klett — Verlag.

[22] Vgl. den Beitrag von H. Stang/W. Artelt in diesem Buch.

Albrecht Schnitzer

Polytechnische Bildung
unter kapitalistischen Bedingungen?

„Die gemeinsam und planmäßig von der ganzen Gesellschaft betriebene Industrie setzt vollends Menschen voraus, deren Anlagen nach allen Seiten hin entwickelt sind, die imstande sind, das gesamte System der Produktion zu überschauen."[1] Es liegt dagegen im Wesen der kapitalistischen Produktionsverhältnisse, daß die gesellschaftliche Produktion für den unmittelbaren Produzenten — also für die Arbeiter und Angestellten, die Techniker und Ingenieure — selbst in ihrer Gesamtheit zunächst undurchschaubar und „naturhaft-eigengesetzlich" bleiben muß. Würde sie durch die allgemeinbildende Schule, durch die berufsbildende Schule und einen demokratischen Informationsfluß in den Betrieben für jeden in ihnen Grundgesetzlichkeiten und Erscheinungsformen faßbar werden, so stünde der Verfügung über die Produktionsmittel durch die Produzenten nichts mehr im Wege.

Die jetzigen Besitzer der Produktionsmittel müßten sich dann auf nichts als die offene Verteidigung ihrer Profitsucht einstellen. Sie wissen aber angesichts veränderter Kräfteverhältnisse auch in unserem Lande um die Aussichtslosigkeit einer solchen Position und müssen daher an der Erhaltung und Verbesserung ihres differenzierten Vernebelungsapparates, von der die Bildung ein Teil ist, existenziell interessiert sein.

Im Bunde mit der bürgerlichen Pädagogik ist es der Restauration in der BRD nach 1945 gelungen, sich bis zu einem gewissen Grade an der Aufklärung über den Produktionsprozeß und die Rolle der menschlichen Arbeit darin völlig vorbeizudrücken. Und auch jetzt noch läßt sie nichts unversucht, die veränderten gesellschaftlichen Bedingungen so günstig wie möglich für die Erhaltung ihrer Machtstellung mit Hilfe der eigens dafür geschaffenen Institutionen zu beeinflussen.[2]

Allerdings muß sie im Bildungssektor (wie auch in anderen sozialen Bereichen) die Anstrengungen zur Verdunklung der Tatsachen verdoppeln: die sich ständig verändernde moderne Industrie läßt sich nicht mehr mit Handlangern und Fachidioten allein betreiben. Die Anforderungen an die Eigeninitiative, Beweglichkeit und Intelligenz der arbeitenden Menschen in allen Produktionszweigen steigt mit zunehmender Kompliziertheit des Produktionsprozesses. Es wird für das Kapital immer schwieriger, den Grad der notwendigen menschlichen Qualifikationen zu steigern und gleichzeitig das gesellschaftliche Bewußtsein durch mangelhafte Bildung und Ausbildung unentwickelt zu lassen. Die Erkenntnis des Widerspruchs zwischen der gesellschaftlichen Produktion und der privaten Mehrwertaneignung ist für das Kapital damit tendenziell immer schwerer einzudämmen.

Der gegenwärtig zu beobachtende Abbau sozialer Besitzstände zugunsten kurzfristiger Profite steigert den sozialen und moralischen Druck auf die Regierung. Sie hat dafür zu sorgen, daß auf der einen Seite die benötigten Kenntnisse und Fähigkeiten für die Erhaltung der Leistungs- und Konkurrenzfähigkeit der kapitalistischen Wirtschaft mit maximalem Profit gewährleistet sind, und daß auf der anderen Seite die Bevölkerung glaubhaft über die Streichung von Bildung, Kultur und sozialen Grundrechten beruhigt wird.

Mit dem faktischen Scheitern einer antimonopolistischen demokratischen Umgestaltung der Westzonen nach 1945, mit der Herausbildung des staatsmonopolistischen Kapitalismus in der BRD nach 1949, kam es gleichzeitig zu einer Erneuerung konservativer und reaktionärer Bildungstraditionen. Wesentliches Merkmal dieser Entwicklung war die *Ausklammerung der industriellen Produktion und der menschlichen Arbeit als zentraler Gegenstände allgemeiner Bildung*. Die Trennung von Kopf- und Handarbeit fand in der allgemeinbildenden Schule ihre Wiederauflage in dem traditionellen humanistischen Bildungskanon einerseits und der kompensatorischen Handarbeit in Schulküche, Bastelwerkstatt, Zeichensaal und Handarbeitsraum andererseits.

Aber die Widersprüche zwischen gesellschaftlicher Produktion und privater Aneignung wurde auch im Bildungsbereich immer spürbarer. Auf der einen Seite mußte die Schule sich gemäß der Entwicklung der Produktivkräfte anpassen und die Bildungsreserven mobilisieren, um den internationalen technischen Standard halten zu können; auf der anderen Seite entstand dadurch für das Kapital die Gefahr, daß die bis dahin nur ihm bekannte „Sachgesetzlichkeit" der industriellen Produktion zum Gegenstand allgemeiner Bildung wurde. Die berufliche Ausbildung unter der ausnahmslosen Aufsicht der Unternehmer-Verbände und Kammern sicherte nicht mehr genügend Teilinformationen und Teilqualifikationen bei den abhängig Arbeitenden für einen reibungslosen Produktionsprozeß. Der Mangel an Wissen der Arbeiter über technischökonomische Zusammenhänge drohte letztenendes die notwendige Steigerung der Produktion zu lähmen.

Die erste Phase der restaurativen Nachkriegspädagogik war ein von der Bevölkerung kaum bemerkter Aufguß „volkstümlicher" und musischer Bildung. Erst in den späten fünfziger Jahren, als sich erste Leistungsmängel in der Produktion bemerkbar machten und der Aufstieg der Einheitsschule in der DDR unübersehbar wurde, rührten sich bürgerliche Kritiker und prophezeiten die Bildungskatastrophe (Picht). Die Wirtschaft selbst beklagte sich bei der Schule über die mangelhaften Leistungen z. B. der „Volksschüler" in den Kulturtechniken. Das Märchen vom „Freiraum Schule" und der reformpädagogischen Illusion der „Pädagogik vom Kinde aus" stellte sich als bloßes Ablenkungsmanöver von einem längst fälligen Unterricht über die Grundlagen und Zusammenhänge der industriellen Entwicklung im Zeichen der technischen Revolution heraus. Die geistige Unbeweglichkeit handwerklich-vorindustrieller Denk- und Verhaltensmuster entsprach nicht mehr den steigenden Anforderungen einer hochentwickelten Industrie.

Doch die weiter bestehende Trennung von allgemeiner und beruflicher Bildung wirkt sich für das Kapital zum Teil als Bumerang aus.

Während die konservativsten Teile des Großkapitals und ihre Ideologen noch jede Bemühung um eine zeitgemäßere Bildung zu unterdrücken versuchten und am humanistisch-musischen Bildungsideal festhielten, bemühten sich die „Dynamischen" unter ihnen um eine flexiblere Lösung des Widerspruchs: sie versuchten durch eine Flucht nach vorn die Bildungsprobleme in ihrem Sinne zu lösen und versuchten mit der Erfindung der „Arbeitslehre" die historische Entwicklung in ihrem Sinne zu beeinflussen: „So propagierte der Deutsche Ausschuß die Arbeitslehre als heute nicht mehr entbehrlichen Teil der Allgemeinbildung".[3] Außerdem sahen sich die Unternehmerverbände mit den ständig wachsenden demokratischen Forderungen und ihrem eigenen Bedarf an qualifizierten, aber nicht allzu aufgeklärten Arbeitskräften konfrontiert. Und so sehr sie sich gegen eine Verlagerung technisch-ökonomischer Sachverhalte in dem allgemeinbildenden Schulbereich widersetzten, die industrielle und politische Lage zwang sie dazu, selbst Initiativen zu ergreifen. Zwar ließen sie bis heute nichts unversucht, „Arbeit und Produktion" so geschickt wie möglich zu umgehen und im Unterricht so indirekt wie möglich zu behandeln, aber sie mußten den veränderten gesellschaftlichen Bedingungen und den ökonomischen Gesetzen unserer Zeit Rechnung tragen, die eine steigende wirtschaftliche Entwicklung mit gleichzeitiger unwissenschaftlicher Bildung breiter Volksmassen auf die Dauer nicht zulassen.

Die Schwierigkeit mit der „Polytechnik"

In Lehrplanentwürfen, Richtlinien und in der pädagogischen Literatur der BRD erscheint neben der Arbeitslehre immer häufiger der

Begriff der „Polytechnik". Vor einigen Jahren noch ließe der bloße Ausspruch des Wortes den Verdacht auf „Verfassungsfeindlichkeit" aufkommen. Im Sprachgebrauch des kalten Krieges war Polytechnik gleichzusetzen mit Kinderarbeit, Verarmung der kindlichen Seele, Nützlichkeitsdenken, Kanonenfutter für die „Zonenindustrie" usw. Zum Beispiel: „Polytechnische Erziehung ist das Mittel, der Jugend der Klassengesellschaft die proletarische Gesinnung von außen einzupflanzen."[4] Oder: „Die gesamte offizielle sowjetzonale Schulpädagogik läßt sich auf zwei Motive reduzieren: Parteiorthodoxie und praktischer Nutzeffekt".[5]

Heute hat der Begriff im BRD-Gebrauch einen Doppelcharakter: *Zum einen* kommt darin zum Ausdruck, daß die Bundesrepublik die Polytechnische Bildung der DDR in ihrer vorbildlichen Konzeption im Gesamtplan der Allgemeinbildenden Polytechnischen Oberschule anerkennen muß: „Die Forderungen der Vermittlung von Kenntnissen, Fähigkeiten und Fertigkeiten, die Erziehung der Schüler zur schöpferischen Initiative, Aktivität und Selbständigkeit, die Arbeitserziehung und die Prinzipien der Lebensnähe und der Verbindung von Theorie und Praxis kommen in entsprechendem Umfang auch bei der Gestaltung des Unterrichts zur Geltung".[6]

Zum anderen suggeriert er, daß scheinbar auch in unserer „Industriegesellschaft" der zeitgemäßen Forderung nach lebensnaher und produktionsorientierter Bildung Rechnung getragen wird. Der unscharfe Begriff „Arbeitslehre", wie er im Einverständnis mit den Unternehmerverbänden vom „Deutschen Ausschuß" geprägt wurde, reicht nicht mehr aus, um das zunehmende Drängen nach einer demokratischen Alternative im Bildungsbereich aufzuhalten.

Aber gerade der Vergleich mit der Unterrichtspraxis in der DDR macht die Unvereinbarkeit von allgemeinbildender Polytechnischer Bildung und Erziehung mit den herrschenden politischen Verhältnissen in unserem Land deutlich. Die Forderung nach Polytechnischer Bildung ist untrennbar verbunden mit der Geschichte der Klassenauseinandersetzungen und schließt den Kampf um die Überwindung des kapitalistischen Systems ein. Schon im Kampf um ihre Rechte gegen den Feudaladel und dessen klerikale Bildungsformen war der Kernpunkt fortschrittlicher *bürgerlicher* Pädagogik die Erreichung einer den entwickelten Produktivkräften entsprechenden Realbildung: „Mit ihrer antifeudalistischen Forderung nach einer engen Verbindung von Schule, bürgerlichem Leben, von Theorie und Praxis, Denken und Tun suchten diese beiden Vertreter (Fröbel und Diesterweg, A. S.) der klassischen bürgerlichen Pädagogik die Jugend auf das praktische Leben im bürgerlichen Staat vorzubereiten und das Erziehungs- und Bildungswesen von der unmittelbaren Herrschaft der Kirche zu befreien. Damit war ihr Erziehungsziel auf die Herausbildung des selbständig denkenden und handelnden Bürgers ,auf den ‚praktischen Menschen' mit einer den Bedürfnissen der Zeit entsprechenden praxisbezogenen hohen Allgemeinbildung ausgerichtet."[7]

Die Eroberung des Wissens über das handwerklich-frühindustrielle Produktionsgeschehen war die Voraussetzung zur Ausübung politischer Macht durch das aufstrebende Bürgertum. Mit ihrer historischen Überlebtheit und der zunehmenden Verteidigung nicht mehr haltbarer Privilegien hat die bürgerliche Klasse aber auch ihren fortschrittlichen Bildungsanspruch aufgegeben. Reaktionäre und klerikale Inhalte bekamen die Oberhand. Zwar haben bemühte und fortschrittliche bürgerliche Pädagogen immer wieder um wirklichkeitsnahe Bildung und die Verbindung von Theorie und Praxis gekämpft, aber ihre idealistischen Versuche waren zum Scheitern verurteilt, weil sie deren reformerische und moralische Wirkung zur Überwindung der gesellschaftlichen Mißstände überschätzten. „Mit den führenden Aufklärungspädagogen des 18. Jahrhunderts teilten auch Fröbel und Diesterweg die Überschätzung der gesellschaftlichen Möglichkeiten der Erziehung, glaubten sie, die bestehenden von ihnen erkannten und mutig angeprangerten sozialen Mißstände allein mit Hilfe einer umfassenden Erziehung beseitigen zu können."[8]

Von Pestalozzi über Rousseau und Kerschensteiner bis hin zu den Reformversuchen liberaler Bildungsvertreter (z. B. Klafki, von Hentig u. a.) unserer Zeit läßt sich das Scheitern von Bemühungen um eine praxisnahe Arbeitserziehung verfolgen. „Eine Probeschule (mit einer den unteren Klassen nützenden Arbeitserziehung, A. S.) ändert die Welt nicht in der ersten Stunde ihrer Erscheinung. Aber sie kann die Mittel, sie zu ändern, dem menschlichen Geiste leichter und dem menschlichen Herzen lieb machen, und sich so von fern den Weg zu dem bahnen, was der menschliche Geist und das menschliche Herz sich von jeher zum Ziel alles seines edlen Strebens gesetzt hat."[9] Die bürgerliche Pädagogik beruft sich bis heute z. B. auf Pestalozzi. Gleichzeitig verschließt sie in ihrer Wirklichkeitsfremdheit die Augen vor der Tatsache, daß die Erkenntnisse ihrer eigenen fortschrittlichen Vertreter bis heute nicht realisiert worden sind.

Unter kapitalistischen Produktionsverhältnissen läßt sich eben nur soviel wirklichkeitsbezogene Bildung durchsetzen, wie die herrschende Klasse *gezwungen* wird herzugeben. Das heißt, daß es unter den gegebenen Bedingungen in der BRD keine Polytechnische Bildung im eigentlichen Sinne geben kann, denn ihrem Charakter nach ist die Polytechnik die zu *sozialistischen* Produktions- und Eigentumsverhältnissen gehörende allgemeine Bildung. Sie geht von der Voraussetzung aus, daß der arbeitende Mensch der Schöpfer aller geistigen und materiellen Werte ist. Und mit steigender industrieller Entwicklung entfaltet der Mensch als Hauptproduktivkraft zunehmend seine Kräfte und Fähigkeiten zur Beherrschung und Lenkung aller gesellschaftlicher Prozesse. Die Polytechnische Bildung verbunden mit der Teilnahme der Schüler an der wertschaffenden Arbeit in allen Zweigen der Produktion bildet die Grundlage zur allseitigen Entwicklung der Menschen im Sozialismus. Die Polytechnische Bildung ist ein fester Bestandteil in der Geschichte der marxistischen Theorie und Praxis.

„Wenn die Fabrikgesetzung als erste, dem Kapital notdürftig abgerungene Konzessionen, nur Elementarunterricht mit fabrikmäßiger Arbeit verbindet, unterliegt es keinem Zweifel, daß die unvermeindliche Eroberung der politischen Gewalt durch die Arbeiterklasse auch dem technologischen Unterricht, theoretisch und praktisch, seinen Platz in den Arbeiterschulen erobern wird."[10]

Die neue erkenntnisgerichtete Qualität, die nach Marx in einer den arbeitenden Menschen nützenden polytechnischen Bildung liegt, unterscheidet sich von den humanistischen Ideen bürgerlicher Pädagogen und Philosophen in der Forderung nach Umwandlung sozialer Vernunft und humaner Einsicht in politische Macht. Marx weist auf den engen Zusammenhang von wachsender Stärke und Selbstbewußtsein der Arbeiterklasse und der Veränderung ihrer Bildungssituation hin.

Es ist eine Meisterleistung bürgerlicher Desorientierung und die Keimzelle von Reformillusionen bis heute, immer wieder von der Einsicht abzulenken, daß es den arbeitenden Menschen erst im Sozialismus möglich sei, sich den gesellschaftlichen Produktionsprozeß umfassend praktisch und wissenschaftlich anzueignen. Verständlicherweise müssen die herrschenden Kreise in unserem Land diesen Zusammenhang verschleiern, der zwischen dem Besitz politischer Macht und einer perspektivreichen Bildung für die arbeitenden Menschen besteht.

Trotzdem übt der Polytechnische Unterricht der DDR und anderer sozialistischer Staaten auf die Menschen unseres Landes im wachsenden Maße eine starke Faszination aus. Je rücksichtsloser der Abbau begonnener Reformen und erworbener sozialer Besitzstände durch die Rotstiftpolitik der Bundesregierung betrieben wird, desto stärker wird das Drängen nach Veränderung und die Suche nach konkreten Alternativen für die arbeitende Bevölkerung und die Zukunft der Jugend. Praxis und Theorie eines hervorragenden sozialistischen Bildungssystems, in dessen Zentrum der Polytechnische Unterricht steht, machen eine solche Alternative deutlich. Es läßt sich dabei nicht mehr verbergen, daß die Leistungen eines solchen Bildungssystems unlösbar mit den politischen Machtverhältnissen verbunden sind. Der qualifizierte Polytechnische Unterricht mit seiner organisierten Nähe zu den volkseigenen Betrieben entscheidet über die technische und ökonomische Fähigkeit der Arbeiterklasse, das Eigentum an den Produktionsmitteln zu verwalten und weiterzuentwickeln. Trotz aller Zweifel von außen ist es nicht mehr zu leugnen, daß die sozialistischen Staaten dieses Ziel erreicht haben. Von den gröbsten Diffamierungen des kalten Krieges bis zu den subtilsten soziologischen Verdrehungen linksopportunistischer Kreise gingen die Versuche, Wert und Wirkung des Polytechnischen Unterrichts zu verteufeln, um ihm die Beweiskraft für die Existenz fundamental veränderter gesellschaftlicher Verhältnisse zu nehmen.

Der langersehnte Wunsch fortschrittlicher Pädagogen, die Arbeit mit dem Lernen zu verbinden und somit die Trennung von Theorie und Praxis aufzuheben, ist dort in Erfüllung gegangen, wo — wie man behauptet — die Menschenfeindlichkeit zur Tagesordnung geworden ist. Die arbeitende Bevölkerung hat aber das nötige technische Wissen und politische Selbstbewußtsein durch einen umfassenden lebensnahen Unterricht erhalten. Beides braucht sie zur praktischen Ausübung der politischen Macht und zur praktischen Ausübung von Demokratie. Der tiefverwurzelte Antikommunismus ist schuld an dem Irrglauben, *wir* könnten ohne fundamentale Bildung die Demokratie festigen und aufbauen, und die sozialistischen Staaten könnten mit einer anerkannt lebensnahen und wissenschaftlich-technischen Bildung die Menschen unterdrücken. In einer detaillierten Analyse der Polytechnischen Literatur der DDR von W. Voelmy wird dieser tiefgreifende Widerspruch deutlich:

„Das totalitäre Regime in Ostdeutschland hat auf seine Weise Mittel und Wege gefunden, Wirtschaft und Industrie für seine Bildungsbestrebungen gefügig zu machen und die notwendigen Investitionen aufzubringen. Wenn wir in der Bundesrepublik davon überzeugt sind, daß die pädagogischen Grundsätze des polytechnischen Unterrichts als Richtmaß für den vorberuflichen Unterricht zu verwenden sind, dann werden wir nicht umhin kommen, auch in unserem demokratischen Staatsgefüge alle an einer besseren vorberuflichen Bildung und Erziehung interessierten Kräfte zu mobilisieren, um in gemeinsamer Arbeit die materiellen und organisatorischen Voraussetzungen zu schaffen, ohne die der Erfolg jeder noch so wünschenswerten Reform unseres Schulwesens in Frage gestellt werden muß."[11]

Voelmy löst in seiner Untersuchung die materielle Substanz des Polytechnischen Unterrichts aus ihren gesellschaftspolitischen Zusammenhängen heraus und kommt zu dem famosen Schluß, daß bei einer genügenden ideologischen Entkleidung eine Übertragung der Inhalte auf bundesrepublikanische Verhältnisse möglich sei — ein symptomatischer Trugschluß aus der „Reform-Zeit" der sozialliberalen Koalition. Grundübel wie „noch der Mangel an entsprechend qualifizierten Lehrern"[12] und die Unmöglichkeit, kapitalistische Betriebe für Bildungszwecke einzuspannen, hält er für nur vorübergehend und aus eigener pädagogischer Kraft für überwindbar und nicht für Erscheinungsformen der tiefen Bildungskrise unseres Landes.

„Es lohnt sich deshalb, auch auf diesem Gebiet einen Blick nach Ostdeutschland zu werfen, um zu erfahren, welche Möglichkeiten sich anbieten, um diesem Mißstand abzuhelfen".[13]

Er scheut sich nicht, dem Polytechnischen Unterricht eine hohe fachliche und auch humane Qualität zuzusprechen: „Ähnlich der Initiative, Aktivität und Selbständigkeit als durchgängiges didaktisches Prinzip anzusehen, das von der Unter- bis zur Oberstufe in zunehmendem Maße verwirklicht werden soll. Das in diesem Zusammenhang angebotene präformierte Material (schriftliche Anweisungen, Aufgabenkarten, Lehrprogramm, technologische Karten u. ä.) wie auch die konkreten Hinweise auf Gelegenheiten zur Einbeziehung der Schüler in die Vorbereitung und Planung der praktischen Arbeit machen deutlich, daß die Entwicklung der Selbständigkeit keine allgemeine, programmatische Floskel darstellt, sondern daß sie eine Forderung ist, die sich in den verschiedenen Unterrichtsbereichen mit Hilfe der angebotenen Lehrverfahren weitgehend realisieren läßt. Da diese Intention in den schulunterrichtlichen Veranstaltungen besonders im Vordergrund steht, ist zu vermuten, daß die Erziehung zur Selbständigkeit speziell darauf gerichtet ist, die Schüler zu befähigen, sich über den Rahmen der Schule hinaus durch den selbständigen Erwerb von Wissen und Können ständig weiterzubilden".[14]

Der Mensch in der sozialistischen Gesellschaft verfügt über Kenntnisse, Fähigkeiten, Fertigkeiten und Verhaltensweisen, durch die er sich in der gesellschaftlich veränderten Praxis bewähren und durch die er die Produktionsprozesse leiten kann. Für einen dafür grundlegenden Unterricht sind die (auch von Voelmy anerkannten) Merkmale Voraussetzung:
1. Ausrichtung des Unterrichts auf Technik und Wissenschaft; 2. Erziehung zum kollektiven Handeln; 3. Berufsvorbereitung; 4. Wissenschaftlichkeit des Unterrichts; 5. Arbeitserziehung; 6. Prinzip der Lebensnähe.[15]

Der Polytechnische Unterricht, wie er unter sozialistischen Bedingungen existiert, läßt sich nicht auf die BRD übertragen. Das weiß jeder, der die Flut von widersprüchlichen „Curriculum-Aussagen"[16] zum Thema Arbeitslehre mit der Schulwirklichkeit vergleicht: Lehrer, mangelhafte Fachräume, fehlender Zugang zu Betrieben usw.

„Arbeitslehre", eine Alternative für die BRD?

Die Widersprüchlichkeit des westdeutschen Bildungsdebakels zeigt sich in keinem „Reformprogramm" plastischer als an der Arbeitslehre. Als „Hinführung zur Wirtschafts- und Arbeitswelt" gedacht, sollte sie den Anschein einer Erneuerung der Schule im Sinne eines allgemeinbildenden vorberuflichen Unterrichts erwecken. „Der Deutsche Ausschuß für das Erziehungs- und Bildungswesen (DA) hat in den ‚Empfehlungen zum Aufbau der Hauptschule' (1964) mit seinen Vorschlägen zur Einrichtung eines Faches ‚Arbeitslehre' zum ersten Mal für den Bereich der (heute so genannten) Sekundarstufe I die didaktischen und bildungspolitischen Voraussetzungen für eine curriculare Verankerung der Auseinandersetzung mit den Problemen der industriegesellschaftlichen Lebenswirklichkeit dargestellt."[17] Schon die Wortwahl Arbeits-*Lehre* weist auf die Absicht hin, die menschliche Arbeit nicht zum Gegenstand eines kenntnis- und fähigkeitsvermittelnden Unterrichts zu machen. Sie setzt nicht mal an den handlungsorientierten Traditionen der fortschrittlich bürgerlichen Arbeitsschule oder der vorhandenen Ansätze einer fortschrittlichen Werk- und Technikdidaktik an, wie sie auf den Werkpädagogischen Kongressen dokumentiert wurde.[18] Vielmehr intendiert der Ausdruck „Lehre" eine eher beschreibend-berichtende Unterweisung in einen Sachverhalt, der selbst nicht Gegenstand der Erfahrung und der Veränderung durch den Lernenden sein kann, sondern als statisch, für sich bestehend angesehen wird.

Die Lehre von der „Arbeits- und Wirtschaftswelt" weckt Vorstellungen von *Allmächtigem, Festem,* zu dem der Schüler von *Eingeweihten* und *Berufenen hingeführt* wird, er wird *belehrt.* Jede Form von Belehrung aber widersetzen sich die Schüler, vor allem in der Hauptschule, mehr und mehr. Sie können ihren Unmut über das orientierungslose Unterrichtsangebot durch fachlich nicht ausgebildete Lehrer nur schwer artikulieren und lehnen jede pädagogische Beeinflussung ab, deren Nutzen nicht unmittelbar einsichtig für sie ist. Der „zweckfreie", nicht auf die berufliche Zukunft der Schüler gerichtete Unterricht ist dazu mit seiner „Motivations"-Kunst am Ende. Die berufliche Perspektivlosigkeit wirkt sich lähmend auf den Schulalltag aus.

Auch die Lehrer stehen den verordneten Unterrichtsinhalten der Arbeitslehre mit Skepsis gegenüber, und sie haben weder Einblick in die betriebliche Wirklichkeit noch verfügen sie über technischökonomisches Wissen. Der Qualifikationsmangel und die Unkenntnis über Produktionszusammenhänge machen sie empfänglich sowohl für globale „Arbeitswelt"-Rezepte rechter Machart als auch für resignative und pseudorevolutionäre Phrasen.[19] Beide Positionen tragen zur Verhinderung einer produktionsorientierten Allgemeinbildung[20] bei. Daß die Unternehmer die Richtung in der Berufsbildung bestimmen, wird bisher weithin als „sachgesetzlich" akzeptiert. Auch die Gewerkschaften sahen bis zur beginnenden Rezession und der drohenden Jugendarbeitslosigkeit kaum die Notwendigkeit, ihre Kampffront konkret auf die Bildungsinhalte auszudehnen. Die Unternehmerverbände versorgen die allgemeinbildende Schule mit Arbeitsmitteln und die Lehrpläne mit inhaltlichen Orientierungshilfen.

Sie beeinflussen kultusministerielle Entscheidungen in ihrem Sinne und unterhalten neben ungezählten Einzelkontakten mit Lehrern und Pädagogikwissenschaftlern zahlreiche aktiv arbeitende Arbeitskreise „Schule/Wirtschaft" mit dem Zentralsitz in Bad Harzburg. Sie befassen sich hauptsächlich mit dem Problem der vorberuflichen Bildung. Die Unternehmerverbände bestimmen so den Fortgang der Dinge entscheidend.[21] Dazu kommt die Ausschaltung oder zumindest sorgfältige Filterung fortschrittlicher Hochschulkonzepte durch die Kultusbürokratie.[22] Eine handlungs- und wissenschaftsorientierte Technik-Didaktik, wie sie Hartmut Sellin[23] u. a. vertreten, muß daher in das gewerkschaftliche Bewußtsein dringen, um dem demokratischen Kampf um eine verbesserte Bildung konkrete Inhalte zuzuführen.

Warum Technikunterricht?

Aus den vorigen Überlegungen ist deutlich geworden, daß der Anspruch auf einen die Produktion umfassend erklärenden Unterricht — also Polytechnischen Unterricht — unter den gegebenen Bedingungen nicht durchsetzbar ist.

Trotzdem dürfen fortschrittliche Kräfte auf Ansätze einer klassenmäßigen Arbeitserziehung und Entwicklung von Beziehungen von Schülern und Lehrern zu den Werktätigen und der von diesen getragenen industriellen Produktion nicht verzichten

Das Ziel der grundsätzlichen und langfristigen Überwindung herrschender Bildungsverhältnisse ist zu vereinbaren mit der Sichtung, Erhaltung und Weiterentwicklung fortschrittlicher Positionen im Unterricht: Bildungskonzepte und Praxiselemente, die den Schüler — vor allem den Hauptschüler — aus seiner passiven und rezeptiven Rolle befreien.

Eine entscheidende Errungenschaft demokratischer Kräfte in der BRD in diesem Sinne ist die Einführung eines allgemeinbildenden Technikunterrichts, über dessen inhaltliche Möglichkeiten und bildungsmäßige Bedeutung — besonders in Bezug auf die Annäherung an die Bereiche menschlicher Arbeit — kaum Vorstellungen in der Bevölkerung und auch bei Lehrern vorhanden sind.

Diese Tatsache führt z. Z. dazu, daß kultusministerielle Entscheidungen einen Abbau des auf der pädagogischen Basis erkämpften Technikunterrichts verfügen, weil es sich zeigt, daß eine fundamentale technische Grundbildung Geld kostet. Sie läßt sich nicht wie der übrige Unterricht verbal abhandeln und erfordert eine völlig veränderte Lehreraus- und -fortbildung.

Es ist selbstverständlich, daß die leitende Idee jeden fortschrittlichen Unterrichts auf die Entwicklung des Bewußtseins gerichtet sein muß, daß der Schüler als zukünftig lohnabhängig Arbeitender der *eigentliche Produzent aller Werte* ist. Dieses Ziel ist nicht mit Deklarationen zu erreichen. Konkrete Voraussetzungen dafür liegen im allgemeinbildenden Technikunterricht. Sie müssen nur von Lehrern als Zugang zur menschlichen Arbeit erkannt und genutzt werden. Hier aber liegt ein entscheidendes Hindernis, denn die eigene Herkunft der Lehrer und die Fremdheit gegenüber der Technik und der praktischen Arbeit verstellt ihnen oft einen unbefangenen und aktiven Zugang zu diesen klassenbezogenen Inhalten. Sowohl Lehrer als auch Schüler werden kein Verhältnis zur gesellschaftlichen Seite der Arbeit entwickeln, wenn sie nicht selbst eine erlebnisgebundene Beziehung zu Arbeit und Technik finden.

Voraussetzung dafür kann ein Unterricht schaffen, der

— die Schüler interessiert und gleichzeitig gesellschaftlich relevant ist;

— ihnen Selbstvertrauen und Lust zum aktiven Handeln und Denken im Bereich technischer Sachverhalte gibt;

— ihr Problemlösungsverhalten an konkreten Gegenständen schult;

— sie zur Zusammenarbeit mit Mitschülern ermuntert;

— ihr Interesse an technischen Sachverhalten nicht nur zu Motivationszwecken sondern als eigenständigen gesellschaftsbezogenen Unterrichtsinhalt berücksichtigt;

— ihnen grundlegende technische Kenntnisse und Fertigkeiten vermittelt;

— ihre Warnehmung für technische Erscheinungen schärft und sie von technischen Irrationalismen bewahrt;

— ihnen erste technische und ökonomische Zusammenhänge deutlich macht;

— ihr Interesse an der Arbeit und ihrer technischen Grundlage weckt;

— sie anregt, sich für die Menschen am Arbeitsplatz zu interessieren, ohne dazu vom Lehrer moralisch hingewiesen zu werden;

— sie anregt, die technischen Erfahrungen und Kenntnisse aus dem Unterricht auf Vorgänge in der Produktion zu übertragen;

— ihnen konkrete Mittel in die Hand gibt, den technischen Prozeß mit der menschlichen Arbeit im Zusammenhang sehen zu können;

— imstande ist, sie konkret zu einer Berufswahlentscheidung zu führen und ihnen keine Scheinalternativen suggeriert.

Ein solcher Unterricht benötigt:

— Überzeugung bei den Lehrern, daß sie die Notwendigkeit einer technischen Bildung überhaupt einsehen und sich selbst darum bemühen;

— demokratische und gewerkschaftliche Forderungen nach allgemeiner technischer Bildung, Lehreraus- und -fortbildung in allgemeinbildender Technik;

— Beziehungen von Lehrern und Betriebsräten;

— Einbeziehung staatlicher Betriebe in die allgemeine Bildung;

— demokratische und gewerkschaftliche Forderung nach Zugang zu Betrieben der Privatindustrie für Bildungszwecke.

[1] Friedrich Engels, Grundsätze des Kommunismus, in: MEW Band 4, Berlin 1959, S. 375—377.
[2] Vgl. Horst Holzer, Rahmenbedingungen staatlicher Bildungsplanung, in: Demokratische Erziehung 6/1975, S. 17 ff.
[3] W. Voelmy, Polytechnischer Unterricht in der DDR seit 1964, Frankfurt/M 1969, S. 39.
[4] Dietrich Theo, zitiert nach W. Voelmy, a. a. O., S. 39.
[5] Hans Mieskes, zitiert nach W. Voelmy, a. a. O., S. 39.
[6] W. Voelmy, a. a. O., S. 131.
[7] Günter Ulbricht, Klassische bürgerliche Pädagogen zur Arbeitserziehung, in: Polytechnische Bildung und Erziehung 6/1975, S. 237.
[8] Ebenda, S. 238.
[9] Pestalozzi, zitiert nach: O. Amweiler (Hrg.), Polytechnische Bildung und technische Elementarerziehung, Bad Heilbrunn 1969, S. 9/10.
[10] Karl Marx, Das Kapital, MEW Band 23, Berlin 1959, S. 511.
[11] W. Voelmy, Polytechnischer Unterricht in der DDR seit 1964, a. a. O., S. 95.
[12] Ebenda. S. 96.
[13] Ebenda. S. 96.
[14] Ebenda, S. 132.
[15] Ebenda, S. 132.
[16] Vgl. W. Hendricks, Arbeitslehre in der BRD, Ravensburg 1975.
[17] Ebenda, S. 8.
[18] Ebenda, S. 58—132; vgl. auch „Technik und Bildung", Dokumentation des 5. WPK in Nürnberg 1975, Verlag Rossa, Berlin 1976.

19 Vgl. Ohm/Schütte/Zimmer, Ist die Bildungsreform zu Ende?, in: Demokratische Erziehung 6/1975, S. 28 ff.

20 Vgl. Helmut Nölker, Die Entwicklung einer Fachdidaktik Technik im Spannungsfeld curricularer, administrativer und bildungspolitischer Positionen, in: Technikunterricht — Alternativen zur Arbeitserziehung in der BRD, Berlin 1975, S. 19.

21 Vgl. hierzu die Darstellung der Funktion von Interessenverbänden in der BRD in: Julia Schwegler, Zur politischen Kontroverse um die Arbeitslehre, Frankfurt/M 1974 — Vgl. auch den Beitrag von W. Albrecht in diesem Buch.

22 Der Konzeption einer Studienordnung Arbeitslehre/Polytechnik der Universität Oldenburg wurde durch die Streichung des Bezugs „Arbeitswissenschaften" durch das Niedersächsische Kultusministerium schon im Ansatz eine progressive Wirkung genommen.

23 Vgl. Hartmut Sellin, Werkunterricht — Technikunterricht, Düsseldorf 1972.

Doris Schwert, Anke Wagner

Klassiker in einem demokratischen Deutschunterricht

„Ein gutes Buch lesen", „mal wieder ein gutes Theaterstück sehen", das sind die geheimen Sehnsüchte derjenigen, die sich wegen eines guten Deutschlehrers während ihrer Schulzeit oder trotz des Deutschunterrichts in der Schule ein eigenes Verhältnis zur Literatur, zur „guten" Literatur geschaffen haben, die aber im Alltagsstreß gar nicht mehr den Mut aufbringen, ein Buch überhaupt anzufangen, weil „es dann ja doch nicht zu Ende gelesen wird".

„Gute Literatur?" Eine große Gruppe unserer Bevölkerung wird noch nicht einmal mit diesem Begriff etwas anfangen können, denn die Grund- und Hauptschulzeit reicht nicht aus, über die Vermittlung von einigermaßen richtigem Lesen und Schreiben hinaus tiefere Kenntnisse in diesem Fach Deutsch zu vermitteln — und wenn man den ganzen Tag im Betrieb war, ist einem abends auch kaum mehr nach Lesen zumute.

Hoffnungen werden auf die Kinder gesetzt. „Die haben noch Zeit, die sind noch in der Schule, die sollen was Ordentliches lernen." Diese Hoffnungen schließen sicher *nicht* die Beschäftigung mit Werken von Brecht oder Goethe und Lessing ein, weil sich mit diesen Namen höchstens „Kommunist" einerseits, andererseits „großer deutscher Dichter und Denker" und die Kenntnis irgendeines Denkmals im Stadtpark verbindet — und damit hat sich der Fall.

Schüler, die den Sprung in die Studienstufe der Gesamtschule oder ins Gymnasium geschafft haben, reagieren sauer, wenn ihnen im Deutschunterricht sogenannte Klassiker angeboten werden, deren Werke dann auch noch mehr als dreißig Seiten umfassen. Oft haben die Schüler recht. Denn was nützt ihnen das „Kunstwerk" als Vorführung überzeitlicher Werte, was nützt ihnen das Beispiel heldenhafter Einzelschicksale, Helden gibt es sowieso nur noch im Kino, oder?

Will man den verschiedenen Vorstellungen von „Kunstwerken" oder „Helden" etwas mehr auf den Grund gehen, muß man sich wohl mit dem Begriff „Literatur" näher beschäftigen. Romane, Gedichte, Theaterstücke sind damit hauptsächlich gemeint, ihre konkrete historische Entwicklung, so wie sich die Menschen selbst und die Gesellschaft, in der sie leben, entwickelt haben.

Die Schriftsteller der verschiedenen Epochen haben in ihren Werken die Beziehungen der Menschen zur Natur und zur Gesellschaft dargestellt. Ihre eigene Beurteilung der Welt ihrer Zeit drückt sich in ihrer Darstellung aus. „Die Literatur ist also ihrem Wesen nach ein Prozeß der Auseinandersetzung des Menschen mit seiner Wirklichkeit, ein Teilprozeß der gesellschaftlichen Erkenntnis."[1] Literatur ist es wert, daß man sich mit ihr beschäftigt — besonders in der Schule, denn in unserer Gesellschaft ist eine mächtige Meinungsmaschinerie hauptsächlich damit beschäftigt, den Prozeß der gesellschaftlichen Erkenntnis möglichst aufzuhalten.

Nun könnte man fragen, ob gerade Romane oder Dramen dazu beitragen, gesellschaftliche Wirklichkeit erkennen zu können, ob es da nicht besser ist, einen ausdrücklich politischen Artikel oder ein politisches Buch zu lesen, das eine sehr viel umfassendere Analyse zu leisten imstande ist.

Gute Literatur beinhaltet gegenüber dem rein politischen Artikel einiges mehr als sachliche Analyse: Anhand einer fortlaufenden Handlung wird die Gesellschaft und die Konflikte, die es in ihr gibt, die Kämpfe, die sich in ihr abspielen, am Beispiel einzelner Personen, ihrer Eigenarten, ihren Gefühlen dargestellt. Es zeichnet besonders die realistischen Schriftsteller aus, daß es ihnen gelungen ist, in ihren Werken Menschen „aus Fleisch und Blut" zu gestalten, die gerade in ihrer Widersprüchlichkeit kein Schablonendenken zulassen. Hinzu kommt die subjektiv-künstlerische Komponente des Schriftstellers — auch seine Gefühle, seine Einschätzung, sein „Bild von der Welt" wird in sein Werk eingebracht — reizen den Leser entweder zur Kritik oder zur Identifikation, reizen ihn dadurch zur Auseinandersetzung mit seiner eigenen Wirklichkeit.

Ein Beispiel: in einer 13. Klasse (Schüleralter etwa 18 Jahre) führten wir eine Unterrichtsreihe durch über Fontanes Roman „Frau Jenny Treibel". Nach anfänglichen Schwierigkeiten, die zunächst mit der Abneigung der Schüler gegen Fontanes Schreibweise und dem — wie sie es nannten — etwas „vermoderten" 19. Jahrhundert zusammenhingen, konnten nach einer kurzen Zeit doch wesentliche Lernziele angegangen werden: z. B. daß für die einzelnen gesellschaftlichen Klassen herausragende Personen dargestellt werden, die die Eigenschaften ihrer Klasse in sich vereinen, daß es also für einen Schriftsteller die Möglichkeit gibt, gesellschaftliche Gesetzmäßigkeiten durch „Typen" darzustellen — die Dame Jenny Treibel selbst ist ein glänzendes Beispiel für die protzige neureiche Bourgeoisie der Gründerzeit. Durch die Gegenüberstellung zu einem wissenschaftlichen Artikel über die gleiche Zeit[2] wurde den Schülern deutlich, daß Fontanes Roman — obwohl es da doch vordergründig um einen mißglückten Heiratsversuch einer Professorentochter geht — im wesentlichen sehr genau die politischen und gesellschaftlichen Verhältnisse seiner Zeit beschreibt. Auch konnte von den Schülern erkannt werden, daß Fontane selbst nicht etwa „über den Wassern schwebte", sondern daß er Stellung bezogen hatte — gegen die Bourgeoisie seiner Zeit! Diese Erkenntnisse über die Gründerzeit und die Stellung der Bourgeoisie hätten durch einen rein politisch-historischen Text allein nicht gewonnen werden können.

Die rein wissenschaftliche Einsicht kann also durch einen Roman, durch ein Theaterstück wesentlich vertieft werden, weil uns Menschen vorgeführt werden, die auch in uns, dem Leser, Sympathie und Antipathie hervorrufen, auch unsere Gefühle ansprechen. Gerade in der Schule werden die Schüler meist auf ihren Verstand, auf die „ratio" hin angesprochen, aber Lernen erstreckt sich auch auf den „Trieb-, Interessen-, Einstellungs- und Wertbereich".[3] Diese Bereiche werden mit der Literatur besonders angesprochen.

„Es ist nicht Aufgabe des Dichters, bloß das Geschehen darzustellen. Er muß uns vielmehr sehen lassen, was gemäß der inneren Wahrscheinlichkeit oder Notwendigkeit möglich wäre und hätte geschehen können."[4] Er soll den Sinn des Lesers schärfen für die Beobachtung seiner Umwelt, für die Möglichkeit der Veränderung. Er soll dem Leser nützlich sein.

Romane im Stil von Hedwig Courths-Maler, die der „häßlichen Wirklichkeit" dadurch zu entfliehen suchen, daß sie eine Scheinwelt errichten, in der der reiche Mann das arme Mädchen heiratet, bei dem zum guten Ende auch noch adliges Blut in den Adern rollt, sind ein „Kontrastprogramm", das deutlich macht, wie sehr man gesellschaftliche Realität verschleiern kann.

„Man weicht der Welt nicht sicherer aus als durch die Kunst, und man verknüpft sich nicht sicherer mit ihr als durch die Kunst." Dieses Wort Goethes weist auf folgendes hin: solange es Kunst und Literatur gibt, hat es auch diese zwei Tendenzen gegeben — auf der einen Seite die Künstler, die mitten im Leben stehen, die es nicht nur von „außen" beobachten, in deren künstlerischem Werk der Versuch der „Verbindung von Welt und Kunst" deutlich spürbar ist — auf der anderen Seite diejenigen, die — sei es aus eigener Unkenntnis, sei es bewußt — der Welt auswichen und ausweichen, indem sie Kunst und Literatur als Freiraum betrachten, in dem gesellschaftliche Wirklichkeit ausgeklammert ist oder derart dargestellt, daß sie nur vom Künstler selbst noch erkennbar ist.

Aber wie soll man da die Spreu vom Weizen trennen, wie soll man wissen, ob ein Drama von Lessing oder ein Roman von Fontane uns heute noch etwas zu sagen hat? Gehört nicht ein gewisser Grad von Allgemeinbildung dazu?

Gehören Klassiker zur Allgemeinbildung?

Die Auffassung von der Allgemeinbildung ist so umstritten wie die vom Literaturunterricht in der Schule. Da gibt es die Position, die fragt „Wozu Allgemeinbildung"? Wozu muß man unbedingt mit dem „faustischen Menschen" Bekanntschaft machen? Nur, damit man Etikettenwissen besitzt, damit man Konversations-Ping-Pong mit Gebildeten machen kann! Damit man mit seinem Wissen gegenüber „Ungebildeten" protzen kann! Dieses Wissen schafft mehr Unterschiede, als es ohnehin schon gibt, deshalb wird Allgemeinbildung abgelehnt, deshalb werden sogenannte Klassiker in der Schule abgelehnt. Goethe, Schiller und Lessing haben uns heute nichts mehr zu sagen, sie sind „antiquiert"![5]

Hier findet sich jemand damit ab, daß es eben Menschen *mit* und *ohne* Allgemeinbildung gibt. Hier wird nicht mehr darum gestritten, daß man die Bekanntschaft mit dem „faustischen Menschen" auch aus anderen Gründen suchen könnte als nur aus dem, daß man wissen möchte, ob man zwei Seelen, ach, in der Brust wohnen hat — daß vielleicht das „freie Volk auf freiem Grund" (Faust II) mehr interessieren könnte.

Der Begriff der Allgemeinbildung entstand mit der Überwindung des Ständewesens und der Etablierung frühkapitalistischer Verhältnisse. Den Kaufleuten in Augsburg oder Nürnberg genügte es nicht mehr, daß ihre Kinder in den Schulen nur Bibelsprüche lernten. Der Handel entwickelte sich, neue Märkte wurden erschlossen. Da konnte man sich nicht mehr nur mit der Bibel durchschlagen, da mußte man rechnen und schreiben können, da brauchte man Kenntnisse in der Buchführung und in der Geographie. Hier wird deutlich, daß der Begriff der Allgemeinbildung von seiner Entstehung an einen praktisch-sozialen Zug hatte. Auch heute hat die Forderung nach mehr Allgemeinbildung eine sozial-materielle Basis: Die Entwicklung der Produktivkräfte heute erfordert es, daß die arbeitende Bevölkerung auch in die Lage versetzt wird, sie zu beherrschen.

Während der Zeit der Renaissance, in der die Entwicklung der Wissenschaft weit voranschreitet, bekam der Begriff der Allgemeinbildung einen idealistisch-überhöhten Zug. J. A. Comenius forderte im 17. Jahrhundert „die Ausrüstung des Menschen mit dem, was sein Menschsein voll zu entwickeln in der Lage ist, ohne Rücksicht auf soziale Herkunft, Vermögen oder Geschlecht".[6] Dies ist durchaus eine fortschrittliche Forderung, aber auch damals schon fehlte dem größten Teil der Bevölkerung die materielle Voraussetzung für die Erfüllung dieser Forderung.

Wir können heute keinesfalls die allumfassende Bildung á la Humboldt fordern, womit immer die Vorstellung des Gelehrten verbunden ist, der sich ohne finanzielle Sorgen in aller Ruhe den Wissenschaften und Künsten forschend widmen kann. Das wäre wahrhaft anachronistisch, sieht doch unsere Wirklichkeit so ganz anders aus. Wohl aber fordern wir eine Bildung und Ausbildung des Menschen, die ihn nicht nur zum gut funktionierenden Objekt mit engem Spezialwissen macht, sondern zum denkenden Subjekt der Geschichte, das über den Produktionsprozeß hinaus bewußt am gesellschaftlichen Leben teilhaben kann. Zwar wird es in einer Gesellschaft, in der letztlich noch die Monopole über Wissen oder Nichtwissen entscheiden, nicht möglich sein, alle produktiven Anlagen des Individuums zu entwickeln und zu entfalten, aber man würde doch kapitulieren, würde man sich aus dieser Erkenntnis heraus mit dem bescheiden, was einem an Bildung zugestanden wird. Gerade das kann man auch von Goethe und Lessing, von Ibsen und Fontane bis zu Brecht, Böll, Hermann Kant und Engelmann lernen: Noch niemals ist den Unterdrückten von den Herrschenden freiwillig etwas geschenkt worden, immer mußte um den gesellschaftlichen Fortschritt gekämpft werden. So stellt auch die Auseinandersetzung mit Bildungsfragen bis hin zum Problem des Literaturunterrichts in der Schule einen Teil dieses Ringens um den gesellschaftlichen Fortschritt dar.

Schon unser dreigliedriges Schulsystem verhindert das bescheidenste Maß an Allgemeinbildung. Die Einführung der Gesamtschule war ein hoffnungsvoller Baustein der Bildungsreform.[6a] Doch auch von den Bildungsplanern und „Reformern" auf kultusministerieller Ebene ist Allgemeinbildung im Sinne eines fundierten historischen, gesellschaftlichen und naturwissenschaftlichen Grundwissens schon lange nicht mehr vorgesehen. „Emanzipation" und „Mündigkeit", einstmals die hoffnungsvoll formulierten obersten Lernziele der Hessischen Bildungsreform, sind hohle Phrasen ohne Inhalt geworden.

Das totale Kurssystem, das die NGO[7] vorschlägt, wird Isolation der Schüler, verschärften Leistungsdruck und enges Spezialwissen mit sich bringen. Hinzu kommt, daß Schüler, die Emanzipation und Mündigkeit — wenn auch nur individuell — anstreben, in ihrem Lernprozeß nicht gerade unterstützt werden, wenn man demokratisch gesinnten Lehrern Berufsverbot erteilt. Gerade weil diese Zukunftsaussichten düster scheinen, ist es notwendig, das eigene Wissen und das Wissen der Schüler um die gesellschaftlichen Zusammenhänge zu erweitern, wo immer es möglich ist. Dazu kann die Kenntnis der Literatur vergangener Epochen eine wesentliche Hilfe sein. Im folgenden soll das anhand einiger Unterrichtsbeispiele bewiesen werden.

Es gibt jedoch auch sich „links" gebende Strömungen, die Allgemeinbildung für nicht erstrebenswert halten, die Klassiker im Unterricht für längst „überholt" ansehen. Der Schüler soll sich nur noch mit der Gegenwart beschäftigen, denn die ist ihm bekannt. Da man während der eigenen Schulzeit selbst einen unwissenschaftlichen, langweiligen Literaturunterricht genossen hat, kann man zu der Auffassung gelangen, daß dieser Unterricht überhaupt abzuschaffen sei.[8]

Die Wurzel dieser Auffassungen sitzt aber oft tiefer als bei pro oder kontra Literaturunterricht, als bei pro oder kontra Goethe. Sie entspringt einer resignativen Auffassung gegenüber diesem Schulsystem, gegenüber diesem System überhaupt. Resignation auch über die eigene Kampfkraft macht sich breit. Zwar sind vielen Pädagogen und Erziehungswissenschaftlern die Fachbücher aus der DDR eine nützliche Hilfe während des Studiums gewesen, die gesellschaftliche Wirklichkeit der DDR oder der Sowjetunion erscheint ihnen jedoch keineswegs akzeptabel. Es existiert für sie kein realer Sozialismus. Für was also sich entscheiden? Auf jeden Fall gegen dieses System, gegen diese Schule, gegen diesen Unterricht. Bei aller Kritik und allem Unmut haben sie keine realistische Alternative anzubieten. Im Deutschunterricht sollen Texte aus dem täglichen Bereich der Schüler angeboten werden: Comics, medienkritische Texte, Zeitungsartikel usw. Natürlich ist es wichtig, solche Texte im Unterricht zu behandeln, weil die Schüler in der Tat täglich damit konfrontiert werden und die Verantwortung des Pädagogen es erfordert, ihnen zu helfen, damit umzugehen.

Aber aus Enttäuschung über einen jahrzehntelang weitgehend verhunzten Literaturunterricht in der Schule sollte man nicht soweit gehen, alle Klassik schlicht für „antiquiert" zu erklären. Man muß sich öfters ins Gedächtnis rufen, daß die Bourgeoisie durchaus nicht *immer* reaktionär war, sondern daß das aufstrebende Bürgertum im Kampf gegen den Feudalismus Menschen hervorbrachte, die sich der Ausbeutung und Unterdrückung mutig entgegenstellten und für die Würde des Menschen kämpften — das Studium ihrer gesellschaftlichen Bedingungen, ihrer Probleme und Lösungen kann für uns heute noch nützlich sein, macht es uns doch auch bekannt mit unserer eigenen Geschichte, mit den Traditionen der fortschrittlichen Bewegung.

Die hessischen Rahmenrichtlinien für die Sekundarstufe I, die gegenüber früheren Lehrplänen einen wesentlichen Fortschritt darstellen[9], sind unserer Meinung nach dennoch zu wenig an fortschrittlichen Traditionen der Literatur orientiert. Der Schwerpunkt wird mehr auf Einzeltexte gelegt. Sinnvoll wäre sicher, die verschiedenen Texte einzubetten in einen Literaturunterricht, der, im Idealfall gekoppelt mit dem Geschichts- bzw. Gesellschaftslehreunterricht, die verschiedenen Epochen der Literatur den Schülern ihrem Alter gemäß näherbringt und ihre Neugier weckt, mehr darüber zu erfahren.

Wir plädieren für einen Literaturunterricht, der den Schülern Spaß macht, ihr historisches Wissen erweitert, der ihnen Lust macht, auch nach der Schulzeit, nach der weder die Lehrstelle noch der Arbeitsplatz noch der Studienplatz gesichert ist, weiterzulesen. Zu lesen, um in der realistischen Literatur der verschiedenen Epochen, einer Literatur also, die „der Welt nicht ausweicht", sondern zutiefst mit ihr verbunden ist, Beispiele für fortschrittliches Handeln zu finden.

Goethes „Faust" im Literaturunterricht der Oberstufe

Welche Lernziele müßte man bei einem Literaturunterricht, dessen Konzeption wir zu erläutern versucht haben, für „das" Werk der deutschen Klassik, für Goethes „Faust" formulieren? Es muß betont werden, daß es sich hier nur um Interpretationshinweise handeln kann, da dieses Beispiel nicht im Unterricht erprobt wurde.

Zunächst einmal, das wurde schon mehrfach angedeutet, geht es darum, die Legende vom großen, über allen Zweifeln erhabenen Olympier Goethe zu zerstören bzw. gar nicht erst aufkommen zu lassen. Ein über allen Wolken schwebender, ewige Wahrheiten verkündender Klassiker ist nicht nur langweilig, weil nicht kritisierbar, sondern widerspricht auch unserer Auffassung von Literatur und Geschichte. Wir betrachten Literatur als eine spezifische Form der Wirklichkeiterkenntnis, als einen Beitrag des Dichters zum gesellschaftlichen Leben einer bestimmten historischen Epoche.

Gerade Goethes Begriff des „Klassischen" umreißt manches von dem, was wir heute mit dem Begriff des „Realismus" in Verbindung bringen: dann nämlich, wenn er realistisches Dichten als das Resultat eines grundsätzlichen Verhältnisses des Dichters zum Leben ansieht. So sah Goethe „eine bedeutende Schrift nur als Folge des Lebens an — nur das Leben kann die Quelle aller schöpferischen Kunst sein".[10]

Für den Deutschlehrer stellt sich die Aufgabe, Goethes „Faust" aus seiner Zeit, dem Übergang von der feudalen zur bürgerlichen Gesellschaftsordnung, ihren Klassenkämpfen und geistigen Strömungen zu erklären.

Folgende vier elementare Lernziele müßten den Schülern im Verlauf der Unterrichtsreihe klarwerden:

1. Der Lebensweg Fausts stellt nicht nur die Entwicklung eines Einzelwesens dar, sondern in der Gestalt des Faust spiegelt sich die Menschheit in ihrer fortschreitenden Geschichte wider.

2. Ein wichtiges Merkmal des „Faust" ist, daß er große menschheitsgeschichtliche Entwicklungsprobleme in verallgemeinernden

Bildern vorstellt. Die Schüler müssen also den Symbolcharakter der einzelnen Bilder, Szenen und Figuren verstehen lernen.

3. Das Individuum Faust kann in seinem persönlichen Bemühen um Wissen, Erkenntnis und Produktivität die Grenzen der feudalen Gesellschaftsordnung, in der er lebt, nicht überwinden. Dazu wird ihm von Goethe eine „Hilfe" gegeben, die die Gesellschaft ihm nicht geben kann, Hilfe in der Gestalt des Mephisto.

4. Es müßte gelingen, die Polarität von Faust und Mephisto als plastisches Beispiel des dialektischen Grundprinzips von „Gut" und „Böse" verständlich zu machen, das beiträgt zur Entwicklung des Menschen und der Gesellschaft.

Die Gretchen-Szenen sind in mehrfacher Hinsicht interessant. Sie stellen zum einen eine Durchgangsetappe auf dem Entwicklungsweg Fausts dar — die Erfahrung der „kleinen Welt" der individuellen Liebe, die aber auf die Dauer nicht ausreichend sein kann. Zum anderen aber muß klarwerden, daß Goethe mit der Gretchen-tragödie die für seine Zeit außerordentlich aktuelle Problematik des „gefallenen" Bürgermädchens gestaltet hat, das an dem Konflikt zwischen individueller Liebe und gesellschaftlicher Konvention damals noch scheitern mußte. Dabei ist es wichtig, daß Goethe bewußt Kritik übt an der Beurteilung Gretchens durch ihre klein-bürgerliche Umgebung. Noch ein anderes Problem ist geeignet zur Diskussion im Unterricht: Der Intellektuelle Faust versteht Gret-chen, das Mädchen aus dem Volke, gar nicht. Er kann sich ihr nicht verständlich machen, wenn sie ihm in der „Gartenszene" eine Frage stellt, die ein ideologisches Grundproblem der Epoche berührt, die Frage nach der Religion.

Im Teil II erleben wir Faust nicht mehr als Renaissance-Gelehr-ten, sondern als Renaissance-Fürsten, als eines jener Talente also, die sich mit der herrschenden Klasse verbünden, um die Möglichkeit umfassenden Handelns zu erhalten.

Die Verbindung zwischen Faust und Helena symbolisiert die Ver-bindung zwischen Wirklichkeit und Kunst. Die Interpretation dieses Szenenkomplexes stellt sicherlich sehr hohe Ansprüche an die Schü-ler und kann vermutlich nicht erschöpfend sein. Unserer Ansicht nach wäre es schon ausreichend, wenn klar würde, daß Goethe hier zu gestalten versucht, daß er ein Beschränken auf die Mittel der Kunst, auf die ästhetische Bildung also, als nicht ausreichend an-sieht, um der Menschheitsentwicklung den Weg frei machen zu können.

Das Projekt der Landgewinnung schließlich muß als systematisch geführter Kampf um die Beherrschung der Natur zum Nutzen des Menschen gesehen werden, um die bewußte Entwicklung der Pro-duktivität. Allerdings wird auch klar, daß diese Landgewinnung unter neuen, kapitalistischen Bedingungen stattfindet, die ihren Ausdruck in Gewalt, Mord und Raub finden. Mit diesen Konflikten muß sich Faust, der bürgerliche Held, auseinandersetzen. Erst als das Ziel der Anstrengungen auf einen gemeinnützigen Zweck gerichtet ist, kann Faust den „höchsten Augenblick" erleben. Mephisto kann nicht begreifen, daß Faust am Ende seines Lebens das als das Höchste anerkennt, was ihm, Mephisto, von Anfang an entgegengesetzt war, die Gewißheit der positiven weiteren Entwicklung. Höchstes Ideal ist die freie, tätige Gesellschaft auf freiem Grund, die Überzeugung einer steten Aufwärtsentwicklung der Menschheit steht am Schluß des Dramas. Der Mensch allein ist imstande, sich zu erlösen, indem er den Gang der Geschichte bestimmt.

Bei der Aufgabe, ein reales Goethe-Bild mit unseren Schülern zu entwickeln, dürfen wir jedoch auch nicht verschweigen, welche Widersprüche es im Leben und Werk Goethes gab; daß dieser „größte Deutsche" in seiner Isoliertheit — beeinflußt durch die Rückständigkeit und Enge seiner gesellschaftlichen Umwelt, der feudalen deutschen Kleinstaaten — nicht selten gegen den humanistischen Grundzug seines eigenen Werkes und seiner eigenen Persönlichkeit handelte. Auch sein zwiespältiges Verhältnis zur französischen Revolution, die er nicht verstehen konnte oder nicht verstehen wollte, müßte im Unterricht thematisiert werden. Zu überlegen ist auch, ob nicht im Rahmen einer breiter angelegten Unterrichtseinheit „Klassische Deutsche Literatur" andere Werke zum Vergleich herangezogen werden könnten, z. B. Werke von Lessing, der ja viel direkter als Goethe ein Vorkämpfer der bürgerlichen Klasse war.[11]

Nach unseren Erfahrungen mit Schülern ist es möglich, einen solchen oder ähnlich konzipierten Unterricht erfolgreich zu gestalten, um so mehr, als Schüler hierbei viel leichter begreifen können, daß Lernen auch im Literaturunterricht ein sozialer Prozeß ist, der etwas mit ihrem konkreten Verhalten zu tun hat.

Deutsch-Unterricht — erprobt in der Gesamtschule

Auch in der Sekundarstufe I ist es angebracht, einen dem Schüleralter angemessenen Literaturunterricht zu erteilen. Gute Erfahrungen machten wir mit einer Unterrichtseinheit über Märchen in einer 5. Klasse. Dabei kann es natürlich nicht nur darum gehen, daß die Lehrerin Märchen erzählt und die Schüler still zuhören (obwohl sie auch das mit Hingabe taten im konkreten Fall), sondern es ist auch wichtig, vielen Märchen das Flair der nur „heilen Welt" zu nehmen. „Früher erzählten oft alte Frauen in den Spinnstuben

Märchen, während die Mädchen an ihren Handarbeiten saßen."
Diese Erklärung in dem heute noch gängigen Lesebuch „Lesen—
Darstellen—Begreifen" ist sicher kindgemäß, aber sehr verein-
fachend. Die Entstehung der Märchen reicht bis in die Urgesell-
schaft zurück. In ihnen drückt sich das Bedürfnis der den Natur-
gewalten ohnmächtig gegenüberstehenden Menschen aus, sich ihre
Welt zu erklären. Auch in der weiteren Entwicklung der Märchen
durch die Jahrhunderte hinweg behalten viele als Grundton ihren
unbesiegbaren Optimismus. In Tiermärchen, Königsmärchen,
Bauern- und Handwerkermärchen kündet es von der „Freiheit des
handelnden Menschen, der die Welt zu gestalten vermag."[12] Dies
alles zu begreifen, wäre von Schülern einer 5. Klasse sicher zu viel
verlangt, aber es ist wohl möglich, ihnen bestimmte typische Elemente des Märchens näherzubringen: das Streben des Menschen
nach Glück, der Unterschied zwischen verschiedenen Märchen-
motiven und der optimistische Schluß. Auch ist die deutliche Hervorhebung von „gut" und „böse" im Märchen dazu angetan, den
Gerechtigkeitssinn der Kinder zu schärfen.

„Die Beschäftigung mit der Vergangenheit aus Engagement für
die Gegenwart"[13] war der Ausgangspunkt für eine Unterrichtsreihe
in einer 12. Klasse, die berühmte Frauengestalten in der Literatur
unter historischen und aktuellen Gesichtspunkten behandelte. In
einer Diskussion mit den Schülern einigten wir uns auf folgendes
Vorgehen: als Einstieg benutzten wir Texte über Probleme der
Frauen in der heutigen Zeit (aus der beigefügten Materialliste können genauere Angaben entnommen werden), z. B. Probleme der
berufstätigen Frau, die auf Grund fehlender gesellschaftlicher Einrichtungen Beruf und Familie nicht bewältigen kann, oder das Problem des ungleichen Lohnes für gleiche Arbeit von Mann und Frau.
Dann beschäftigten wir uns mit einigen Frauengestalten in der
Literatur — wir einigten uns auf „Effi Briest" von Fontane, „Nora"
von Ibsen, „Emilia Galotti" von Lessing und „Gretchen" von
Goethe. Es ist selbstverständlich, daß wir nicht die gesamten Dramen oder Romane lasen, sondern daß wir bestimmte markante
Textstellen auswählten und mit Hilfe von Schülerreferaten, Schall-
platten und Tonbandaufnahmen die jeweiligen Charakteristika der
Frauengestalten herausarbeiteten. Warum nun ausgerechnet diese
Frauen?

An der Person Effi Briest zeigt Fontane, wie eine junge Frau im
Netz gesellschaftlicher Konventionen zugrunde gehen muß. Bei der
Beschäftigung mit ihrem Leben wird dem Leser von heute die
Fragwürdigkeit des Ehr- und Moralbegriffes des preußischen Offi-
ziers- und Beamtenadels bewußt. Fontane beleuchtet kritisch die
auf Repräsentation zielende Eheschließung und den Sinn einer so-

genannten „guten Partie". Obwohl die Darstellungsweise hauptsächlich aus der Gesellschaftskonstellation der Fontanezeit verständlich wird, weist sie doch auf bestimmte Probleme hin, die bis in unsere Zeit ungelöst geblieben sind — Probleme, die in Ibsens „Nora" noch eindeutiger und schärfer ausgesprochen werden. Nora, die während acht Ehejahren das „Eichkätzchen" und „Singvögelchen" ihres Mannes spielte, entwickelt sich in einem ernsten Konflikt zu einer bewußten Frau, die der weiteren Unmündigkeit die Trennung von Mann und Kindern vorzieht. Nun könnte man fragen, was denn die bürgerliche Nora und Effi, die Tochter aus preußischer Landadelsfamilie mit der Arbeiterfrau von heute zu tun haben. Freilich gibt es da keinen direkten Bezug — was aber deutlich werden kann, ist folgendes: Bei der Untersuchung der gesellschaftlichen Bedingungen, unter denen Nora und Effi lebten, wird klar, welche Klassenkonstellationen ihre wirkliche Emanzipation verhindert haben, daß dies niemals nur eine „Frauenangelegenheit" sein kann. So schreibt denn auch Ibsen selbst, daß es ihm bei der Darstellung der Nora nicht nur um die Sache der Frau ging. „Ich bin mir nicht einmal klar darüber, was das eigentlich ist: die Sache der Frau. Mir hat sie sich als eine *Sache des Menschen* dargestellt."[14]

Menschen, die andere gering achten oder in der Entfaltung ihrer Persönlichkeit hindern, dies ist — wenn auch in ganz anderer Form — das Motiv, das Lessing in seinem Theaterstück „Emilia Galotti" verarbeitete. Zum erstenmal in der deutschen Literatur standen sich Adel und Bürgertum auf der Bühne gegenüber. Wenn auch der Schauplatz auf der Bühne Italien war, so war doch Deutschland gemeint (schließlich war ja auch Lessing ein vom Berufsverbot Betroffener) — wenn auch die Familie Galotti verarmte Adlige sind, so weisen ihre Lebensprinzipien sie doch als Angehörige des Bürgertums aus, die positiv abgesetzt werden gegen das korrupte Hofleben des Fürsten. Um ihre Tugend zu bewahren und sich nicht an diesen Fürsten zu verschenken — „Tugend" hier als positive Eigenschaft des Bürgertums, die der Adel nicht mehr besitzt —, bittet Emilia ihren Vater um den Tod. Ein Ausweg, der zu Lessings Zeiten nicht anders möglich war — der Bürger ist noch zu schwach, den Dolch in das Herz des Adligen zu stoßen, er muß die eigene Tochter umbringen, um das Selbstbewußtsein und den Tugendbegriff seines Standes zu verteidigen.

Gretchen, die aus echter, tiefempfundener Liebe an die Moralschranken ihrer Gesellschaft stößt, muß zwar physisch untergehen, wird aber von Goethe moralisch gerechtfertigt durch die symbolische Stimme „von oben". Auf die genauere Interpretation der Gretchen-Tragödie wurde bereits eingegangen.

Mit der Auswahl dieser Frauengestalten und der Darstellung ihrer Probleme ergaben sich folgende übergreifende Lernziele:

— Kenntnis der Darstellung einiger berühmter Frauengestalten in der Literatur, Erfassen ihrer spezifischen Probleme;

— Bewußtmachen und Fördern von Motiven zur Beschäftigung mit Literatur des 18. und 19. Jahrhunderts;

— Erkenntnis des Gehalts dieser Literatur für Problemlösungen der Gegenwart;

— Erkenntnis, daß Literatur in Abhängigkeit von gesellschaftlich-historischen Bedingungen entsteht und gelesen wird.

Zum Schluß sei noch vermerkt, daß die angeführten Unterrichtsbeispiele wohl nur deshalb in dieser Art durchgeführt werden konnten, weil wir eineinhalb Jahre an einer Gesamtschule zusammen mit fortschrittlichen, kooperationsbereiten Kollegen unterrichteten. Ihnen allen sagen wir unseren Dank.

Anhang: Materialien zu fünf Themen

1. Probleme der Frauen in der heutigen Zeit und ihre Darstellung in literarischen Texten und Sachtexten
   a) „Wie es die Kollegin macht, ist es falsch"
      Arbeitskreis Emanzipation, Bonn
   b) Tabelle der durchschnittlichen Bruttoverdienste männlicher und weiblicher Industriearbeiter und Angestellter
   c) Albert Wellek, „Die Frau, das ‚andere Wesen'"?
      alle Texte entnommen aus „Texte zum Rollenbild der Frau", Arbeitsreihen Deutsch, Klett-Verlag, Stuttgart, 1974
   d) „Perspektiven verheirateter berufstätiger Frauen"
      entnommen aus: Werkkreis Literatur der Arbeitswelt Liebe Kollegin, Fischer-Bücherei 1973, Frankfurt am Main 1973
2. „Effi Briest"
   Textauszüge aus Reclam, „Bürgerlicher Realismus", Band 9641 bis 9644, Stuttgart 1974
   Textauszüge aus „Menschen in ihrer Zeit", Band 3, In der Neuzeit, Klett-Verlag, Stuttgart 1970
3. „Nora"
   Textauszüge aus Reclam, „Nora", Band 1257, Stuttgart 1968
   Textauszüge aus „Königs Erläuterungen", Band 177, Bange-Verlag, Hollfeld
4. „Emilia Galotti"
   Textauszüge aus Reclam, „Emilia Galotti", Band 45, Stuttgart 1974
   Textauszüge aus Reclam, „Erläuterungen und Dokumente", Band 8111/11a, Stuttgart 1971
5. „Gretchen"
   Schallplatte „Goethe-Faust, Berühmte Szenen und Monologe",

Gründgens Inszenierung des Düsseldorfer Schauspielhauses
Textauszug „Am Brunnen" aus „Faust und Urfaust",
Carl Schünemann Verlag, Bremen

[1] Literaturunterricht 5. Klasse, Zum Lehrplan 1966, Verlag Volk und Wissen, Berlin 1972, S. 13.

[2] Jürgen Kuczynski, „Die Bewegung der deutschen Wirtschaft von 1800—1946", Meisenheim am Glan, 1948.

[3] Christine Möller, „Technik der Lernplanung", Heidelberg 1972.

[4] Aristoteles, zitiert nach: Thomas Metscher, „Ästhetik als Abbildtheorie", in: Das Argument 77, Karlsruhe 1972, S. 944.

[5] Position des Autors Hans-Joachim Grünwaldt, in: „Sind Klassiker etwa nicht antiquiert?", in: Diskussion Deutsch, Heft I, September 1970.

[6] Zitiert nach: „Kulturpolitisches Wörterbuch", Dietz-Verlag, Berlin 1970.

[6a] Vgl. den Beitrag zur Gesamtschule in diesem Buch.

[7] Neugestaltete Gymnasiale Oberstufe; vgl. dazu R. Eckert/A. Wagner, Anmerkungen zur Neuordnung der gymnasialen Oberstufe, in: Demokratische Erziehung 3/1975, S. 87 ff.

[8] Vgl. Grünwaldt, a. a. O.

[9] Bedenkt man, daß auch heute noch in der Deutsch-Didaktik das „zeitlose sprachliche Kunstwerk" herumgeistert, das „allgemein menschliche Probleme vor Augen führt" und zum „Nachempfinden des dichterischen Anliegens" bringen soll. (Erika Essen, Methodik des Deutsch-Unterrichts, Heidelberg 1962).

[10] Goethe, im „Literarischen Sansculottismus".

[11] Siehe Unterrichtsbeschreibung „Emilia Galotti" in diesem Beitrag. —

[12] Christa Bürger, „Die soziale Funktion volkstümlicher Erzählformen — Sage und Märchen", Projekt Deutschunterricht I, Sammlung B. Metzler.

[13] Bernd Hüppauf, „Über Literaturgeschichte im Deutschunterricht," in: Diskussion Deutsch, Heft 16, April 1974, S. 134.

[14] Königs Erläuterungen, Band 177, S. 37.

Rainer Eckert

Mathematische und naturwissenschaftliche Bildung im Rahmen einer demokratischen Pädagogik

„Sie verstehen was von Mathematik? — Meine Güte, damit stehen Sie haushoch über mir." „Auch Einstein soll mal eine Fünf in Mathematik gehabt haben." Wer kennt nicht solche und ähnliche Sprüche? Wer hat nicht schon erlebt, wie — häufig weibliche — Mitmenschen mit kokettem Augenaufschlag erklärten, von Mathematik und Physik verstünden sie „absolut nichts"? Wer wüßte nicht, daß man mit dieser „rührenden Hilflosigkeit" stets ein tiefes Verständnis aller Anwesenden wecken kann? — Das ist die eine Seite!

Die andere Seite sieht so aus: verängstigte Schüler, die ihren Eltern das schlechte Ergebnis einer Mathematikarbeit verheimlichen; aufgeregte, hilflose, verzweifelte Eltern in der Sprechstunde des Mathematiklehrers; Auseinandersetzungen in den Familien, bis hin zu gelegentlichen Tragödien wegen der Zeugniszensuren in Mathematik, Physik oder Chemie.

Es sind tatsächlich die zwei Seiten ein und derselben Sache, es ist die Widerspiegelung des mathematischen und naturwissenschaftlichen Unterrichts[1] in der BRD und seiner Ergebnisse. Generationen von Schülern, Eltern und Lehrern wurden davon belastet, so daß man vermuten kann, daß es tiefgreifende *prinzipielle* Probleme dieses Unterrichts gibt, der sich zudem einer sehr widersprüchlichen Beurteilung ausgesetzt sieht.

Im direkten Gegensatz zu den angeführten „Alltagserfahrungen" nämlich stellte die Kultusministerkonferenz einen grundlegenden „Fortschritt in der Mathematik und das Eindringen moderner mathematischer Betrachtungsweisen in Wissenschaften, die für Wirtschaft, Gesellschaft und Staat von Bedeutung sind"[2], fest.

Diese Feststellungen gingen von der objektiven Tendenz aus, wonach die Bedeutung aller Wissenschaften, auch der Mathematik, in der materiellen Produktion anwächst. Sie sollten die Einführung der „Mengenlehre" in der Schule begründen, hatten aber ein eigenartiges Ergebnis, das wiederum mit den „Alltagserfahrungen" übereinstimmte: eine öffentliche Debatte, die sehr erbittert geführt wurde und zumeist *nicht* mit Argumenten aus der Pädagogik. Die „Diskussion" ging bis zu absurden Behauptungen, wonach „Mengenlehre" die Kinder krank mache, sie geistig schädige.

Auf breiter Front gerieten Schulkinder in Verzweiflung, die plötzlich mathematische Sätze erlernen sollten, die bis dahin in den ersten Universitätssemestern gelernt wurden. Noch verzweifelter waren die Eltern, die ihren Kindern nicht mehr helfen konnten. Schulen und Volkshochschulen richteten Nachhilfekurse *für Eltern* ein.

Im Unterricht selbst zeichnete sich ab, daß Kinder zwar über Schnittmengen, Produktmengen und Relationen reden konnten, jedoch „versagten", wenn der Flächeninhalt eines Rechtecks zu berechnen war.

Für die Lehrer kamen enorme zusätzliche Aufgaben hinzu. Ihnen wurden „Richtlinien und Rahmenpläne"[3] vorgegeben, was sie jedoch im täglichen Unterricht machen sollten, mußten sie weitgehend selbst erarbeiten[4]. In der Praxis wurde das häufig noch dadurch kompliziert, daß Kollegen mit anderen Fächern in Kurzlehrgängen auf Mathematik „umgeschult" wurden, um den Lehrermangel zu beheben. Diese mußten nun gemeinsam arbeiten mit solchen Lehrern, die an traditionelle Formen des Unterrichts gewöhnt waren — also hinsichtlich der „Modernisierung" auch keine Erfahrung besaßen.

Ähnliche Probleme zeigen sich im naturwissenschaftlichen Unterricht. Auch hier wurden neue Rahmenrichtlinien vorgelegt, die beispielsweise derart hohe Ziele setzen: „Abstandnehmendes, wissenschaftstheoretisches Bewußtmachen ... Förderung sozialer Verhaltensweisen ... Einsicht in das Ineinandergreifen von Induktion, Hypothese und Deduktion ... Erkennen der gleichen mathematischen Struktur in verschiedenen Bereichen der Physik ..."[5] Das soll dann realisiert werden in einer Unterrichtssituation, in der mehr als dreißig Schüler vor einem Lehrer sitzen. Bei seiner Wochenstundenbelastung hat dieser nicht einmal genügend Zeit, seine Demonstrationsexperimente ausreichend vorzubereiten. Da ist von Schülerexperimenten ganz zu schweigen, selbst wenn zufällig eine Schule genügend Geräte für alle Schüler besitzen sollte.

Selbst an gut ausgestatteten Gesamtschulen — gemessen am miserablen Normalzustand — gibt es noch heute den sogenannten „epochalen" Physik- oder Chemieunterricht. Das heißt: ein Kurs hat für ein halbes Jahr diesen Unterricht, der dann für diese Schüler abgebrochen wird. Im zweiten Halbjahr erhält ein anderer Kurs den Unterricht. Noch heute gibt es die Erscheinung, daß in einem Chemiekurs des 11. Schuljahres Schüler mit vier Jahren Chemieunterricht sitzen, gemeinsam mit solchen Schülern, die insgesamt erst ein halbes Jahr Unterricht in diesem Fach erhalten haben.

Wir wollen das hier nicht weiter ausführen; jeder leidgeprüfte Schüler, seine Eltern und Lehrer kennen den wahrlich „epochemachenden" Zustand des mn Unterrichts.

Wir behaupten, daß die Ursachen im wesentlichen die folgenden sind[6]:

— Bei der neuen Lehrplangestaltung (in Form von Rahmenrichtlinien) des mn Unterrichts wurde der völlig unzureichende Entwicklungsstand der Schulpraxis deutlich. Damit erwies sich in diesem wichtigen Bereich von Bildung und Erziehung das Schulsystem der BRD als unfähig, objektive wissenschaftlich-technische Tendenzen zu bewältigen, vor allem infolge der mangelhaften materiellen Ausstattung der Schulen.

— Dazu gehört, daß das Qualifikationsniveau aller beteiligten Lehrer unzureichend war. Dieser selbstverständlich nicht von den Lehrern zu verantwortende Zustand verweist sowohl auf die mangelhafte Lehrerausbildung, als auch auf ihre tägliche Überlastung.

— Es gibt im mn Unterricht bestimmte traditionelle Entwicklungslinien, die zusätzliche Hindernisse aufbauten. So vor allem die weitverbreitete Ideologie, es gäbe gerade in den mn Fächern wenige „von Natur aus begabte", aber viele „unbegabte" Schüler.

— Die Rahmenrichtlinien geben einen Stoffkatalog vor, sie stellen jedoch keine pädagogisch begründeten Lehrgänge dar. Die Kultusbürokratie erwies sich offensichtlich als unfähig, diese zu erarbeiten. Die Lehrer sind mit dieser ihnen zugewiesenen Aufgabe zur Zeit überfordert.

— Eine wesentliche Ursache für den völlig unzureichenden inhaltlichen Zustand der mn Fächer ist in einem gesellschaftlichen Widerspruch zu sehen. Einerseits gibt es eine objektive Tendenz zum Eindringen der Wissenschaft in alle gesellschaftlichen Bereiche; andererseits wird die freie wissenschaftliche Betätigung politisch und administrativ unterdrückt[7]. Diese im Kapitalismus erzwungene Unwissenschaftlichkeit in allen gesellschaftlichen Sphären wirkt notwendig auch auf die mn Fächer zurück[8], sie ist eine ständige Quelle von Widersprüchen, zumindest Unklarheiten und „Auslassungen" im Lehrplan bzw. Unterricht. Nicht zuletzt wirkt sich aus in einer äußerst unentwickelten Bereitschaft (im Sinne von „praktischer Fähigkeit") von Lehrern und Schülern bezüglich wissenschaftlichen Arbeitens. Insbesondere in den Jahrgängen 1 bis 10 fehlt diese Bereitschaft im Grunde völlig.

Erziehungsziele eines demokratischen mathematischen und naturwissenschaftlichen Unterrichts

Mit den jetzt folgenden Ausführungen können weder die angesprochenen prinzipiellen Probleme — Widerspruch zwischen objektiven wissenschaftlichen Tendenzen und gesellschaftlich erzwungener Unwissenschaftlichkeit — behoben werden, noch gar die skandalösen materiellen Bedingungen verändert werden. Auch kann im vorliegenden Rahmen kein vollständiger mn Lehrgang angegeben werden.

Es sollen hingegen einige grundlegende Ansätze einer demokratischen Unterrichtskonzeption entwickelt werden, ausgehend von bestimmten *allgemeinen Erziehungszielen.*

Es versteht sich, daß solche Erziehungsziele in Mathematik, Physik und den anderen naturwissenschaftlichen Fächern voneinander abweichen. Es gibt jedoch eine Reihe von Zielen, die gemeinsamen pädagogisch-politischen Ansätzen entspringen. Auf solche beschränken wir uns hier; die konkrete Ausformulierung ist ohnehin der praktischen Tätigkeit fortschrittlicher Pädagogen, Schüler, Eltern, Buchautoren usw. überlassen.

Als erstes dieser allgemeinen Erziehungsziele betrachten wir eine möglichst *hohe fachliche Qualifizierung* der Schüler[9]. Wir sehen die möglichst umfassende fachliche Ausbildung überhaupt als die Grundlage aller im folgenden genannten Ziele des mn Unterrichts an.

Ihren demokratischen Charakter erhält diese Zielsetzung dadurch, daß wir eine hohe Qualifikation für *alle* Schüler anstreben. Damit setzen wir uns eindeutig ab von den Lehrern, die zwar ebenfalls eine hohe fachliche Ausbildung *fordern,* sie aber nur für die „fünf Besten" in einer Klasse *realisieren* — eine Erscheinung, die gerade im mn Unterricht sehr bekannt ist und häufig mit reaktionären „Begabungs"ideologien gerechtfertigt wird[10].

Wir gehen demgegenüber davon aus, daß der fachliche Inhalt der mn Fächer im Prinzip von jedem Schüler der Jahrgänge 1 bis 13 angeeignet werden kann[11]. Das heißt jedoch konkret, daß die demokratische Forderung nach hoher Qualifikation für alle Schüler im Schulalltag erfüllt werden muß, also wertlos bleibt, wenn sie nur deklamiert wird. Jeder, der mn Unterricht erteilt, weiß damit, daß die bewußte Erfüllung dieser Forderung bereits tiefgreifende Auswirkungen auf Unterrichtsvorbereitung und -durchführung hat. Beispielsweise kann bei Beachtung dieses Ziels eine Unterrichtseinheit nur dann optimal vorbereitet werden, wenn dabei Überlegungen eingehen, wie man auf die ohne Zweifel sehr unterschiedliche Ausgangssituation, geistige und körperliche Disposition *jedes* einzelnen Schülers Bezug nimmt.

Ein weiteres allgemeines Erziehungsziel sehen wir in der Forderung, die *Denkentwicklung* der Schüler nachhaltig zu beeinflussen, ihre volle Entfaltung anzuregen. Das geht über die Standardfeststellung hinaus, daß Mathematik „logisches Denken" hervorbringt. Diese Feststellung wird ja hierzulande ebenso halbernst getroffen, wie die „berühmte Fünf von Einstein" — das allgemeine Ergebnis des hiesigen mn Unterrichts spricht ja wohl auch dagegen.

Wir meinen mit der Entfaltung der Denkentwicklung, daß natürlich logisch-deduktives Denken, seine Methoden und Gesetzmäßigkeiten, ein integraler Bestandteil des mn Unterrichts sein muß. Darüber hinaus ist aber vorrangig phantasievoll-schöpferisches Denken zu entwickeln, indem man systematisch, geplant und pädagogisch begründet Situationen im Unterricht schafft, die den Schülern — wiederum *allen* — die Ausbildung dieser Form des Denkens ermöglicht. Damit wenden wir uns gegen die Auffassung, daß Mathematik erst dann begriffen sei, wenn der über historisch lange Zeiträume hinweg herausgebildete Formalismus beherrscht wird. „Formale Operationen sind dadurch ausgezeichnet, daß zu ihrer Ausführung eine besondere *Art* des Verstehens benötigt wird. Der Irrtum der formalistischen Doktrin, die sich auf formale Operationen beschränkt, besteht in der Annahme, daß diese Art des Verstehens einen besonders hohen Grad von Zuverlässigkeit besitzt."[12] Ähnliches gilt für die Naturwissenschaften, wo ebenfalls die in der Schulpraxis herrschende Ideologie einen strengen Formalismus fordert. Allerdings kennt jeder erfahrene Lehrer aus seiner Arbeit spontane Ansätze schöpferischen Denkens bei Schülern. Für eine systematische Entwicklung ist es unerläßlich, diese spontanen Ansätze zu fördern, sie damit in bewußt beherrschte Denkformen überzuführen.

Das „Bindeglied" zwischen den beiden genannten Richtungen des Denkens ist in einer bewußten *sprachlichen Bildung* der Schüler zu sehen, die damit den Rang eines weiteren allgemeinen Erziehungsziels annimmt. Wir nennen dieses Ziel hier ebenso nur als Stichwort wie auch dasjenige, bei allen Schülern die Ausbildung *geistiger Operationen* anzuregen, wie etwa Analysieren, Synthetisieren, Verallgemeinern, Abstrahieren usw.[13]

Auch für diese Erziehungsziele gilt, was wir oben bereits angedeutet haben: sie müssen die *eigentliche Leitlinie* der Planung und Durchführung eines demokratischen Unterrichts sein. Bei der Vorbereitung des Unterrichts sollte also nicht so sehr die Frage im Vordergrund stehen, welcher (fachliche) Abschnitt als nächster behandelt wird. Sondern: Welche Erziehungsziele sollen bei welchem Schüler realisiert werden und welche fachlichen Abschnitte muß man zur Verwirklichung dieser Ziele wählen? Wie muß weiterhin deren Aneignung organisiert werden?

Wenn ein solches allgemeines Programm konkret im Schulalltag umgesetzt werden soll, bedeutet das eine tiefgreifende Abwendung von der herkömmlichen „Methode", wonach immer „das nächste Kapitel im Buch" dran ist.

Mindestens ebenso gilt das für diejenigen Ziele, die auf die *Entwicklung der Persönlichkeit* der Schüler orientiert sind. Vermutlich ist das für viele Lehrer der mn Fächer ein völlig neuer Aspekt.

Nicht aus Unfähigkeit, nicht aus Nachlässigkeit, sondern deshalb, weil die Pädagogik der mn Fächer hierzulande weitgehend heruntergekommen ist zu einer tradierten Fachsystematik, gehen doch die meisten davon aus, daß ein Schüler ein „Speicher" ist, der schrittweise „gefüllt" wird und auf Abruf etwas wiedergibt. Die tägliche Erfahrung ist allerdings, daß die Wiedergabe zumeist sehr mangelhaft ist. Woran liegt das? Neben den schon genannten Gründen daran, daß Aspekte der Persönlichkeitsentwicklung fast überhaupt nicht beachtet werden. Vor uns sitzen eben keine „Speicher", sondern Menschen, auf deren Persönlichkeit wir Einfluß nehmen — ob wir uns darüber im klaren sind oder nicht.

Stellen wir einmal die Frage: was hat ein Schüler denn gelernt, wenn er eine quadratische Gleichung lösen und die „Probe nach Vieta" machen kann? Wirklich nur eine Rechentechnik?

Das natürlich auch. Aber darüber hinaus: die Fähigkeit, ein erzieltes Ergebnis kritisch auf seine Richtigkeit zu überprüfen. Und Kritikfähigkeit ist eben ein Aspekt der Entwicklung der Persönlichkeit, nicht der Mathematik oder der Naturwissenschaften. Und weiter: ein Schüler „löst" eine quadratische Gleichung falsch und „biegt die Probe hin", bis auch sie „stimmt"[14]. Eine solche Schwäche zu überwinden, heißt doch auch: die Kritikfähigkeit zu stärken, oder einen Beitrag zur Erziehung zur Ehrlichkeit leisten — im Mathematikunterricht.

Ebenso trifft dies zu auf das Ablesen einer Instrumentenanzeige in Physik, Chemie usw. Allgemein also läßt sich hieraus folgern, daß der mn Unterricht gewichtige Beiträge zur Persönlichkeitsentwicklung leisten *kann*. Allerdings *nur* unter der Bedingung, daß man die diesbezüglichen Potenzen des mn Unterrichts genau beachtet[15], sie nicht überschätzt, aber auch nicht unterbewertet. Geht man richtig an diese Fragen heran, so eröffnen sich wirklich neue, weiterführende Perspektiven des mn Unterrichts[16]. Eine der wichtigsten ist die, daß die Schüler sehr wohl darauf reagieren, wenn sie verspüren, daß sie als Persönlichkeiten mit unendlich vielfältigen individuellen Ausprägungen ernst genommen werden. Nicht nur die Atmosphäre, auch die fachlichen Ergebnisse werden deutlich besser[17].

Weitere solcher Aspekte, die sich wie Kritikfähigkeit auf die Persönlichkeitsentwicklung der Schüler beziehen, sind beispielsweise *Ausdauer* im Lösen von Problemen, *Arbeitsdisziplin* als Ausdruck von planmäßigem und organisiertem Arbeitsverhalten und *Entscheidungsfähigkeit*, was das Entwickeln und Beherrschen von Lösungsstrategien betrifft.

Auf einen dieser Aspekte, die Erziehung zur *Kollektivität* in der Arbeit, wollen wir noch mit einigen Worten eingehen. Diesbezüglich enthält der gesamte mn Unterricht erhebliche Möglichkeiten, die beispielsweise darauf beruhen, daß man im Labor nicht nur gewisse technische Prozesse durch Versuche simulieren kann, sondern in bestimmtem Umfang auch entsprechende Arbeitsformen. Es bietet sich geradezu an, die Planung, Durchführung und Auswertung von Experimenten bzw. von Lösungen umfangreicherer mathematischer Probleme arbeitsteilig zu organisieren und den Schülern damit praktisch den gesellschaftlichen Charakter der Arbeit zu demonstrieren.[18]

Bekanntlich sind häufig die mn Fächer zutiefst von einer individualistischen Ideologie durchdrungen, als ein Aspekt der schon erwähnten Begabungstheorien. Ein Blick in eine Abteilung eines Betriebes oder ein Industrie- bzw. Hochschullabor lehrt, daß dort — wenn auch unter kapitalistischen Bedingungen — kollektiv gearbeitet wird. Die individualistische Erziehung in der Schule ist deshalb ein direkter Beitrag zur Desorientierung der Schüler nicht nur bezüglich der späteren Situation im Beruf; auch gewerkschaftliche und politische Organisierung werden damit implizit diskreditiert.

Die bewußte Herbeiführung kollektiver Arbeitsformen im mn Unterricht ist deshalb ein Beitrag zur praktischen Kritik dieser bürgerlichen pädagogischen Zielsetzung.

Eine demokratische Unterrichtskonzeption als Beitrag zu einem wissenschaftlichen Weltbild[19]

Wir haben in der Einleitung den Widerspruch zwischen dem objektiv wissenschaftlichen Charakter von Mathematik und Naturwissenschaften und der unter unseren Bedingungen erzwungenen Unwissenschaftlichkeit des mn Unterrichts hervorgehoben. Wir haben ihn als eine wesentliche Ursache für den mangelhaften inhaltlichen Zustand dieser Fächer bezeichnet. Entsprechend ergibt sich daraus auch die allgemeinste Forderung für demokratische Pädagogen:

Es muß die Aufgabe einer demokratischen mn Unterrichtskonzeption sein, auf der Grundlage einer hohen fachlichen Qualifikation und unter Beachtung von persönlichkeitsentwickelnden Faktoren einen Beitrag zur *Herausbildung eines wissenschaftlichen Weltbildes bei allen Schülern* zu leisten[20].

Worum geht es mit dieser allgemeinen Aufgabenstellung? Im Kern darum, daß alle Schüler am Gegenstand des mn Unterrichts entsprechend ihrer jeweiligen Altersstufe die Einsicht gewinnen, daß es objektive Gesetzmäßigkeiten gibt, daß wir diese Gesetzmäßigkeiten erkennen können. Weiterhin darum, daß wir diese Erkenntnisse in Verfahren überführen können, die es uns ermöglichen, die Prozesse in der Natur, der Technik und der Gesellschaft zu beherrschen.

Was die Naturvorgänge angeht, wird jeder Kollege zustimmen. Was die Beherrschung technischer Prozesse betrifft, erst recht die gesetzmäßigen Vorgänge in der Gesellschaft, ist *ausschließlich* die demokratische Pädagogik fähig, Konzeptionen zu entwickeln.

Man denke nur an die hierzulande gängigen irrationalen Vorstellungen, wonach die „Gefahr einer Beherrschung des Menschen durch die Technik" droht. Man erkennt, welche fortschrittlichen, demokratischen Potenzen im mn Unterricht enthalten sind, wenn die Forderung nach wissenschaftlicher Erziehung verwirklicht wird. Man erkennt, wie direkt er sich damit gegen alle reaktionären Ideologien richtet, deren Ziel die weitere Abhängigkeit und geistige Unmündigkeit der Masse der Bevölkerung ist.

In dieser Richtung also können diese Potenzen genutzt werden; und das hat nichts zu tun mit — subjektiv gutgemeinten — „Projekten", die den mn Unterricht befrachten mit Zielen, die er nicht realisieren kann. Wer den mn Unterricht betreibt als verkappten politischen Unterricht, wird im Ergebnis weder eine zufriedenstellende politische, noch eine zufriedenstellende mn Bildung der Schüler erreichen.

Eine richtige Einschätzung der Möglichkeiten des mn Unterrichts heißt zu beachten, daß diese Fächer nur einen Teil von Bildung und Erziehung der Schüler ausmachen. Man kann deshalb diesen Fächern auch nicht alle Aspekte einer demokratischen Erziehung „aufsetzen".

Eine richtige Einschätzung heißt weiterhin, nicht „agitatorisch" die objektiven Gesetzmäßigkeiten in der Natur zu deklamieren, sondern sie organisch aus dem fachlichen Gegenstand des mn Unterrichts zu entwickeln.

Eine richtige Einschätzung heißt, durch Kooperation mit Kollegen anderer Fächer die allgemeinen Erziehungsziele einander anzunähern; so ist beispielsweise dann auch die Erziehung der Schüler zu gewährleisten, soweit sie den objektiven Charakter von Gesetzmäßigkeiten in Technik und Gesellschaft betrifft.

Eine richtige Einschätzung heißt schließlich, den Aneignungsprozeß der Schüler „erkenntnisprozeßgerecht" zu organisieren, also vor allem die Bewegung des Denkens vom Anschaulich-Konkreten über das Abstrakte zum Geistig-Konkreten anzuregen und zu ermöglichen.

Dies ist insgesamt die Aufschlüsselung unserer Forderung nach einem Beitrag zur Herausbildung eines wissenschaftlichen Weltbildes. Unsere oben angegebenen Erziehungsziele sind die konkreten Ansätze, von denen aus diese allgemeine Forderung verwirklicht werden muß.

Abschließend wollen wir noch betonen, daß die Erziehung zu einem wissenschaftlichen Weltbild im Prinzip auf jeder Altersstufe möglich ist. Das beinhaltet die sicher sehr komplizierte Aufgabe, propädeutische Unterrichtskonzeptionen in langfristige Lehrgänge einzubauen, überhaupt erst zu entwickeln. Es bedeutet, daß demokratische Pädagogen lernen, die vielfältigen Ansätze bezüglich aller Seiten des Erziehungsprozesses konkret im Unterricht zu bewältigen und zu meistern[21]. Es bedeutet schließlich, die *aktive Tätigkeit* der Schüler bewußt und kontinuierlich in jeder einzelnen Schulstunde zu ermöglichen.[22]

Wir haben mit der Formulierung dieses allgemeinen Erziehungsziels erläutert, daß wir durchaus und konsequent dafür eintreten, daß wissenschaftliche Prinzipien — auch die „Mengenlehre" — in den Unterricht eingehen.

Wenn auch der *vollen* Verwirklichung der Verbindung von Wissenschaft und Unterricht in unserer Gesellschaft prinzipielle Hindernisse entgegenstehen; wenn wir auch bei der Realisierung der skizzierten Aufgaben *erst am Anfang* stehen, enthalten die hier angedeuteten inhaltlichen Ansätze wichtige Momente, die *erstens* die heutige Lage der Schüler verbessern helfen und die *zweitens* zukünftige Entwicklungen eines demokratischen mn Unterrichts schon heute vorbereiten können.

Die nächsten Aufgaben

Was ist in dieser Situation *heute* zu tun? Zunächst ist wohl in unseren Ausführungen klar geworden, daß der Mittelpunkt eines demokratischen mn Unterrichts der Schüler ist, das lernende, das als Mensch zu respektierende Subjekt des pädagogischen Prozesses.

Daraus folgt die hauptsächliche nächste Aufgabe, die von demokratischen Pädagogen der Mathematik und Naturwissenschaften gelöst werden muß, nämlich die in diesen Fächern herrschende Tendenz praktisch zu brechen, die die Fachsystematik dieser Fächer als ihre „Pädagogik" ausgibt.

Wie kann das praktisch aussehen? Man plant zunächst einzelne Unterrichtseinheiten, in denen jeder Schritt beispielsweise entsprechend folgender Kategorien festgelegt wird:

Lernziel[23]	Be-gründung[24]	Inhalte[25]	Methoden[26]	Beispiele[27]

Derart geplante Unterrichtseinheiten kann man in die Fachbereichskonferenzen einbringen, sie zum Gegenstand pädagogischer Diskussionen machen, sich auf dieser Grundlage mit anderen Auffassungen auseinanderzusetzen.

Diese Fachbereichsarbeit ist sozusagen die Grundlage von demokratischen Initiativen an der Schule. Je nach Bedingungen kann es möglich sein, interessierte Schüler, von der SV delegierte Schüler, vielleicht auch Eltern, in die pädagogischen Diskussionen einzubeziehen. Wenn das erfolgreich verwirklicht werden kann, ist es eine starke Garantie, um „zögernde" Kollegen zur Einhaltung demokratischer Beschlüsse des Fachbereichs zu bewegen.

Wiederum je nach Bedingungen sind Initiativen auf Schulebene oder — mit Unterstützung der Schule — darüber hinaus denkbar. Selbstverständlich bietet es sich an, in solchen Initiativen zwischen den mn Fachbereichen zu kooperieren, aber auch mit anderen interessierten Fachbereichen. Der Stand der Bewegung an den Schulen zur Durchsetzung demokratischer Inhalte legt es nahe, einen überschulischen Erfahrungsaustausch anzustreben, entweder direkt oder über pädagogische Zeitschriften u. ä.

Es ist unerläßlich, mit Freunden und interessierten Kollegen zusammenzuarbeiten, sich inhaltliche und organisatorische Planungsaufgaben zu teilen und das Studium der pädagogischen Grundlagenliteratur gemeinsam zu organisieren. Dabei ist sinnvollerweise eine Kooperation von GEW-Kollegen anzustreben, was umgekehrt auch nahelegt, von Fall zu Fall die gesamte GEW-Gruppe der Schule in pädagogische Diskussionen einzubeziehen.

Ein Wort noch zu möglichen Aufgaben von (älteren) Schülern und Eltern. Hier ist der Nachholbedarf mindestens ebenso groß wie unter den Lehrern. Also: sie können mit den Lehrern reden über deren Erziehungsziele; sie können Einsicht in die Unterrichtsvorbereitung des Lehrers verlangen; sie sollten fragen, was er denn praktisch unternimmt, wenn 80 Prozent seiner Schüler nicht mehr „klarkommen"; und ganz wichtig: solche Gespräche mit den Lehrern müssen „kameradschaftlich", aufgeschlossen geführt werden, damit diese nicht verschreckt werden, sondern nach Möglichkeit in weitere pädagogische Diskussionen von SV, Elternbeirat, einem Kreis gewerkschaftlich organisierter Eltern usw. einbezogen werden.

Abschließend wollen wir noch einmal eine Grundlinie dieses Buches betonen. Mit den hier angeregten Vorschlägen wird mit Sicherheit nicht die Trennung von Theorie und Praxis, von Schule und Leben aufgehoben, die für unsere Gesellschaft typisch ist. Es wird sicher auch nicht der Charakter des mn Unterrichts als ständig drohendes „Damoklesschwert" vollständig beseitigt werden.

Aber: Eine Konzeption wie die hier vorgeschlagene gibt eine Richtung an, in der der Kampf um demokratische Inhalte geführt werden kann, in enger Verbindung mit dem allgemeinen Kampf um eine demokratische Schule in einer demokratischen Gesellschaft. Eine solche Konzeption setzt Impulse und bietet Erfolgsmöglichkeiten; an einem winzigen Ausschnitt zeigt sie, daß wir unsere Welt *erkennen* und *verändern* können: gemeinsam mit allen Eltern, Schülern und Lehrern, denen die angebliche Rechtfertigung mit „Einsteins 5" nicht mehr den Blick auf die unerträgliche Realität verstellt.

---

[1] Im folgenden abgekürzt mit „mn Unterricht".

[2] Empfehlungen und Richtlinien zur Modernisierung des Mathematikunterrichts an den allgemeinbildenden Schulen. Beschluß der Kultusministerkonferenz vom 3. 10. 1968.

[3] Ebenda.

[4] Noch in den Ende 1972/Anfang 1973 erschienenen Hessischen Rahmenrichtlinien Mathematik (Sekundarstufe I) heißt es: „Es ist Aufgabe der Fachkonferenzen, innerhalb dieses Entscheidungsspielraums detaillierte Verlaufspläne zu erarbeiten" (S. 7). Das bezieht sich zwar zunächst auf die *zeitliche* Planung; *praktisch* mußten die Lehrer allerdings selbst inhaltliche Schwerpunkte setzen, miteinander koordinieren, Arbeitsblätter und andere Materialien anfertigen, also inhaltliche Planungsarbeit leisten!

[5] Hessische Rahmenrichtlinien Physik (Sekundarstufe I), S. 5 ff.

[6] Das Folgende sind einige wenige Thesen, die wir hier nicht näher ausführen. In den nächsten Abschnitten gehen wir mit positiven Vorschlägen darauf ein. — Selbstverständlich erheben wir keinen Anspruch auf Vollständigkeit.

[7] Ein Lehrer, der seine Schüler beispielsweise wissenschaftlich korrekt mit dem Charakter und den Konsequenzen des Mehrwertgesetzes vertraut macht, ist heute vom Berufsverbot bedroht.

[8] Beispielsweise bleibt aus diesem Grund die wissenschaftliche Fragestellung nach der gesellschaftlichen Anwendung von Mathematik und Naturwissenschaften völlig aus dem Schulunterricht ausgeklammert. — Vgl. zum Problem der gesellschaftlich erzwungenen Unwissenschaftlichkeit auch die Einleitung zu Kap. IV.

[9] Wir begründen hier nicht näher, welche objektiven Erfordernisse es für eine möglichst hohe fachliche Qualifikation gibt. Sie ergeben sich aus der zunehmenden Tendenz zur intensiv erweiterten Reproduktion der Arbeitskraft, die ihrerseits nur durch den Kampf der Arbeiterklasse realisiert werden kann. — Vgl. H. Petrak u. a., Proletariat in der BRD, Berlin (DDR) 1974, vor allem S. 92 ff.

[10] Zur Auseinandersetzung mit reaktionären „Begabungs"-ideologien vgl. L. Sève, Kampf der Begabungsideologie, in: Demokratische Erziehung 1/1975, Köln 1975, S. 89 ff. — Vgl. weiterhin den Beitrag von H. Harnisch in diesem Buch.

[11] Ausnahmen sind gesundheitlich-geistig behinderte Schüler.

[12] G. Kreisel, Die formalistisch-positivistische Doktrin der mathematischen Präzision im Lichte der Erfahrung, in: M. Otte (Hrsg.), Mathematiker über die Mathematik, Berlin/Heidelberg/New York 1974, S. 70 u. 71. — Wir empfehlen diesen Sammelband hier allgemein, er enthält eine Fülle von Ansätzen für einen demokratischen mn-Unterricht.

[13] Diese beiden Erziehungsziele, vor allem die Ausbildung geistiger Operationen, erfordern einen weit umfangreicheren eigenständigen Beitrag. — Für eine ausführliche Beschäftigung verweisen wir auf: Autorenkollektiv, Methodik Mathematikunterricht, Berlin (DDR) 1975.

[14] Wir sehen hier ab von bestimmten psychologisch begründeten Fehlern. — Vgl. G. Pippig, Rechenschwächen und ihre Überwindung in psychologischer Sicht, in: Mathematik in der Schule 11/1975, S. 623 ff.

[15] Vgl. R. Gullasch, Denkpsychologische Analysen mathematischer Fähigkeiten, in: Psychologische Beiträge, Heft 14, Berlin (DDR) 1973; vgl. G. Pippig, Zur Entwicklung mathematischer Fähigkeiten, in: ebenda, Heft 12, Berlin (DDR) 1971, sowie Literaturangaben ebenda.

[16] Vgl. U. Ihlefeld, Die Individualität der Persönlichkeit und der pädagogische Prozeß, in: Pädagogik 7/1975, S. 646 ff.; vgl. U. Drews/W. Jahn, Didaktische Aspekte der Einheit von Rationalem und Emotionalem im Unterrichtsprozeß, in: Pädagogik 8/1975, S. 729 ff.

[17] Vgl. Ch. Däbritz, U. Delang, R. Eckert, H. J. Roos, W. Traidl, Für einen demokratischen mathematisch-naturwissenschaftlichen Unterricht in der Schule, Ernst-Reuter-Schule I, Gesamtschule in Frankfurt a. M. — Nordweststadt, Juni 1974 (Photokopiertes Manuskript).

[18] Arbeit begriffen als gesellschaftliche Tätigkeit, die sich innerhalb bestimmter, historisch bedingter Formen der Arbeitsteilung und Eigentumsverhältnisse bewegt. — Unsere Einschränkung „in bestimmtem Umfang" bedeutet vorrangig, daß man zwar bestimmte Aspekte der Arbeitsteilung in der Schule simulieren kann, keinesfalls jedoch die Eigentumsverhältnisse.

[19] Dieser Abschnitt richtet sich vorwiegend an Lehrer.

[20] Vgl. ausführlich: Methodik Mathematikunterricht, a. a. O.; vgl. vor allem: Autorenkollektiv, Weltanschaulich-philosophische Bildung und Erziehung im mathematischen und naturwissenschaftlichen Unterricht, Berlin (DDR) 1974.

[21] Vgl. B. Werner, Komplexes Denken in der Unterrichtsführung, in: Pädagogik 4/1975, S. 325 ff.

[22] Gerade dieser letzte Punkt beinhaltet das zentrale Moment, über das der Aneignungsprozeß der Schüler vermittelt wird — Lernen als aktive Auseinandersetzung mit der natürlichen und sozialen Umwelt. Leider können wir im Rahmen dieses Beitrags nicht über die bloße Benennung dieses Punktes hinausgehen. — Vgl. M. Otte/H. Steinbring, Zum Verhältnis von Wissenschaft und Unterricht, in: Demokratische Erziehung 5/1975, S. 71 ff.; vgl. W. Salzwedel, Probleme der Gestaltung der Schülertätigkeit im Unterricht, in: Pädagogik 3/1975, S. 223 ff.; vgl. zu den theoretischen Grundlagen J. Lompscher, Über lerntheoretische Grundlagen der Pädagogischen Psychologie, in: Kossakowski/Lompscher, Ideologisch-theoretische und methodologische Probleme der Pädagogischen Psychologie, Berlin (DDR) 1971, S. 71 ff.

[23] „Lernziel" ist hier verstanden im entwickelten demokratisch-pädagogischen Verständnis; beispielsweise ist der Übergang von einer praktisch-anschaulichen zu einer abstrakt-verbalen Handlungsebene ein solches Lernziel, was sich für bestimmte Unterrichtseinheiten dann noch exakter durch die Angabe bestimmter zu erwerbender Fähigkeiten — etwa „Verallgemeinern" — beschreiben läßt.

[24] Hierunter ist die Begründung unter erkenntnisprozeßgerechten und persönlichkeitsentwickelnden Gesichtspunkten zu verstehen, also die explizite Rechtfertigung des Lehrers für bestimmte Unterrichtseinheiten.

[25] Fachlich-stoffliche Inhalte im engeren Sinne, die die Realisierung der Lernziele gewährleisten sollen. Hierin drückt sich auch die Anlehnung an den offiziellen Lehrplan aus.

[26] Die Methoden dienen vor allem der Steuerung der aktiven Schülertätigkeit und erfordern eine besonders verantwortungsbewußte Abstimmung mit den Lernzielen.

[27] Die Beispiele bieten, wenn auch in äußerst beschränktem Umfang, eine gewisse Möglichkeit, an das reale Leben anzuknüpfen. Notwendig dazu ist eine *durchgängige* Entwicklung und Einbeziehung geeigneter Beispiele als organischer Bestandteil des Unterrichts, im Gegensatz zu den bekannten aufgepfropften „Anwendungsaufgaben".

Die Autoren

Werner Albrecht, 31 Jahre, Lehrer in Bonn, Mitglied der GEW.

Wolfgang Artelt, 28 Jahre, Gladenbach, Lehrer für Geschichte, Sozialkunde, Pädagogik, Mitglied der GEW, zur Zeit Berufsverbot.

Autorenkollektiv, junge Lehrer und Pädagogen an Grund-, Haupt-, Sonder- und Berufsschulen in Essen, alle Mitglied der GEW.

Frank Behrens, 30 Jahre, Lehrer in Bremerhaven, Stellvertretender Bundesvorsitzender des Ausschusses junger Lehrer und Erzieher in der GEW, Veröffentlichungen in Gewerkschaftszeitungen und pädagogischen Zeitschriften, sowie „Das Projekt ‚Arbeit' in der Grundschule".

Gerd Deumlich, 47 Jahre, Vermessungstechniker und Journalist, Essen, Mitglied der IG Druck und Papier, Mitglied des Präsidiums der DKP, u. a. verantwortlich für den Bereich Bildungspolitik.

Lottemi Doormann, 33 Jahre, Hamburg, Sprecherin der „Elterninitiative Schulnotstand", Mitherausgeberin der pädagogischen Zeitschrift „Demokratische Erziehung".

Dr. Rainer Eckert, 31 Jahre, Diplomphysiker, Pädagoge für Mathematik und Physik an einer Gesamtschule in Frankfurt am Main, Mitglied der GEW, Vorsitzender der marxistischen Bildungsvereinigung „August-Bebel-Gesellschaft", Buch- und Zeitschriftenveröffentlichungen mit Schwerpunkt SPD und Jungsozialisten.

Kurt Faller, 28 Jahre, Lehrer an einer Sonderschule in Baden-Württemberg, Mitglied des Vorstandes des Arbeitskreises Schule—Gewerkschaft des DGB (Kreis Freiburg), Veröffentlichungen zu Fragen der Arbeitslehre, zum Arbeitskreis Schule—Gewerkschaft sowie zur Demokratisierung der Lehrinhalte, Mitglied der GEW.

Dietrich Holl, 26 Jahre, Lehrer in Kassel, Veröffentlichungen mit Schwerpunkt Fremdsprachen, Mitglied der GEW.

Hans K. Klettenberg, 29 Jahre, Bonn, Journalist, Mitglied der IG Druck und Papier, Veröffentlichungen zur Bildungs- und Wissenschaftspolitik.

Achim Krooß, 28 Jahre, Dortmund, Erster Vorsitzender der Sozialistischen Kinderorganisation „Junge Pioniere".

André Leisewitz, 28 Jahre, Diplombiologe, Frankfurt am Main, z. Z. Promotion, Buch- und Zeitschriftenveröffentlichungen zu Wissenschaftspolitik, Klassen- und Sozialstruktur und soziale Bewegungen, Mitglied der GEW.

Hans Maag, 28 Jahre, Bonn, wiss. Angestellter, Mitglied der GEW, Veröffentlichungen in Fachzeitschriften.

Heiner Schmidt, 27 Jahre, München, z. Z. Promotion, Mitglied der GEW, Veröffentlichungen zu Problemen der Fremdsprachendidaktik.

Albrecht Schnitzer, 41 Jahre, nach Tischlerlehre Hilfsarbeitertätigkeit, Abitur an der Abendschule, Studium an der Pädagogischen Hochschule Oldenburg, Lehrer an einer Dorfschule sowie in Hamburg, Fachseminarleiter für Technikunterricht, Dozent für Lehrerfortbildung, Mitglied der GEW.

Doris Schwert, 30 Jahre, Frankfurt am Main, Berufsausbildung, Abitur über „Zweiten Bildungsweg", Studium Deutsch und Französisch, Lehrerin für diese Fächer an einer Frankfurter Gesamtschule, zur Zeit Berufsverbot, Mitglied der GEW.

Henner Stang, 32 Jahre, Marburg, wiss. Mitarbeiter im Forschungsprojekt Grundschule an der Marburger Universität, z. Z. Promotion (Soziologie/Politik/Pädagogik), Mitglied der GEW.

Stephan Voets, 29 Jahre, Düsseldorf, Hauptschullehrer, Publizist, Referent für Schul- und Bildungspolitik beim Parteivorstand der DKP, Mitglied der GEW, Veröffentlichungen zu Fragen der Bildungspolitik und Pädagogik.

Anke Wagner, 27 Jahre, Frankfurt am Main, Lehrerin für Deutsch und Französisch an einer Frankfurter Gesamtschule, zur Zeit Berufsverbot, Mitglied der GEW.

Illustrierte Geschichte der deutschen Revolution 1848/49

Ein Text-Bildband

Autorenkollektiv: Walter Schmidt (Leiter), Gerhard Becker, Helmut Bleiber, Rolf Dlubek, Siegfried Schmidt, Rolf Weber

2. Auflage
384 Seiten mit 750 Abbildungen und 7 Karten, Leinen 36,- DM

Die reich illustrierte Darstellung der bürgerlich-demokratischen Revolution von 1848/49 gibt ein geschlossenes Geschichtsbild, das alle wesentlichen Ereignisse und geschichtlichen Prozesse in jener Zeit umfaßt und die Hauptlinien der revolutionären Kämpfe, deren Ergebnisse und vor allem das Verhalten der verschiedenen Klassen sichtbar macht.

In wissenschaftlich-populärer Form hat hier ein fachkundiges Autorenkollektiv ein großartiges Werk geschaffen. Es vermittelt in Wort und Bild Vorstellungen von dem bedeutendsten revolutionären Ereignis der deutschen Geschichte im 19. Jahrhundert, das untrennbar mit dem Erscheinen des „Manifests der Kommunistischen Partei", der Geburtsurkunde des wissenschaftlichen Kommunismus, verbunden ist.

 **DIETZ VERLAG BERLIN - VA 171**

Illustrierte Geschichte der deutschen frühbürgerlichen Revolution

Autorenkollektiv: A. Laube, M. Steinmetz, G. Vogler (Leiter)
Etwa 420 Seiten mit etwa 700 Illustrationen
8 Farbtafeln und 8 mehrfarbigen Karten
Leinen, 45,– M

Der Bauernkrieg — Höhepunkt der deutschen frühbürgerlichen Revolution — war eine der größten Klassenschlachten in der Geschichte des deutschen Volkes. Reformation und Bauernkrieg waren der erste Akt der bürgerlichen Revolution in Europa in der Epoche des Übergangs vom Feudalismus zum Kapitalismus.

In einer wissenschaftlich-populären Darstellung behandeln die Autoren umfassend die gesellschaftlichen Prozesse dieser Zeit, vermitteln anschaulich und einprägsam ein exaktes Bild vom Charakter der revolutionären Klassenkämpfe in dieser Periode und vom deutschen Bauernkrieg als Höhepunkt der Aktivität des Volkes im Kampf um den gesellschaftlichen Fortschritt.

Und sie weisen nach, daß mit der demokratischen Bodenreform und mit der sozialistischen Umgestaltung der Landwirtschaft in unserer Republik die geschichtlichen Lehren aus dem Bauernkrieg gezogen wurden, daß ein enger innerer Zusammenhang zwischen dem 450. Jahrestag des Bauernkrieges und dem 30. Jahrestag der demokratischen Bodenreform 1975 besteht.

Die Fülle der Illustrationen — Holzschnitte, Kupferstiche, Gemäldereproduktionen und farbige Karten — trägt dazu bei, das Interesse aller zu erwecken, die sich für die Geschichte und Kulturgeschichte des deutschen Volkes interessieren.

Dietz Verlag Berlin
DDR – 102 Berlin, Wallstraße 76–79